팀워크 리더십 Teamwork Leadership

팀워크 리더십 Teamwork Leadership

1판 1쇄 2013년 02월 28일
1판 3쇄 2016년 03월 07일
발행인 오덕성 **지은이** 최유현
펴낸곳 궁미디어(충남대학교출판문화원) **주소** 대전광역시 유성구 대학로 99
전화 042-821-6045 **홈페이지** www.cnupress.co.kr **E-mail** cnupress@cnu.ac.kr

ISBN 978-89-7599-469-2 03300
정가 20,000원

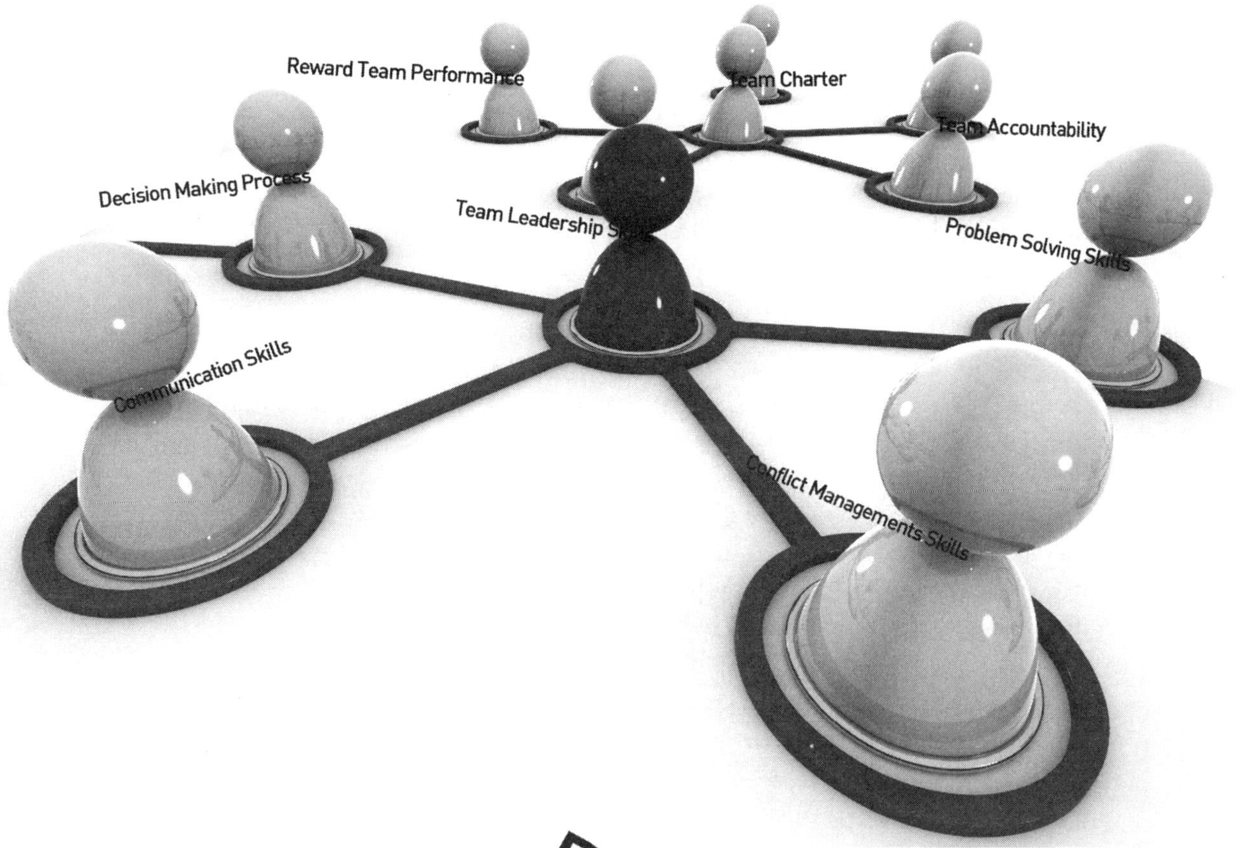

TEAMWORK Leadership

팀워크 리더십

최유현

궁미디어
GUNGMEDIA

머리말

인간은 오래전부터 개인이 아닌 협력을 바탕으로 문명을 창조하고 계승하여 왔다. 이는 인간의 사회, 문화, 기술, 언어 등 수준을 향상시키고 양적인 팽창을 가져왔다. 혹자는 '세 부족 이야기'로 인류가 협력적 존재임을 비유적으로 설명하곤 한다.

> 한 부족은 매사에 경쟁하기를 좋아하는 성격을 가졌다. 그들은 무슨 일이든지 다른 사람과의 경쟁에서 이겨서 일등을 하고 싶어했다. 가장 살기 좋은 동굴을 찾아내기 위해 서로 경쟁하였고, 가장 좋은 사냥감을 차자하기 위해서, 가장 좋은 정원을 차지하기 위해서 경쟁하였다. 음식을 차지하지 못한 사람과 쾌적한 동굴을 차지하지 못한 사람은 죽어갔다. 이렇게 해서 살아남은 자들은 보다 위험한 방법으로 경쟁을 계속했다. 그들은 맨손으로 호랑이를 잡는 경쟁을 하다가 죽어갔고, 음식과 좋은 자리를 차지하려다가 죽어갔다. 마침내 한 사람만이 살아남게 되었다. 그러나 그는 곧 죽고 말았다. 왜냐하면 누군가와 경쟁을 하지 않고 살아가는 방법을 몰랐기 때문이다.
>
> 또 다른 부족이 살았는데 이들은 혼자 살아가기를 좋아하는 성격을 가졌다. 이들은 혼자 사냥을 했고, 혼자 동굴에서 작업을 했으며, 다른 사람들과 떨어져서 살아가기를 좋아했다. 위험이 닥쳤을 때도 이들은 혼자 해결했다. 큰 홍수가 일어났을 때 많은 사람들이 죽었는데, 왜냐하면 이들은 다른 사람의 처지는 무시하고 자기의 동굴에만 제방을 쌓았기 때문이었다. 또한 호랑이들에 의해서 많은 어린이들이 물려 죽었다. 왜냐하면 호랑이가 나타난 것을 다른 사람에게 경고해 주지 않았기 때문이었다. 이러한 이유로 이 부족은 곧 사라지고 말았다. 극단적인 개인주의자가 됨으로써 이들은 제대로 재생산을 하지 못하였고, 대부분 아동은 어른들이 돌보아주지 않았기 때문에 태어난 후 곧 죽어갔다. 설사 살아남는다 하더라도 몇 년을 버티지 못하였다.
>
> 세 번째 부족은 매일 서로 협동하면서 일하는 것을 좋아하는 성격을 가졌다. 부족인들이 집단을 이루어 사냥을 하였다. 몇몇은 사냥감을 몰고, 다른 이들은 쉽게 사냥감을 포획할 수 있었다. 다른 이들은 따뜻하고 편안한 옷과 담요를 만들어 음식과 교환하였다. 어떤 이는 활을 잘 만들었고, 어떤 이는 화살을 잘 만들었다. 이들은 함께 부족인들에게 활과 화살을 공급하였다. 모든 부족인들이 부족의 생존에 어떤 방법으로든 일익을 담당하였다. 그들은 서로 도우면서 생활하였기 때문에 서로 인정해 주고 친하게 지냈으며 많은 잔치도 벌이고 매우 즐겁게 생활하였다. 이들은 일을 하고 여가를 즐기는 데 필요한 의사소통방법, 맛있는 과일들을 즐기는 방법, 그들의 독특한 인성을 개발하는 방법 등을 발달시켰다. 이 부족은 살아남아 번영하였고 우리의 조상이 되었다(Johnson & Johnson, 1975:24-25).

인간은 협력과 팀워크를 기본적 삶과 일의 철학으로 삼고 있다. 실제로 기업 조직, 연구 집단, 관리행정 등의 분야에 관계없이 협력의 네트워크나 시너지를 창출하지 않고, 성공적 시스템을 유지하고 창출하기가 어렵게 되었다. 경영심리학자는 소여는 'Group Genius'라는 저서에서 세계적 기업과 성공의 사례는 모두 그룹, 즉 팀에 기반한 창조적 역량에서 비롯된다는 증거들을 제시하였다.

이처럼 팀워크는 오래 역사를 통하여 강조되어왔으며, 최근에는 새로운 리더십으로 갖추어야 할 기본적인 역량으로 내세우고 있다. 팀워크 리더십은 단순히 협력이라는 키워드 이상을 의미한다. 즉 팀의 의사소통, 의사결정, 갈등관리, 문제해결, 관리와 모니터링, 창의력 등의 복합적인 역량이 함께 어울어져 최종적 팀 수행 결과로 나타난다.

이 책은 팀워크의 이론과 실제적 전략들을 다루고 있다.

제1부에서는 팀워크의 기초로서 미래 트랜드와 팀워크, 팀의 이론적 기초, 개인적 특성 프로파일과 팀워크에 대하여 다루었다.

제2부에서는 팀워크 구성과 역할로서 팀 구성과 팀워크 진단, 팀 수행과정과 목표 설정, 팀의 역할과 운영 규칙, 책무성 확립하기 등을 다룬다.

제3부에서는 팀 리더십 개발하기로서 팀 리더십 기술 개발하기, 의사소통 기술 개발하기, 팀워크와 갈등 관리, 팀 갈등관리 기술 개발하기, 팀워크와 의사결정, 의사결정 기술 개발하기 등을 다루었다.

제4부에서는 팀 문제해결과 프로젝트 관리로서 팀 문제해결 프로젝트, 팀 문제해결 과정과 '문제' 탐구, 팀 문제해결을 위한 대안 창출과 평가 기법, 팀 프로젝트 모니터링과 평가 등의 내용을 다루었다.

결과적으로 팀워크와 관련된 전반적인 이론을 다루고 그 바탕 위에서 팀 리더십을 함양하도록 배려하였다.

한편, 이 책의 체제는 각 장마다 주요 개념, 학습 목표, 학습으로의 초대를 통하여 각 장의 이해를 위한 개념, 목표, 동기를 탐색하는 기회를 제공하고 있다.

또한 본문에서는 본문 내용 뿐만 아니라 생각 확장, 팀워크 팁, 다양한 읽을 거리를 제공하였다. 그리고 각 장의 마무리는 학습 문제, 학습 내용 정리, 생각해 볼 문제, 팀워크 계발 활동, 참고 문헌을 제시하였다.

이 책은 팀워크에서 대한 리더십을 함양하기 위한 이론적 탐색과 계발적 활동을 위하여 도움을 주고자 편찬하였다. 따라서 대학 및 대학원 학생들의 팀워크와 관련된 강좌의 교재로서 활용될 수 있으며, 나아가 현재 기업체이나 연구소 등에서 팀워크와 관련된 리더십이 필요한 팀장이나 팀 구성원을 위한 교양서로서 활용될 수 있을 것이다.

그리고 이 책의 내용은 RMP에서 기획하고 개발한 '팀으로 살아남다, 우왕좌왕 정글 탈출기' 온라인 교육 컨텐츠의 스토리 보드 원고로도 제공되어 온라인을 통하여 보다 입체적인 강의를 수강할 수 있을 것이다.

모쪼록 이 책이 팀워크라는 학술적 연구 주제가 확장되고 보다 발전된 탐구의 기회가 되고, 실제적으로 팀워크 기술을 개발하려는 독자에게 도움이 되기를 바란다.

팀워크라는 주제로는 '공학기술과 팀워크(지호출판사)'에 이어서 두 번째 책을 출간하면서, 이전의 책보다는 보다 확장되고 깊이 있는 논의를 하고 있지만 여전히 미흡하다는 생각을 피할 수 없다.

독자들의 애정 어린 피드백을 기대하면서 팀워크라는 협력의 시너지 패러다임이 우리의 교육에서, 조직에서 보다 만연되기를 소망해 본다.

2013년 2월

저자 최유현

목차

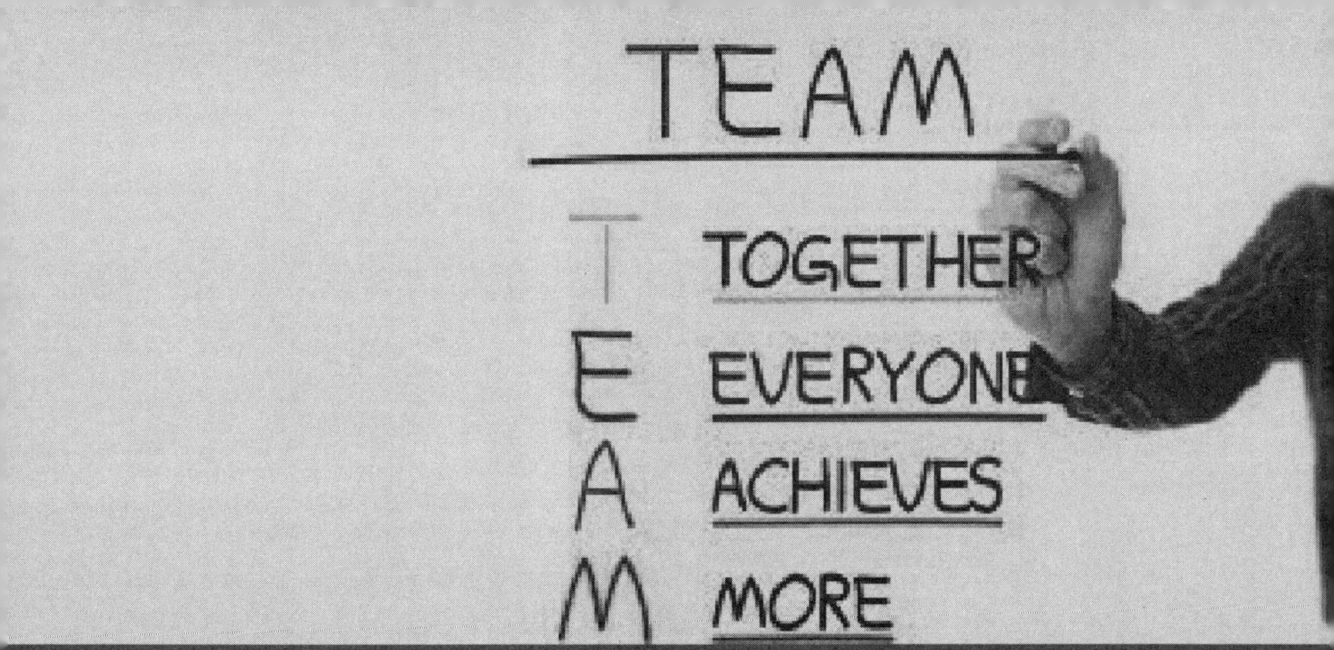

● 팀워크 리더십 Teamwork Leadership ●

Part 01 팀워크의 기초

1. 미래 트랜드와 팀워크
2. 팀워크의 이론적 기초
3. 개인적 특성 프로파일과 팀워크

Part 01 팀워크의 기초

01 미래 트랜드와 팀워크

| 주요 개념 | 미래 사회 특징, 미래 마인드, 미래 인재상, 핵심 역량, 개인적 창의성, 집단 창의성

1. 미래 사회의 변화
2. 미래 사회의 인재상
3. 미래 인재 트랜드 : 집단 창의성
4. 미래의 트랜드
5. 미래의 기술

01 미래 트랜드와 팀워크

□ **학습 목표**

- 미래 사회의 변화와 특징을 예측하고 설명할 수 있다.
- 미래 사회에서 요구하는 인재상을 제시하고 그 이유를 설명할 수 있다.
- 미래 인재의 핵심적 트랜드로써 집단 창의성을 제시하고 그 개념을 설명할 수 있다.

□ **학습으로의 초대**

하워드 가드너가 제시한 '미래 마인드'

하워드 가드너가 기존의 연구를 간략히 요약하고 그 중에서 현재를 살아가는 우리들에게 가장 필요한 마음가짐이 어떤 것인지를 제시한 책이 바로 미래 마인드(원제: Five Minds for the Future) 라는 책이다. 심리학에 분야에서도 유명하며 이미 사회적으로도 널리 알려진 대표적 저서인 "다중지능"은 차치하고, "통찰과 포용(Leading Minds)", "열정과 기질(Creating Minds)", "체인징 마인드(Changing Minds)", "Good Work" 등 개별 주제별로 통합한 책이라 볼 수 있을 것이다.
하워드 가드너는 이 책에서 현대를 살아가며 미래를 대비하는 우리들에게 반드시 필요한 Mind로 다섯 가지를 제안한다.

Disciplined Mind (훈련된 마음)
Synthesizing Mind (종합하는 마음)
Creating Mind (창조하는 마음)
Respectful Mind (존중하는 마음)
Ethical Mind (윤리적인 마음)

심리학자인 하워드 가드너는 미래에 성공하기 위한 조건으로 '미래 마인드'를 들고 있다. 그가 말하는 '미래 마인드'를 통해 우리는 단순한 개인의 성공을 넘어서 모두의 성공, 사회 전체의 성공을 꿈 꿀 수 있는 것이다. 지금 인류의 대부분은 긴밀히 상호 연결된 세계에서 살고 있기 때문에, 각 개인이나 집단이 단지 자신의 영역 내에서 생존하는 데 필요한 것이 무엇인가를 논의하는 것은 충분하지 않다. 세계의 다른 곳은 극도의 가난과 깊은 절망에 빠져 있는데 나 혼자만 번영을 누린다는 것은 결코 가능한 일이 아니다. 지금까지와는 전혀 다른 새

로운 세상에 대비 하려면 우리는 미래에 성공할 수 있는 마음들을 단련해야 한다. 그렇다면 미래를 성공으로 이끌 5가지의 마음은 무엇을 의미할까?

Disciplined Mind(훈련된 마음)는 최소한 한 종류의 사고방식을 통달한, 즉 특정 학문 분야나 기술, 혹은 전문 직업의 특징을 이루는 그 분야의 독특한 인지양식을 통달한 마음이다. 각종 연구를 통해 확인된 바에 따르면, 하나의 학문 분야에 통달하기까지는 10년에 가까운 세월이 걸린다고 한다. 훈련된 마음은 또한, 기술과 지식을 증진시키려면, 즉 고도로 훈련되려면 오랜 시간에 걸쳐 꾸준히 노력해야 한다는 것을 아는 마음이다. 최소한 한 분야의 전문성을 갖추지 못한 개인은 남의 장단에 춤을 추는 운명이 된다.

Synthesizing Mind(종합하는 마음)는 다양한 출처로부터 정보를 얻고, 그 정보를 객관적으로 이해하고 평가하며, 그것을 자신과 다른 사람들이 이해할 수 있도록 구성하는 마음이다. 종합하는 능력은 과거에도 물론 가치가 있었지만, 정보량이 아찔한 속도로 증가하고 있는 오늘날에는 한층 더 중요해졌다.

Creating Mind(창조하는 마음)는 훈련된 마음과 종합하는 마음을 토대로 새로운 경지를 개척하는 마음이다. 창조하는 마음은 새로운 아이디어를 내고, 익숙하지 않은 질문을 제기하며, 참신한 사고방식을 불러 일으키고, 예기치 못한 해답에 도달한다. 결국 이러한 창조물들은 지식 있는 소비자들에게 받아들여지게 된다. 창조하는 마음은 아직 어떠한 규칙이 지배하지 않는 영역에 머물러 있기 때문에, 가장 발달된 컴퓨터나 로봇보다 적어도 한 걸음 이상 앞서려고 노력한다.

Respectful Mind(존중하는 마음)는 개인 및 집단 간의 차이점에 주목하고 그것을 받아들이며, '타자들'을 이해하려고 노력하고, 그들과 효율적으로 일하려고 애쓴다. 모든 사람이 상호 연결된 이 세계에서 편협함과 무례함은 통용되지 않는다.

Ethical Mind(윤리적인 마음)는 인간의 노동의 본질과 우리가 사는 사회의 욕구와 욕망에 대해 깊이 생각할 줄 아는 마음이다. 이 마음은 사람들이 어떻게 개인의 이익을 넘어서 더 큰 목적에 봉사 할 수 있는지, 그리고 어떻게 시민들이 사회 전체의 이익을 증진시키기 위해 헌신적으로 일할 수 있는지를 개념화한 마음이다. 윤리적인 마음은 이러한 분석에 기초하여 작용한다.

출처: 김한영 (역) 미래마인드(저, 하워드 가드너). 재인.

가드너의 다섯 가지 마음은 팀워크 리더십을 갖는데 모두 필요한 자질이다. 이 중 특별히 어떠한 팀워크 리더십에 영향을 주는지 생각해 보자.

1. 미래 사회의 변화

가. 미래 사회의 특징

미래 과학기술정보화 사회에 대해 다양한 예측과 견해가 제시되었다. 한국정보화진흥원(2010)에 따르면, 미래학자들은 미래 사회의 특징으로 '가상현실 사회', '인공지능 사회', '꿈과 감성의 사회', '하이컨셉(high concept)[1]', '하이터치(high touch)[2]', '프로슈머(prosumer)', '경제' 등을 언급하고 있다. 미래 사회는 '경쟁 심화(무한 확장, 무한 경쟁)', '개인화, 다원화 확산', '가상 공간의 가치 증대', '디지털 휴머니즘 기술의 발달', '사회적 자본으로서 신뢰의 강화' 등을 특징으로 하기 때문에(〈표 1-1〉 참조), 이러한 사회를 대비하고 미래 창출을 위한 준비로서 '창조적인 역량 증진', '사회적 밸런싱의 유지', '가상공간의 新가치 창출', '인간 중심의 기술 진화', '사회 발전의 새로운 엔진으로 '신뢰' 구축'이 필요하다(한국정보화진흥원, 2009).

따라서 미래에 대한 지식의 중요 원천은 '창의성(creativity)', '전문성(expertise)', '집단지성(collective intelligence)', '증거자료(evidence)' 등이다(한국정보화진흥원, 2011).

한국정보화진흥원(2011)은 사회, 기술, 경제, 환경, 정치 분야별로 15가지 미래 메가트렌드를 다음과 같이 제시하였다.

첫째, 여성 및 고령 인구가 새로운 주도 세력으로 부상하는 사회 분야는 ① 인구구조의 변화, ② 양극화, ③ 네트워크 사회

둘째, 인지 능력 및 소통 능력이 확장되는 기술 분야는 ④ 가상 지능 공간, ⑤ 기술의 융복합화, ⑥ 로봇

셋째, 감성 중심 소비와 소비 패턴이 다양화하는 경제 분야는 ⑦ 웰빙/감성/복지경제, ⑧ 지식기반 경제, ⑨ 글로벌 인재의 부상

넷째, 지속 가능한 에너지 체제(energy regime)의 환경 분야는 ⑩ 기후변화 및 환경오염, ⑪ 에너지 위기, ⑫ 기술 발전에 따른 부작용

다섯째, 구권력의 집중과 분산의 정치 분야에서는 ⑬ 글로벌화, ⑭ 안전 위험성 증대, ⑮ 남북 통합

한편 미래의 주목할 가치로서 ① 오피니언 리더들은 행복, 지속가능성, 정의와 공정성, 창의력과 상

---

1 하이컨셉은 패턴과 기회를 감지하고, 예술적 미와 감정의 아름다움을 창조하여 가치를 창출해내고, 관계가 없어 보이는 아이디어를 결합하여 새로운 것을 창조해내는 능력과 관련된다.

2 하이터치는 다른 사람과 공감하고, 긍정적인 인간 관계를 유지하며, 자신과 다른 사람의 즐거움을 생산하고, 관계에서의 목적과 의미를 발견해 이를 추구하는 능력과 관련된다.

상력을 제시하였고, ② 시민이나 개인 주체는 역량 강화, ③ 정부는 중재하고 링크하는 능력, ④ 기업은 착한 기업으로의 변모를 언급하였다.

과학기술정보 사회의 미래상으로 성숙한 사회, 국가 생산성 제고, 일반인을 혁신 주체로 부각, 인간 중심을 제시하였고, 국내 정보화의 긍정 요소로서 우수한 인프라와 뛰어난 활용능력, 탄탄한 제조 기반 신시장 창출 능력, 섬세하고 유연한 국민 DNA, 풍부한 문화적 자산을 언급하였다.

한편 미래 사회의 제한 요소로 사라지는 IT강국 효과, 사회 역동성 약화 우려, 순환되지 않는 지식 정보, 획일적 가치 기준을 제시하였다.

향후 과학기술정보화 정책 방향은 소통-네트워킹을 통한 새로운 자본 축적 촉진, 하드웨어 기반 신시장 개척, 이해 관계를 뛰어 넘어 위험을 감수하는 사회, 접점이 막힌 생태계 조성, 창의적 인재 육성 토대 마련 등을 제시하였다.

이외에도 많은 기관과 학자들은 미래 사회의 모습을 다음과 같이 묘사하고 있다.

〈표 1-1〉 미래 사회 5대 특징과 미래 준비 과제(한국정보화진흥원, 2009)

미래 사회의 특징	바람직한 미래 창출을 위한 준비 방향바람직한 미래 창출을 위한 준비 방향	미래 준비 과제
① 경쟁 심화 (무한 확장, 무한 경쟁)	창조적인 역량 증진	· 미래 지향적 사고, 유연성을 갖춘 창조적 인력 육성 · C&D(Connect & Development), 개방형 혁신으로의 전환 · 협력적 창조 발전을 위해 창작과 활용 권리의 선순환 구조 정립
② 개인화, 다원화 확산	사회적 밸런싱의 유지	· 분권화, 네트워크화, 국제화를 지향하는 뉴거버넌스 확립 · 수평적, 횡적인 '연관'의 새로운 사회 질서 수립 · 온라인 공청회 등 협력적 의사 결정 체계 구축 · 새로운 취약 계층과 격차 해소를 위한 기회 확대
③ 가상공간의 가치 증대	가상공간의 신가치 창출	· 버추얼 오션(Virtual Ocean)에 주목 · 사이버 국토 건설을 위한 국가 차원의 투자와 준비 · 사이버 영토와 사이버 라이프를 위한 법제도적 장치 마련

④ 디지털과 휴머니즘의 결합	인간 중심으로 기술 진화	· 디지털과 휴머니즘이 결합된 새 패러다임의 비전 제시 · 휴머니즘 실현을 위한 기술과 인간의 소통수단 마련 · 인간과 기술의 컨버전스에 대한 사회적 연구 확대
⑤ 사회적 자본으로써 '신뢰'의 강화	사회 발전의 새로운 엔진, '신뢰' 구축	· 사회적 자본으로서 신뢰 강화 · 결제 활성화를 위한 신뢰 기반 확립 · 새로운 경계에 따른 감시와 프라이버시 침해 분쟁 해결

〈표 1-2〉 미래 사회의 트랜드

주장 학자 또는 기관	미래 트랜드
· 미래 학자들이 전망한 미래의 모습(한국정보화진흥원, 2010; 2011):	- 가상현실사회, 인공지능사회, 꿈과 감성의 사회, 하이컨셉/하이터치, 프로슈머(prosumer) 경제
· 미래 15대 메가트랜드(한국정보화진흥원, 2011):	- 사회: ① 인구구조의 변화, ② 양극화, ③ 네트워크 사회 - 기술: ④ 가상 지능 공간, ⑤ 기술의 융복합화, ⑥ 로봇 - 경제: ⑦ 웰빙/감성/복지경제, ⑧ 지식 기반 경제, ⑨ 글로벌 인재의 부상 - 환경: ⑩ 기후변화 및 환경오염, ⑪ 에너지 위기, ⑫ 기술 발전에 따른 부작용 - 정치: ⑬ 글로벌화, ⑭ 안전 위험성 증대, ⑮ 남북 통합
· 분야별 핵심 미래 트랜드(한국정보화진흥원, 2011):	- S(사회): 여성, 고령 인구가 새로운 주도 세력으로 부상 - T(기술): 인지 능력 및 소통 능력의 확장 - E(경제): 감성 중심 소비와 소비패턴의 다양화 - E(환경): 지속 가능한 에너지 체제(energy regime) - P(정치): 권력의 집중과 분산

· 오피니언 리더들이 전망하는 한국의 미래와 신 가치 (한국정보화진흥원, 2011):	- 미래에 새롭게 주목할 가치: 행복, 지속가능성, 정의와 공정성, 창의력과 상상력 - 바람직한 지향점: 경제, 사회, 문화, 정치적 측면에서 기술됨 - 주체별 요구되는 변화: 시민/개인의 역량 강화, 중재하고 링크하는 정부, 착한 기업으로 변모 - 정보화 미래상: 성숙한 사회, 국가 생산성 제고, 일반인을 혁신 주체로 부각, 인간 중심 - 국내 정보화 긍정 요소/제한 요소 긍정 요소: 우수한 인프라와 뛰어난 활용능력, 탄탄한 제조기반 신 시장 창출능력, 섬세하고 유연한 국민 DNA, 풍부한 문화적 자산 제한 요소: 사라지는 IT강국 효과, 사회 역동성 약화 우려, 순환되지 않는 지식 정보, 획일적 가치 기준 - 향후 정보화 정책 방향: 소통. 네트워킹을 통한 새로운 자본 축적 촉진 하드웨어 기반 신 시장 개척 이해관계를 뛰어넘고서 리스크를 감수하는 사회 접점이 막힌 생태계 조성 창의적 인재 육성 토대 마련

이상과 같이 미래 사회는 기술적 측면, 조직 문화적 측면, 사회적 측면, 교육적 측면 등에서 다양하게 예상되고 있다. 이러한 변화의 중심에 인간성의 존중, 관계와 네트워크, 협력과 창조적 소통, 지속가능 발전과 성장 등의 키워드가 중심이 되고 있다.

나. 주요한 환경 변화(과학기술정책연구원, 2008)

□ 기술변화 트랜드와 경쟁원천으로서의 창조적 혁신역량의 대두

○ 창조형, 개방형으로 기술혁신 트랜드의 변화

- RAND(2001)은 새롭게 등장하는 메가 기술트랜드로서 기술혁신의 다학제적 특성의 증대, 기술혁신 속도의 가속화, 사회적 윤리적 관심의 증대, 교육의 중요성 증대, 인간수명의 연장, 개인 프라이버시의 감소, 글로벌화, 국제적 경쟁 양상을 들고 있음
- 따라서 "창조형", "지식기반형", "개방형" 등이 기술혁신 패러다임 변화의 키워드로 등장

○ 창조적 혁신역량이 경쟁원천으로 대두

- 기술혁신 패러다임의 변화에 따라 기업경쟁력의 원천도 다양한 지식원천을 활용하여 창조적 지식을 생산할 수 있는 Creativity Innovative Capability(CIC)가 핵심경쟁력으로 부상
- 국가차원에서도 전체 조직체계나 지원체계에서 패러다임 변화에 유연하게 대응할 수 있는 CIC의 확보가 국가경쟁력의 핵심임

□ 기술의 융복합화와 협업역량, 집단연구의 강조

○ "다분야 기술융합(fusion of technologies)은 2개 이상의 기술요소가 유기적으로 결합하여 기존의 기술이 갖지 않는 새로운 기능을 발휘하는 기술혁신의 한 현상"으로 정의됨(이공래, 2006)

○ 기술의 융복합화 추세는 전문기술분야간 공동연구, 다학제적 연구, 산학연 주체간 협력의 중요성이 높아지며 집단연구가 강조되면서, 과학기술인력에 대한 수요구조와 R&D추진 방식이 변화하고 있음(이공래, 2006)

- 다분야 기술융합 과정은 서로 다른 분야의 기술지식이 집단학습을 통해서 집단적 인지지도라 할 수 있는 제 3의 신기술지식을 창출해 내는 과정임
- 다분야 기술융합에 참여하는 연구원이 보유하는 지식은 사회적 상호작용을 통하여 집단 및 조직지식으로 발전하게 됨

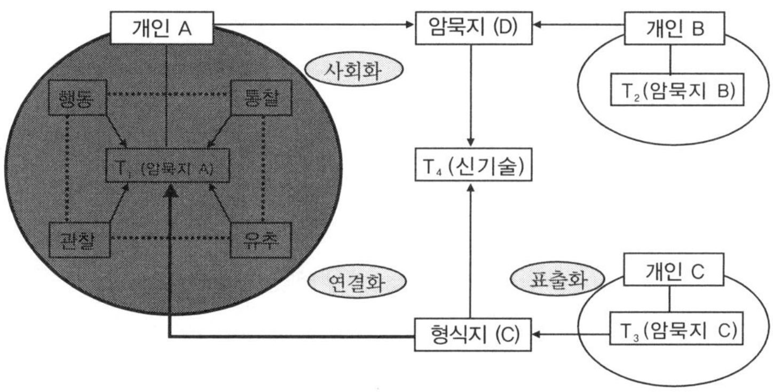

자료: 이공래(2006)

[그림 1-1] 다분야 기술융합의 메카니즘과 상호작용

○ 다분야 기술융합은 다양한 인지지도를 갖는 개인이나 그룹이 모여 함께 상호작용을 하고 지식을 혁신해야 가능해짐

- 자율성과 다양성이 존중되며, 개인 간, 그룹 간 네트워크가 활발하게 형성되는 전문가 생태계를 통해 1) 외부로부터 새로운 지식정보가 빠르게 내부에 전파되며, 2) 집단이나 지역 단위의 대응노력이 활발해지고, 3) 다분야 간 지식공유와 융합이 자연스럽게 일어나는 집단의 창의성이 발현될 수 있음

□ 기술발전 불확실성의 증대와 학습역량의 중요성

○ 기술의 변화속도가 빨라짐에 따라 기술변화 방향에 대한 불확실성이 증대

- 신기술의 진부화율이 수년에서 수개월로 줄어들고 바이오메디칼 연구분야의 경우 의료장비의 prototype이 나오는 시점에서 이미 진부화하는 사례(Grundfest, 2000)도 존재할 정도로 기술변화의 속도와 그에 따른 불확실성이 증대함
- 기술혁신의 기술 · 경제적 불확실성은 새로운 궤적을 창출하는 불확실성과 복잡성이 매우 큰 주제를 연구하면서 나타나는 것으로, 연구개발 활동의 불확실성과 상용화의 불확실성을 모두 포함하고 있음

○ 기술의 변화방향이 기술자체로 결정되기 보다는 사회의 다양한 주체들의 요구간 상호작용 속에서 결정되기 때문에 기술발전 방향의 불확실성이 커지고 있음

- 기술위험(technological risk)과 불확실성은 기술위험이 사전에 파악되지 않은 상황에서 발생하는 기술의 사회적 수용과 관련된 불확실성임(송위진, 2007)
- RAND(2001)는 메타 기술트랜드를 언급하면서 기술변화와 경제 사회문화적 변화가 상호의존적인 형태로 변화 발전해 나가고 있음을 지적

○ 빠른 기술변화와 변화 방향의 불확실성은 독자적인 지식창출역량을 요구

- 기술궤적이 불확실해지면서 미래 성장동력을 선점하기 위해서는 모방적인 기술개발이 아닌 창의적인 기초과학연구와 원천기술의 개발이 중요한 과제로 부상하게 되었으며 이러한 창의적 연구개발의 활성화를 위해서는 국내에서의 독자적인 기초과학 연구역량이 요구
- Gomery(1994)는 미국에서의 기초과학연구지원에 대한 논란에 관한 언급에서 미래의 산업혁신 동력으로 이미 가시화된 연구개발도 중요하지만 미래 기술궤적의 불확실성으로 인해 기초과학 역량이 중요하다고 지적

○ 기술혁신의 불확실성이 증대하고 전략적 연구개발관리가 중요해지면서 단기적인 기술 확보보다 학습역량을 보유한 인재의 확보가 더 중요(산업자원부, 2006)

○ 현재 한국 혁신체제에는 기술 경제적 불확실성과 기술위험에 대응할 수 있는 시스템이 충분히 발전되어 있지 않음

- 그 동안의 기술혁신과정에서 선진국의 기술을 모방하는 혁신활동을 추진하면서 스스로 발전 궤적을 탐색하고 사회적 맥락을 전망하는 능력을 심도 있게 개발할 필요가 없었기 때문임

- 추격단계에서는 기술이 초래할 수 있는 사회적 위험은 사전에 검증된 외국의 기술을 모방하면 되었기 때문에 기술위험관리 능력을 중요하게 생각하지 않았고, 그에 대한 대응능력도 취약한 상태임

2. 미래 사회의 인재상

미래는 하이컨셉과 하이터치의 시대이므로 미래 사회에서는 상상력과 감성이 뛰어난 창의적인 인재가 요구된다(김진숙, 2010). 즉 변화를 이끄는 주체는 다양한 분야에서 창조적 계급(creative class)이 될 것이다. 기존에는 특정 분야에서 고도의 전문 지식을 갖춘 프로페셔널리스트나 스페셜리스트를 인재라고 불렀으나, 미래 과학기술정보 사회는 창의성 기반 사회이며, 전문 지식에 더해 창의성이 수반된 인재를 요구한다(서울경제신문, 2009.11.2.).

Daniel H. Pink(2006)는 '경계를 넘나드는 사람'이 창의적 인재라고 하였다. 김진숙(2010)은 미래 사회 인재의 6가지 요소로서 ① 디자인(high concept 시대의 핵심 능력), ② 스토리(소비자를 움직이는 제3의 감성), ③ 조화(경계를 넘나드는 창의성의 원천), ④ 공감(디자인의 필수 요소), ⑤ 놀이(호모 루덴스의 진화), ⑥ 의미(우리를 살아있게 하는 원동력)를 제시하였다.

미래 사회에서는 역량 있는 우수 인재를 얼마나 확보하는가에 따라 기업 및 국가의 미래가 결정된다. '창의성', '전문성', '도전 정신'은 21세기 기업을 위한 핵심 역량이다(〈표 1-3〉, 〈표 1-4〉 참고)(대한상공회의소, 2008; 교육과학기술부, 2009 재인용).

〈표 1-3〉 매출액 상위 100대 기업의 인재 채용 가이드라인(대한상공회의소, 2008; 교육과학기술부, 2009 재인용)

구분	창의성	전문성	도전정신	도덕성	팀워크	글로벌 역량	열정	주인의식	실행력
100대기업	71%	65%	59%	52%	43%	41%	29%	13%	10%

〈표 1-4〉 매출액 상위 100대 기업 인재상의 주요 키워드(대한상공회의소, 2008; 교육과학기술부, 2009 재인용)

핵심 역량	주요 키워드
창의성	창조, 인식전환, 상상력, 가치창출, 새로운 아이디어 등
전문성	전문지식, 전문기술, 자기개발, 프로정신, 핵심역량 등
도전 정신	진취, 적극, 신념. 의지, 긍정적 사고, 위험감수 등

도덕성	정직, 인간미, 신뢰, 매너, 직업윤리, 투명성, 기본충실 등
팀워크	상호협력, 배려, 공유, 화합, 상호존중, 조직 마인드 등
글로벌역량	외국어, 개방성, 문화적 이해, 국제감각 등
열정	승부근성, 몰입, 끈기, 최선, 강한 의지, 기업가 정신 등
주인의식	오너쉽, 책임의식, 자율, 리더십, 사명감, 솔선수범 등
실행력	행동 우선, 추진력, 실천, 실천적 성취 등

한국교육과정평가원에서 미래 교육의 방향 설정을 위해 수행된 핵심 역량 관련 연구결과에 따르면 (이광우 외, 2008; 임언 외, 2008; 조대연 외, 2008), '창의력', '문제해결력', '의사소통능력', '정보처리능력', '대인관계능력', '자기관리능력'이 미래 인재가 공통적으로 갖추어야 할 핵심 역량으로 제시되었다 (〈표 1-5〉 참고).

〈표 1-5〉 미래 교육 방향 설정을 위한 연구에서 제시된 핵심 역량 비교(이광우 외, 2008; 임언 외, 2008; 조대연 외, 2008, 백윤수 외, 2012, 재인용)

<table>
<tr><th colspan="2">미래 평생학습사회에서 요구하는 핵심 역량
조대연 외(2008)</th><th colspan="3">미래 사회 한국인의 핵심 역량
이광우 외(2008)</th><th colspan="2">미래 사회의 직업 세계에서 요구하는 핵심 역량 연구
임언 외(2008)</th></tr>
<tr><td>역량</td><td>역량 정의</td><td>역량</td><td colspan="2">하위 요소/정의</td><td>역량</td><td>설명(생략)</td></tr>
<tr><td rowspan="2">창의력</td><td rowspan="2">다양성과 독창성 등의 인지적 능력과 고등정신기술을 활용할 수 있는 능력</td><td rowspan="2">창의력</td><td>창의적 사고 기능</td><td>유창성, 융통성, 독창성, 정교성, 유추성 등과 같은 인지적 능력</td><td rowspan="2">-</td><td rowspan="2">-</td></tr>
<tr><td>창의적 사고 성향</td><td>민감성, 개방성, 독립성, 과제집중력, 자발성 등과 같은 정의적 특성</td></tr>
</table>

<table>
<tr><td rowspan="5">문제해결력</td><td rowspan="5">문제를 파악하고 접근 및 활용 가능한 다양한 자원을 이용하여 상황을 고려한 최적의 해결 방안을 모색하고, 선택한 해결 방안을 실제에 맞게 실행하여 효과를 검증하는 능력</td><td rowspan="5">문제해결능력</td><td>문제인식</td><td>해결할 문제를 확인하고 명확하게 진술하기</td><td rowspan="5">문제해결능력</td><td rowspan="3">창의적 사고</td></tr>
<tr><td>해결 방안의 탐색</td><td>문제 해결을 위한 다양한 아이디어를 산출해내고, 최적의 해결 방안을 선택하기</td></tr>
<tr><td>해결 방안의 실행과 평가</td><td>최적의 해결 방안을 선택하여 실행하고 평가하기</td></tr>
<tr><td>논리적 사고력</td><td>연역적/귀납적 과정을 통해 사고하기</td><td>분석적 사고</td></tr>
<tr><td>비판적 사고력</td><td>합리적 기준이나 근거를 갖고 현상을 분석하고 평가하는 능력</td><td>문제해결실행</td></tr>
<tr><td rowspan="6">의사소통능력</td><td rowspan="6">타인의 의견을 정확히 수용하고 이해하며 자신의 지식과 의견을 타인에게 효과적으로 전달할 수 있는 능력</td><td rowspan="6">의사소통능력</td><td>말하기</td><td>자신의 의사를 분명하고 정확하게 말로 표현하는 능력</td><td rowspan="6">의사소통능력</td><td>말하기</td></tr>
<tr><td>듣기</td><td>상대방의 말을 집중하여 잘 들어주고 공감하는 능력</td><td>듣기</td></tr>
<tr><td>쓰기</td><td>상황과 맥락을 고려하여 정확하고 효과적으로 글을 쓰는 능력</td><td>문서 이해</td></tr>
<tr><td rowspan="3">읽기</td><td rowspan="3">다양한 텍스트를 이해하고 해석하고 평가하는 능력</td><td>문서 작성</td></tr>
<tr><td>영어 의사소통</td></tr>
<tr><td>수와 도표를 통한 의사소통</td></tr>
</table>

<table>
<tr><td rowspan="5">정보처리능력</td><td rowspan="5">다양한 지식과 정보를 습득하고 탐색 · 분석 · 평가하여 자신의 것으로 내면화하고, 상황에 맞게 활용할 수 있으며 자신의 정보와 지식을 타인과 상호작용할 수 있는 능력</td><td rowspan="5">정보처리능력</td><td>정보 수집</td><td>다양한 자료를 탐색하고 필요한 자료를 선별하는 능력</td><td rowspan="5">정보, 기술 및 자원의 상호적 활용 능력</td><td rowspan="3">정보의 수집, 분석 및 활용</td></tr>
<tr><td>정보 분석</td><td>수집된 정보를 비교, 분류, 종합하여 그 가치를 평가하는 능력</td></tr>
<tr><td>정보 활용</td><td>다양한 정보를 효율적으로 처리하여 활용 및 생성하는 능력</td></tr>
<tr><td>정보 윤리</td><td>정보에 대한 접근 및 활용에 요구되는 윤리의식</td><td>기술의 선택 및 적용</td></tr>
<tr><td>매체활용능력</td><td>다양한 매체를 선택, 활용하는 능력</td><td>자원의 활용 및 관리</td></tr>
<tr><td rowspan="5">대인관계능력</td><td rowspan="5">기존의 인간관계를 안정적으로 유지할 뿐만 아니라 타인과 공유하는 공동의 문제를 해결하기 위해 주도적으로 역할을 조정하고 서로 도움을 주고받는 등 양적 · 질적 측면에서 인간관계를 점진적으로 성장 및 확대할 수 있는 능력</td><td rowspan="5">대인관계능력</td><td>타인 이해 및 존중</td><td>타인의 입장을 이해하고 배려하는 관용적인 태도</td><td rowspan="5">대인관계능력</td><td>리더십</td></tr>
<tr><td>협동</td><td>공동의 목적을 위해 타인과 협력하는 태도</td><td>협동</td></tr>
<tr><td>갈등 관리</td><td>갈등을 의미 있고 건설적으로 해결하는 태도</td><td>관계 형성</td></tr>
<tr><td>관계형성</td><td>타인과의 바람직한 관계를 형성 · 유지하는 능력</td><td rowspan="2">갈등 조정</td></tr>
<tr><td>리더십</td><td>타인을 선도하고 이끄는 능력</td></tr>
</table>

자기관리능력	안정적 삶에서 접하는 다양한 경험의 반성을 통해 자신의 능력을 확인하고 비전을 구축하며 이를 실현하는 데 필요한 건강 및 재산관리 등 다양한 활동을 계획, 실행, 평가, 그리고 조정하는 능력	자기관리능력	자아정체성 확립	자신의 적성과 특성을 발견하여 명확한 삶의 목표와 가치 그리고 역할 의식을 발전시키는 태도	자기관리능력	자기주도적 학습 능력
			여가 선용	여가 시간을 생산적으로 활용하여 유익하게 즐기는 능력		
			건강 관리	생활에 필요한 체력을 보존하고 건강한 정신과 신체를 유지하기 위해 노력하기		신체적 · 정신적 건강 유지
			합리적 경제생활	합리적인 소비 생활과 더불어 재정(돈)을 효과적으로 관리하는 능력		경력 개발 및 관리
			기본생활습관	일상생활에서 요구되는 기본적인 생활 습관 및 태도를 형성하기		유연성과 도전의식
			자기주도적 학습 능력	학습자 스스로 지속적으로 학습을 계획 · 관리 · 실핸하는 능력		직업윤리(정직, 성실, 사회적 책무감)
시민의식	사회의 성장과 비전을 바탕으로 공동체 의식을 갖고 자율성 및 권리를 적극적으로 행사하는 동시에 사회공익 및 생태환경의 유지를 추구하기 위해 자신의 사회적 책임을 다하려는 태도	시민의식	공동체의식	공동체의 가치를 인식하고 존중하며, 상호 신뢰를 바탕으로 사회적 역할과 책무를 수행하려는 태도	-	-
			준법정신	법이나 사회 규범을 존중하고 준수하려는 의식		
			환경의식	환경 보존을 위해 자신의 소비습관, 생활방식을 변화시키는 태도		
			윤리의식	옳고 그름을 분별하여, 옳음을 지향하려는 태도		
			봉사정신	사회 또는 남을 위해 헌신하는 태도		

국제감각	사회에 공존하고 있는 다양한 집단의 생활양식과 문화적 가치를 평등정신에 기초하여 이해하고 존중하며 외국어 습득을 통해 지역적 수준을 넘어 국제문제 및 쟁점을 인식하고 해결가능성을 국제적 수준에서 이해하려는 능력	국제사회문화이해	우리문화이해	우리의 전통 및 현대 문화를 이해하고 계승·발전시키는 태도	조직과 문화에 대한 이해 능력	조직(기구, 국가, 사회, 기업) 이해
			다문화 이해	다양한 문화의 차이를 이해, 존중하는 태도		
			문화 향유 능력	문화 및 예술에 대한 이해를 넓히고 향유하는 태도		
			국제사회 이해	국제 사회의 여러 현상 혹은 문제들을 다양한 관점에서 이해하기		
			외국어 소양	국제화 사회의 상호 소통에 요구되는 외국어 문해 능력(읽기, 쓰기, 말하기, 듣기)		사회문화이해능력
직업능력개발력	생산 활동의 수행에 적합한 지식, 기술, 태도를 갖춤으로써 경쟁적인 노동 시장에서 고용기회를 창출하고 고용상태를 지속할 수 있는 능력	진로개발능력	진로인식	진로 선택에 필요한 다양한 직업 세계를 이해하는 능력	-	-
			진로탐색	자신의 적성과 소질에 적합한 진로를 탐색하는 능력		
			진로설계	자신의 적성과 소질에 적합한 진로를 설정하고 이에 필요한 능력을 함양하기		
자기주도학습력	학습요구를 파악하고 학습목표 및 실행계획을 수립하여 학습을 실행하고 결과를 평가하는 과정 속에서 자신이 주도권을 갖고 실천할 수 있는 능력	-	-		-	-
기초생활문해력	읽기, 쓰기, 계산하기 등 사회 생활과 사회적 관계를 지속하기 위해 필요한 기본능력	기초학습능력	기초적 읽기	글을 읽고 이해하는 기초적인 학습 능력	-	-
			기초적 쓰기	생각이나 의견을 글로 표현하는 기초학습능력		
			수리력	계산하기, 수와 도표를 읽고 이해하는 기초 수리력		

미디어정보문해력	각종 첨단 미디어를 통해 제공되는 정보들을 효과적으로 수용, 조직, 활용할 수 있도록 미디어의 특성을 이해하고 미디어를 다룰 수 있는 능력	-	-	-	-
예술감수성	문화예술품이나 일상적 생활에 내재되어 있는 미적 요소를 인식하고 느낄 수 있는 능력	-	-		

3. 미래 인재 트렌드 : 집단 창의성

미래 사회의 주요한 환경 변화는 창조적 혁신 역량의 대두, 기술의 융복합화와 협업 역량, 집단연구의 강조, 기술 발전 불확실성의 증대와 학습 역량의 중요성, 개방형 혁신의 확대와 협업 역량이 필요하다고 보여진다. 따라서 미래 인재 양성의 기본 지향은 다음과 같이 제안될 수 있을 것이다.

□ 개인 창의성과 집단 창의성의 조화 필요

○ 현대 기술혁신의 불확실성 증대, 기술혁신 속도의 가속화, 기초 원천기술 확보의 중요성 증대 등 창의적 연구와 창의적 인력에 대한 국내외적 수요가 높아지고 있으며, 우리나라도 이러한 창의적 연구와 창의적 인력확보를 위한 부단한 정책적 노력이 점증되어야 하는 시점임

○ 최근 기술변화 방향은 개인적 창의성뿐만 아니라 집단 및 조직적 창의성이 요구되며 이를 실현할 수 있는 창의적 인재 양성의 필요성을 제기

- 즉, 개인 창의성의 육성과 집단 창의성의 육성이 조화롭게 육성될 필요가 있음

○ 개인 창의성에 대한 초점에서 개인과 집단 창의성의 조화로 전환 필요

- 그동안 정부지원책은 집단 혹은 조직 창의성에 대한 개념을 공공부문에 적용하지 않았고 창의적인 개인을 양성하는데 초점을 맞추었음

ㅇ 창의적인 연구 집단을 육성하기 위한 다양한 사업들(NCRC, SRC 등)이 추진되었으나 선정 및 평가 과정에서 집단 창의성을 개인적 창의성의 합으로 규정하는 오류를 범함

ㅁ 개인 창의성과 집단 창의성 조화방안

ㅇ 함께 문제를 정의하고 해결하는 협동적인 작업을 통해 개인들이 모여진 조직이나 집단은 보다 나은 성과를 창출할 수 있음. 앞선 사례연구들을 통해 집단 창의성을 촉진시키는 요인들은 다음과 같이 정리됨

- 다양한 영역에 속한 창의적 개인들이 다학제적인 영역에 대해서 상호 교류할 수 있는 유동성 확보
- 그리고 이를 위해 젊은 연구자들이 독립적으로 연구를 할 수 있는 기회를 충분히 제공하는 것이 필요
- 창조적인 활동과 의미를 발견하고 공유할 수 있는 과정을 설계하여 주체들간의 상호 신뢰작용이 일어나도록 소규모 집단의 활동이 활발해야 함
- 개인 창의성이나 집단 창의성을 지원할 수 있는 혁신환경이 조성되어야 함(Fischer et al., 2005)

ㅁ 인재의 속성과 집단(조직) 창의성 대두

ㅇ 현대는 차별적 가치를 창출할 수 있는 지식노동자가 경쟁력의 원천으로 대두됨에 따라 '인재전쟁'의 시대 도래

- 앞서 언급한 기술변화 환경에 유연하게 대응하여 가치있는 지식을 창출할 수 있는 인재는 전문성, 창의성, 협업역량 등이 요구되며, 이를 통칭하여 'T자형 인재'로 부르기도 함

ㅇ 지식의 복잡화와 시스템화 되는 추세에 따라 인재 속성 중에서 최근에는 집단 창의성이 큰 관심을 모으고 있음

- 창의성은 그것이 요구되는 수준에 따라 개인 창의성, 집단 창의성, 조직 창의성으로 나눌 수 있음(Woodman et al., 1993)
- 크게 개인 창의성과 집단 창의성으로 분류할 수 있을 것임

ㅇ 개인 창의성은 선향 조건, 창의적 행동, 인지스타일 행동, 성격, 지식, 내적 동기 부여와 함수관계를 갖지만, 집단 창의성은 사회적 영향, 환경적 영향, 집단의 구성, 집단의 특성, 집단의 프로세스에 의하여 영향을 받는 함수이다.

ㅇ 창의적인 개인들의 단순한 집합이 조직이나 국가적 창의성으로 자연스럽게 전환되지 않으며

(Fischer et al., 2005), 최근 과학기술계의 창의성 연구는 개인 창의성에서 집단, 조직 창의성으로 전환되고 있음(김왕동, 2008)

- 최근에는 기업 전체 차원에서 창의성을 발현하기 위한 노력들로 인재관리(talent management)전략이 대두(Boudreau & Ranstad, 2007)되고 있으며, 팀연구로 전환을 위한 과정을 탐구하는 연구도 활발(Hall et al., 2008; Reily, 2008)

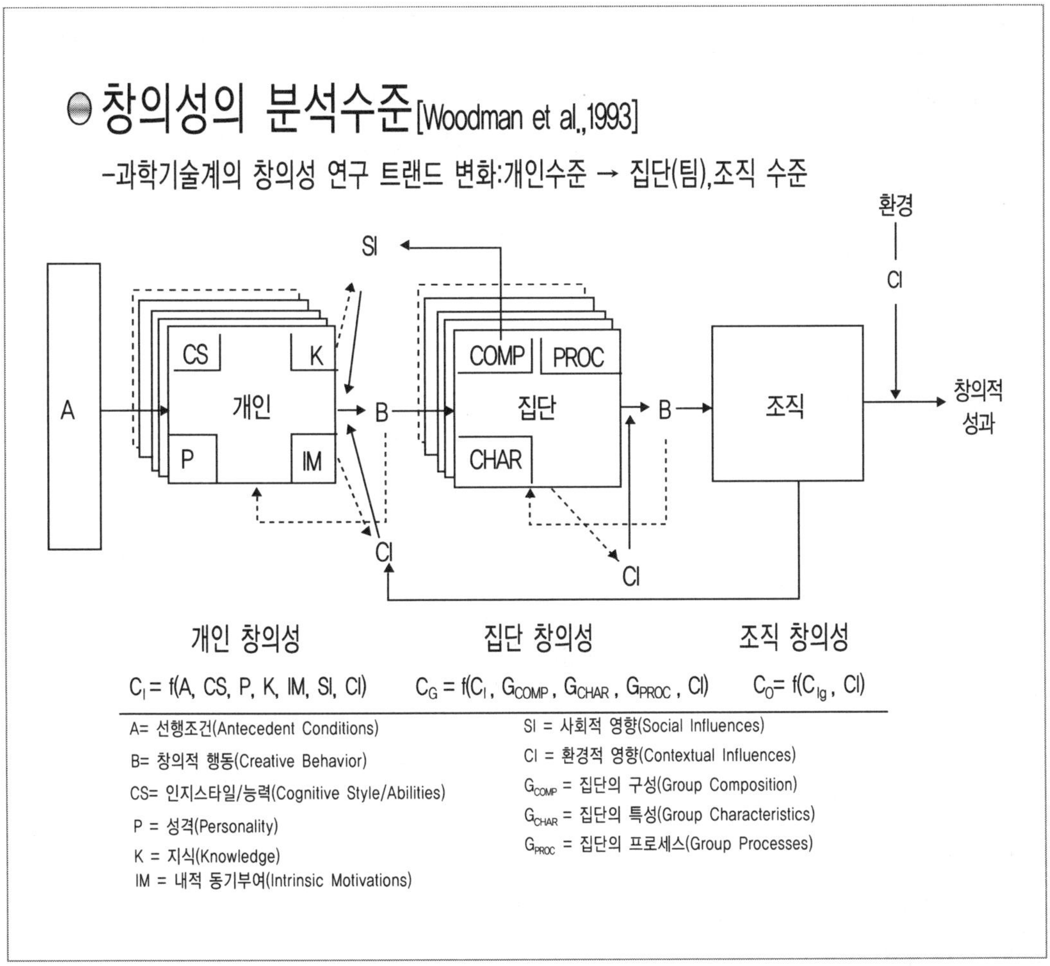

[그림 1-2] 창의성의 분석수준
출처 : 과학기술정책연구원, 2008,재인용

TEAMWORK TIP

최고의 팀을 위한 팁

지금은 직장에서 성공하려면 감성지능(Emotion Intelligence, EI)을 갖추어야 한다는 사실을 누구나 알고 있다. 그런데 팀에도 감성지능이 필요하다는 사실은 잘 모르고 있는 것 같다.

바네사와 스티븐은 IDEO, 휴렉팩커드, 헤이 그룹(Hay Group)과 같은 기업의 예를 들어 성공하는 팀의 중심에는 높은 감성지능이 존재한다는 사실을 보여준다. 이 팀들의 특징은 팀 안밖의 관계를 잘 구축하여 팀원들이 과제에 직면하는 능력을 강화시켜주려고 노력한다는 것이다.

집단이 높은 감성지능을 갖춘다는 말은 감성지능을 갖춘 구성원 개개인을 한데 모으는 식으로 단순하게 들릴지도 모른다. 그러나 실은 그렇지 않다. 팀이 높은 감성지능을 갖춘다는 것은 구성원들 간의 상호신뢰감, 집단정체성, 집단효율성을 키워줄 규범을 만든다는 말이다. 팀에 진정한 협조와 협력의 기반을 갖추어줄 이 세가지 요건은 팀 효율성을 높이기 위해 반드시 필요하다.

집단 감성지능의 구축은 조직 내에서 악의 무리를 척결하려는 식의 집단감정의 동요를 다루는 문제가 아니라 집단의 긍정적인 감성을 일부러 표출시켜서 그것이 팀의 작업에 좋은 영향을 미치도록 조성하는 일이다. 집단 감성지능의 구축은 팀의 중심에 어떤 감성들이 존재하는지를 연구하여 그것을 수용하는 것, 그리고 궁극적으로는 그것에 의지하여 팀 성과를 높이는 일이다.

더글러스 스미스, 팀 매니지먼트(이영진 역). 21세기북스, p.47.

4. 미래의 트렌드

밀레니엄 프로젝트(The Millennium Project : MP)는 글로벌 미래를 연구하는 그룹으로, 유엔을 비롯해 유엔 산하의 각 연구기관 및 다양한 국제기구와 긴밀한 협조를 통해 인류의 지속 가능성을 위한 문제해결 방안을 연구하고 있으며, 미래 전망과 더불어 더 나은 미래로 가기 위해 전 세계가 함께 해결해야할 15가지 과제를 다음과 같이 발표했다(박영숙 외 2011; 2012).

미래 주요 도전과제 15

- 기후 변화와 지속가능 발전
- 깨끗한 수자원 확보
- 인구 증가
- 민주주의의 확산
- 장기적 관점의 정책결정
- 정보통신기술의 융합
- 빈부격차 완화

- 신종 질병 위협
- 의사결정 역량 제고
- 신안보전략, 인종갈등, 테러
- 여성지위 신장
- 국제적인 범죄조직 확대
- 에너지 수요 증가
- 과학기술의 발전과 삶의 질
- 유리적 의사결정

이들은 환경과 기술의 발전에 대해 주로 언급하였으며, 이외에도 국제 경제와 관련된 다양한 도전과제를 제시하였다.

〈유엔미래보고서(State of Future)〉는 밀레니엄 프로젝트 내 3,000여 명의 전문가들이 SOFI, RTD, 퓨처스 휠, 시나리오기법 등 다양한 미래예측기법을 활용해 10년 후 미래를 예측하며, 여기에 국제기구 선행연구들을 분석한 자료를 더해 유엔 등에 보고하는 보고서이다(박영숙 외 2011; 2012).

〈유엔미래보고서 2030〉에서는 2030년의 세계에 우리가 맞이할 경제붕괴 시나리오, 불로장생 시나리오, 우주개발 시나리오 등 3가지의 가상 시나리오를 제시한다. 경제붕괴 시나리오는 기술의 발달과 자원 고갈 등이 어떤 산업을 몰락으로 몰아가고 또 어떤 산업을 부상하게 할지, 불로장생 시나리오는 기술의 발달뿐 아니라 인간 수명이 연장되었을 때 인간에게 주어지는 철학적 문제를 다룬다. 마지막으로 우주개발 시나리오는 자원고갈로 인해 우주로 그 생활 범위를 넓힐 미래에 대해 다루고 있다(박영숙 외, 2012).

〈표 1-6〉 유엔미래보고서 2030의 3가지 시나리오

경제붕괴 시나리오	불로장생 시나리오	우주개발 시나리오
▪2020년 마지막 신문이 인쇄된다. ▪바다를 선점하는 자가 미래를 지배한다. ▪농업의 미래, 유전자 변형 식품에 달려 있다. ▪3D 프린터의 무한한 가능성이 모든 산업의 기반을 바꾼다. ▪붕괴 중인 미국의 재부상 '블랙홀' 시나리오 ▪나노로 재편될 2015년 세계 질서 ▪스티브 잡스가 미래에 남겨준 또 하나의 유산 ▪친환경, 고효율 마이크로 주택이 온다. ▪유엔을 능가하는 세계기구가 능당한다. ▪세계의 화폐가 통일되고 가상공간으로 들어간다.	▪2045년 불로장생 프로젝트가 완성된다. ▪인간이라는 종의 경계가 흐릿해진다. ▪수명도 효율적으로 활용하는 미래가 온다. ▪사물인터넷이 사람의 마음을 읽는다. ▪고령화 시대, 축복인가 재앙인가? ▪생명정보공학이 교육이 모든 것을 바꾼다. ▪기술의 발달로 장애인이 사라지는 사회 ▪죽은 사람의 기억이 2045년에 다시 돌아온다. ▪영웅 없는 미래, 누가 세상을 구하는가? ▪가족의 해체, 1인 가구 시대 맞는 한국 ▪가상공간의 삶이 행복의 기준이 된다.	▪우주 개발을 위한 도전이 시작된다. ▪자원을 찾아 우주로 떠나는 첫걸음 ▪솔라 임펄스 프로젝트가 보여준 대체에너지의 무한한 가능성 ▪지구상 물의 97%, 지표면의 43%를 활용하는 미래 ▪한국도 피해갈 수 없는 기후 소송 ▪국가 이기주의가 지구를 멸망으로 몰고 간다. ▪셰일오일, 장밋빛 미래인가 양날의 검인가 ▪박테리아에 미래 에너지의 운명이 달려 있다. ▪스마트그리드가 에너지 산업에 혁명을 불러온다. ▪탄소 배출국에 대한 전 세계의 압력이 거세진다. ▪에너지도 만들고 고용도 창출하는 우주태양광

자료 : 박영숙 외(2012). 유엔미래보고서 2030. 교보문고

이러한 미래 트랜드와 관련하여 많은 직업들이 사라지고 새로이 생겨나고 있다. 또한 평균 수명의 연장에 따라 1명의 사람이 다양한 직업을 갖게 될 것이다. 유엔미래보고서 2025(박영숙 외, 2011)에서는 이러한 시대적 흐름에 따라 눈여겨보아야 할 6개 분야의 대표적 일자리 54개를 전망하였다.

〈표 1-7〉 미래 유망 직업 54

분야	직업	
경제 · 경영	■브레인 퀀트 ■최고경험관리자 ■세계 자원 관리자 ■금융기술 전문가 ■대안화폐 전문가 ■창업투자 전문가	■오피스 프로듀서 ■인재 관리자 ■매너 컨설턴트 ■개인 브랜드 매니저 ■인도 전문가
의료 · 복지	■복제 전문가 ■기억수술 전문 외과의 ■생체로봇 외과의 ■장기 취급 전문가	■두뇌 시뮬레이션 전문가 ■유전자 상담사 ■치매 치료사 ■임종 설계사
환경 · 에너지	■탄소 배출 점검 기록 전문가 ■탄소 배출권 거래 중개인 ■우주 관리인 ■에너지 수확 전문가 ■제4세대 핵발전 전문가 ■날씨 조절 관리자	■극초음속 비행기 기술자 ■종 복원 전문가 ■환경병 컨설턴트 ■미세조류 전문가 ■수소연료전지 전문가
IT · 로봇 분야	■홀로그래피 전문가 ■증강현실 전문가 ■인공지능 전문가 ■양자컴퓨터 전문가	■저오보호 전문가 ■무인 자동차 엔지니어 ■로봇 기술자 ■군사로봇 전문가
문화 · 예술	■특수효과 전문가 ■내로캐스터 ■나노섬유 의류 전문가	■캐릭터 MD ■미래 예술가 ■디지털 고고학자
생활과 여가	■아바타 관계 관리자 ■미래 가이드 ■결혼 및 동거 강화 전문가 ■세계 윤리 관리자 ■건강관리 전문가	■배양육 전문가 ■식료품 구매 대행 ■단순화 컨설턴트 ■우주여행 가이드 ■익스트림 스포츠 가이드

자료 : 박영숙 외(2011). 유엔미래보고서 2025. 교보문고

변화하는 미래트랜드에 맞추어 전망할 수 있는 것은 직업뿐만이 아니다. 2020 미래교육보고서(박영숙, 2010)는 미래사회, 미래교육의 변화를 예측해야 경쟁력있는 미래인재를 키울 수 있다고 주장한다.

그렇다면 미래교육의 메가트랜드는 무엇인가?

박영숙(2010)은 미래교육의 메가트랜드를 집단지성과 적시학습이라 주장한다. 집단지성이란 '데이터 · 정보 · 지식, 소프트웨어 · 하드웨어들이 독립된 요소로 활동할 때보다 더 나은 결정을 도출하는 적시적인 지식을 생산하기 위한 피드백 과정을 통해 지속적으로 학습하는 전문가들에 의해 상승작용

으로 만들어지는 새로운 자산'으로 정의된다.

나보다 더 똑똑한 '우리'라는 집단지성은 이미 여러 국가에서도 집단지성을 개선하는 것을 국가적 목표로 삼았다. 교육과 지식 습득의 수단으로 수많은 교과서와 참고서들이 출판되나, 빠르게 변화하는 지식 · 정보의 사회에서 이는 곧 낡고 틀린 정보를 가르치게 된다. 이러한 변화에 대응하기 위해서는 전통적인 종이 책보다 전 세계가 하나로 연결된 온라인 웹이 더 가능성있다는 것이다(박영숙, 2010).

적시학습은 암기 학습의 교육목표 달성 실패, 개인화 학습에 대한 욕구, 인공 지능 분야에서의 지속적인 진보, 모든 분야에서 급속하게 변화하고 있는 지식을 따라잡기 위한 유일한 방법이라는 생각으로, 생활 혹은 지적인 능력을 시와 때에 맞춰 가장 적당한 시기에 학습하는 것이다(박영숙, 2010).

이러한 집단지성이 만들어지고 적시학습을 할 수 있는 도구, 즉 대형 지식포털이 만들어지면 누구나 자신이 원하는 교육을 그것이 구현되어 있는 곳이며 어디서나 받을 수 있게 된다. 사람들은 더욱 자신감을 갖게 되고 능력이 증대될 것이다. 기업은 더욱 효율적이 되며, 국가는 경제발전을 개선할 수 있게 되고, 사회는 더욱 실용적이고 조화로워질 것이다. 교육 훈련비용은 낮아지며 거의 무료 사용이 가능해진다. 직업을 바꾸는 일도 더욱 쉬워져 인적자원의 활용을 증대할 수 있게 된다. 암기 학습은 실로 유의미한 학습의 초석인 반성적 사고를 위한 여지를 위해서만 존재하고 기본적으로는 감소할 것이다(박영숙, 2010).

5. 미래의 기술[3]

대외 환경의 급격한 변화 속에서 국가 및 기업의 지속적 성장을 위해 세계 주요국들과 기업들은 한정된 자원의 효율적 활용을 통한 경쟁력 유지 · 확보의 노력을 경주하고 있다. 그러나 미래기술 관련 정보에 대한 관심과 중요성에도 불구하고 많은 기업, 기관들이 미래 기술 발굴과 관련된 직업을 적극적으로 수행하고 있지 못하거나 외부 정보에 의존하는 게 현실이다.

이에 국가과학기술 기획 및 평가, 예측의 전문기관인 KISTEP은 전 기술분야를 대상으로 기술이 가져올 경제 · 사회적, 기술적 파급효과의 관점에서 미래유망기술을 발굴하여 제시하였다.

미래유망기술을 선정한 국내외 사례는 다양하게 있다. 먼저 외국 주요사례의 경우, 미국 MIT에서는 2001년부터 매년 다양한 분야에 걸쳐 그 해에 주목할 만한 기술을 10개씩 선정하여 'Technology

3 김상일 외(2012)의 연구를 재구성 함

Review' 저널에 발표하였다.

〈표 1-8〉 MIT의 2011년 Emerging Technologies

1	Social Indexing	6	Crash-Proof Code
2	Homomorphic Encryption	7	Cancer Genomics
3	Smart Transformer	8	Separating Chromosomes
4	Cloud Streaming	9	Solid-State Battery
5	Gestural Interface	10	Synthetic Cells

뿐만 아니라 미국 IBM에서는 전 세계에 있는 연구소가 개발 중인 신기술을 토대로 향후 5년간 세상을 변화시킬 5가지 기술혁신을 'Next 5 in 5'라는 이름으로 2006년부터 매년 발표해 왔다. 이는 IBM 내부 연구소에서 제시되는 혁신적 아이디어, 연구 프로젝트, 구상들을 후보로 하고 있으며, 전자기기에서 식품에 이르는 다양한 분야의 예상되는 트랜드를 대상으로 한다.

〈표 1-9〉 IBM의 2011년 Next 5 in 5

	Class	Innovation with the potential to change
1	Energy	People power will come to life
2	Security	You will never need a password again
3	Mind-reading	Mind reading is no longer science fiction
4	Mobile	The digital divide will cease to exit
5	Analytic	Junk mail will become priority mail

이외에도 인간 경험, 비즈니스 경험, IT적 경험으로 나눈 가트너(Gartner) 사(社)의 'Top 10 Strategic Technologies for 2012', 미래의 생활에 미치는 영향도를 고려한 포브스(Forbes) 잡지의 'Top 10 Technologies for 2012'도 있다.

국내 주요사례는 2011년 한국 전기연구원이 기술성, 시장성, 공정성, 기술공급성 등을 바탕으로 기존 산업에 비해 부가가치가 높고 신산업 창출의 기회를 제공할 것으로 예측되는 기술들을 대상으로 유망기술을 선정한 '미래 유망 전기융합기술 11선'이 있다.

〈표 1-10〉 한국전기연구원의 2011년 미래유망 전기융합기술

1	초고자장 수처리 기술	7	테라페르츠파 진단 장치
2	소형 핵전지	8	비살상 전자파 무기
3	도시형 풍력발전	9	전자기 발사장치
4	전기차 무선 충전 시스템	10	소비자 전력정보 시스템
5	초전도 전기추진 선박	11	지능형 에너지 섬유
6	마그네틱 약물전달시스템		

또한 한국정보화진흥원에서는 사회 메가트랜드 분석을 통하여 미래 사회의 수요가 반영된 10대 유망기술을 선정하였다. 이는 기술의 성숙 가능성, 시장의 요구, 사회적 파급효과 등을 고려하여 선정한 것으로서 Bottom-Up 방식으로 88개 기술이슈를 분석한 후 개념적 수준, 이슈간의 통합여부를 고려하여 비슷한 이슈끼리 그룹핑하였다.

〈표 1-11〉 한국정보화진흥원의 2020년 10대 미래기술

1	3D TV Service	6	Chilled Beam Cooling
2	Human Augmentation	7	Erasable Paper Printing System
3	Humanoid Robot	8	Electronic Vehicle
4	Smart Pills	9	Cognitive Radio
5	Solar Energy System	10	Tera-Architecture

이외에도 삼성경제연구소는 현재 연구개발 중인 첨단 기술의 혁신성, 시장매력도, 향후 3년 이내 구현 가능성 평가를 통해 '2011년 글로벌 10대 유망기술'을 선정하였으며, 한국과학기술정보연구원은 Hybrid형 발굴 프로세스를 통해 '미래유망기술(2011)'을 발굴하였다.

2012년 KISTEP 10대 미래유망기술 선정작업은 미래유망기술 후보군 도출을 위한 기술 전문가 대상 인터뷰 및 설문, 유망기술로서의 적절성 평가, 우선순위 평가를 통한 최종 미래유망기술 확정 등 크게 3단계로 구성되었다.

〈표 1-12〉 2012년 KISTEP 10대 미래유망기술

1	암 바이오 마커 분석기술	6	초전도 송전기술
2	실시간 음성자동통역기술	7	디지털 홀로그래피 기술
3	스핀 트랜지스터	8	바이오 플라스틱
4	미생물연료전지(MFC)	9	4G+ 이동통신 기술
5	슈퍼독감백신	10	친환경 천연물 농약

이는 지난 3년간의 미래유망기술 선정 작업과 비교하여 경제・사회적, 기술적 파급효과를 중심으로 하여 미래기술을 선정하였다는 점에서 의미를 가진다.

〈표 1-13〉 2009년 KISTEP 10대 미래유망기술

1	뇌-기계 인터페이스	6	지능공간 인지통신 기술
2	RNA기반 치료제 개발 기술	7	역분화 줄기세포
3	그래핀 나노구조체	8	인체통신 기술
4	무공해 저급석탄 에너지 기술	9	인지로봇 기술
5	연료감응 태양전지	10	퍼스널 라이프로그 기술

〈표 1-14〉 2010년 KISTEP 10대 미래유망기술

1	입는 컴퓨터	6	Home Healthcare System
2	3차원 디스플레이	7	고효율 휴대용 태양전지
3	간병 도우미 로봇	8	스마트 원자로
4	다목적 백신	9	무선전력송수신기술
5	유전자치료	10	Eco-Energy Zero 건축

〈표 1-15〉 2011년 KISTEP 10대 미래유망기술

1	전기자동차 급속 충전기술	6	CO2 흡수・저장 소재
2	양자암호기술	7	리튬에어전지
3	$2 LED 램프	8	전염성 병원체 검지 로봇시스템
4	원터치 건강 진단 서비스	9	광범위 작용 항미생물제제
5	$100 Rollable Tablet PC	10	현장 진단 유전자 증폭기술

〈표 1-16〉 2012년 KISTEP 10대 미래유망기술과 2009~2011년 유망기술과의 비교

년도	선정관점	주요특징	선정방법
2009년	■향후 10년간 예상되는 경제적 파급효과를 강조	■미래성장성이 높은 4개 기술분야(IT, BT, NT, ET)를 중심으로 추진	■협업지성(Wiki)을 활용한 전문가들의 활발한 토론과 협의
2010년	■기술수요자의 의견과 시각을 담을 수 있도록 추진	■과학기술 전 분야를 대상으로 범위 확대 ■시민패널 구성 · 운영 ■전문가 평가 함께 진행	■후보기술 도출을 위한 설문 조사 ■시민패널 평가 및 전문가 평가 함께 수행
2011년	■사회적 단 · 중기 현안 및 이슈에 대응할 수 있는 미래유망기술	■미래사회 전망 등을 토대로 중 · 단기 미래이슈 발굴 ■미래 핵심이슈 도출을 위한 일반 국민 설문 ■핵심이슈 대응형 미래유망기술 도출	■핵심이슈 선정을 위한 일반 국민 대상 설문조사 ■이슈별 과학기술적 대응방안 및 미래유망기술 후보군 도출 전문가 워크샵
2012년	■국가 경제 · 사회적, 기술적 파급효과가 큰 미래유망기술	■기술적 특성이 가져올 수 있는 경제 · 사회적, 기술적 파급효과가 클 것으로 예상되는 기술 발굴 ■경제 파급효과 중심의 유망기술 도출	■후보기술 도출을 위한 정부출연연구기관 전문가 및 정부연구과제 참여 연구진 대상 설문조사 ■최종검토대상 선정을 위해 일반인 평가결과와 전문가 평가결과 동시 활용

생각을 확장하는 페이지 | GROUP GENEUS 집단 창조성

한 명의 천재가 세상을 이끄는 시대는 지났다!

나는 경영컨설턴트로 10년째 일하고 있으며 시티은행(City Bank)이나 유에스웨스트(U. S. West)같은 대기업들의 혁신을 도와주고 있다. 시카고대학교에서 심리학 박사학위를 받은 것을 시작으로 15년 동안 줄곧 창의성에 관한 연구를 해온 나는 아직도 고등학생이나 대학생 때처럼 재즈 피아노 연주를 즐긴다.

내가 쌓아온 이런 전문성을 눈여겨본 CNN은, 2006년에 '천재'에 대해 다루는 한 시간짜리 특집 프로그램에 출연해달라고 제안을 했다. 의학전문기자 산제이 굽타(Sanjay Gupta)가 진행하는 프로그램이었다. CNN의 출연 제안을 수락하는 데는 그리 오래 걸리지 않았다. 출연을 결정한 뒤 나는 시청자들의 흥미를 끌 만한 새로운 소재를 찾아야만 했다.

당시 나는 프로그램 참석자들과 함께 시카고의 아이오(io) 극장에 가서 마이크 마이어스(Mike Myers), 티나 페이(Tina Fey), 크리스 팔리(Chris Farley)가 공연하는 유명한 즉흥극(improv)을 보았다. 그들에게 연극배우들이 무대 위에서 어떻게 협력하고 있는지 보여주고 싶었기 때문이다. 그리고 이를 통해 내가 진행하는 연구와 실제로 협력이 이루어지는 상황이 결코 다르지 않다는 점을 알려주고 싶었다. 협력(collaboration)이야말로 창의성의 한계를 뛰어넘는 비결이라고 나는 생각한다. 나는 10년 동안 시카고의 즉흥극 극단에 소속된 배우들이 무대 위에서 즉흥적으로 대사를 만드는 방법을 연구하면서 협력이 집단 즉흥극의 성패를 좌우하는 열쇠임을 확신하게 되었다.

내가 출연을 수락한 CNN프로그램의 나머지 시간은 두뇌 스캐닝과 꼬마 천재에 관한 이야기로 채워졌다. 하지만 창의력에 대해 다룰 때는 내가 처음으로 언급한 '그룹 지니어스' 에 초점이 맞춰졌다.

심리학자들은 신기술을 이용해 두뇌의 활동 모습을 촬영하는 직접적인 방식이나 정교한 실험 같은 간접적인 방식을 활용해 인간의 사고를 연구해왔다. 창의력에 관한 연구를 시작했을 때 나 또한 그런 방법으로 접근했으며, 사람들이 창의력을 발휘할 때 어떤 사고를 하는지 조사했다. 또 재즈 연주자들의 즉흥연주에 대한 이론을 정립하기도 했다.

하지만 얼마 가지 않아 개인에게 초점을 맞추는 접근법은 한계가 있다는 점을 깨달았다. 나는 여러 해 동안 재즈 피아노를 연주하면서 한사람의 사고를 규명하는 것만으로는 재즈연주의 성패를 좌우하는 요인이 무엇인지 알 수 없다고 확신하게 되었다. 예를 들면, 연주하는 동안 전혀 예상하지 못한 미세한 음악적 변화가 나타나서 연주의 성패를 좌우하는 경우도 있었다. 하지만 이러한 연주에 대한 책임은 어느 개인에게 있지 않았다. 재즈 연주란, 개별 연주자들이 아니라 그룹 자체가 하나의 단위로서 악상을 표현하고 책임지는 것이기 때문이었다.

비즈니스 세계에서 나는 한 팀의 탁월한 협력, 즉 그룹 지니어스를 통해 혁신이 이루어지는 과정을 수없이 지켜보았다. 대학을 졸업하던 1980년대 초, 나는 세계적인 게임업체 아타리(Atari)에서 비디오 게임을 디자인하며 사회생활을 시작했다. 아타리에서 출시된 게임들은 모두 끊임없는 협력과 의견교환을 거치며 진화를 거듭했다. 나는 날마다 게임 디자이너들과 이야기를 나눴고, 새로운 게임 아이디어를 얻기 위해 끊임없이 브레인스토밍 했다. 그들은 주로 게임 캐릭터들이 뛰고 달리고 총을 발사하는 애니메이션 연속동작을 작업하던 그래픽 디자이너들, 그리고 게임에 꼭 필요한 효과음을 만들어주던 연주자들이었다.

그 후 나는 경영컨설턴트가 되어 시티은행에 새로운 혁신 기법을 조언해주었다. 이때 고맙게도 CEO 존 리드(John Read)에게 현금자동인출기와 신용카드로 날마다 수익을 내려면 어떻게 핵심인재로 팀을 구성해야 하는지를 배우기도 했다.

재즈 연주와 비즈니스 세계에서 얻은 이런 경험 덕분에, 나는 대학원에 들어간 지 얼마 되지 않아서 개인의 사고를 분석하거나 연구하는 것만으로는 그룹 지니어스를 설명할 수 없다는 사실을 깨달았다. 나는 곧바로 창의성을 연구하는 데 필요한 다른 대안적 접근법이 없는지 조사하기 시작했고, 바로 그때 '상호작용 분석(interaction analysis)' 을 발견했다. 이 분석 기법을 통해 나는 사람들 사이의 협력이 창조적 힘을 자극하여 매우 강력한 통찰력을 이끌어낸다는 개념을 체계적으로 정리할 수 있었다. 또한 즉흥극의 대사에 적용하여 전혀 예상하지 못한 탁월한 통찰력을 그룹 단위로 얻을 수 있는 방법을 알아냈다. 이 분석 기법은 일상적인 대화나 비즈니스 미팅, 그리고 브레인스토밍에 적용했을 때 많은 도움을 얻을 수 있었다.

최근에 나는 네트워크로 연결된 오늘날의 경제 상황을 이해하는 데 이 분석 기법을 활용했다. 예를 들어, 구글(Google)의 협력적이고 즉흥적인 문화에서 구글어스(Googole Earth)와 같은 새로운 아이디어가 탄생된 사례, 시스코(Cisco)의 혁신적 네트워크 기술로 인해 직원들의 협력관계가 돈독해진 사례를 분석하면서 협력에 대한 새로운 관점을 보다 확실히 이해할 수 있었다.

지금까지 내가 연구한 바에 따르면, 세계적인 디자인회사 아이데오(IDEO)나 애플컴퓨터(Apple Computer)같은 실리콘밸리의 첨단 기업뿐만 아니라 3M과 고어(W.L.Gore), 그리고 고도의 기술력을 가진 연구소 같은 제조업체에 이르기까지 성공한 기업은 모두 협력에 기초하고 있었다. 실제로 창의적인 활동이 활발한 기업들이 협력 네트워크를 통해 텔레비전, 비행기, 이메일, 그리고 보드게임인 모노폴리(Monopoly)와 같은 혁신적인 발명품을 만들어냈다.

따라서 나는 비행기와 전신 같은 역사적으로 의미 있는 발명품에서부터 이메일과 산악자전거 같은 최근의 발명품에 이르기까지 중요한 혁신 사례들을 수집했다. 그 결과, 이런 발명품들은 모두 오랫동안 아이디어의 연쇄작용을 거쳐 완성되었고, 중도에 사장될 위기를 여러 차례 넘겼으며, 즉흥적인 대화를 거쳐 이미 제시된 아이디어를 재해석했다는 사실을 알아냈다. 이러한 혁신 사례들은 모두 보이지 않는 협력 네트워크를 통해 이루어진 것이었다. 이 책에는 즉흥극 극단의 교훈을 비롯해 나의 연구 결과들, 그리고 보이지 않는 협력 네트워크를 다룬 다른 사회과학자들의 연구 결과가 정리되어 있다. [Group Genius의 저자 Keith Sawyer의 머리말 중에서]

학습 문제 | Quiz for Summary

◆ 객관식 문항

1. 미래 사회의 변화와 거리가 먼 내용은?

① 경쟁 심화(무한 확장, 무한 경쟁)

② 개인화, 다원화 확산

③ 가상공간의 가치 감소

④ 디지털과 휴머니즘의 결합

2. 미래 인재상과 거리가 먼 내용은?

① 창의적 인재

② 융합적 인재

③ 협력적 인재

④ 지역사회 역량

3. 미래 핵심 역량 중에서 팀워크 역량과 가장 거리가 먼 내용은?

① 창의력

② 의사소통능력

③ 대인관계능력

④ 정보수집능력

4. 개인 창의성에 영향을 주는 요인이 아닌 것은?

① 선행 조건

② 창의적 행동

③ 인지스타일 행동, 성격, 지식, 내적 동기 부여

④ 환경적 영향

5. 집단 창의성에 영향을 주는 요인이 아닌 것은?

① 사회적 영향

② 집단의 특성

③ 집단의 프로세스

④ 인지 스타일 행동

◆ 주관식

1. 다음은 가드너가 주장한 미래 마인드이다. A, B, C 괄호 속의 적당한 미래 마인드는?

[A] 훈련된 마음과 종합하는 마음을 토대로 새로운 경지를 개척하는 마음이다. [A]는 새로운 아이디어를 내고, 익숙하지 않은 질문을 제기하며, 참신한 사고방식을 불러일으키고, 예기치 못한 해답에 도달한다. 결국 이러한 창조물들은 지식 있는 소비자들에게 받아들여지게 된다. [A]는 아직 어떠한 규칙이 지배하지 않는 영역에 머물러 있기 때문에, 가장 발달된 컴퓨터나 로봇보다 적어도 한 걸음 이상 앞서려고 노력한다.

[B]는 개인 및 집단 간의 차이점에 주목하고 그것을 받아들이며, '타자들'을 이해하려고 노력하고, 그들과 효율적으로 일하려고 애쓴다. 모든 사람이 상호 연결된 이 세계에서 편협함과 무례함은 통용되지 않는다.

[C]는 인간의 노동의 본질과, 우리가 사는 사회의 욕구와 욕망에 대해 깊이 생각할 줄 아는 마음이다. 이 마음은 사람들이 어떻게 개인의 이익을 넘어서 더 큰 목적에 봉사 할 수 있는지, 그리고 어떻게 시민들이 사회 전체의 이익을 증진시키기 위해 헌신적으로 일할 수 있는지를 개념화한 마음이다. [C]는(은) 이러한 분석에 기초하여 작용한다.

2. 다음 글에서 A와 B에 적당한 단어는?

> 심리학자들은 신기술을 이용해 두뇌의 활동 모습을 촬영하는 직접적인 방식이나 정교한 실험 같은 간접적인 방식을 활용해 인간의 사고를 연구해왔다. [A]에 관한 연구를 시작했을 때 나 또한 그런 방법으로 접근했으며, 사람들이 창의력을 발휘할 때 어떤 사고를 하는지 조사했다. 또 재즈 연주자들의 즉흥연주에 대한 이론을 정립하기도 했다. 하지만 얼마 가지 않아 개인에게 초점을 맞추는 접근법은 한계가 있다는 점을 깨달았다. 나는 여러 해 동안 재즈 피아노를 연주하면서 한 사람의 사고를 규명하는 것만으로는 재즈연주의 성패를 좌우하는 요인이 무엇인지 알 수 없다고 확신하게 되었다. 예를 들면, 연주하는 동안 전혀 예상하지 못한 미세한 음악적 변화가 나타나서 연주의 성패를 좌우하는 경우도 있었다. 하지만 이러한 연주에 대한 책임은 어느 개인에게 있지 않았다. 재즈 연주란, 개별 연주자들이 아니라 [B] 자체가 하나의 단위로서 악상을 표현하고 책임지는 것이기 때문이었다.

객관식

1. [정답] ③
   [해설] 미래 사회에서는 경쟁 심화(무한 확장, 무한 경쟁), 개인화, 다원화 확산, 가상공간의 가치 증대, 디지털과 휴머니즘의 결합, 사회적 자본으로써 '신뢰' 강화 등의 특징을 갖는다.

2. [정답] ④
   [해설] 지역적 역량보다는 글로벌 역량 인재가 필요하다.

3. [정답] ④
   [해설] 정보수집능력은 다른 역량에 비하여 팀워크 역량과 다소 거리가 있는 역량이다.

4. [정답] ④
   [해설] 개인 창의성은 선행 조건, 창의적 행동, 인지스타일 행동, 성격, 지식, 내적 동기 부여와 함수관계를 갖지만, 집단 창의성은 사회적 영향, 환경적 영향, 집단의 구성, 집단의 특성, 집단의 프로세스에 의하여 영향을 받는 함수이다.

5. [정답] ④
   [해설] 개인 창의성은 선행 조건, 창의적 행동, 인지스타일 행동, 성격, 지식, 내적 동기 부여와 함수관계를 갖지만, 집단 창의성은 사회적 영향, 환경적 영향, 집단의 구성, 집단의 특성, 집단의 프로세스에 의하여 영향을 받는 함수이다.

주관식

1. [정답]
   A. Creating Mind(창조하는 마음)
   B. Respectful Mind(존중하는 마음)
   C. Ethical Mind(윤리적인 마음)
   [해설] 가드너는 미래 마인드로서 다음과 같이 5가지 마인드를 주장하였다.

Disciplined Mind (훈련된 마음)
Synthesizing Mind (종합하는 마음)
Creating Mind (창조하는 마음)
Respectful Mind (존중하는 마음)
Ethical Mind (윤리적인 마음)

2. [정답] A. 창의성 B. 그룹 또는 집단
[해설] 위 글은 키스 소여 교수의 집단 창의성에 관한 글로서 개인의 창의성이 아닌 집단의 조직과 창의성을 강조한 글이다.

학습 내용 정리 | Mind Mapping

1. 미래 사회의 변화 특징은 경쟁 심화(무한 확장, 무한 경쟁), 개인화, 다원화 확산, 가상공간의 가치 증대, 디지털과 휴머니즘의 결합, 사회적 자본으로써 '신뢰' 강화 등의 특징을 갖는다.
2. 가드너가 제시한 미래 마인드는 Disciplined Mind(훈련된 마음), Synthesizing Mind(종합하는 마음), Creating Mind(창조하는 마음), Respectful Mind(존중하는 마음), Ethical Mind(윤리적인 마음)이다.
3. 미래 인재는 창의성, 전문성, 도전정신, 도덕성, 팀워크, 글로벌역량, 열정, 주인의식, 실행력 등을 갖춘 인재이다.
4. 많은 학자들은 미래 핵심 역량으로 '창의력', '문제해결력', '의사소통능력', '정보처리능력', '대인관계능력', '자기관리능력'을 공통적으로 제시하고 있다.
5. 개인 창의성에 영향을 주는 요인은 선행 조건, 창의적 행동, 인지스타일 행동, 성격, 지식, 내적 동기부여와 함수관계를 갖지만, 집단 창의성은 사회적 영향, 환경적 영향, 집단의 구성, 집단의 특성, 집단의 프로세스에 의하여 영향을 받는 함수이다.

생각해 볼 문제 | Reflection & Discussion

① 미래 사회의 변화와 인재상으로 비추어볼 때, 팀워크 리더십은 매우 중요함을 알 수 있다. 그 이유가 무엇인지 생각해보고, 우리 직장에서 팀워크의 관점에서 볼 때 미래 경쟁력을 예측해보자.
② 다음은 실제로 드림팀이라 불리던 미국 농구 대표팀의 기사이다. 이 기사를 읽고 왜 이 팀이 실패를 했는지 생각해 보자.

[일간스포츠] 입력 2006.12.04 10:51 / 수정 2006.12.04 14:04

아무리 뛰어난 전력을 갖고 있어도 끈끈한 조직력과 파이팅이 없으면 모래성처럼 일시에 허물어질 수 있다는 사실을 보여준 사례는 바로 프로스포츠가 가장 발달한 미국이다. 자신들의 프로리그를 세계 최강이라고 하며 월드~'라고 부르는 종목에서 잇달아 패배. 여러차례 망신을 당했다.

농구 종가 미국은 지난 9월 1일 일본에서 열린 세계농구선수권대회 준결승전에서 그리스에 충격적인 패배를 당하면서 '드림팀'에 또다시 망신살이 뻗쳤다.

대학 최고의 명장 마이크 슈세프스키 듀크대 감독이 팀을 확 바꾸면서 떨어진 자존심을 곧추세우려고 발버둥 쳤지만 결과는 허무한 패배였다. 미국 언론은 "졌다는 게 놀랍지도 않다" "새 팀도 결과는 똑같았다"며 혹평을 서슴지 않았다.

미국 농구가 악몽에 시달리기 시작한 것은 2002년. 92년 바르셀로나 올림픽부터 NBA 농수선수들의 출전이 허용되면서 미국은 세계농구를 갖고 놀았고 국제대회 58연승을 구가했으나 2002년 세계선수권 대회에서 예선에서 아르헨티나에 발목이 잡혔다.

여기에 8강전과 5~6위전에서 각각 유고슬라비아와 스페인에게 져 6승 3패로 6위에 머물렀다. 한번 추락하기 시작하자 끝이 없었다. 딤 덩컨 앨런 아이버슨 스테판 마버리 등 스타들이 총출동한 2004년 아테네올림픽에서는 예선부터 리투아니아 등에 두들겨맞아 '드림팀'이 아니라 '드럼팀'이라는 치욕적인 별명이 붙었고 급기야 올해 세계선수권대회에서 6연승으로 잘 나가다 그리스에 발목이 잡혔다.

개인 플레이를 하는 선수를 배제하고 책임감있는 선수를 뽑는다고 뽑았지만 약점이 한 번 잡히자 '드림팀'의 면모는 온데간데 없었다.

그뿐 아니다. 자신들의 프로리그 우승자 결정전을 '월드시리즈'라고 부르는 야구에서 미국은 지난 3월 '월드 베이스볼클래식'이라는 거창한 타이틀을 내걸고 안방에서 잔치를 벌였지만 캐나다와 한국에 잇따라 패해 농구에서의 처참한 망신을 또다시 되풀이했다.

준비를 철저히 하지 않으면 최강의 팀이라도 언제든 몰락할 수 있음을 아이러니하게도 돈을 가장 많이 받는 미국 프로선수들이 가르쳐주고 있다.

출처: http://article.joinsmsn.com/news/article/article.asp?ctg=14&Total_ID=2526352

미래 바퀴 기법 | 팀워크 계발 활동 TEAM BUILDING

◈ Jerome C. Glenn은 Futures Wheel 예측 기법을 제시하였다. 이 기법은 미래 시사회, 기술의 모습을 팀으로 예측해보는 활동의 도구로 활용될 수 있다(박영숙 · 제롬글렌 · 테드고든, 2007). 이 기법을 활용하여 미래 사회의 트랜드를 미래 기술을 중심으로 예측해보자.

◈ 절 차

1. 1차 트랜드, 2차 트랜드, 3차 트랜드, 아이디어를 짜내는 브레인스토밍 토론 과정을 구조화한 것으로 마인드 매핑으로 영향을 분석한다.
2. 각 요인간의 관계 고리로서, 1차 단선, 2차 두 줄, 3차 세 줄로 구분하기도 한다.
3. 가능하면 만장일치의 원칙(rule of unanimity)에 따르고 합의된 것만 그림에 포함시킨다.
4. 미래 트랜드는 우선 미래의 기술을 신소재, 로봇, 생명공학, 에너지, IT, 건설 기술으로 범주화한다.(1차 바퀴 트랜드)
5. 1차 바퀴의 미래 핵심 기술을 토론으로 제시한다. (2차 바퀴 트랜드)
6. 2차 바퀴의 기술로 인하여 변화되는 미래 사회 트랜드를 제시해보자. (3차 바퀴 트랜드)
7. 팀의 미래 바퀴 트랜드를 발표해 보자.

◈ 작성 예:

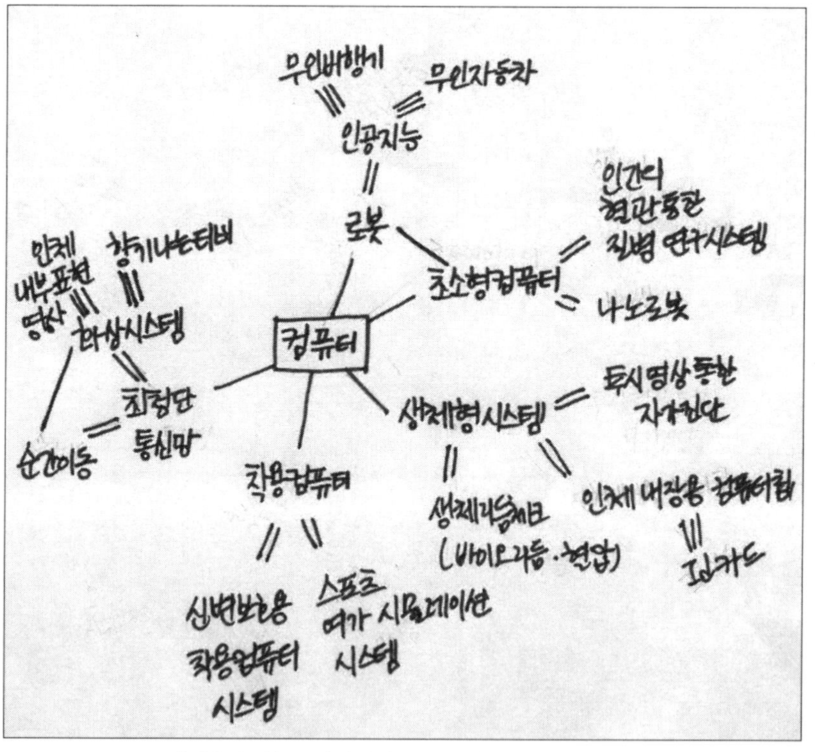

[컴퓨터 기술로 한정하여 기술 트랜드를 그려본 예]

또한 Future's Wheel 예측 기법의 3번째 버전으로 역사적 영향들, 현재 상관관계, 미래 결과를 입체적으로 제시하여 콘 모양으로 작성할 수 있다. 이 모델은 3개의 팀이 각각 작성하여 통합할 수도 있다(박영숙·제롬글렌·테드고든, 2007).

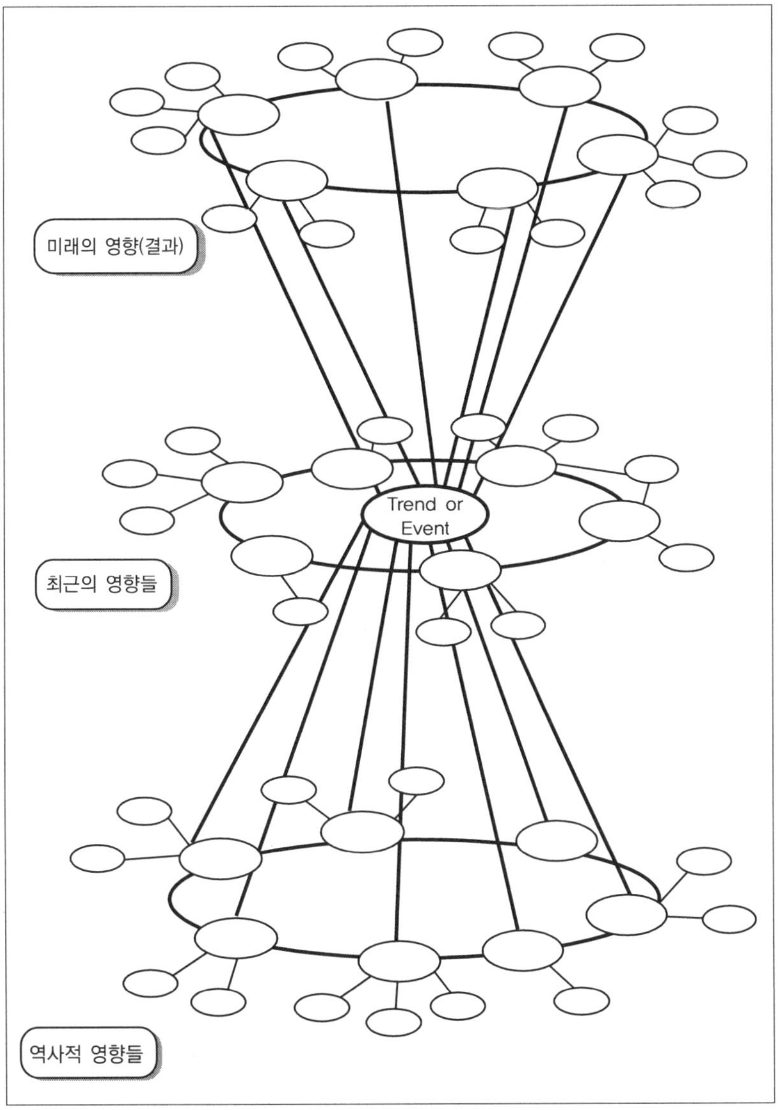

참고문헌

과학기술정책연구원(2008). 창의적 과학기술 인재양성을 위한 정책 추진 방안 연구. 교육과학기술부 자문조사 08-05.

김상일, 한종민, 김주희(2012). 2012년 KISTEP 선정 10대 미래유망기술. 한국과학기술기획평가원.

김왕동(2008). 공공연구개발조직의 창의성 영향 요인 및 특징- 선진국 사례를 중심으로. 제1회 연구개발정책포럼 자료.

김한영 역(2008). 미래마인드(하워드 가드너 저). 재인.

박영숙, 제롬 글렌, 테드 고든(2007). 전략적 사고를 위한 미래예측. 서울: (주)교보문고.

박영숙(2010). 2020 미래교육보고서. 경향미디어.

박영숙, 제롬 글렌, 테드 고든, 엘리자베스 플로레스큐(2011). 유엔미래보고서 2025. 교보문고.

박영숙, 제롬 글렌, 테드 고든, 엘리자베스 플로레스큐(2012). 유엔미래보고서 2025. 교보문고.

백윤수 외(2012). 융합인재교육(STEAM) 실행방안 정립을 위한 기초 연구. 한국과학창의재단.

이영진 역(2004). 팀 매니지먼트(더글러스 스미스 저). 21세기북스.

이호준 역(2005). 그룹 지니어스(Keith Sawyer의 Group Genius). 북섬.

진미석 외(2008). 국가 교육과학기술정책의 전과 전략. 교육과학기술부, 한국직업능력개발원.

최유현(2008). 공학기술과 팀워크. 지호.

한국정보화진흥원(2009). 트렌드로 보는 미래사회의 5대 특징과 준비 과제. 제8호. (2009.10.20.).

Smith, K. A. (2004). Teamwork and Project Management. 2nd Ed. Boston: MaGraw-Hill.

Stewart, G. L., Manz, C. C. & Sims, Jr, H. P. (1999). Team Work and Group Dynamics. New York: John Wiley & Sons, INC.

Wellins, R. S., Byham, W. C. & Willson, J. M. (1991). Empowered Teams: Creating self-directed work groups that improve quality, productivity, and participation. San Francisco, CA: Jossy-Bass Inc.

Part 01 팀워크의 기초

02

팀워크의 이론적 기초

| 주요 개념 | 팀(team), 팀 효과, 팀의 유형, 팀의 발달과정

02 팀워크의 이론적 기초

□ **학습 목표**

① 집단과 팀을 구분하여 팀의 의미를 말할 수 있다.
② 팀의 필요성과 효과를 제시할 수 있다.
③ 팀의 유형과 학습 팀의 유형을 이해하고, 이를 바탕으로 바람직한 팀의 유형을 설명할 수 있다.
④ 팀의 발달과정을 사회화 과정과 더불어 이해하고, 각 단계에서의 좋은 징후와 나쁜 징후를 이해할 수 있다.

□ **학습으로의 초대**

우리는 앞 주제에서 기업인으로서, 팀에서 일하는 구성원으로서 왜 팀워크와 팀 리더십이 필요한지를 확인하였다. 그리고 미래의 인재는 팀워크 능력이 기본이 됨을 알 수 있었다. 즉 팀에 대한 필요와 가치, 그리고 기업의 성공을 팀워크의 수준에 따라 결정되는 것을 인식하게 되었다.
많은 학자들은 오래전부터 팀에 대하여 관심을 갖게 되고 팀에 대한 심리적, 사회적, 경영학적, 교육적 논의들이 활발하게 다루어지지고 있다. 즉 그 논의의 주제와 타이틀은 다음과 같은 것들이다.

Teamwork 팀워크
Teamship 팀리더십 + 팔로우십
Team Leadership 팀 리더십
Team Dynamics 팀 역동성
Team Building 팀 세우기
Teamworking 팀으로 일하기
Group Dynamics 집단 역동성
Empowered Teams 강화된 팀

이들을 대표할 수 있는 것이 팀워크인지는 몰라도 이런 타이틀로 논의하는 연구나 저서들을 보면 대체로 공통적인 논의의 주제를 찾을 수 있다.
즉 팀 목표, 팀 강령, 팀 조직, 팀 유형, 성공적 팀 등의 기초적 이론부터 팀워크에 작동하는 팀 책무성, 팀 리더십, 의사소통, 갈등관리, 창의성, 문제해결, 의사결정 등의 실제적 기술과 전략, 그리고 팀을 모니터링하고 보상하는 논의까지 다루고 있다.

결국 성공적인 팀은 우연히도 타고난 팀 리더십을 가진 사람이 태어나거나 환상의 팀 구성원을 만날 경우에 가능할지 모르지만, 훌륭한 팀, 성공적 팀을 위해서는 팀에 대한 이론과 기술들을 공부할 필요가 있다. 비록 타고난 팀 리더십을 소유하고 있는 사람일지라도 팀에 대한 이론과 기술을 학습하게 되면 타고난 리더십에 날개를 달아줄 것이다.
팀으로 일해야 하는 많은 팀 구성원들은 팀에 대하여 전략적으로 학습하고 연구할 필요가 있을 것이다.

이제 팀에 대하여 기초가 되는 이론들을 함께 공부하여 팀 워크에 대한 그림을 그려나가자.

1. 팀의 의미

팀은 우리 생활에서 흔히 사용하는 용어이다. 그래서 사용하는 사람마다 서로 다른 팀의 용어에 대한 이해가 있으며, 팀워킹(team working)과 혼용하여 사용하기도 한다. 그러나 보다 과학적인 접근으로 팀은 하나의 도구이며, 다음과 같이 정의될 수 있다.

공동의 목표에 근거한 의미있는 결과를 도출하기 위하여 그들의 개인적 기술과 능력을 조화롭게 혼합하여 모든 책임을 공유하면서 함께 일하는 사람들 간의 집단이다(Bagulary, 2003).

이 정의에서 보면 팀은 공동목표, 바람직한 결과 추구, 각 개인 능력의 조화, 책임 공유, 공동 작업 등의 핵심 요소가 있음을 알 수 있다.

따라서 팀이라는 렌즈로 비유하면 다음과 같은 그림이 그려질 수 있다.

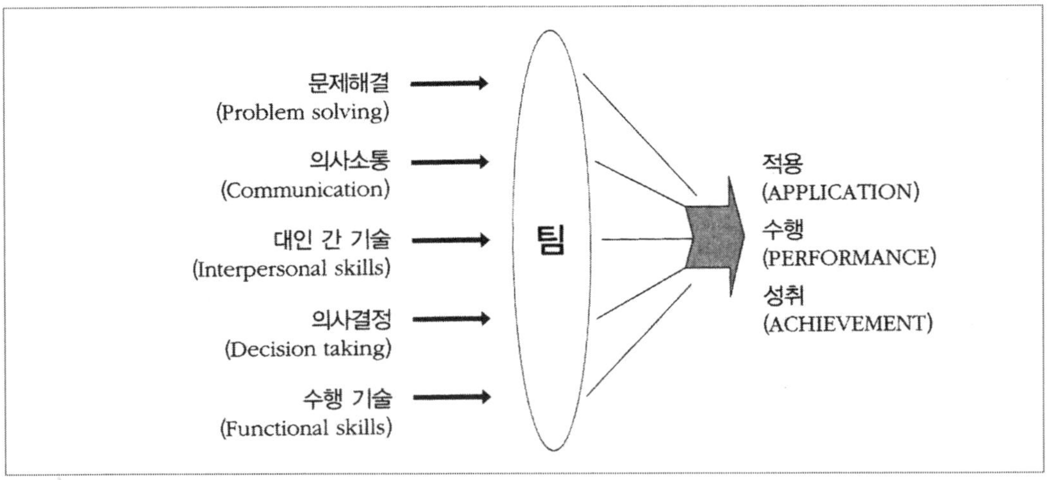

[그림 1-3] 렌즈와 같은 팀의 개념

[그림 1-3]에서와 같이 문제해결, 의사소통, 대인간 기술, 의사결정, 수행 기술의 요소들이 팀이란 렌즈를 통하여 적용, 수행, 성취 등의 결과를 이끄는 활동임을 알 수 있다. 따라서 팀에서는 팀 수행에 필요한 문제해결, 의사소통, 의사결정 등의 기술이 동반되어야 함을 알 수 있다. 한편으로 학습조직 차원에서 팀에서는 이러한 활동들이 적용되거나 반복됨으로써 팀 활동을 통하여 이러한 기술의 계발이 뒤 따를 수 있을 것이다.

흔히 팀은 프로젝트와 관련하여 사용하고, 집단은 학습조직에서 말하고 있지만, 엄격히 구분하기는 힘들다. 모든 집단이 팀이 되는 것은 아니다. 〈표 1-17〉은 단순한 작업 집단과 팀과의 차이를 잘 설명해주고 있다(Smith, 2004).

〈표 1-17〉 작업 집단(working group)과 팀(team)의 비교

작업 집단(working group)	팀(team)
강하고 명백히 집중된 리더 개별적 책무 집단의 목적은 광범위한 조직의 임무와 동일 개별적 작업 수행 효율적인 회의 수행 다른 사람들의 영향에 의한 간접적 효과성 평가 토의, 결정, 지시적 위임	공유된 리더십 역할 개별 및 공동 책무 팀 스스로 전달받은 구체적 팀의 목적 협력적인 작업 수행 개방적 토의와 실제적 문제해결 회의 독려 협력적인 작업 수행을 평가하는데 직접적인 수행 평가 토의, 결정, 실제로 공동 작업

자료 : Katzenbach & Smith(1993)

2. 왜 팀인가

오늘날 많은 기업, 연구소, 정부에서도 팀 체제로 전환하고 있다. 왜 이처럼 팀 체제로 변화를 하고 있는가? 한 조사연구(Wellins, Willson, Katz, Laughlin, and Day, 1990)에 의하면 자기주도적 팀으로 전환하는 일차적 이유를 다음 표와 같이 분석하였다(Wellins, Byham, & Willson, 1991). 〈표 1-18〉에서와 같이 팀체제로의 전환은 품질 개선, 생산성 확대, 조직 수행비 절감, 직무 만족 등이 주된 이유이다.

〈표 1-18〉 자기주도적 팀으로 전환하는 일차적 이유

일차적 이유	응답율(%)
품질	38
생산성	22
조직 수행비 절감	17
직무 만족	12
재구조화	5
기타	6

팀의 이점은 많은 학자들이 한결같이 말하고 있다. Wellins, Byham, & Willson(1991)은 오늘날 팀으로서의 체제 변화에서 오는 이점을, Stewart, Manz & Sims, Jr(1999)는 팀워크의 이점을 다음 〈표 1-19〉와 같이 제시하고 있다.

〈표 1-19〉 팀의 이점

Wellins, Byham, & Willson(1991)의 팀 체제 변화 이점	Stewart, Manz & Sims, Jr(1999)의 팀워크의 이점
· 품질, 생산성, 서비스의 향상 · 보다 확장된 융통성 · 감소된 조직 수행비용 · 훌륭한 작업자의 보유 능력 · 기술변화에 대한 빠른 적응 · 새로운 작업자 가치의 보다 나은 수용 · 소수, 단순한 직무 분류	· 생산성 증대, 개선된 품질 · 조직 적응력과 융통성 증대 · 비용 절감 · 작업자의 직무 수행 능력 증대 · 혁신의 증가 · 감소된 전직, 이직율 · 감소된 갈등

즉 팀 체제하에서 이점은 품질과 생산성 증대, 조직의 융통성 확보, 비용 절감, 작업자의 능력 제고, 기술 혁신과 적응력 등의 결과를 창출할 수 있다는 것이다. 따라서 공학기술 분야에서의 팀은 기업에서 매우 중요한 일의 수행 단위이자 혁신의 조직임을 알 수 있다.

한편으로 왜 팀 체제가 필요한지는 팀을 통한 효과를 통해서도 확인할 수 있다. 많은 연구를 종합하면, 교실에서든지 일의 현장에서 모두 가장 효과적인 팀의 특성은 다음과 같이 제시된다(Smith, 2004).

ㅇ 긍정적 상호의존성(positive interdependence) - 팀은 공동 목표 또는 한 가지 결과를 추구한다.

ㅇ 개인 및 집단의 책무성(individual and group accountability) - 팀 구성원은 자신의 일뿐 아니라 팀의 작업에 대해서는 책임감을 갖는다.

ㅇ 촉진되는 상호작용(promotive interaction) - 팀 구성원은 실제로 면대면(face to face)을 통하여 작업

을 한다.

ㅇ 팀워크 기술(teamwork skills) - 팀 구성원의 효과적인 의사소통(특히 경청능력), 의사결정, 문제해결, 갈등관리, 리더십 기술을 가지고 있어야 한다.

ㅇ 집단 과정(group processing) - 팀은 정기적으로 얼마나 잘 수행되고 있는지, 문제해결이 잘 되고 있는지 함께 성찰할 수 있어야 한다.

공학기술의 현장이나 공학교육의 실천에서 팀은 자연스러운 현상이 되고 있다. 이러한 연구들을 종합할 때 팀 수행능력을 계발하는 기본 과제는 다음과 같다(Katzenbach & Smith, 1994, in Smith, 2004).

- 팀의 중요하고 긴급한 목표와 방향을 확립한다.
- 개인적 안면과 관계가 아닌 기술과 잠재적 능력에 기초하여 팀원을 선발한다.
- 첫 번째 팀 모임과 실천에 매우 주의를 기울인다.
- 팀 행동의 명확한 규칙을 확립한다.
- 신선한 정보와 함께 정기적으로 팀원들에게 도전을 준다.
- 많은 시간을 함께 보낸다.
- 긍정적 피드백, 보상을 공공연하게 수행한다.

효과적인 팀을 정의하는데 있어서 수많은 논의들이 있다. 그러나 대체로 다음과 같은 효과적인 팀의 특성을 열거할 수 있다(Smith, 2004).

〈표 1-20〉 효과적인 팀의 특성

적극적 참여	공동 목표
존중	목적의 지각
주의 깊은 경청	촉진적 만남
리더십	역량있는 팀 구성원
건설적으로 관리되는 팀 갈등	책임감을 가진 팀 구성원
즐거운 과제 수행	효과적인 의사결정

결국 공학기술에서 팀 체제의 성공적 수행은 큰 이점과 효과가 분명히 나타난다.

3. 팀의 유형

팀을 분류하는 방법으로 확고하게 정해진 것은 없다. 흔히 직장안에서 사람들을 집단으로 조직하는 방법은 3가지가 있다. 전통적인 작업 집단, 전통적인 팀, 자율적인 팀이다. 이들 차이점은 아래 〈표 1-21〉과 같다.

〈표 1-21〉 팀의 구성

	전통적인 작업집단	전통적인 팀	자율적인 팀
권한	조직 내 계급체계의 한 부분을 이루며, 간부의 통제를 받는다.	조직 내 계급체계와 연결되어 있으며, 팀으로 권력의 이동이 어느 정도 이뤄진다.	조직 내 계급체계와 연결되어 있으며, 권력과 독립이 크게 늘어난다.
리더십	매니저나 감독자의 통제를 받는다.	리더는 제한적인 감독권을 가지며, 조직에 의해 선출 된다.	리더는 팀 촉진자(facilitator)이며, 팀에 의해 선출된다.
의사결정	권위적이거나 협의적이다.	합리적이거나 민주적이거나 합의적이다.	민주적이거나 합의적이다.
활동 또는 과업	독립적이다.	상호의존적이며, 리더에 의해 조정된다.	상호의존적이며, 팀원들에 의해 조정된다.

출처 : McGrath(1984), 대니얼 래비 지음(정명진 역, 2011), 팀 심리학, 18. 부글북에서 재인용.

흔히 우리가 지향하는 팀의 전형은 자율적인 팀을 의미한다. 즉 조직 내 계급체계와 연결되어 있으며, 권력과 독립이 크게 늘어나고, 리더는 팀 촉진자(facilitator)이며, 상호의존적이며, 팀원들에 의해 조정되고 민주적이고 합의적인 특징을 가진다.

4. 학습 팀의 유형

Katzenbach & Smith(1993)는 네 가지 범주로 다양하게 수행되는 팀에 대하여 연구하였다(Smith, 2004).

가짜 팀(pseudo team) - 평균 이하의 팀 구성원들이 수행하는 팀

잠재력이 있는 팀(potential team) - 평균적인 팀 구성원에 근접하여 수행하지만, 아주 잘 수행되지 못하는 팀

실제적 팀(real team) - 아주 과제를 잘 수행하는 팀

최고 수행 팀(high-performing team) - 기대 이상의 과제를 수행하는 월등한 팀

가짜 학습 팀(pseudo learning team)

이 팀은 함께 일을 하고 있지만 그렇게 일하는 것이 흥미가 없는 팀이다. 그들은 서로 다른 평가를 받는다고 믿고 있고, 때로는 정보를 서로 숨기고 갈등이 야기되며, 잘못 이끄는 경우가 발생하고, 서로의 학습에 방해나 장애가 되기도 한다. 이러한 학생들은 차라리 혼자 학습하는 것이 나을 것이다.

전통적인 학습 소집단(traditional classroom learning group)

이 팀은 함께 일을 부여받고, 그들이 그 일을 반드시 함께 수행한다. 팀 구성원에게 과제가 부여되지만 아주 작은 부분의 일만 함께 행하여진다. 이들은 그룹의 구성원으로서가 아닌 개인으로 평가되거나 보상받는다고 생각한다. 그래서 그들의 각자의 일이 어떻게 수행되었는지 명확히 한다. 그들은 서로의 정보를 요구하지만 그들의 동료를 가르친다는 동기가 부여되지 못한다. 협력과 공유가 최소한으로 일어나며, 팀 전체의 수행능력은 어떤 학생에게는 잠재 능력 이상이 되기도 하지만, 집중력이 높은 학생들은 개인적으로 더 나은 성취를 가져올 수도 있다.

협동 학습 집단(cooperative learning group)

이 팀은 함께 일을 부여받고 복잡한 과제와 다양한 관점이 요구되는 과제를 수행하며, 그들은 그 과제들을 반드시 수행한다. 그들은 팀의 성공이 개인의 성공이라고 믿고 있으며, 긍정적 상호의존감이 크게 나타난다. 이 팀은 공동목표를 갖고, 개별적 책무를 잘 수행하며, 면대면 상호작용이 활성화되며, 팀 계발 기술과 리더십이 강조되며, 과제 수행결과를 얼마나 효과적으로 잘 수행되었는지 평가한다. 이러한 특징은 학습과 질과 팀워크 과정의 지속적인 개선이 이루어진다.

최고 수행 협동학습 집단(high performance cooperative learning group)

이 팀은 협동학습 집단의 모든 조건을 만족한다. 협동학습 집단과의 다른 점은 각 팀 구성원의 과제 수행과 집단의 성공 수준이다. 이 팀은 정서적으로 매우 강한 애착을 갖고 있으며, 서로를 신뢰할뿐만 아니라 존경한다. 팀 구성원의 서로에 대한 관심은 최고의 수행 결과를 낳게한다. 기대이상의 결과뿐

만아니라 즐거움을 과제를 수행한다.

Katzenbach & Smith(1993)은 이렇게 분류한 후, 실제적 팀과 최고의 팀에 대한 공통적 특성을 조사하였다. 모든 실제 팀은 상호 책무를 갖는 공동 목표, 수행 목표, 접근을 하는 보조적 기술을 가진 소수의 사람들이 있다. 최고의 팀은 실제 팀의 모든 조건을 충족시키고, 다른 사람들의 개인적 성장과 성공에 깊이 관여하는 팀 구성원을 가지고 있다는 것이다(Smith, 2004).

〈표 1-22〉 팀 문화의 변화

From	To
지시	안내
경쟁	협력
규칙에 의존	과정에 초점
조직적 위계를 활용	네트워크를 활용
일관성/동일성	다양성/융통성
비밀	개방성/공유
수동적	위험의 도전
분리된 결정	다른 사람과 관련
인력을 비용으로 따짐	인력을 자산으로 따짐
결과적 사고	과정적 사고

자료 : McNeill, Bellamy, and Foster, 1995.

TEAMWORK TIP

최고의 팀을 위한 팁
- 팀은 단순히 작업 그룹과 구별됨을 인식하기
- 팀은 결과 그 자체가 아니라 어떤 것을 성취하기 위한 도구이고 수단임을 인식하기
- 실제 팀은 2 + 2 = 5 혹은 그 이상이라는 것을 기억하기
- 팀 수행은
  - 팀과 팀 구성원에게 최선을 다하기
  - 함께 일하고, 협력하기
  - 공유할 수 있고 의미있는 결과 창출하기

Phill Baguley

생각을 확장하는 페이지 | 동물을 통해 배우는 팀워크

매 가을 황새 무리는 남쪽을 향해 날아간다. 육지와 바다를 건너는 그들의 여행은 아주 길고도 험난하다. 그들은 추운 북쪽의 육지에서 시작하여 따뜻한 아프리카를 향해 남쪽으로 이동한다. 내년 가을에 하늘을 바라 보면 당신은 브이자 모양의 황새 무리를 볼 것이다. 왜 그들은 브이자로 날까?

과학자들이 그 이유를 발견했다. 새가 날개짓을 할 때 그 뒤의 새의 비행을 쉽게 해 주는 타성을 만들어낸다. 이것이 바로 브이자 모양으로 나는 새의 무리가 혼자 나는 새보다 훨씬 더 긴 거리를 갈 수 있는 이유이다.

또 다른 흥미로운 사실은 한 마리 황새가 허약해지거나 다쳐서 그 무리에서 뒤쳐지게 될 때 다른 두 마리의 황새들이 즉각해서 그 옆으로 날아가 동료 새를 보호하고 도와준다는 것이다. 그들은 약해진 새가 다시 무리와 함께 날 수 있을 만큼 강해질 때까지 곁에서 도운 후에야 비로소 무리에 합류한다.

출처: 카발라 교육 연구원, http://www.kabbalah.info/korean/storks-and-teamwork.htm

[TV리포트 장영준 기자] 극한의 추위를 견디며 남다른 자식사랑을 과시하고, 끈기와 인내, 배려와 협동이 고스란히 묻어나는 삶의 방식을 익힌 동물이 있다. 바로 황제펭귄이다. 지난 6일 방송된 MBC TV 창사 50주년 특별다큐멘터리 '남극의 눈물 1부-얼음대륙의 황제'에서는 황제펭귄들의 1년을 그대로 카메라에 담았다.

남극의 동물들은 본격 겨울이 시작되기 전 하나 둘 떠나기 시작했다. 남극에 머물던 사람들도 최소의 인원을 남기고 모두 떠날 채비를 하기 시작했다. 하지만 유독 황제펭귄만은 혹독한 추위가 몰아치는 남극대륙에 마지막까지 남아있었다.

황제펭귄들은 겨울이 시작되기 전 짝을 이루기 시작했다. 황제펭귄은 암컷보다 수컷이 부족한 상황. 이 때문에 수컷들은 동시에 여러 암컷에게서 구애를 받기도 한다. 이렇게 짝이 이뤄진 펭귄들은 하나 둘 짝짓기를 시작하게 되고, 50여일을 기다려 알을 낳게된다.

암컷이 알을 낳게 되면 수컷은 바로 이 알을 넘겨받는다. 혹독한 추위가 몰아치는 남극에서는 불과 1,2분만에 알이 얼어버릴 수 있기 때문이다. 만약 이 과정에서 알이 얼어버린다면 1년에 단 하나의 알을 낳는 황제펭귄에게는 모든 것을 잃어버리는 순간이 된다. 그래서 알을 넘겨 받는 순간에는 얼음 위에서 시간을 지체하지 말고 재빨리 수컷의 발등위에 얹어야 한다.

이후 알을 내어 준 엄마들은 먹이를 구하기 위해 서식지를 떠나 바다로 향한다. 그리고 서식지에 남아 알을 품게 된 아빠들은 엄마가 돌아올 때까지 필사적으로 알을 지켜낸다. 본격적으로 아빠들에게는 인고의 시간이 시작된 셈이다.

혹독한 추위를 견디기 위해 아빠 펭귄들은 서로의 몸을 밀착시키며 '허들링(Huddling)'을 시작한다. 허들링은 남극의 눈폭풍과 추위를 견디기 위해 황제 펭귄들이 몸을 밀착하는 행동이다. 이들은 바깥쪽 펭귄이 추워질 때쯤이면 안쪽으로 돌면서 서로 자리를 바꿔주기도 한다. 허들링 안쪽의 온도는 주변보다 10도나 높다.

산란 후 2개월이 지나 알이 부화하기 시작했다. 이 시기는 매우 중요한 시기로, 갓 태어난 새끼가 남극의 차가운 공기에 노출돼 동사하는 경우가 많기 때문이다. 황제펭귄이 혹한의 남극에서 새끼를 낳는 이유는 첫째로 천적이 없기 때문이다. 두 번째 이유는 새끼가 자랄 때쯤 봄을 맞게 하려고 부모들이 겨울에 고생을 하는 것. 부모의 희생덕에 새끼들이 따스한 봄볕을 즐길 수 있다.

출처: '남극의 눈물' 인간의 상상을 초월하는 황제펭귄의 삶, 파란 뉴스

http://media.paran.com/newsplus/view.kth?dirnews=71694&year=2012&key=pop&link=&dir2=pop

5. 팀의 발달 과정

조직심리학자인 부루스 터크만(Tuckman)은 모든 팀이 경험하는 팀의 발달 단계를 자신의 이름을 딴 '터크만 모델'로 소개했다. 즉 팀의 발달(team development) 과정은 일반적으로 형성기(forming), 격동기(storming), 규범기(norming), 성취기(performing)의 단계로 요약될 수 있다(Tuckman, 1965, in Stewart, Manz & Sims, Jr, 1999). 그러나 학자에 따라 휴지기를 제외한 4 단계로 제시하기도 한다. 비록 많은 팀들은 이 다섯 단계를 시간적으로 겪지만, 팀에 따라 어느 한 단계를 건너뛰기기도 한다. 또한 팀 마다 각 단계에서 지속 시간이 다르게 나타난다. 극단적으로 이러한 절차를 거치지 않은 팀도 있을 수 있다. 그럼에도 불구하고 팀 발달의 네 가지 기본 단계는 팀 발달과정의 기본적 이해를 돕는데 충분한 이론이 된다. 이러한 팀의 발달과정은 기대, 동화, 수용의 사회화(socialization)의 과정과 관련지어 설명될 수 있는데, 다음 그림은 팀의 네 가지 발달 단계와 사회화 과정을 함께 제시한 것이다.

팀의 발달(Team Development) 형성기 →격동기 → 규범기 → 수행기 (Forming) (Storming) (Norming) (Performing))
기대 → 동화 → 수용 (Anticipation) (Accommodation) (Acceptance) 사회화(Socialization)

[그림 1-4] 팀의 발달과 사회화 과정

〈표 1-23〉 터크만의 팀 발달 모델

팀 발달 단계	증상
형성기 (Forming)	· 팀원들이 서로를 경계하듯이 조심스럽게 대한다. · 때때로 서로 다른 차이점을 발견하고 혼란스러워 하지만 갈등으로 번지지는 않는다. · 팀이 어떤 일을 수행하고 그 속에서 자신의 역할과 책임이 무엇인지 궁금해 한다. · 팀원들이 리더에 대한 의존도가 높으며 리더가 어떤 생각을 가지고 있는지 궁금해 한다. · 팀의 생산성이 낮다.
격동기 (Storming)	· 의사결정 과정에서 다양한 갈등과 분열이 일어난다. · 팀원 간의 경쟁이 심화되고 사이가 안 좋아지는 경우도 많다. · 의사결정이 늦어져 일 처리가 지연된다. · 리더의 리더십이나 팀 운영 방식에 대해 불만을 갖는 팀원이 생긴다. · 팀의 생산성이 (매우) 낮다.
규범기 (Norming)	· 팀원 간 신뢰 관계가 형성되기 시작하고 결속력이 강화된다. · 공동의 목표에 대한 공감대가 형성되고 목표 달성 의지가 높아진다. · 의견 차이가 발생했을 때 서로 존중하고 더 나은 대안을 찾기 위해 노력한다. · 지속적으로 보다 생산적인 일 수행 방법이나 절차를 찾는다. · 팀의 성과를 본격적으로 기대할 수 있다.
성취기 (Performing)	· 기존의 성과에 만족하지 않고 더 높은 성과 창출을 목표로 한다. · 누군가의 지시가 없어도 팀원들이 각자 해야 할 일을 찾아 움직인다. · 팀원들이 서로 조화롭게 일을 수행한다. · 개방된 소통을 즐기며 서로에 대한 신뢰가 높다.

출처 : 박태현(2012). 팀으로 일하라. 시그마북스. p.18에서 재인용.

가. 팀의 형성기(forming)

팀 발달의 첫 번째 단계는 형성의 단계이다. 형성기는 집단에서 각 개인이 처음 만날 때 이루어지며 각 개인은 팀 구성원을 인식을 그들 스스로 시작하는 단계이다. 초기의 단계는 염려의 단계로 나타난다. 팀 구성원은 다른 구성원들이 그들에게 어떻게 반응할지 확실하게 알 수가 없다. 정확히 말하면 팀 구성원은 그들에게 기대하는 것이 무엇인지, 팀의 과제를 어떻게 성취하고 진행할지에 대하여 주저할 것이다(Stewart, Manz & Sims, Jr, 1999).

첫 단계에서의 모든 개인은 일반적으로 최상의 행동을 하지만, 거기에는 서로의 신뢰와 편안함을 막는 주목할만한 긴장이 있다. 이러한 긴장은 팀 구성원이 함께 일하면서, 그들 간의 정보를 공유하면서 해소된다.

대체로 첫 단계에서 다음과 같은 중요한 질문을 하게 된다(Bagulary, 2003).

- 우리는 왜 여기에 있는가?
- 수행할 내용은 무엇인가?
- 우리는 함께 일할 수 있는가?
- 어떻게 그것을 성취할 수 있는가?
- 어떻게 일을 조직해야 하는가?
- 이 팀에서 내가 무엇을 할 수 있는가?

또한 이 단계에서의 좋은 징후와 나쁜 징후는 〈표 1-24〉와 같다. 첫 번째 형성 단계에서 좋은 징후는 많은 대화, 개방적이고 신뢰로운 토의, 친해지려는 노력 등이다. 결국 첫 단계에서는 첫 만남의 사회적 접촉이 중요하며 침묵의 경우 최악의 징후이다.

〈표 1-24〉 형성기 단계에서의 좋은 징후와 나쁜 징후

나쁜 징후(bad signs)	좋은 징후(good signs)
· 사회적인 대화가 부족하다. 침묵은 최악의 경우이다. · 보호적, 중립적, 사려깊은 집단 토의 · 과제나 팀의 실제적 접근의 증거가 빈약함	· 많은 대화와 잡담 · 개방적이고 신뢰로운 토의의 시작 · 친해지는 것

자료 : Bagulary, 2003.

나. 팀의 격동기(storming)

팀의 격동기 단계에서는 흔히 팀 구성원 간의 갈등이 나타난다. 이 단계에서 팀 구성원간의 의견 불일치와 논쟁이 시작되는 혼란이 시작된다. 이 단계에서는 팀 일원으로서 개인적 욕망을 헌신할 자세가 필요하다.

격동기 단계에서 나타나는 갈등은 바람직하지 않지만, 팀 과정을 관찰하는 연구자들은 개인적 문제를 초월한 쟁점을 중심으로 한 갈등 상황은 팀에 도움을 주는 측면이 있다고 보고하고 있다. 팀 구성원들은 거의 항상 의견 불일치를 보인다. 적절한 갈등 상황은 타협의 과정으로 이끌 수 있다. 갈등 상황이 초래되지 않는다면 문제에 대한 해결 없이 개인적 견해 차이를 간과하는 결과를 낳는다. 그러나 너무 많은 갈등은 그 갈등이 영구적인 갈등으로 발전하여 팀의 치명적 결함을 주게된다(Stewart, Manz & Sims, Jr, 1999).

이 단계에서의 팀을 위하여 좋은 징후는 긍정적 갈등 문제해결 노력, 서로 다른 견해의 수용 등이고, 문제를 간과하거나 도피하는 것은 좋은 징후가 되지 못한다.

〈표 1-25〉 격동기 단계에서의 좋은 징후와 나쁜 징후

나쁜 징후(bad signs)	좋은 징후(good signs)
· 팀 문제를 간과하는 시도 · 비현실적이라는 기대 · 현실도피 신드롬	· 긍정적 갈등 문제해결 추구 노력 · 서로 다른 견해에 대한 수용 태도 · 과제와 문제에 대한 현실주의

자료 : Bagulary, 2003.

다. 팀의 규범기(norming)

대부분의 팀은 격동기 단계를 극복하고 규범기 단계로 들어간다. 규범의 단계는 팀 구성원이 함께 모여 서로의 소속감을 갖기 시작하는 팀 발달 단계이다. 이러한 연합은 팀 구성원들이 함께 일할 수 있는 편안한 느낌을 갖게 해 준다. 팀 구성원은 강한 소속감으로 팀과 함께 정체감을 갖게 된다. 팀의 응집력의 증대는 이 발달 단계에서 가장 중요한 일이 된다.

응집력(cohesiveness)은 목표달성을 위해 함께 일하는 팀 구성원간의 강한 관계 결합력으로 정의된다. 역사적으로 팀의 바람직한 응집력에 대한 많은 논쟁이 있어 왔다. 어떤 사람들은 고도의 응집력은 개인을 포기하는 팀구성원의 강한 구속력 때문에 오히려 역기능이 나타난다고 주장한다. 극도의 응집력의 부정적 결과는 팀 사고(team think)가 아닌 집단 사고(group think)가 지배하는 경우이다. 이 집단 사고는 집단내에서 강한 응집력이 중요한 기준으로 작용될 때 비효과적인 집단 결정을 이끌게 된다. 어떤 강한 응집력을 가진 집단에서 개인은 팀 구성원이 아니라 집단의 일원으로 인식된다. 이 때 집단의 리더는 매우 강한 카리스마를 가지는 특징을 가진다. 따라서 집단에서 개인은 보다 대안적이고 생산적인 사고를 제시하기를 꺼려하는 결과를 초래한다(Stewart, Manz & Sims, Jr, 1999).

이 규범기 단계에서는 또한 팀의 규범을 개발하기 때문에 매우 중요한 단계이다. 규범(norms)은 팀 행동을 조정하는 비형식적 규칙이다. 비형식적 규칙은 팀의 중요한 영역에서 뿐만 아니라 관련이 적은 영역에서도 개발된다.

팀의 규범은 함께 머물고 목표를 달성하는 능력을 증대시킨다. 팀 구성원은 수용가능한 생산성의 수준에 대한 비형식적 규칙을 확립할지도 모른다. 이러한 규칙은 질 높은 과제 수행을 촉진시키는 긍정적 영향을 주지만, 결과를 제한하는 부정적인 영향도 초래한다. 그러나 어떤 경우든지 팀의 목표 달

성을 돕고, 팀 구성원간의 문제를 해결하는 데 도움을 준다(Stewart, Manz & Sims, Jr, 1999).

이 단계에서의 팀을 위한 좋은 징후를 위해서는 의무와 리더십을 공유하고, 좋은 도구와 기법을 활용하고, 공동목표와 일정에 가치를 두는 것이 중요하다.

〈표 1-26〉 규범기 단계에서의 좋은 징후와 나쁜 징후

나쁜 징후(bad signs)	좋은 징후(good signs)
· 타당한 이유 없이 다투거나 화를 내는 것 · 전체 조직으로부터 팀 자체가 분리되었다고 인식하는 경우 · 팀내에서 하위 팀으로 분열되는 것	· 의무와 리더십을 공유하는 것 · 좋은 도구와 기법을 활용하는 경우 · 공동목표와 일정에 가치를 두는 것

자료 : Bagulary, 2003.

라. 팀의 성취기(performing)

팀의 수행기 단계는 공동 목표를 달성하기 위하여 팀 구성원들이 시너지를 살려 일할 때 나타난다. 모든 팀이 이 단계에 도달하는 것이 아니지만, 여기에 도달한 팀들은 높은 생산성을 보이게 된다. 이 단계에서 팀에게 주어진 시간은 확대되어야 한다. 다음은 팀의 시간관리를 개선하기 위한 지침을 보여준다(C. C. Manz, C. P. Neck, J. Mancuso, and K. P. Manz, 1997 in Stewart, Manz & Sims, Jr, 1999).

- 팀의 과제수행 시간이 부족하고 소중하다는 인식을 한다.
- 깨끗하고 정리가 잘 된 작업 환경을 갖춘다.
- 최상의 작업 능율을 발휘할 수 있는 시간대(아침, 오후 등)를 인식하고 적용한다.
- 팀의 목표를 확인하기 위한 계획안을 개발한다.
- 가장 우선순위가 높은 과제에 에너지를 집중한다.
- 짜투리 시간을 효과적으로 활용한다.

효과적인 시간 관리는 생산성과 직결되기 때문에 매우 중요하다. 그러므로 팀의 의사결정을 강화하는 새로운 전략인 팀 사고를 추구해야한다. 팀 사고(team think)의 특징은 집단사고와 대조적으로 나타난다. 〈표 1-27〉에서와 같이 팀 사고는 개인적 견해 존중, 관례의 탈피, 아이디어의 개방적 표현, 팀의 윤리적 의사결정 등을 특징으로 한다.

〈표 1-27〉 집단 사고(group think)로부터 팀 사고(team think)로 전환하기

집단 사고		팀 사고
· 팀은 일체감을 착각하여 경험한다. · 팀은 그들이 실패할 수 있다고 믿는다. · 팀내에서의 사회적 압력은 서로 다른 견해를 방해한다. · 팀은 도덕성을 착각한다. · 상대방의 리더는 관례를 통하여 인식한다. · 팀 구성원은 자기검열(self censorship)을 강화한다. · 외부적 정보에 정신적 보호막을 친다.	▶	· 팀은 팀 구성원의 개인적 독특함을 인식하고 가치를 부여한다. · 팀은 그들의 한계와 위협을 이해한다. · 개인적 견해가 존중된다. · 팀은 윤리적 도덕적 의사결정을 인식한다. · 관례를 따르지 않는다. · 팀 구성원은 개방적으로 관심과 아이디어를 표현한다. · 집단 밖의 사고도 추구한다.

자료 : C. C. Manz, C. P. Neck, J. Mancuso, and K. P. Manz, 1997 in Stewart, Manz & Sims, Jr, 1999.

많은 연구들은 과제 수행의 질이 일관되게 유지되지 않는다. 보통은 과제의 마감 시간에 임박하여 과제 수행이 집중적으로 나타난다. 수행기에서는 자율적 또는 자기관리에 의한 과제의 진척, 의무의 공유, 팀 자체의 동기부여 등이 나타날 때, 좋은 징후를 보이는 것이다.

〈표 1-28〉 수행기 단계에서의 좋은 징후와 나쁜 징후

나쁜 징후(bad signs)	좋은 징후(good signs)
· 과대한 야망 · 습관적인 일처리와 과제를 소홀히 하는 것 · 활력의 소진	· 자율적 또는 자기관리에 의한 과제의 진척 · 의무의 공유 · 팀 자체의 동기부여

자료 : Bagulary, 2003.

팀 빌딩 전략 훅보다 잽을 노려라 - Small & Quick Win 전략

'팀 슬럼프'를 벗어날 수 있는 한 가지 방법을 소개한다. 그것은 '지금 당장 얻을 수 있는 작고 빠른 성공 Small & Quick Win'에 집중하는 것이다. '팀 슬럼프'에 빠진 팀에게는 한 가지 희소식이 있다. 팀이 오랫동안 인정받지 못하거나 소외된 상태였으므로 팀에 대한 외부의 기대 수준도 낮을 것이라는 점이다. 바꿔 말하면 작은 성과도 쉽게 돋보일 수 있다는 말이다. 섣불리 일의 가짓수를 늘리거나 일거에 전세를 뒤집을 수 있는 대박거리의 일로 승부하려 해서는 안 된다. 그렇게 하면 성공보다는 실패의 가능성이 높다. 그동안 인정받지 못해 왔으니 충분한 자원을 공급받을 수가 없으며 팀원들의 자신감도 떨어져 있을 것이기 때문이다. 슬럼프에 빠져 있는 팀에게는 훅이 아니라 잽이 필요하다.

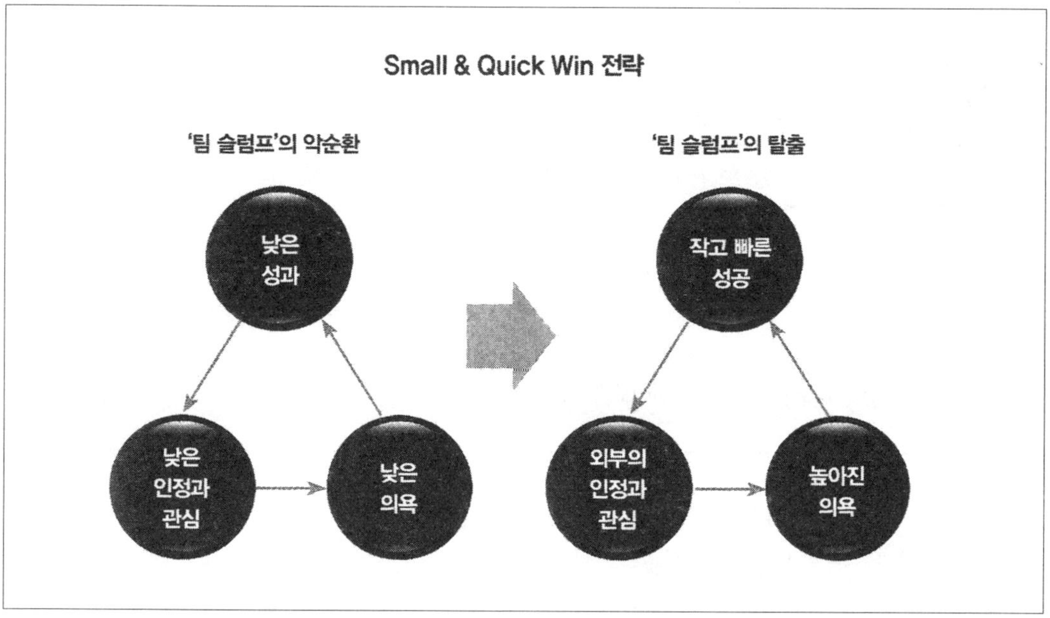

[그림 1-5] Small & Quick Win 전략

한 가지 예를 더 들어보자. 어느 기업의 연수원에서 발생했던 일이다. 연수원은 대표적인 지원 조직으로 '팀 콤플렉스'를 갖기 쉬운 조직인데, 연수원장이 새로 부임했다. 그는 연수원에 변화의 바람을 일으키고 싶었다. 그러나 초기에 그가 변화의 목표점으로 선택한 것은 교육 프로그램과 같은 시간이 오래 걸리는 일들이 아니었다. 그는 단기간에 과실을 얻을 수 있는 곳을 선택했다. 그것은 연수원 내의 구내식당이었다. 식당의 메뉴를 다변화하여 고객 지향적으로 바꾼 것이다. 음식 맛이 좋아야 연수원을 찾는 고객이 늘고 고객이 많이 찾아야 다른 변화도 추진할 수 있다는 것이 그의 논리였다. 모두의 고개를 갸우뚱하게 했던 그의 선택은 옳았다. 식당 메뉴의 변화가 발단이 되어 점점 다른 영역에서도 변화가 일어나기 시작했다.

팀원 전체가 모여 '당장 거둘 수 있는 작은 성공'의 아이템을 찾아보자. 작지만 눈에 잘 띄는 것일수록 좋다. 또한 쉬운 것일수록 좋다. 그리고 팀원 모두의 역량을 그곳에 집중하라. 이것이 바로 죽어가는 팀을 살리는 첫 번째 방법이다.

출처 : 박태현(2012). 팀으로 일하라. 시그마북스. pp.40-43.

TEAMWORK TIP

당신의 팀은 어느 발달 단계까지?
· 모든 팀은 팀의 발달 순서대로 시작한다는 사실을 인지하라.
· 모든 팀이 팀의 발달의 과정 모두를 경험하는 것이 아님을 기억하라.
· 팀의 성공 여부는 팀의 발달 과정의 단계를 얼마나 극복했는가에 달려있음을 인식하라.
· 팀 발달의 전 과정인 형성기, 격동기, 규범기, 수행기로 전진하라.
Phill Baguley

팀 정체성 | 팀워크 계발 활동 TEAM BUILDING

◈ 목표
1. 우리가 생각했던 것보다 팀 구성원의 공통점이 많음을 확인한다.
2. 팀 정체성을 확인한다.

◈ 준비물
공통점 찾기 백지

◈ 절차
1. 공통점을 기록할 백지를 각 팀원에게 나누어 준다.
2. 팀원들에게 짝을 빨리 찾도록 한다.
3. 신호를 주면, 둘이 가진 공통점을 가능한 한 많이 찾도록 한다.
4. 그 두 사람에게 첫 번째 줄에 짝의 이름을 쓰고, 공통점이라 찾은 항목들을 기록한다.
5. 2~3분 후에 시간이 다 되었음을 알리고, 팀원들에게 새로운 짝을 찾아 신호에 맞추어 다시 절차를 반복한다.

◈ 활동 토의
1. 여러분 중 얼마나 많은 사람들이 15가지 이상 공통점을 찾았는가?
2. 당신이 발견한 약간 유별난 항목들은 무엇이었나?
3. 당신은 어떻게 이러한 공통점의 범주들을 털어 놓았는가?
4. 이것은 우리에게 팀원으로써-다양한 구성원으로써- 어떠한 의미를 부여하는가?

◈ 팁(TIP)
1. 이 활동의 수행 중에는 소란스러울 수 있다.
2. 각 라운드가 끝날 때 신호를 준다.
3. 연습의 속도를 올리기 위해 공통점 찾기 기록지를 15개에서 7개나 10개 항목들로 짧게 구성한다.
4. 활동을 재미있게 하기 위해 가장 많은 공통점을 찾은 두 사람에게 상을 준다.
5. 동점을 이루는 경우 여분의 상을 준다.

학습 문제 | Quiz for Summary

◆ 객관식

1. 팀에 대한 설명이 잘못 진술된 것은?

① 공동의 목표에 근거한 의미있는 결과를 도출한다.

② 개인적 기술과 능력을 조화롭게 혼합하여 모든 책임을 공유한다.

③ 렌즈와 같은 팀의 개념은 문제해결, 의사소통, 대인간 기술, 의사결정, 수행 기술의 요소들이 중요하다.

④ 작업 집단(working group)과 팀(team)은 같은 개념이다.

2. 가장 효과적인 팀의 특성이 아닌 것은?

① 긍정적 상호의존성(positive interdependence)

② 집단만의 책무성(group accountability)

③ 촉진되는 상호작용(promotive interaction)

④ 집단 과정(group processing)

3. 집단은 일반적으로 전통적인 작업 집단, 전통적인 팀, 자율적인 팀으로 구분된다. 이 중에서 팀의 전형은 자율적인 팀을 의미한다. 이 자율적인 팀과 가장 유사한 학습 팀의 유형은?

① 가짜 팀(pseudo team)

② 잠재력이 있는 팀(potential team)

③ 실제적 팀(real team)

④ 최고 수행 팀(high-performing team)

4. 팀 수행능력을 계발하는 기본 과제로 볼 수 없는 것은?

① 팀의 중요하고 긴급한 목표와 방향을 확립한다.

② 개인적 안면에 기초하여 팀원을 선발한다.

③ 팀 행동의 명확한 규칙을 확립한다.

④ 긍정적 피드백, 보상의 공공연하게 수행한다.

5. 다음은 팀의 발달 단계에서 어느 단계에서의 징후인가?

나쁜 징후(bad signs)	좋은 징후(good signs)
· 팀 문제를 간과하는 시도 · 비현실적이라는 기대 · 현실도피 신드롬	· 긍정적 갈등 문제해결 추구 노력 · 서로 다른 견해에 대한 수용 태도 · 과제와 문제에 대한 현실주의

① 형성기 ② 격동기 ③ 규범기 ④ 수행기

◆ 주관식

1. 렌즈와 같은 팀의 개념을 그림으로 그려서 제시해 보시오.

2. 조직심리학자인 부루스 터크만(Tuckman)은 모든 팀이 경험하는 팀의 발달 단계를 자신의 이름을 딴 '터크만 모델'로 소개했다. 이 모델에서 제시하는 팀의 발달 단계를 4가지로 제시하시오.

객관식

1. [정답] ④
[해설] 작업 집단(working group)과 구별되는 팀(team)은 공유된 리더십 역할, 개별 및 공동 책무, 팀 스스로 전달받은 구체적 팀의 목적 등이 특징이다.

2. [정답] ②
[해설] 팀은 개인 및 집단의 책무성(individual and group accountability)을 갖는다.

3. [정답] ④
[해설] 자율적인 팀은 조직 내 계급체계와 연결되어 있으며, 권력과 독립이 크게 늘어나고, 리더는 팀 촉진자(facilitator)이며, 상호의존적이며, 팀원들에 의해 조정되고 민주적인 특징을 지닌다.

4. [정답] ②
[해설] 개인적 안면과 관계가 아닌 기술과 잠재적 능력에 기초하여 팀원을 선발한다.

5. [정답] ②
[해설] 격동기 단계에서의 좋은 징후와 나쁜 징후이다.

주관식

1. [정답]

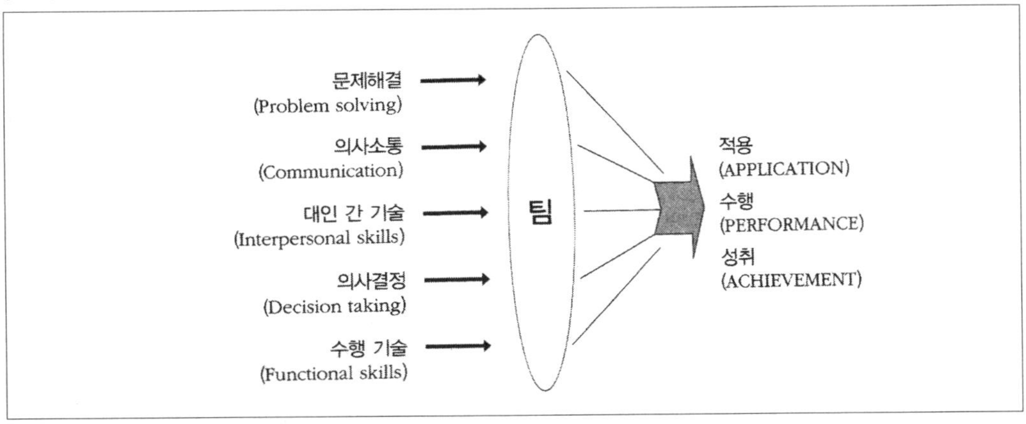

[해설] 문제해결, 의사소통, 대인간 기술, 의사결정, 수행 기술의 요소들이 팀이란 렌즈를 통하면 적용, 수행, 성취 등의 결과를 이끄는 활동임을 알 수 있다.

2. [정답] 형성기(forming), 격동기(storming), 규범기(norming), 성취기(performing)
[해설] 팀의 발달 단계는 일종의 사회화 과정으로 비유되는데 팀이 형성되면, 격동를 겪게 되고 점차 규범기 단계를 지나 수행기로 접어들게 된다.

학습 내용 정리 | Mind Mapping

1. 팀의 정의 : 공동의 목표에 근거한 의미있는 결과를 도출하기 위하여 그들의 개인적 기술과 능력을 조화롭게 혼합하여 모든 책임을 공유하면서 함께 일하는 사람들 간의 집단.
2. 렌즈와 같은 팀의 개념은 문제해결, 의사소통, 대인간 기술, 의사결정, 수행 기술의 요소들이 팀이란 렌즈를 통하면 적용, 수행, 성취 등의 결과를 이끄는 활동임을 알 수 있다.
3. 작업 집단(working group)비교되는 팀(team)의 특징은 공유된 리더십 역할, 개별 및 공동 책무, 팀 스스로 전달받은 구체적 팀의 목적 등이다.
4. 가장 효과적인 팀의 특성
   - 긍정적 상호의존성(positive interdependence)
   - 개인 및 집단의 책무성(individual and group accountability)
   - 촉진되는 상호작용(promotive interaction)
   - 팀워크 기술(teamwork skills)
   - 집단 과정(group processing)
5. 팀 수행능력을 계발하는 기본 과제
   - 팀의 중요하고 긴급한 목표와 방향을 확립한다.
   - 개인적 안면과 관계가 아닌 기술과 잠재적 능력에 기초하여 팀원을 선발한다.
   - 첫 번째 팀 모임과 실천에 매우 주의를 기울인다.
   - 팀 행동의 명확한 규칙을 확립한다.
   - 신선한 정보와 함께 정기적으로 팀원들에게 도전을 준다.
   - 함께 있는 시간을 많이 보낸다.
   - 긍정적 피드백, 보상의 공공연하게 수행한다.
6. 효과적인 팀의 특성

적극적 참여	공동 목표
존중	목적의 지각
주의 깊은 경청	촉진적 만남
리더십	역량있는 팀 구성원
건설적으로 관리되는 팀 갈등	책임감을 가진 팀 구성원
즐거운 과제 수행	효과적인 의사결정

7. 팀의 분류 : 전통적인 작업 집단, 전통적인 팀, 자율적인 팀. 우리가 지향하는 팀의 전형은 자율적인 팀을 의미하며, 조직 내 계급체계와 연결되어 있으며, 권력과 독립이 크게 늘어나고, 리더는 팀 촉진자(facilitator)이며, 상호의존적이며, 팀원들에 의해 조정되고 민주적이고 합의적인 특징을 가짐
8. 학습 팀의 유형은
   - 가짜 팀(pseudo team) - 평균 이하의 팀 구성원들이 수행하는 팀
   - 잠재력이 있는 팀(potential team) - 평균적인 팀 구성원에 근접하여 수행하지만, 아주 잘 수행되지 못하는 팀
   - 실제적 팀(real team) - 아주 잘 과제를 수행하는 팀
   - 최고 수행 팀(high-performing team) - 기대 이상의 과제를 수행하는 월등한 팀
9. 조직심리학자인 부루스 터크만(Tuckman)은 모든 팀이 경험하는 팀의 발달 단계를 자신의 이름을 딴 '터크만 모델'로 소개했다. 즉 팀의 발달(team development) 과정은 일반적으로 형성기(forming), 격동기(storming), 규범기(norming), 성취기(performing)의 단계로 설명할 수 있다.

생각해 볼 문제 | Reflection & Discussion

① 팀워크의 두 가지 오해에 대하여 생각해 보고, 그 오해를 팀의 이론의 관점에서 바로 잡아 보자.

> 1) 팀워크가 좋은 팀에는 갈등이 없는가?
> 2) 팀워크 향상을 위하여 개인의 희생이 불가피 한가?

② 다음은 TEAMWORK의 이니셜을 팀워크의 관점에서 제시한 것이다. 여기서 팀이 갖는 의미에 대하여 생각해 보자.

> Together : 혼자가 아니라 함께 일을 하면 보다 쉽게, 보다 전문가답게 해결할 수 있습니다.
> Empathy : 동료나 부하직원을 염려하고 그들의 복지에 관심을 가지는 것입니다.
> Assist : 그들이 도움을 필요로 할 때 기꺼이 도우려는 마음과 도울 수 있는 능력입니다.
> Maturity : 긍정적이고 건설적으로 문제를 다룰 수 있는 성숙함입니다.
> Willingness : 모든 동료와 친근하고 협조적인 태도로 일을 할 수 있는 것입니다.
> Organization : 동료 및 타 부서의 협조를 바탕으로 위기 상황을 줄이고 잘 정돈된 체제를 유지하는 것입니다.
> Respect : 일상의 기본으로 함께 일하는 사람들에 대한 존중입니다.
> Kindness : 당신이 만나는 사람들에 대한 친절입니다.

참고문헌

김은영 (역). 테크놀로지의 걸작들(Lewis's Masterworks of Technology). 생각의 나무.

대니얼 레비, 정명진 역(2011). 팀워크 심리학(Group Dynamics for Team). 부글북스.

박태현(2012). 팀으로 일하라. 시그마북스.

최유현(2008). 공학기술과 팀워크. 지호.

Bagulary, P. (2003). Teams and Team-working. Chicago, Ill: MaGraw-Hill.

Eide, A. R., Jenison, R. D., Mashaw, L.H., and Northup, L.L. (2002). Introduction to Engineering Design & Problem Solving. Boston: McGraw-Hill.

Katzenbach, J. & Smith D. (1993). The wisdom of teams: Creating the high-performance organization. Cambridge, MA: Harvard Business School Press.

McNeill, B. Bellamy, L. and Foster, S. (1995). Introduction to engineering design. Tempe: Arizona State University.

Smith, K. A. (2004). Teamwork and Project Management. 2nd Ed. Boston: MaGraw-Hill.

Stewart, G. L., Manz, C. C. & Sims, Jr, H. P. (1999). Team Work and Group Dynamics. New York: John Wiley & Sons, INC.

Wellins, R. S., Byham, W. C. & Willson, J. M. (1991). Empowered Teams: Creating self-directed work groups that improve quality, productivity, and participation. San Francisco, CA: Jossy-Bass Inc.

'남극의 눈물' 인간의 상상을 초월하는 황제펭귄의 삶, 파란 뉴스 http://media.paran.com/newsplus/view.kth?dirnews=71694&year=2012&key=pop&link=&dir2=pop

카발라 교육 연구원, 황새 무리로부터 배우는 팀워크 http://www.kabbalah.info/korean/storks-and-teamwork.htm

http://media.paran.com/newsplus/view.kth?dirnews=71694&year=2012&key=pop&link=&dir2=po

Part 01 팀워크의 기초

03 개인적 특성 프로파일과 팀워크

| 주요 개념 | 다중지능이론, 언어적 지능, 논리수학적 지능, 공간적 지능, 개인내 지능, 대인간 지능, 신체적 지능, 음악적 지능, 자연이해지능, Jung의 성격이론, MBTI이론, 성격 유형, 성격유형와 팀워크

1. 서로 다른 지능 프로파일 : 다중지능 이론
2. 성격 유형 이론
3. 성격 유형과 팀워크

03 개인적 특성 프로파일과 팀워크

누구나 개인은 서로 다른 지능의 강점과 약점을 지니고 있고, 서로 다른 성격 유형을 지니고 있으며, 이를 인식하는 일은 팀 리더십에서 매우 중요하다. 팀워크 이론에서는 개인이 중심이 되어 팀을 이루지만, 팀내에서 개인의 자율, 책임, 독특함을 인정하고 존중할 때 팀시너지(Team Synergy)가 발생된다는 것이다. 이러한 다름이 서로 조화될 때 팀은 시너지를 창출할 것이며, 서로의 다름을 받아들이지 못하고 이해하지 못할 경우, 팀은 깨질 수 밖에 없다. 개인의 다름은 팀의 존재 이유이다.

□ **학습 목표**
① 다중지능이론을 설명할 수 있다.
② 개인의 다중지능 프로파일이 팀에서 어떻게 적용되어야 하는지를 이해할 수 있다.
③ 성격 유형을 이해하고 개인의 성격 유형을 설명할 수 있다.
④ 개인의 성격 유형별 팀 지도자 유형을 이해할 수 있다.
⑤ 성격유형에 나타나는 갈등 상황을 이해하고 그 문제의 해결방법을 알 수 있다.

□ **학습으로의 초대_ 팀에서 다른 팀 구성원을 오해하는 여러 가지 이유**

● 근본적 귀인오류(fundamental attribution error)
누군가가 어떤 행동을 할 경우 그 이유에 대해 상황적인 설명보다는 개인적인 설명을 제시하려 드는 경향을 말한다. 우리는 다른 사람의 행동을 설명할 때 상황적 원인을 보려하지 않고 그 사람의 성격적 특성과 인구학적 변수들을 이용하려 한다.

● 첫인상 오류(first Impression error)
첫인상에 근거하여 판단하려 들고 나중의 인상 중에서 그 인상과 반대되는 것을 무시하려 드는 경향을 말한다. 첫인상을 형성하기만 하면 사람들은 그것을 정당화할 환경을 만들어 낸다.

● 후광효과(halo effect)
누군가에 대하여 대체적으로 긍정적이거나 부정적이라는 인상을 한 번 받기만 하면, 사람들은 그 사람이 모든 일에 탁월하거나 서툴다고 단정한다. 예를 들어 누군가를 좋아할 경우 우리는 종종 그 사람이 능력 있고 믿을 만하다고 단정한다.

● 유사효과(similar-to-me effect)
당신과 비슷한 사람을 긍정적으로 보는 경향을 말한다.

● 선택적 지각(selective perception)
우리의 믿음을 뒷받침하는 정보에만 초점을 맞추고 기억하며, 우리의 믿음과 배치되는 정보를 무시하려 드는 경향을 말한다.

팀에서 팀구성원 개인에 대한 올바른 이해와 인식은 팀 시너지의 창출의 출발점이다. 똑같은 개인이 만난다면 구태여 팀으로 만날 이유가 없다. 팀은 팀구성원의 개인적 환경, 가치, 심리, 지능, 능력 등의 다양성을 기반으로 팀 역량을 강화하는 것이다.

1. 서로 다른 지능 프로파일 : 다중지능 이론

가. 다중지능 이론의 탐색

인간의 지적 능력을 정의하던 기존의 방식에 대한 비판이 일부 학자들을 중심으로 활기를 띄고 있다. 그 비판의 주요 내용은 첫째, 기존의 지능검사를 통해서는 검사상황 밖에 존재하는 인간의 다양한 지적 능력을 측정할 수 없으며, 둘째, 인간의 지적 능력을 학업성취를 예언할 수 있는 능력으로만 제한시킴으로써 다양한 맥락에서 나타나는 인간의 중요한 문제해결 능력을 무시하고 있고(Ceci, 1990 ; Cole & Scribner, 1974 ; Gardner, 1991a ; Scribner, 1986), 셋째, 지능점수를 구하는 데만 초점을 둔 나머지 인간의 인지능력이 발달하고 변화하는 것에 거의 관심을 두지 않고 있다는 것이다(Anderson, 1992). 이와 같은 비판들은 전반적으로 기존의 전통적인 지능 개념이 인간의 다양한 지적 능력 중 일부만을 강조함으로써 다른 중요하고 실제적인 지적 능력을 설명하지 못할 뿐 아니라, 그 능력들을 지능개념 밖으로 내몰고 있음을 지적하는 것들이라 할 수 있다(김현진, 1999).

오래 전부터 사람들은 인간의 지적 능력을 높이 평가하고 그에 따른 많은 관심을 가져왔다. 그 당시에 지능은 마음, 판단, 영혼, 지식, 정신과 구별되지 않았다. 그러나 18세기부터 과학의 관심영역이 되면서 지능의 개념이 18세기(재능), 19세기(일종의 학습능력), 1920년대(세상에 대한 이해능력), 1960년대(정보처리 과정)를 기점으로 전환기를 맞이하게 되었다. 그러나 1960년대의 정보과정 심리학의 지능 역시 인간의 독창성을 무시하였고, 종합적인 틀에서 해석하지 못하고 논리 · 수학적 과제만을 중시하였다.

가드너(Howard Gardner, 1983, 1993)는 과거의 여러 지능 연구들이 모두 일차원적 관점에서 이루어졌기 때문에 인간의 지적 능력을 제대로 설명하는 데 한계가 있다고 주장하고, 보다 다원적 측면에서 지능을 파악하여 내세운 지능이론이 다중지능 이론(multiple intelligence, 우리나라에서는 다중지능, 복합지능으로 번역되어 왔으나, 이 글에서는 다중지능으로 번역함)이다.

이 이론은 자연히 지능개념을 협소한 학업적성에서 벗어나 개인이 처한 상황 속에서 발휘되는 정신의 개념으로 이해하여 그 개념이 확대되었다. 이런 경향은 종래의 지능개념이 주로 학교상황에서 요구되는 논리력 · 기억력 · 언어력 등의 인지능력만을 강조하고, 학교 밖의 현실세계에서 가치 있게 여겨지는 다른 능력들을 무시한 것에 대한 반성에서 비롯되었다고 볼 수 있다. 즉 다중지능 이론은 인간의 지능을 다차원적 능력으로 규정하게 되었고, IQ 중심의 지능이론을 탈피하려는 새로운 지능이론인 스턴버그(Sternberg, 1995)의 실제적 지능 또는 성공지능 이론, 살로베이와 메이어(Sallovay & Mayer, 1997)의 정서지능 이론들이 출현하는 데 기여하였다. 또한 다중지능 이론은 학교교육에 있어서도 개인의 장점과 잠재력을 극대화시키는 논리적 근거를 제시하여 기존 교육에서 다소 소외되었던 예술적 능력, 신체적 능력, 사회적 능력 등이 동등하게 그 가치를 인정받게 된 사실은 대단히 큰 교육적 시사를 주고 있다.

가드너는 지능을 다차원적 측면에서 파악해야 된다고 믿고, 이는 문화적으로 고안된 의미체계로서 사람들이 주요 정보의 형식을 파악하고 전달할 수 있게 만들어 주는 '상징체계적 관점'에서 이해되어야 한다고 주장하였다. 즉 가드너는 상징체계들을 다루는 능력을 지적 능력으로 보았다. 한 문화는 여러 가지 상징체계를 가지고 있으며, 그런 여러 능력의 상징체계들을 조직하는 것이 지능이라고 보고 있다. 그래서 지적 능력은 단일한 하나의 차원이 아닌 어떤 상징체계를 그 대상으로 하느냐에 따라 그 발달과 구조, 개념이 질적으로 다르게 작용하는 다차원적 개념이다. 이러한 관점에서 가드너는 일곱 가지 지능(최근에 1개가 추가)이 존재한다는 것을 밝혀 내려고 노력하였다. 또한 그는 지능의 개념에 창의성을 포함시키고 있다. 창의성이란 문제를 풀어내고 창조물을 만들어내며 특정 영역에서 새로운 문제를 제시하는 능력으로 보고, 지능을 '한 문화권에서 가치 있다고 여겨지는 특정 영역의 문제를 해결하고, 그 영역에서 가치 있다고 여겨지는 새로운 것을 창조해 내는 능력'(Gardener, 1984)이라고 정의하였다. 이러한 정의에 바탕을 둔 다중지능 이론은 다음 세 가지 원리를 내세운다.

첫째, 지능은 단일한 능력요인 또는 다수의 능력요인으로 구성된 하나의 지능으로 구성된 것이 아니라 서로 별개의 구분되는 다수의 지능으로 구성된다. 가드너(1993)가 제안한 다수의 지능이란 언어, 논리 · 수학, 공간, 음악, 신체 · 운동, 대인간, 개인 내 지능의 7가지 종류이다. 다중지능 이론의 기본적인 주장은 모든 인간이 7개의 지적 능력을 개발시킬 수 있다는 잠재력을 소유하고 있다는 것이다. 따라서 모든 인간은 각각의 지능을 어느 정도 개발하지만 서로 동일한 지능의 프로파일을 갖지는 않으며, 또한 지능은 서로 다른 문화에 따라 서로 다른 형태를 취한다고 가정한다.

둘째, 지능은 서로 독립적이다. 다시 말해서 이론상 어떤 지능의 조건에서 사정된 능력들은 다른 지능의 조건에서 사정된 능력들을 예측할 수 없다. 즉 인간은 여러 다양한 종류의 내용에 대한 그의 능력은 있으나, 한 내용에 대한 그의 능력은 다른 내용에 대한 그의 능력과는 상관이 없다고 주장한다. 천재는 특정한 내용에만 한정되어 있는 것이며, 모든 인간은 전체적인 일반적 능력에 다양하게 의존되어 있는 것이 아니라 여러 가지 다양하고 특수한 지능을 표현하도록 진화되어 왔다. 이러한 주장은 가드너의 강한 주장이지만 심리측정학자들의 많은 비판이 제기되는 내용이다.

셋째, 지능은 서로 상호작용적이다. 각각의 지능은 서로 별개의 기능을 보인다고 해서 그들이 함께 작용한다는 것이다. 예를 들어, 가드너는 언어지능과 논리 · 수학적 지능을 모두 수학문제를 풀 때 두 지능의 기능이 설령 독립적이라 해도 다함께 작용해야 풀 수 있다고 생각한다.

Keith Rogers는 가드너의 다중지능 이론의 원리를 다음과 같이 제시하였다.

- 지능은 하나가 아니며 복합적이다.
- 각 개인은 역동적인 지능의 독특한 통합체이다.
- 지능은 개인 안에서와 개인들 간에 다양하게 계발된다.
- 모든 지능은 역동적이다.
- 다중지능은 확인되고 설명될 수 있다.
- 각 개인은 지능의 다양성을 인식하고 개발할 기회가 주어져야 한다.
- 한 가지 지능의 사용은 다른 지능을 강화하는 데 사용될 수 있다.
- 개인의 집중력과 분산은 지능의 지식, 신념, 기술에 달려 있다.
- 모든 지능은 연령이나 주위상황과 관계 없이 보다 인간적으로 되는 잠재적 능력과 대안적 역량을 준비시켜 준다.
- 순수한 지능은 드물게 나타난다.
- 발달이론은 다중지능 이론의 적용이다.

이와 같이 가드너는 지능이 다수의 지능으로 구성되어 있으며, 각각의 지능은 독립적인 기능이 존재하지만 지능이 요구되는 상황에서는 서로 상호작용하면서 작용한다는 사실을 밝혔는데, 이는 다중지능 이론의 기본원리가 되었다.

가드너는 이러한 지능의 원리를 기초로 독특한 상징체계와 생물학적 기원을 가진 수십 가지의 후보 지능 중에서 다음의 8가지 지능 선별의 준거를 기준으로 7가지 지능을 발견하였다.

- Potential Isolation by Brain Damage. 두뇌손상에 의하여 지적 능력의 고립현상 : 브로카 영역[좌뇌의 전두엽—언어적 지능, 우뇌의 측두엽—음악적 지능, 우뇌의 전두엽—인간관계 지능(대인간 · 개인 내 지능)]
- The Existence of Idiot [Autistic] Savants, Prodigies, and other Exceptional Individuals. 백치천재, 신동 등 예외적인 인간의 존재 : 레인맨의 레이몬드
- A Distinctive Developmental History, along with a Definable Set of Expert "End—State" Performances. 독특한 발달사와 '최고수준'의 전문가로 규정할 수 있는 일련의 수행 결과들 : 논리수학적 지능—피아제 발달이론, 인간적 지능—에릭슨의 발달이론이 설명력
- An Evolutionary History and Evolutionary Plausibility. 진화사와 진화가소성 : 고대—신체적 지능, 현대—영상문화로 공간적 지능
- Support from Psychometric Findings. 심리측정 자료의 근거 : 웨슬러 아동지능검사(언어, 논리—수학, 공간, 신체), 바이 랜드의 검사(사회성숙도), 쿠퍼스미스(자아존중 검사)
- Support from Experimental Psychological Tasks. 실험 심리학 연구의 뒷받침 : 언어능력이 논리 · 수학적 지능으로 전이되지 않음—각 지능의 독립을 의미
- An Identifiable Core Operation or Set of Operations. 확인 가능한 핵심 조작과 조작들 : 컴퓨터의 OS, 음악적 지능(음조에 대한 민감, 여러 가지 리듬구조를 가려낼 수 있는 능력)
- Susceptibility to Encoding in a Symbol System. 상징체계를 이용한 기호화 가능성

이 준거에 합당하다고 가드너가 제시한 7가지 지능은 언어적 지능(linguistic intelligence), 음악적 지능(musical intelligence), 논리 · 수학적 지능(logical-mathematical intelligence), 공간적 지능(spatial intelligence), 신체 · 운동적 지능(bodily-kinesthetic intelligence), 대인간 지능(interpersonal intelligence) 개인 내 지능(intrapersonal intelligence)이다. 그러나 다중지능으로 제안되어 왔으나 위의 8가지 준거에 증거를 보이지 않은 영감, 도덕적 감수성, 성적 특성, 유머, 직관력, 창의력, 요리능력, 후각적 지각, 다른 지능 종합능력 등은 제외하였다. 위의 7가지 외에 최근에 여덟 번째 지능으로 볼 수 있는 자연이해 지능(naturalistic intelligence)이 추가되었다. 자연이해 지능은 살아 있는 것(식물 · 동물)을 구분하는 능력, 자연계(구름, 바위, 천체의 배치)의 여러 특성에 대한 민감성을 가리킨다.

다중지능의 핵심개념, 상징체계, 최고수준의 발달상태, 두뇌 신경체계 영역 등을 제시하면 다음과 같다.

〈표 1-29〉 다중지능 이론의 개요

지능	핵심개념	상징체계	최고수준 전문가	두뇌 신경체계
언어적 지능	단어와 언어의 소리, 구조, 의미에 대한 민감성	표음문자 (예, 영어)	작가, 웅변가(버지니아 울프, 마틴 루터킹)	좌뇌의 측두엽과 전두엽
논리·수학적 지능	논리적·수리적 패턴에 대한 민감성 ; 연쇄적 추리를 다루는 능력	컴퓨터 언어 (예, 파스칼)	과학자, 수학자(퀴리부인, 파스칼)	좌뇌의 두정엽, 우뇌
공간적 지능	시공간적 세계를 정확하게 지각하고, 최초의 지각에 근거해 변형할 수 있는 능력	표의문자 (예, 중국어)	미술가, 건축가(프리더 칼로페이)	우뇌의 후두엽 부분
신체·운동적 지능	자기 몸을 통제하고 재주 있게 사물을 다루는 능력	수화, 점자	운동선수, 무용수, 조각가(제시 오엔스, 마사글함, 오그스트 로뎅)	소뇌, 기저 신경절, 운동피질
음악적 지능	리듬, 음조, 음색을 만들고 평가할 수 있는 능력 ; 음악적 표현형식에 대한 평가능력	음악악보, 모르스부호	작곡가, 연주가(스티비 원더, 미도리)	우뇌의 측두엽
대인간 지능	다른 사람의 기분, 기질, 동기, 욕망을 구분하고 적절하게 대응하는 능력	사회적 단서 (몸짓과 얼굴 표정)	상담자, 정치지도자(칼로저스, 넬슨 만델라)	전두엽, 측두엽 (특히 우뇌), 변연계
개인 내 지능	자신의 감정에 충실하고, 자신의 정서들을 구분하는 능력 ; 자신의 장점과 약점에 대한 인식능력	자아상징	심리치료사, 종교지도자 (프로이드)	전두엽, 두정엽, 변연계

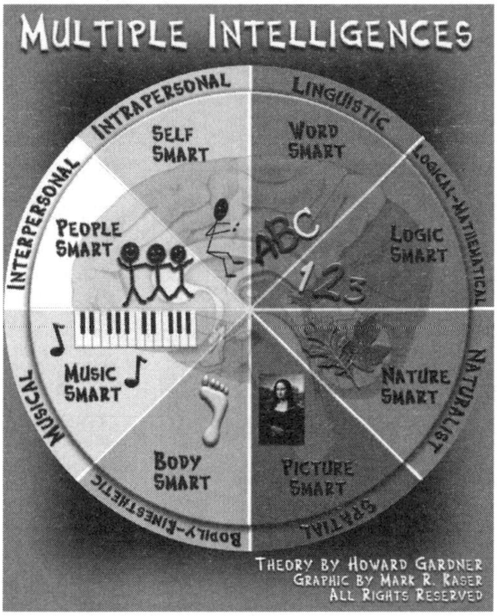

[그림 1-6] 다중지능 이론 피자

다중지능은 모든 사람에게 어느 정도는 다 있으나 나타나는 정도는 사람마다 다르다. 가드너(1993)에 의하면 사람들은 각 지능을 어느 정도까지는 발달시킬 수 있으며, 특히 아동기의 환경조성, 즉 훈련을 통해 지능발달이 촉진될 수 있다고 본다. 또한 이 지능들은 서로 연합하여 하나의 목표활동을 이룬다. 가령 요리법을 배워 요리를 하기 위해서는 요리 책을 이해할 수 있는 언어지능, 요리과정을 단계별로 구분할 수 있는 논리 · 수학적 지능, 손을 자유롭게 놀릴 수 있는 신체 · 운동적 지능, 가족의 취향을 감지하여 만족시킬 수 있는 대인지능 등이 필요하다는 것이다. 따라서 흔히 말하는 적성이란 몇 개의 지능이 연합하여 활동하는 영역을 의미한다고 볼 수 있다.

하대현(1998)의 연구에 따르면 다중지능 이론은 긍정적인 평가(Perkins 등, 1987)와 부정적인 결과(Scarr, 1985)가 함께 제기되는데, 생물학, 신경생리학 요인과 더불어 문화적 영향을 고려한 지능개념을 확장시켰다는 긍정적인 평가가 있는 반면, 다중지능 이론은 전혀 새로운 것이 아니며 실험적 검증을 거치지 않았기 때문에 하나의 정교한 이론이기보다는 이론적 틀이나 제안에 불과하다는 평가(Miller, 1983)도 있다. 특히 비판적 시각에 대하여 가드너는 지능과 재능을 혼동하고 있다는 점, 지능의 분류방법이 주관적 요인분석이라는 점, 실험적 증거가 결여되었다는 점, 지능 간 독립성의 가능성 문제 등에 있어서 반론을 제기하고 있으나 가드너는 각각의 비판에 대하여 나름대로 재반론을 하였다.

나. 다중지능의 측정

가드너는 다중지능을 손쉬운 객관화된 검사에 의하여 측정하는 것은 불완전하므로 자연 상태의 실제 상황에서 실제 활동을 통해서 관찰, 검사, 포트폴리오 등의 다양한 방법으로 측정할 것을 주장한다. 즉 신체 · 운동 지능을 측정하려면 직접 활동을 지켜보고, 공간지능을 측정하려면 실제로 그림을 그려 보아야 한다고 주장한다. 이러한 관점에서 다중지능 이론에서는 지능의 측정(measurement)보다는 지능의 사정(assessment)의 개념이 더 적절한 용어일런지도 모른다.

가드너는 실제로 프로젝트 스펙트럼(project spectrum)을 통하여 3~4세의 아동들의 다중지능을 측정하였다. 스펙트럼의 교실에는 다양한 종류의 활동 코너를 설치하고 아동 활동에서 7가지 지능의 징표를 찾는다. 여기서 7가지 지능을 재는 방법은 지필검사뿐만 아니라 기계조작, 말하기, 그림그리기, 춤추기, 타인의 활동 관찰하기 등의 다양한 분야에서 다양한 방법(비디오테이프, 학생 자료철)으로 측정하였다. 그 결과 다음과 같은 사실을 밝혀냈다. ① 거의 모든 아동이 하나 또는 그 이상의 지능영역에서 강점과 약점을 지니고 있다. ② 각 코너에 설치한 15가지 활동내용은 서로 이질적인 지적 능력을 측정하고 있다. ③ 한 코너에서의 강점은 다른 코너의 활동을 촉진시키기도 하고 방해하기도 한다. ④ 이러한 측정방법을 통해 교사나 부모가 알지 못했던 아동의 지능의 강점과 약점을 찾아낼 수 있다.

그러나 지필검사의 측정방법이 갖는 편리함 때문에 실제로 다중지능 검사지가 만들어져 왔다. 기존의 지능검사들이 '지금 이 시점에서 문제를 풀어낼 수 있느냐를 측정하는 능력검사'인 반면, 다중지능 검사지는 '선호나 민감성을 측정하는 흥미검사'를 통해서 피험자의 현재의 지적 선호도와 더불어 미래 발전 가능성을 측정하는 검사지이다. 그 예는 MIC(Multiple Intelligence Challenge), SEVAL(Self Evaluation of Seven Useful Abilities), HAPI(Hillside Assessment of Perceived Intelligences), 그리고 HAPI를 수정 · 보완해 개발한 MIDAS(Multiple Intelligence Developmental Assessment Scales) 등이 있다. 한편, MIDAS 검사를 번안하여 한국에서 제작한 K-MIDAS 등도 있다.

〈나의 다중지능 평가와 프로파일〉

1. 1~10번까지의 10문항을 차례로 읽고 주어진 지문에 따라 자신에게 해당되는 것을 왼쪽 아래의 칸에 자유롭게 X표를 한 후, 그 중에서 한 가지를 골라서 오른쪽 위에 강제 선택으로 V표를 한다.
2. 1의 내용을 마친 후 언어지능의 경우 다음 쪽의 마지막에 전체 표시한 점수를 기록한다. 여기서 왼쪽 아래에는 각 지능별로 자유롭게 선택한 총점수를, 오른쪽 위에는 강제 선택한 총점수를 기록한다.
3. 2의 점수를 합산한 후, 다음 쪽 아래에 있는 그래프 용지에 자유롭게 선택한 총 점수는 꺾은선그래프로, 강제로 선택한 총점수는 막대그래프를 그린다.
4. 그래프의 해석은 꺾은선 그래프는 자신의 약점을 찾는 데, 막대그래프는 자신의 강점을 찾는 데 적용한다.

〈그래프 그리기〉

10								
9								
8								
7								
6								
5								
4								
3								
2								
1								
0								
	언어	논리 · 수학	시각 · 공간	음악	신체 · 운동	자연 이해	대인간	개인 내

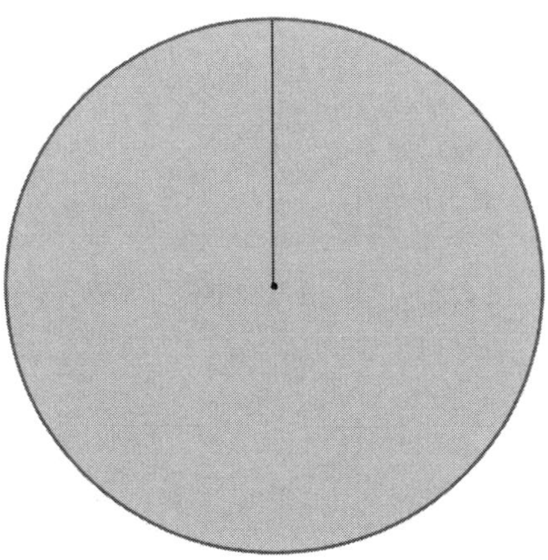

〈나의 강한 지능〉

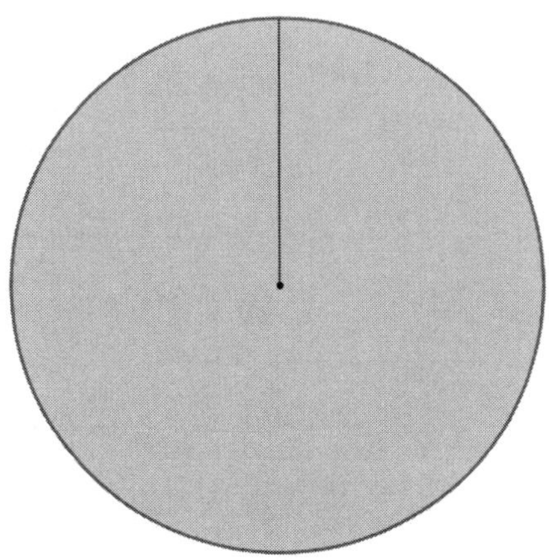

〈나의 약한 지능〉

〈나의 다중지능 평가해 보기〉

	1. 기분전환을 위해 어떻게 하십니까?	2. 사실을 기억하기 위해 무엇을 하십니까?	3. 일이 잘 풀리지 않을 경우에 어떻게 하십니까?	4. 팀 프리젠테이션을 위해 무엇을 하십니까?	5. 다툼이 있을 때 어떻게 해결하십니까?	6. 바둑 등의 다음수를 위해 당신은 어떻게 합니까?
언어 지능	읽기, 쓰기 단어놀이 게임을 한다.	어구나 말을 창조한다.	관련 서적을 읽는다.	메모를 한다.	내게 유리한 현명한 말을 사용한다.	수를 두는 동안 스스로 이야기한다.
논리 · 수학 지능	논리게임을 한다.	논리구조를 만든다.	문제해결 방법을 분리해서 살펴본다.	데이터를 분석하고 통계를 나타낸다.	승리전략을 고안한다.	각수의 결과를 심사숙고 한다.
시각 · 공간 지능	그림을 그리거나 미술관에 간다.	대답을 형상화하거나 그림으로 그린다.	문제를 도식화한다.	시각적 자료를 만든다.	해결책을 그린다.	다음 수가 어떻게 될지 머리에 그려 본다.
음악 지능	악기나 노래를 하거나 음악을 듣는다.	리듬이나 노래를 만든다.	음악을 감상하면서 해결책을 생각한다.	단어들을 곡조로 만든다.	조화로운 해결책을 찾는다.	게임의 흐름에 따라간다.
신체 · 운동 지능	활동적으로 운동을 하거나 춤을 춘다.	몸짓과 운동으로 연상시킨다.	손을 사용하여 해결한다.	운동이나 행동으로 표현한다.	움직이거나 몸짓을 한다.	다양한 방법을 시도한다.
자연 이해 지능	정원이나 애완동물을 돌본다.	자연을 사용하여 유추한다.	자연 속에서 생각한다.	자연주제를 선택한다.	부분과의 관계를 연구한다.	예언자의 입장에서 생각하고 기도한다.
대인간 지능	동료, 가족, 친구와 함께 한다.	동료와 함께 일한다.	문제해결을 위해 누군가와 함께 일한다.	협력하거나 협조한다.	중재하거나 타협책을 연구한다.	다른 사람들의 수를 분석한다.
개인 내 지능	혼자 시간을 보낸다.	개인적 경험과 사실을 관련시킨다.	고칠만한 가치가 있는지 심사숙고한 뒤에 스스로 고친다.	내가 맡은 부분만 스스로 한다.	다른 사람에게서 떠난다.	맞다고 생각한 것을 둔다.

	7.어떤 것을 할 수 있는 게임을 좋아합니까?	8.포트폴리오에 덧붙이기 위해 무엇을 하십니까?	9.선물을 받는다면 무엇이 좋겠습니까?	10.자유시간 동안 당신은 무엇을 하시겠습니까?	오른쪽 위(M) 점수1:강제선택 가장 맞는 것 하나 선택	왼쪽 아래(X) 점수2:자유선택 맞다면 모두 선택가능
언어 지능	언어적 기술을 사용한다.	수필을 쓴다.	책과 잡지	책을 읽거나 쓴다.		
논리·수학 지능	수학을 사용하고 가능성들을 분석한다.	수학, 논리를 포함한다.	논리게임과 퍼즐	문제를 푼다.		
시각·공간 지능	그림을 그린다.	그림을 그리거나 시각적 분류를 한다.	미술재료나 조각 그림퍼즐	그림을 그리거나 모형을 만든다.		
음악 지능	음악을 연주한다.	노래나 곡조를 쓰거나 녹음한다.	음악회 티켓	음악을 듣거나 연주를 하거나 듣는다.		
신체·운동 지능	행동을 하거나 운동신경을 사용한다	동작을 비디오로 찍든지 실연한다.	운동용품	손으로 들거나 운동을 한다.		
자연 이해 지능	밖에서 논다.	식물이나 동물을 이용한다.	애완동물, 식물, 야외생활용	자연을 즐긴다.		
대인간 지능	다른 사람들과 논다.	다른 사람들과 같이 한다.	큰 파티	친구들과 시간을 보낸다.		
개인 내 지능	혼자 놀든지 혼자 결정한다	개인적인 글과 소감을 쓴다.	일기장	혼자가 된다.		

TEAMWORK TIP	다중지능 프로파일과 팀워크 다중지능 이론의 핵심은 각 개인의 복합적인 다양한 지능의 프로파일이 존재한다는 것이다. 모든 지능을 합하여 그 사람의 지능이 높고 낮음을 판단하는 것이 아니라, 한 개인의 지능의 강점과 약점을 발견케 해 준다는 것이다. 따라서 다중 지능의 선호도 측정을 통하여 밝혀진 프로파일 그 팀 구성원의 역량과 잠재력을 이끌어 내는데 활용되어야 한다는 것이다. 즉 팀 구성원 각자가 가진 지능의 프로파일을 이해하고 개인이 각각의 지능을 발휘하여 팀 시너지를 창출하는데 초점을 두어야 한다는 것이다.

◆ 보충 학습 자료_ 다중지능 이론과 학습양식

시청각 교육이 붐을 이루면서 세 가지 유형의 학습자들(청각적 학습자, 시각적 학습자, 촉각적 학습자)이 주로 교육자들의 입에 오르내렸다. 그러나 다중지능 이론이 교실에 받아들여지면서 여덟 가지 지능에 의한 여덟 가지 형태의 학습자들이 추출된 것이다. 이들은 언어적 학습자(linguistic learner), 논리 · 수학적 학습자(logical · mathematical learner), 공간적 학습자(spatial learner), 음악적 학습자(musical learner), 신체 · 운동적 학습자(bodily · kinesthetic learner), 대인관계적 학습자(interpersonal learner), 자기이해 학습자(intrapersonal learner), 자연탐구적 학습자(naturalist learner)로, 이들이 선호하여 학습에 심취할 수 있거나, 이들에게 활동을 시켰을 때 학습의 효과를 거둘 수 있는 활동들은 다음과 같다.

- 언어적 학습자들은 읽기, 쓰기, 말하기를 좋아한다. 이름이나 장소, 날짜, 기타 하찮은 것이라도 잘 기억한다. 언어적 학습자는 말하기, 듣기, 그리고 단어를 보면서 많이 배운다.
- 논리 · 수학적 학습자는 실험하기를 좋아하고, 뭔가 항상 밝혀 내려는 노력이 보이며, 수와 관련된 내용에는 귀와 눈이 번뜩인다. 질문을 많이 하며, 어떤 유형과 관계를 밝혀 내는 데는 일가견이 있다. 수학에 흥미를 갖고 있으며, 논리적으로 생각하고, 문제해결에 있어서도 근거와 원리를 찾아 해결하려 한다. 분류를 한다든지, 그룹을 짓는다든지 추상적인 유형이나 관계를 통해 가장 많이 배운다.
- 공간적 학습자는 그림 그리기, 모형 만들기, 디자인, 뭔가 만드는 데는 남에게 뒤지지 않는다. 다른 학생들에 비해 한번 보면 비슷하게 그려 내거나, 한번 본 물체도 쉽게 모형을 만들어 낸다. 그림 감상, 영화 보기, 기계 다루기 등을 좋아한다. 뭔가 상상해 내기를 잘하고, 변화를 쉽게 찾아내고, 미로 찾기와 낱말 맞추기, 지도나 도표 등을 잘 읽어 낸다. 시각화(視覺化) 또는 상상을 통하

여 잘 배우고, 색깔이나 그림을 활용했을 때 많이 배운다.

- 음악적 학습자는 노래를 좋아하며, 흥얼거리기를 잘하고, 음악감상과 악기연주를 좋아한다. 한번 노래를 들으면 쉽게 멜로디를 익히며, 음높이나 리듬 등을 쉽게 구별한다. 리듬, 멜로디, 음악 등을 통하여 잘 배운다.
- 신체 · 운동적 학습자는 여기저기 잘 돌아다니며, 만져 보면서 이야기하고, 신체 언어를 많이 활용한다. 이런 학습자들은 스포츠, 댄스, 연극, 그리고 손재주를 이용한 신체적 활동을 잘한다. 신체감각을 통한 지식탐구, 공간과의 교류, 만지기, 움직이기 등을 통해 잘 배운다.
- 대인관계 학습자는 많은 친구들을 거느리고 있으며, 사람들에게 말을 잘하고, 그룹 활동에 잘 참여한다. 남을 잘 이해하고, 그들을 잘 이끌어 가며, 그룹을 조직하거나, 그룹간에 발생한 문제에 대해 중재 · 조정 등을 잘한다. 다른 학습자들과 함께 공유하면서 잘 배우고, 비교 또는 연계시키거나, 협동과 대화를 통해 잘 배운다.
- 자기이해 학습자는 혼자서 조용히 공부하기를 좋아하고 자신의 관심사 추구를 즐긴다. 자기 자신을 누구보다도 잘 알고, 자신의 감정이나 꿈에 초점을 맞추어 생활한다. 본능적인 감각에 잘 따르고, 자신의 목표와 관심사를 끝까지 밀고 나가려 하며, 남을 모방하기보다는 자기 자신의 생각을 많이 따른다. 이런 학습자들은 혼자서 공부를 잘하며, 개별화된 프로젝트나 자기 학습 속도에 맞는 수업, 그 학습자만이 즐길 수 있는 공간을 갖도록 했을 때 잘 배운다.
- 자연탐구적 학습자는 지구 환경에 관심을 갖고 있으며, 주어진 환경을 잘 변별하거나 특성을 분류 또는 활용하기를 좋아한다. 주어진 자료를 통해 결론을 지으면서 많이 배운다.

이러한 다중지능 이론에 기초한 학습 양식은 팀 구성원으로서의 과업 수행의 서로 다른 스타일이 있음을 확인해 주는 것이기도 하다. 팀 구성원이 문제해결을 할 경우 각자의 스타일이 있다는 것이다.

다. 다중지능 이론의 교육적 시사

가드너는 개인의 강점과 학습양식에 맞추는 수업의 필요성에서 지적 프로파일에 나타난 개인의 강점을 강조해 교육하는 일은 개인의 잠재력을 극대화시킨다는 점에서 바람직하다고 주장하였다. 그러나 Krechevsky(1991)는 부모나 교사가 너무 성급하게 아동의 강점인 영역만을 찾아 그것만을 강조하는 교육을 시킬 때 나중에 발현될 수 있는 강점을 무시하게 될 위험이 있다는 것이다. 이에 대하여 가드너는 개인의 강점을 강조한다고 해서 반드시 약점을 무시한다는 의미는 아니며, 실제로 약점을 표면적으로 무시하지 않았고 강점과 약점에 모두 관심을 가졌다고 말한다. 즉 학생들의 약점을 강점인 능력의 제2차 수단을 통하여 간접적으로 교정할 수 있는 방법을 제안하였다. 실제로 어떤 주제에 대하여 다중지능 이론의 적용은 다양한 지능을 개발시켜 주는 전략으로도 볼 수 있을 것이다.

이러한 다중지능 이론의 일부 비판적 시각에도 불구하고 미국을 중심으로 한 학교교육에서 '바람직한 잠재능력 배양', '검사방식의 변화', '교사들의 교실 경험과 실생활 연결의 유용성', '교사들의 수업방법 혁신', '교육의 개성화' 등의 긍정적인 결과들이 확인되고 있다.

다중지능 이론은 지능이론의 관점에서 그 영역을 확장시켰다는 긍정적 기여는 물론, 교육적 적용에서도 매우 큰 시사점을 주고 있다고 판단된다. 우리 학교교육이 기존 IQ와 상관관계가 높은 언어적 능력, 논리 · 수학적 지능을 강조한 교과의 강조가 몰고 온 교육의 제반 문제에 대한 이론적 반증과 더불어 학생들의 다양한 경험기회의 제공이라는 점에서 큰 의의가 있다. 이제 우리의 교육은 지식과 정보가 중심이 되는 21세기 정보사회에서 적응할 아이들에게 교육의 관점을 두어야 할 것이다. 학생들에게 잠재되어 있던 능력들을 다양한 관점에서 바라보고 이끌어내는 것이 교육을 계획하고 실천하는 모두가 염두에 두어야 할 것이다. 그러나 그 적용에 있어서는 가드너(1995)의 말대로 "다중지능 이론이 교육에 적용시키는 하나의 올바른 방법이 존재하지 않으며, 그런 방법에 대한 결정은 교사들에게 맡기는 것이 최선이다"라는 지적은 참고할 만하다.

가드너는 1999년에 펴낸 책에서 '더 큰 개인 : 미래에 대한 도전'의 글 부분에서 다음과 같이 강조한다. 이러한 강조가 적어도 다중지능 이론을 교육에서 고려할 때의 함의해야 할 기본가정이다.

> 우리는 같은 종이라는 점에서 근본적으로 비슷하다. 인간의 독특한 요인을 분석할 때, 우리는 인간의 각기 다른 잠재적인 요소들을 구별할 수 있는 능력을 얻게 되고, 개인의 다른 가족과 문화적 배경은 인간행위가 결국 뚜렷하게 구별된다는 사실을 입증해 준다. 왜냐하면 한 개인의 유전자와 경험은 유일한 것이고, 우리의 두뇌는 그것을 형상화시킨 것이기 때문이다. 그러므로 우리는 전 세계에 하나밖에 없는 존재이다. 개별성의 인식과정에서 우리는 뿌리 깊은 유대를 발견하게 된다. 즉 우리 모두는 자연적 · 문화적 진화의 집합적 산물인 것이다. 그리고 우리가 힘을 모아야 하는 이유는 상호보완적인 측면에서 다음 세대를 위해 자연과 문화를 유지해야 하기 때문이다[문용린, 2001(역) : 242].

◆ 보충 학습 자료_ 다중지능이론과 팀 활동

Kagan(1998)은 다중지능 이론을 활용한 수업을 〈표 1-30〉와 같이 'Matching(다중지능을 통한 수업)', 'Stretching(다중지능을 위한 수업)', 'Celebrating(다중지능 발견을 위한 활동)'의 세 가지 접근으로 구분하여 적용하였다.

〈표 1-30〉 다중지능 이론의 세 가지 접근

구분	Matching	Stretching	Celebrating
의미	Teaching With MI	Teaching For MI	Teaching About MI
목표	학과의 학업성취도의 성공을 최대로 보장한다.	학습자의 모든 지능발달을 최대화로 보장한다.	나 자신 및 다른 사람의 독특한 장점을 이해하고 칭찬한다.
방법	수업전략을 학습자의 지능에 맞춘다.	수업전략과 교육과정을 모든 학습자의 지능을 개발하거나 확장시키는 데 활용한다.	학습자들은 초인지나 상호작용 활동(sharing)을 통하여 MI이론을 발견한다.
결과	수업이 변화된다.	교육과정이 재구성된다.	자신과 타인의 이해가 변화된다.
장점 (vision)	학습자들의 지능에 적합한 수업전략으로 가르치기 때문에 학업성취의 실패를 줄일 수 있다.	학습자는 여러 가지 방법으로 보다 지능을 발달시킬 수 있다.	학습자들의 자신의 독특한 장점과 다른 사람의 장점의 패턴을 이해하고 칭찬을 조장하고, 다양성을 이해하고 활동하는 데 학습자들을 준비할 수 있다.

〈표 1-31〉 다중지능을 위한 팀 활동의 방안

다중지능	활동 1	활동 2
언어적 지능	4S 브레인스토밍	RoundRobin
논리 · 수학적 지능	규칙 찾기(두 박스놀이)	나는 누구일까요?
시각 · 공간적 지능	Match Mine	마인드 맵
음악적 지능	서정적 수업	두 목소리로 노래하기
신체 · 운동 지능	Team Charades	Formations
자연이해 지능	공통점, 다른 점 찾기	범주화하기
대인간 지능	누군가 찾기	모둠 인터뷰
개인 내 지능	Journal Reflections	Timed Pair Share

Kagan(1998)은 Stretching(다중지능을 위한 수업)의 적용을 위한 방안으로 〈표 1-31〉과 같이 제시하였다.

그리고 여기서 중요한 몇 가지를 제시하면 다음과 같다.

■ 4S 브레인스토밍(언어적 지능)

· 역할(4S)

Speed – 1분 남았다. 서두르자.

Silly – 엉뚱한 아이디어 없는가? / 재미있는 일을 생각해 보자.

Support – 그래 아주 좋은 아이디어야 / 모든 아이디어가 좋은데.

Synergy – 우리의 아이디어를 종합해 보자 / 그 아이디어를 보충해봐.

· 1단계 : 교사가 모둠에게 역할을 부여한다.

· 2단계 : 교사가 과제를 제시한다.

· 3단계 : 모둠원들은 아이디어를 만들어낸다.

■ 규칙 찾기–두 박스 놀이(논리 · 수학적 지능)

· 1단계 : 규칙유추하기 – 혼자 생각쓰기, 모둠 나누기

– 교사가 두 개의 박스에 한번에 한 항목씩 칠판에 쓴다.

· 2단계 : 규칙확인하기

· 3단계 : 학급 전체 합의하기

새 항목에 규칙적용하기

■ 마인드 맵(시각 · 공간적 지능)

· 1단계 : 교사는 모둠에게 주제를 제시한다.

· 2단계 : 핵심 주제를 중심으로 관련된 주제를 색깔, 그림 등을 사용하여 지도를 그려 나간다.

· 3단계 : 모둠끼리 토론한다.

■ 두 목소리로 노래하기(음악적 지능)

· 1단계 : 교사는 학습활동과 관련된 노래를 준비한다. 선택된 노래의 악보에 A, B, AB로 선을 긋는다. A 라인 – 한 파트너가 노래한다. B 라인 – 다른 파트너가 노래한다. AB 라인 –함께 노래한다.

· 2단계 : 짝별로 연습한다.

· 3단계 : 짝별로 활동을 수행한다.

· 4단계 : 학급별로 활동을 수행한다.

■ Formations(신체 · 운동 지능)

· 1단계 : 교사가 구성활동을 부여한다 – 각 모둠에게 서로 다른 형태, 같은 형태, 학급이 하나의 형태 등으로 할당한다. 구성형태는 모둠이 몸으로 표현할 수 있는 단어, 날짜, 사건, 물체, 과정 등으로 할 수 있다.

· 2단계 : 모둠 또는 학급토론 – 학생들은 그들이 표현할 몸짓을 생각하고, 각 모둠원들이 어떻게 참여할 것인지 결정한다.

· 3단계 : 모둠원들은 몸 구성활동을 만들어낸다 – 교실 중간에서 그들의 몸짓을 표현한다. 경우에 따라 학급 전체가 어떤 형태를 구성할 수도 있다.

■ 범주화하기(자연이해 지능)

· 1단계 : 교사는 범주화할 항목을 준비한다.

· 2단계 : 모둠 토론하기

· 3단계 : 모둠원들은 항목을 범주화한다.

· 4단계 : 모둠은 범주 체계가 다른 모둠과 비교한다.

■ 모둠 인터뷰(대인간 지능)

· 1단계 : 교사는 주제를 발표한다.

· 2단계 : 학생들은 모둠끼리 토론한다.

· 3단계 : 인터뷰를 계속한다.

■ Journal Reflections(개인 내 지능)

· 1단계 : 교사는 주제를 발표한다.

· 2단계 : 학생들은 그 주제에 대하여 침묵하면서 기록한다.

· 3단계 : 모둠끼리 각 모둠원들이 쓴 내용을 나눈다.

【예】

오늘 내가 배운 내용은? / 나의 느낀 점

2. 성격 유형 이론

가. 성격 유형

Jung은 자아 오리엔테이션과 심리적 기능의 두 개념을 중심으로 유형이론을 전개하였다. 자아 오리엔테이션은 삶에 대한 일반적 태도로서 외향(extraversion)과 내향(introversion)의 두 상반되는 오리엔테이션으로 나눈다. 외향은 바깥세계에 대하여 관심을 갖는 삶의 태도를 의미하고, 반대로 내향은 내부세계(사고, 감정, 경험 등)에 몰두하는 삶의 태도를 의미한다. 그러므로 외향적인 사람들은 사교적이고 수다스럽고 친절하며, 반대로 내향적인 사람들은 사색적이고 조용하고 초연하다.

심리적 기능에는 삶의 경험에 관한 판단을 내리는 것을 수반하기 때문에 합리적 기능으로 분류되는 사고(thinking)와 감정(feeling), 그리고 삶의 경험을 평가하거나 해석하지 않고 수동적으로 기록하는 것을 수반하기 때문에 비합리적 기능으로 분류되는 감각(sensing)과 직관(intuition) 등이 있다. 그러므로 사고지향적인 사람들은 논리와 이성을 사용하여 일상 경험의 의미를 이해하려 하고, 감정지향적인 사람들은 체험의 정서적 측면에 주의의 초점을 맞춘다. 또한 감각지향적인 사람들은 주위 세계에 존재하는 자극들의 냄새, 맛, 감촉 등에 예민하고, 반대로 직관지향적인 사람들은 경험의 무의식적인 이미지, 상징, 숨겨진 의미 등을 추구한다.

Jung은 사람들이 상반되는 오리엔테이션과 심리적 기능들을 함께 가지고 있어 통합적인 삶을 살아가는 사람도 있지만 대부분은 어느 한쪽이 지배적인 양식을 갖는다고 보고 있다. 따라서 내향-외향(I-E), 감각-직관(S-N), 사고-감정(T-F)의 상호 독립적인 세 개의 축으로부터 8개의 성격유형이 만들어 질 수 있다.

Myer와 Briggs는 Jung의 세 개의 축에 결단-인식(judging-perceiving : J-P)의 축을 하나 더 추가함으로써 16개의 성격유형을 제안하고 이를 측정하는 검사인 MBTI(Myers-Briggs Type Indicator)를 개발하였다. 새로 추가된 판단-인식 축은 일의 접근 양식 혹은 생활 양식을 의미하며, 결단지향적인 사람들이 목표 의식이 뚜렷하고 계획적, 체계적인데 반해, 인식지향적인 사람들은 목표와 방향이 가변적이고 상황에 따른 융통성이 있으며, 덜 계획적이고 체계적이다(민경환, 2002).

다음은 MBTI의 4가지 선호 경향을 그림으로 제시한 것이다.

[그림 1-7] MBTI의 4가지 선호 경향

Hirsh & Kise(2006)은 팀의 수행을 개선하기 위하여 성격유형을 활용한 전략으로 'Work it out'이란 저서를 통하여 매우 구체적으로 팀워크 계발이론을 제시하였다. *Work it Out : Using Personality Type to Improve Team Performance*.

- 에너지의 원천 : 외향적인 사람(E: extraversion)과 내향적인 사람(I: introversion)
- 정보를 수집하는 방법 : 감각적인 사람(S: sensing)과 직관적인 사람(I: intuition)
- 의사결정 방법 : 사고하는 사람(T: thinking)과 감정적인 사람(F: Feeling)
- 일의 접근 방식 : 결단력이 있는 사람(J: judging)과 인식하는 사람(P: Perceiving)

(1) 외향적인 사람(E: extraversion)과 내향적인 사람(I: introversion) : 에너지의 원천

사람들은 그들의 에너지를 이끌어내는 방법이 다르다. 어떤 사람은 외적인 환경과 다른 사람과 상호작용을 환영하면서 사람과 사물과 함께 일하기를 좋아하는데 이러한 집단의 사람들을 외향적이라고 한다. 반면, 내향적인 사람은 혼자 생각하기를 좋아하고, 혼자 혹은 소수의 독립적인 일을 좋아한다. 다음 중에서 당신은 어떠한 사람인가?

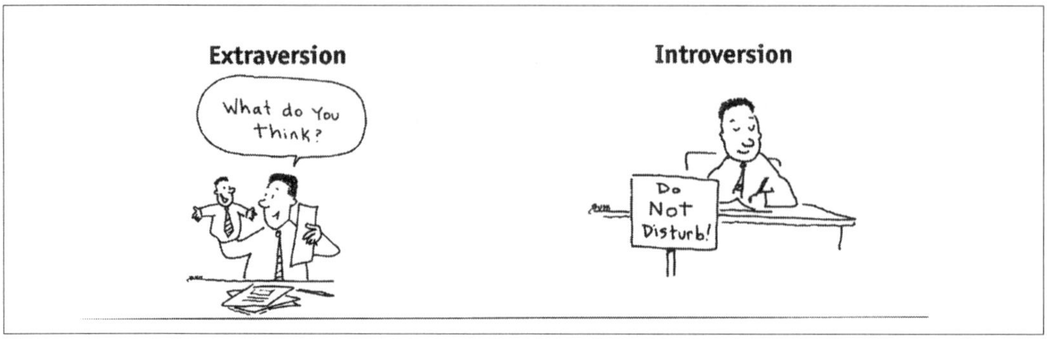

□ 다른 사람과 이야기한다. □ 다른 사람의 영역까지 당신의 환경을 확장시킨다. □ 먼저 행동하고 나중에 생각한다. □ 다양성과 행동을 즐긴다. □ 면대면 접촉을 좋아한다. □ 당신은 외향적이기 때문에 활용할 수 없는 것을 자주 듣는다.	□ 혼자서 생각한다. □ 다른 사람을 피하거나 한발 물러서서 환경이 침범당하는 것을 방어한다. □ 먼저 생각하고 나중에 행동한다. □ 집중과 성찰을 즐긴다. □ 작성된 문서로 의사소통한다. □ 당신에게 제시된 것만 듣고 다소 거리 가 있는 문제는 사색한다.

[그림 1-8] 외향적인 사람과 내향적인 사람

팀에 외향적인 사람과 내향적인 사람이 함께 있으면 오해가 쌓이게 된다. 내향적인 사람은 "나는 집중할 수 없어!"라고 불평하는가 하면, 외향적인 사람은 "그들이 무엇을 생각하는지 말할 수 없어!"라고 불평한다. 이해를 통하여 각 그룹은 팀 구성원이 최대의 성과를 올리도록 다른 사람을 배려해야 한다.

(2) 감각적인 사람(S: sensing)과 직관적인 사람(I: intuition) : 정보를 수집하는 방법

우리는 정보를 받아들이거나 처리하는 과정에서 서로 다른 성향을 가지고 있다. 아주 세밀한 부분에 초점을 두는 감각적인 사람이 있다. 이들은 오감을 통하여 확증할 수 있는 정보를 찾고, 정확하고, 구체적이고, 사실적, 실제적인 사물을 받아들인다. 직관적인 사람은 대체로 큰 그림에 초점을 두는데, 정보를 통찰, 연합, 관계, 연결을 통하여 수집한다. 감각적인 사람이 현존하는 실제에 집중하는 반면, 직관적인 사람은 되어 질 무엇인가를 추구한다. 당신은 다음 중 어디에 속하는가?

□ 정확성에 가치를 둔다. □ 동향을 찾기 위하여 사실들을 축적시킨다. □ 꾸미기와 일반화를 피한다. □ 현재를 즐긴다. □ 당신의 지침대로 경험한다. □ 실제적인 적용 또는 결과를 알기를 원한다.	□ 통찰력에 가치를 둔다. □ 하나의 사실과 경험으로부터 큰 의미로 일반화한다. □ 구체적 사실을 간과하고, 너무 명백한 사실에 초점을 잃는다. □ 미래를 기대한다. □ 당신의 지침이 될 만한 상상력과 아이디어의 조화를 이룬다. □ 가능한 혁신 또는 추가적인 사용을 알고 싶어 한다.

[그림 1-9] 감각적인 사람과 직관적인 사람

각 팀에서는 그들에게 적용할 실제적인 기반이 없이 새로운 아이디어가 어디에 있는가를 찾는가 하면, 새로운 요구에 충족시키기 위하여 미래적 안목 없이 질적인 생산이 어디에 있는가를 찾는다. 이러한 서로 다른 성향은 팀의 시너지가 아니라 팀 내의 갈등을 초래한다. 따라서 감각적인 사람과 직관적인 사람이 함께 팀워크를 이루는 전략이 필요하다.

(3) 사고하는 사람(T: thinking)과 감정적인 사람(F: Feeling) : 의사결정 방법

감각적 혹은 직관적으로 정보를 수집한 후에는 '사고' 또는 '감정'을 통하여 의사를 결정한다. 이것은 의사결정하는 방법의 관점에서 사고하는 사람과 감정적인 사람으로 구분된다.

사고하는 사람의 유형은 의사결정을 위하여 분석적, 객관적 접근으로 생각하기를 좋아한다. 각 대안의 장 · 단점을 평가하기를 좋아하고 미리 전체 흐름을 파악한다. 반면 감정적인 사람의 유형은 정보의 깊은 심오한 가치에 대하여, 서로 관련된 문제 등을 고려하여 의사결정을 한다. 그들은 인간의 본성과 주관적 요인들을 살핀 후에 의사결정을 진행한다.

여기서 사고하는 사람의 유형은 감성을 가지고 있고, 감성적인 사람도 생각한다는 사실을 주목해야 한다. 다음 중 당신은 어디에 속하는가?

□ 장점과 단점을 가늠한다. □ 논리적 결과를 원한다. □ 객관적 추론에 의한 사실을 추구한다. □ 의사결정 전에 중요한 원리를 강조점을 둔다. □ 회의(懷疑)와 논쟁을 추구하는 경향이 있다. □ 다른 사람을 배려하는 노력의 일환으로 수행 과정을 지적한다.	□ 가치를 통하여 분류한다. □ 조화로운 결과를 원한다. □ 주관적 정보에 의하여 무엇이 가장 중요한지를 추구한다. □ 의사결정이 사람들에게 미치는 영향을 강조한다. □ 수용과 인내를 추구한다. □ 다른 사람에게 비평하지 않으며, 대신에 긍정적 조언을 한다.

[그림 1-10] 사고하는 사람과 감정적인 사람

사고하는 사람의 유형과 감성적인 사람의 유형은 외부 용역, 개선, 공간 이용과 같은 문제에 대하여 함께 일할 경우 아주 쉽게 갈등을 일으킨다. 조직은 '생각'과 '감성' 중에서 한 가지만을 추구할 때 고통이 따른다. 이 두 가지는 모두 필요한데, 일의 효과성을 위하여 생각하는 사람이, 신뢰와 협력을 위해서는 감성적 사람이 필요하다.

(4) 결단하는 사람(J: judging)과 인식하는 사람(P: Perceiving) : 일의 접근 방식

마지막으로 사람들은 순간적으로 계획하거나 여유롭게 대처하듯이 일의 접근 방식이 다르다. 결단하는 사람은 그들의 일을 계획하고, 계획에 따라 일을 수행한다. 그들은 일이 해결되는 것을 즐기고, 빨리 의사결정 하기를 좋아한다. 반면, 인식하는 사람은 결론에 도달하기 보다는 정보를 모으는 과정을 즐긴다. 그들은 보다 융통성이 있고, 상황에 따라 대처한다. 당신은 어느 유형인가?

ㅁ 당신의 일을 계획하고 계획대로 일을 수행한다. ㅁ 당신의 시간 계획, 일정 및 과업 계획을 한다. ㅁ 의사결정을 빨리하고, 새로운 정보를 찾는 것을 중단한다. ㅁ 뜻밖의 일 또는 방해물을 피한다. ㅁ 문제가 해결되도록 추구한다. ㅁ 과제와 일정표에 강조점을 둔다.	ㅁ 발생되는 문제 또는 상황을 함께 다룬다. ㅁ 가능한 멀리 스케쥴을 잡아둔다. ㅁ 새로운 정보를 사색하기를 즐기고, 최종 결정을 미룬다. ㅁ 새로운 정보원을 탐색하므로써 뜻밖의 일 또는 방해물을 찾는다. ㅁ 자발적으로 일이나 삶을 직면한다. ㅁ 과정과 다양한 선택을 강조한다.

[그림 1-11] 결단하는 사람과 인식하는 사람

나. 당신의 성격유형은?

당신은 어떤 유형을 따르는가? 외향(E) 또는 내향(I), 감각(S) 또는 직관(N), 생각(T) 또는 감성(F), 결단(J) 또는 여유(P). 만약 어느 한 쪽에 결정하기가 어렵다면, 당신이 양손으로 글을 쓴 경험을 생각해 보다. 양손으로 모두 글을 쓸 수 있지만, 어느 한손이 다른 손보다 자연스럽게 글을 쓰는 손이 있을 것이다. 앞서 살펴본 성격유형 체크리스트를 참고로 아래의 당신의 유형을 선택해보자.

____	____	____	____
E or I	S or N	T or F	J or P

8가지 서로 다른 선호 유형은 16가지의 성격유형을 만들어 낼 수 있다.

여기서 외향(E)은 활동과 움직임을 좋아하기 때문에 표 아래(발)에 배치하고, 내향(I)은 생각할 시간이 필요하므로 표의 머리에 배치한다. 감각(S)은 좌뇌 활동과 좋아하므로 표 왼쪽에, 직관(N)은 우뇌활동을 좋아하므로 오른쪽에 배치한다. 생각(T)은 그들의 의사결정을 객관적으로 하므로 표의 양쪽 끝에 위치시키고, 감성(F)은 의사결정 과정에서 다른 사람을 배려하기를 좋아하므로 표 안쪽에 배치한다. 그리고 결단(J)은 구조와 순서를 좋아하므로 표의 위와 아래쪽에, 여유(P)는 융통성과 적응력이 있으므로 표의 가운데 열에 배치하였다(Hirsh & Kise, 2006).

〈표 1-32〉 16가지 성격유형의 자리 배치

ISTJ	ISFJ	INFJ	INTJ
ISTP	ISFP	INFP	INTP
ESTP	ESFP	ENFP	ENTP
ESTJ	ESFJ	ENFJ	ENTJ

어떤 사람은 이 표의 셀을 보고 자신이 좋아하는 방으로 생각하기도 한다.

TEAMWORK TIP	당신이 살고 싶은 아파트? · 위 표가 아파트라고 한다면 당신은 어디서 살고 싶은가? · 위의 16가지 성격유형의 특성을 살려 배치했기 때문에 정확하지는 않지만 어느 정도 자신의 성격유형을 판단할 수 있을 것이다. · 배치한 기준을 보고 자신의 성격유형을 짐작해 보자.

16가지 성격 유형을 지도력, 영향력, 강조점을 중심으로 각 유형의 특징을 제시하면 다음과 같다.

〈표 1-33〉 16가지 성격유형의 특징

ISTJ · 모임과 과제에 대하여 순서와 효율을 가져오도록 이끈다. · 구체성과 실제에 비탕을 둔 논리적 논증을 활용하독 영향을 준다. · 사실, 구체성, 결과물에 강조점을 둔다.	ISFJ · 최선의 과제 수행을 위하여 다른 사람을 격려함으로서 이끈다. · 정확한 정보, 조직된 사실의 확증에 영향을 둔다. · 개인의 요구에 기초하여 우선순위를 설정하는데 강조를 둔다.	INFJ · 훌륭한 과제 성취를 위하여 다른 사람과 협력을 격려함으로서 이끈다. · 창조적이고 헌신적인 노력을 함으로서 영향을 준다. · 구체적인 통찰과 중요한 가치에 강조점을 둔다.	INTJ · 이상이 실현되도록 수행과정을 이끈다. · 지적인 깊이와 헌신적 노력을 함으로서 영향을 준다. · 현상을 변화시키고, 체제를 설계하는데 강조점을 둔다.
ISTP · 사례들을 빨리 설정하도록 이끈다. · 요구되는 모든 정보의 준비하는데 영향을 준다. · 과제의 수행을 위한 논리적 방법을 찾는데 강조점을 둔다.	ISFP · 다른 사람과의 협력을 격려하도록 이끈다. · 그들의 이상을 실현하기 위하여 협력하는 모습에 영향을 준다. · 다른 사람을 실재로 배려하는데 강조점을 둔다.	INFP · 각 개인에게 가치를 부여하고 조화로운 팀이 되도록 이끈다. · 새로운 가능성과 중요한 공동 이상의 실현에 영향을 준다. · 가치를 나누고 팀의 합의에 강조점을 둔다.	INTP · 그들의 이상에 장점과 논리에 다른 사람이 확신을 갖도록 이끈다. · 깊이 있는 지식과 분석의 마련하는데 영향을 준다. · 문제에 대한 논리적, 지적 통찰에 강조점을 둔다.
ESTP · 함께 일하기 위한 가장 효과적인 방법을 찾도록 이끈다. · 논리적 과정과 그들의 열정적 추구를 확립하는데 영향을 준다. · 그들에게 제기된 문제의 관리, 실천에 강조점을 둔다.	ESFP · 팀의 기여를 위해 다른 사람을 격려하도록 이끈다. · 손에 주어진 과제의 열정과 즐거움에 영향을 준다. · 다른 사람들에 대하여 낙관적 분위기를 만드는데 강조점을 둔다.	ENFP · 다른 사람들이 가진 잠재력을 찾도록 돕고 비전을 창출하도록 이끈다. · 다른 사람의 아이디어를 받아들이고 청취하도록 영향을 준다. · 모든 가능성을 탐색하는데 강조점을 둔다.	ENTP · 새로운 기획을 위하여 새로운 전략을 개발하도록 이끈다. · 보다 낳은 결과를 가져오도록 영향을 준다. · 혁신적인 모델, 도전을 극복하는데 강조점을 둔다.
ESTJ · 계획하고, 방향을 설정하고, 책임을 부여하도록 이끈다. · 다른 사람들로부터 기대되는 모범과 본보기를 보임으로서 영향을 준다. · 목표가 성취되도록 과제를 구조적으로 조직하는데 강조점을 둔다.	ESFJ · 다른 사람들의 요구에 관심을 가지고, 그들이 중요한 구성원이라는 사실을 알도록 이끈다. · 양심과 열심을 통하여 영향을 준다. · 개인의 요구가 충족되도록 일을 조직하는데 강조점을 둔다.	ENFJ · 목표를 달성하는데 계획하고 협력하는데 다른사람을 돕고, 촉진시키도록 이끈다. · 목표가 달성되도록 과정을 명료화하는데 영향을 준다. · 공동의 합의를 이루는데 있어서 다른 사람의 격려에 강조점을 둔다.	ENTJ · 과제가 성취되도록 비전을 제시하고 힘을 갖게 하고 방향을 갖도록 이끈다. · 객관적으로 아이디어를 분석하고, 목적을 설정함으로서 영향을 준다. · 의사 결정에 강조점을 둔다.

온라인 MBTI
온라인으로 간편하게 MBTI 검사를 받아볼까요?
http://mbtitest.net/sub/

◈ MBTI 검사전 유의사항 ◈

① 보다 정확한 검사를 위해서는 한국 심리검사연구소에서 나온 'MBTI 성격유형검사'가 효과적입니다.
② 이 성격유형 검사는 진단하는 것이 아니라 자기의 타고난 성향을 찾는 것입니다.
③ 이 검사를 통해서 자기의 성격, 배우자스타일, 진로, 대인관계, 의사소통 스타일, 학습 스타일, 리더십 스타일 등 여러 가지를 알 수 있습니다.
④ 총 검사는 총 4쪽에 각 10문항씩 40문항이 나옵니다.
⑤ 각 문항마다 2개중 자기가 바라는 이상적인 모습이 아니라 평소에 편하고, 자연스럽고, 습관적으로 하는 것을 체크하시면 됩니다. 특히 일하실 때 보다는 평소의 생활을 체크하시면 더 효과적입니다.

MBTI 검사를 시작합니다.

나의 성격 유형은? ____________________

3. 성격 유형과 팀워크

가. 성격유형과 팀워크 계발

이러한 성격유형 이론은 성격의 모든 것을 설명할 수 없으며, 조직의 모든 문제를 해결할 수도 없다. 또한 어떤 사람의 유형이 다른 사람의 유형보다 좋다고 말할 수 없다. 즉 경쟁이나 능력이 아닌 선호도에 불과하다고 학자들은 전제하고 있다(Hirsh & Kise, 2006).

외향적인 사람(E: extraversion)과 내향적인 사람(I: introversion)의 갈등 해결 - 어려운 의사소통의 사례

에너지 없이는 효과적인 일의 수행이 없다. 내향성과 외향성은 조직의 기본적 방향을 말해준다. 다음은 외향적인 사람과 내향적인 사람의 선호경향과 집중을 알 수 있다.

〈표 1-34〉 외향적인 사람과 내향적인 사람의 선호경향과 집중

외향적인 사람이 잘 할 수 있는 일	내향적인 사람이 잘 할 수 있는 일
· 자극을 통한 행동을 찾는다. · 빠르게 많은 일에 참여한다. · 흥미를 유지시키기 위하여 다양성을 더하고 과제를 변화시킨다. · 대면접촉을 통하여 아이디어와 정보를 공유한다. · 대면을 위한 네트를 유지한다. · 토의를 통하여 생각을 정리한다. · 행동과 상호대화를 중시한다. · 팀을 통하여 일을 수행한다. · 일에 대하여 외부적으로 집중한다.	· 성찰을 통한 침묵을 찾는다. · 몇 가지 일에만 깊이있게 관여한다. · 손에 잡힌 그 과제만 집중한다. · 아이디어와 계획을 논의하기 위하여 기록으로 미리 준비한다. · 간섭받지 않고 일한다. · 성찰을 통하여 생각을 정리한다. · 작업을 위하여 개인 공간을 갖는다. · 소그룹이나 1 : 1 만남에 참여한다. · 자신의 자원과 능력에 내적으로 집중한다.

따라서 외향적인 사람이 내향적인 사람을 바라보는 견해나, 내향적인 사람이 외향적인 사람을 바라보는 견해가 다를 수밖에 없다. 이들의 효과적인 팀워크를 위하여 팀 리더나 중재자가 해야 할 단계는 다음과 같다.

1 단계 : 문제의 명확한 이해를 가진다.

- 문제를 어렵게 하는 외적 요인이 있는가?
- 고려해야 할 팀의 과거 이력에서 찾아지는 요인이 있는가?
- 기본적 성격의 몰이해에 비롯된 팀의 문제가 있는가?
- 한 명 혹은 소수의 개인에 관여된 문제인가, 팀에 관계된 문제인가? 개인적 코칭 또는 팀 계발이 필요한가?
- 리더의 문제가 있는가?

2 단계 : 차이를 확인하고 이해를 도모한다.

이 단계에서는 단순히 차이를 알려주는 일로 충분하지 않다. 팀을 위하여 외향적인 사람과 내향적인 사람만이 가지고 독특한 강점과 기여를 알게 해야 한다.

3 단계 : 계획을 수행한다.

아이디어를 창안하기 위하여 토의를 촉진한다.

반대 의견자들의 상호 유용성을 찾아낸다.

외향적인 사람을 위하여

- 팀 구성원은 대답하기 전에 생각할 부가적인 시간을 준다.
- 팀 미팅은 안건과 다른 정보를 미리 준다.

내향적인 사람을 위하여

- 팀 구성원들은 쟁점에 대하여 말하지 않을 때 반대의 편에서 신중하게 생각한 것에 대하여 감사를 표한다.
- 핵심적인 문제의 목록을 작성하고 함께 목표를 달성했음을 축하한다.

4 단계 : 개인적인 코칭을 위하여 요구를 재평가한다.

팀계발 과정에서 어느 단계에서 개인적 코칭이 필요하다. 따라서 전체 팀에 영향을 미치는 한 개인의 계발적 요구를 결정하는 것은 중요하다.

이 단계에서 각 개인의 긍정적 측면과 부정적 측면을 동시에 파악하는 것이 중요하다.

감각적인 사람(S: sensing)과 직관적인 사람(I: intuition)의 갈등 해결 - 개선이냐 확장이냐?

감각적인 사람과 직관적인 사람의 성공에 대한 가치도 다르다. 일반적으로 감각적인 사람은 성공의 증거, 소비자 만족의 피드백, 명확한 순익, 투자자의 증대와 잠재적 투자 가능성, 쉽게 생산할 수 있는 표준화된 제품과 프로젝트 등을 성공으로 고려하지만, 직관적인 사람은 고용인과 소비자를 만족시키기 위한 창조적 대안, 새로운 서비스나 제품을 만들어낼 수 있는 신선하고도 흔치않은 접근들, 미래 가능성 등을 성공적 요인으로 고려한다.

다음은 두 유형의 사람들의 정보를 얻기 위한 선호 경향과 집중을 알 수 있다.

〈표 1-35〉 감각적인 사람과 직관적인 사람의 선호경향과 집중

감각적인 사람이 잘 할 수 있는 일	직관적인 사람이 잘 할 수 있는 일
· 오감을 사용하여 실제로 관측하고 결정한다. · 지금 당장의 것에 집중한다. · 성공을 위하여 명확한 경로를 따른다. · 학술적 접근보다 실제적 경험으로 수행한다. · 실시간의 즉각적 상호작용이 가능한 직접 손에 잡히는 활동에 관여한다. · 경험과 경륜에 가치를 둔다. · 구체적이고 표준화된 용어로 목표달성의 성공을 따진다.(손익, 개선, 전형적 회계 자료)	· 미래의 새로운 아이디어를 만들고 수행한다. · 사물간의 관계를 연결하고 알아보는데 집중한다. · 미래의 보상을 찾고 기대한다. · 전체적 그림의 아이디어와 함께 잠재가능성을 따른다. · 현상유지보다 개선을 촉구한다. · 통찰을 공유하고 이상적인 아이디어에 가치를 둔다. · 새롭고 혁신적인 방법에서 목표달성의 성공을 따진다.

이들이 효과적인 팀워크를 위하여 팀 리더나 중재자가 해야 할 네 단계는 다음과 같다.

1 단계 : 문제의 명확한 이해를 가진다.

- 문제를 어렵게 하는 외적 요인이 있는가?
- 고려해야 할 팀의 과거 이력에서 찾아지는 요인이 있는가?
- 기본적 성격의 몰이해에 비롯된 팀의 문제가 있는가?
- 한명 혹은 소수의 개인에 관여된 문제인가, 팀에 관계된 문제인가? 개인적 코칭 또는 팀 계발이 필요한가?
- 리더의 문제가 있는가?

2 단계 : 차이를 확인하고 이해를 도모한다.

팀을 위하여 감각적인 사람과 직관적인 사람만이 가지고 독특한 강점과 기여를 알게 해야 하고, 두 사람의 유형 모두 사업의 성공을 위하여 중요한 역할을 한다는 사실을 이해시킨다.

■ 정보 수집을 위한 요구

감각적인 사람의 요구

- 작업 절차와 정책을 지원하는 사업 계획서
- 재정 계획
- 새로운 과정을 개발하기 위한 절차상의 동의
- 일의 수행을 위한 팀의 강점 확인

직관적인 사람의 요구

- 시작할 수 있는 공간
- 변화하는 소비자 요구를 충족하기 위한 새로운 제품의 개발
- 시장에 대응할 수 있는 유연성과 재집중 능력
- 미래에 대한 의지

3 단계 : 계획을 수행한다.

아이디어를 창안하기 위하여 토의를 촉진한다.

반대 의견자들의 상호 유용성을 찾아낸다.- 이 때 SWOT(강점, 약점, 기회, 위기) 분석을 활용할 수 있다.

4 단계 : 개인적인 코칭을 위하여 요구를 재평가한다.

팀 계발 과정에서 어느 단계에서 개인적 코칭이 필요하다. 따라서 전체 팀에 영향을 미치는 한 개인의 계발적 요구를 결정하는 것은 중요하다.

이 단계에서 각 개인의 긍정적 측면과 부정적 측면을 동시에 파악하는 것이 중요하다.

〈표 1-36〉 감각적인 사람과 직관적인 사람의 문제해결 모델

감각적인 사람은 문제에 대한 구체적인 해결책을 원한다.	직관적인 사람은 문제에 대한 일반적 인 해결책을 원한다.
· 어떻게 문제를 가장 잘 정의할까? · 현재의 파생 효과는 무엇인가? · 우리의 목표는 무엇인가? · 작업일정을 어떻게 정립하고 중간 목표는 무엇인가? · 발생되는 재정적, 정서적 기타 비용은 얼마인가?	· 일반적 위협은 무엇인가? · 다른 대안은 무엇인가? · 전체 시스템과 요소들간의 관계는 무엇인가? · 성장을 위한 기회는 무엇인가? · 계획에 통합하기 위하여 어떻게, 어디에 열정을 쏟을 것인가?

의사소통을 개선하기 위하여

감각적인 사람들에게

- 변하지 않은 사실들을 지적한다.

- 과거의 경험에 아이디어를 관련시킨다.
- 주의해야할 항목을 기록한다.
- 올바른 시간에 올바른 장소에서 올바른 일을 하도록 한다. 손에 잡히는 핵심을 유지시킨다.

직관적인 사람들에게
- 새로운 가능성을 인식시킨다.
- 독창적인 통찰을 계발한다.
- 결과를 예측한다.
- 우발 가능성을 위하여 계획을 생각해 낸다.
- 낙천주의와 흥미, 열정을 공급한다.

또한 성격 계발자들은 감각적인 사람에게는 직관적인 활동을, 직관적인 사람에게는 감각적인 활동을 하게 하여 서로의 이해와 자신의 장점을 살리고 단점을 보완하는 훈련이 필요하다.

사고하는 사람(T: thinking)과 감정적인 사람(F: Feeling)의 갈등 해결 : 일의 수행 양식

의사결정 없이 구매, 고용, 해고, 진행, 증가, 감소 등 일들이 진행되기는 어렵다. 그러나 그러한 결정들이 올바른 의사결정인가는 생각해 볼일이다. 실제로 합리적인 방법과 가장 좋은 방법은 객관적, 주관적 판단을 기초로 해야 한다. 여기에 사고하는 사람과 감정적인 사람의 역할이 모두 필요하다.

다음은 두 유형의 사람들의 의사결정을 하기 위한 선호 경향과 집중을 알 수 있다.

〈표 1-37〉 사고하는 사람과 감각적인 사람의 선호경향과 집중

사고하는 사람이 잘 할 수 있는 일	감정적인 사람이 잘 할 수 있는 일
· 의사결정을 객관적이고 논리적으로 접근한다. · 의사결정 할 때 직접 문제와 과제를 해결한다. · 원리들을 명확하게 하고 정의한다. · 냉정한 판단을 위하여 논리적 구조 체제를 갖추고 효과를 창출한다. · 탐구, 흐름파악, 교정 등을 통하여 개선을 도모한다. · 대단한 과제 요구에 가치를 둔다. · 관계보다는 과제에 집착한다.	· 의사결정에서 제기될 영향들을 고려한다. · 의사결정 하는 과정에서 팀워크, 조화, 인간관계 등에 관심을 둔다. · 신뢰와 협력을 추구한다. · 동의하는 의사결정을 위하여 팀 조화와 합의를 중시한다. · 반응을 예측하기 위하여 사람에게 의미와 가치의 이해를 추구한다. · 다른 사람의 요구를 충족시키는데 가치를 둔다. · 과제이전에 관계를 중시한다.

사업이나 인생에서 의사결정 하는데 있어서 생각하는 사람과 감성적인 사람의 접근 둘 다 중요하다고 이해하는 것이 핵심이다. 지금까지의 연구결과에서 관리자들은 사고하는 사람의 유형을 80% 이상 선호한다고 보고되고 있다. 이는 의사결정에서 지적인 논쟁, 분석적인 추론, 논리적 증거 등의 사고중심의 의사결정과 관련이 높다. 그러나 20% 정도의 관리자가 감정적인 유형의 사람을 좋아한다는 사실에 주목할 필요가 있다. 실제로 감정적 유형 재능이 무시되거나 가치가 저평가 되고 있다.

즉 사고하는 사람의 유형은 감정적인 사람의 유형의 가치를 배워야 하고, 감정적인 사람의 유형은 사고하는 사람의 유형의 가치를 배워야 한다. 즉 좋은 의사결정을 위하여 양자의 유형의 균형을 이루어야 한다.

효과적인 팀워크를 위하여 사고하는 사람의 유형과 감정인 사람의 유형과 관련하여 팀 리더나 중재자가 해야 할 네 단계는 다음과 같다.

1 단계 : 문제의 명확한 이해를 가진다.

- 문제를 어렵게 하는 외적 요인이 있는가?
- 고려해야 할 팀의 과거 이력에서 찾아지는 요인이 있는가?
- 기본적 성격의 몰이해에 비롯된 팀의 문제가 있는가?
- 한명 혹은 소수의 개인에 관여된 문제인가, 팀에 관계된 문제인가? 개인적 코칭 또는 팀 계발이 필요한가?
- 리더의 문제가 있는가?

2 단계 : 차이를 확인하고 이해를 도모한다.

3 단계 : 계획을 수행한다.

4 단계 : 개인적인 코칭을 위하여 요구를 재평가한다.

팀 계발 과정에서 어느 단계에서 개인적 코칭이 필요하다. 따라서 전체 팀에 영향을 미치는 한 개인의 계발적 요구를 결정하는 것은 중요하다.

이 단계에서 각 개인의 긍정적 측면과 부정적 측면을 동시에 파악하는 것이 중요하다.

〈표 1-38〉 사고하는 사람과 감정적인 사람의 문제해결 모델

사고하는 사람의 유형의 질문	감정적인 사람의 유형의 질문
· 장점과 단점은 무엇인가? · 분석과정에서 빠뜨리는 것이 무엇인가? · 다음 단계로 가기 전에 보다 명확히 해야될 일이 무엇인가? · 논리적 결론은 무엇인가? · 우리가 정한 절차가 무엇인가, 그리고 그것은 올바른가?	· 각 사람에게 무엇이 가장 큰 문제인가? · 이 결정이 다른 사람, 조직, 지역사회에 어떤 영향을 주는가? · 지침이 되어야 할 내용과 가치가 무엇인가? · 최종 결정에서 포함되어야 할 사람의 요구는 무엇인가? · 실천의 과정에서 포함된 사람들에게 무엇이 중요한가?

결단하는 사람(J: judging)과 인식하는 사람(P: Perceiving)의 갈등 문제 해결 : 일의 마감 딜레마

시간은 가장 가치 있는 자원이다. 우리는 효율성과 효과의 견해와 시간을 사용하는데 결단과 인식을 위한 선호에 따라 흔히 영향을 받는다. 이러한 선호는 개인, 팀, 조직에서 최종 결정을 앞당기거나 늦추는데 영향을 준다.

다음은 두 유형의 사람들이 일 처리에 대한 선호 경향과 집중을 알 수 있다.

〈표 1-39〉 결단하는 사람과 인식하는 사람의 선호경향과 집중

결단하는 사람이 잘 할 수 있는 일	인식하는 사람이 잘 할 수 있는 일
· 그들의 시간 일정대로 따르고 신뢰한다. · 과제 성취를 위해 조직화 한다. · 결정을 추구한다. · 일을 계획하고 계획대로 일한다. · 하루 일과를 일과 여가로 나눈다. · 일의 추진을 헤아린다. · 일정의 방해와 돌발 상황을 최소화한다.	· 순간을 즐기며 그것을 따라 삶을 적용시키고 경험한다. · 조직, 일정, 반복되는 과제를 피한다. · 새로운 정보와 대안에 대한 가능성을 열어놓는다. · 순리대로 일한다. · 열정이 있을 때 과제에 몰입한다. · 새로운 발견을 위하여 일정과 같은 지침으로부터 벗어나는 돌발 상황과 지체를 즐긴다. · 자신의 진도와 시간에 따른다.

일반적으로 목표 설정과 기획 전략의 사업에서는 결단력이 지배하게 마련이다.

결단과 인식은 어느 하나가 모두 좋거나 나쁘다고 말할 수 없다. 만약 너무 결단의 시기만 강조하는 경우 그들의 제품과 서비스에 일이 잘못 되어지는 경우가 발생할 수 있다.

결단하는 사람의 유형과 인식하는 사람의 유형의 요구를 수용하기 위한 브레인스토밍 방법은 다음과 같다.

결단하는 사람의 유형과 인식하는 사람의 유형을 작은 집단으로 나눈다. 각 소그룹에게 두 유형의 사람의 요구를 충족시키는 아이디어를 만들도록 요구하자. 그 예는 다음과 같다.

- 일반적 회의 안건을 준비하고, 그리고 주제는 갖되 구체적 시간 일정은 주지 않는다.
- 인식하는 사람을 위해서는 중간 마감을 계획한다. 인식하는 사람 유형 집단 중 한사람은 같은 주제에 대한 단원 또는 논문에 대한 시작을 하기 전에 일주일 동안 가르치게 한다. 그리고 나서 공동의 단원 개요에 그의 수업을 혼합하도록 한다.

갈등 관계에 있는 두 유형을 위한 토의

아래 질문을 물어보자.

- 관계를 위하여 당신의 기여는 무엇인가?
- 다른 사람에 대하여 간섭하거나 귀찮게 하는 당신의 습관이나 행동은 무엇인가?
- 다른 사람이 당신에게 무엇이 화나게 했는가?
- 당신이 발견한 다른 사람들의 가치로운 측면은 무엇인가?
- 갈등을 해결한 결과, 당신이 기대하는 성과는 무엇인가?

나의 문장 | 팀 계발 활동 TEAM BUILDING

◈ 목표

1. 팀 구성원에게 자신의 성격을 설명하고 다른 사람을 이해할 수 있다.
2. 팀 구성원간의 신뢰를 쌓을 수 있다.

◈ 준비물

문장 또는 빈 종이

◈ 절차

문장을 똑같이 스케치하도록 한다. 그리고 다음 지시를 따른다.

1. 1번 칸에, 최근의 최고 성과(Peak Performance)를 낸 것에 대해 특징적인 어떤 것을 그려라.
2. 2번 칸에, 다른 사람이 모르는 자신에 대한 어떤 것을 스케치해라.
3. 3번 칸에, 여가 시간에 하길 좋아하는 어떤 것을 상징적으로 그려라.
4. 4번 칸에, 자신이 잘하는 것으로 채워라.
5. 5번 칸에, 자신의 개인적 모토(motto)를 집약할 수 있는 어떤 것을 그리고 써라.

각자가 마친 후, 서로 잘 모르는 사람과 한 조를 만들어서 문장의 기호에 대해 상대에게 설명하도록 해라. 몇몇 참가자는 그룹 전체에게 문장을 설명해 보도록 한다.

◈ 활동 토의

1. 의사소통에서 가장 큰 주제는 무엇인가?
2. 다른 사람에게 정보를 알리지 않는 경향은 무엇 때문인가?
3. 이 경험은 상호 신뢰감에 대해 어떤 기여를 하는가?

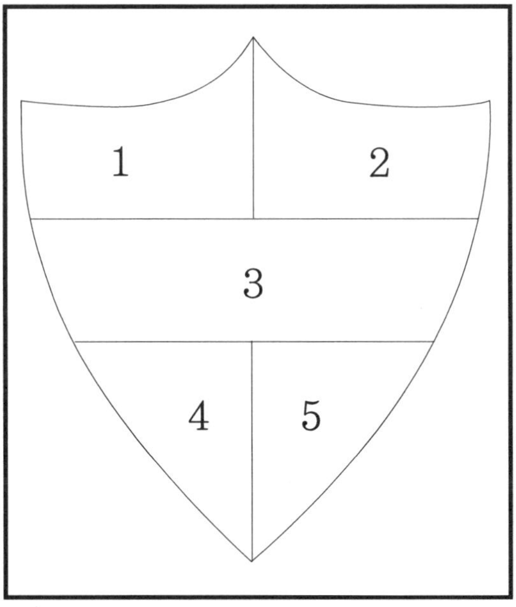

서로 다른 우리 | 팀 계발 활동 TEAM BUILDING

◈ 목표
1. 팀원의 가치가 다름을 인식한다.
2. 팀의 의사소통 기술 및 갈등 해결 기술을 향상시킨다.

◈ 준비물
활동지(나의 가치는) 복사본, 미국인의 가치 평가 순위

◈ 절차
1. 준비된 활동지를 나누어 준다.
2. 개인의 가치 순위를 기록한다. (1순위부터 9순위까지)
3. 개인의 가치 순위와 팀원들의 가치 순위 범위를 기록한다.
4. 각 개인의 가치의 차이를 인식하고 토의를 통하여 팀의 가치를 순위로 정한다.
5. 미국인의 가치 평균과 비교하여 가치의 차이를 기록한다(+, -).

◈ 활동 토의
1. 우리 팀의 미션이 우리의 가치를 얼마나 지지해 줄까?
2. 우리 팀의 미션이 우리의 가치와 얼마나 충돌할까?
3. 우리가 충돌을 줄이기 위해 무엇을 할 수 있을까?

◈ 출처
Adapted from Sandra J. Ball-Rokeach, Milton Rokeach, and Joel W. Grube, "The Great American Values Test," Psychology Today, November, 1984.

◆ 활동지 : 나의 가치는 무엇인가?

가치	1 개인 순위	2 다른 팀 구성원과의 범위	3 팀 합의 순위	4 미국인 가치 평가 결과	5 3과 4의 차이
재미있는 삶					
성취감					
미적 추구					
가족 안전					
자유					
행복					
팀 내의 조화					
국가적 안전					
진실한 우정					

◆ 미국인의 가치 평가 순위 [이 정보는 개인 및 그룹가치를 작성하는 동안 공개하지 않음]

가치	미국인의 랭크
재밌는 인생	9
성취 감각	4
아름다운 세계	8
가족 안전	1
자유	2
행복	3
안에서 조화	6
국제 안전	7
진실한 친구	5

학습 문제 | Quiz for Summary

◆ 객관식

1. 가드너가 이론화한 다중지능이론의 세 가지 원리가 아닌 것은?

① 지능은 단일한 능력요인 또는 다수의 능력요인으로 구성된 하나의 지능으로 구성된 것이 아니라 서로 별개의 구분되는 다수의 지능으로 구성된다.

② 지능은 서로 독립적이다. 다시 말해서 이론상 어떤 지능의 조건에서 사정된 능력들은 다른 지능의 조건에서 사정된 능력들을 예측할 수 없다.

③ 모든 인간은 각각의 지능을 어느 정도 개발하지만 서로 동일한 지능의 프로파일을 갖는다.

④ 지능은 서로 상호작용적이다. 각각의 지능은 서로 별개의 기능을 보인다고 해서 그들이 함께 작용한다는 것이다.

2. 가드너의 8가지 지능 선별의 준거로 볼 수 없는 것은?

① 두뇌손상에 의하여 지적 능력의 고립현상

② 백치천재, 신동 등 예외적인 인간의 존재

③ 심리측정 자료의 근거

④ 인지과학 연구의 뒷받침

3. 다중지능 이론의 팀 워크 적용에 대한 올바른 진술은?

① 개인의 지능이 높은 집단이 팀 워크 역량이 뛰어나다.

② 각 개인의 지능 프로파일의 강점을 살릴 때 팀 시너지를 창출할 수 있다.

③ 각 개인의 다중 지능의 합은 팀워크 역량과 비례한다.

④ 각 개인의 지능 프로파일보다는 전체 점수의 의미가 크다.

4. Myer와 Briggs의 성격 유형 이론과 거리가 먼 내용은?

① 16개의 성격유형을 제안하였다.

② 성격유형을 측정하는 검사인 MBTI(Myers-Briggs Type Indicator)를 개발하였다.

③ 'Work it out'이란 저서를 통하여 매우 구체적으로 팀워크 계발이론을 제시하였다.

④ 내향-외향(I-E), 감각-직관(S-N), 사고-감정(T-F)의 상호 독립적인 세 개의 축에 결단-인식(judging-perceiving : J-P)의 축을 하나 더 추가하였다.

5. MBTI 성격유형의 네 가지 선호 경향의 관점이 잘못된 것은?

① 에너지의 원천: 외향적인 사람(E: extraversion)과 내향적인 사람(I: introversion)

② 문제를 해결하는 방법: 감각적인 사람(S: sensing)과 직관적인 사람(I: intuition)

③ 의사결정 방법: 사고하는 사람(T: thinking)과 감정적인 사람(F: Feeling)

④ 일의 접근 방식: 결단력이 있는 사람(J: judging)과 인식하는 사람(P: Perceiving)

◆ 주관식

1. 다음 그림이 시사하는 성격 유형은?

2. 다음 내용에서 설명하는 지도자 유형은?

> 일반적 강점
> - 각 사람의 요구에 일관되고 관심을 가지고, 사려 깊게 대응한다.
> - 사람, 조직, 팀 수행자에게 충실하고 헌신한다.
> - 일의 수행을 위하여 따뜻함, 실제적 인정, 조화로운 방법을 취한다.
> - 모든 다른 사람에 적절하게 동의를 구하여 일한다.
>
> ■ 지도 스타일 - 다른 사람이 그들이 중요하다고 느끼게 하고 요구를 주의 깊게 받아들이며 지도한다.
>
> 문제해결 스타일 - 다른 사람을 정감 있게 대하고, 사물의 감각적으로 바라보며, 큰 그림으로 상상하고, 논리적으로 사고한다.
>
> 코칭 형태 - 관찰, 역할 행동, 단계적 실천 등의 다양하고 구조화된 방법을 활용한다.

객관식

1. [정답] ③

[해설] ③ 모든 인간은 각각의 지능을 어느 정도 개발하지만 서로 동일한 지능의 프로파일을 갖지 않는다. 이는

① 지능은 단일한 능력요인 또는 다수의 능력요인으로 구성된 하나의 지능으로 구성된 것이 아니라 서로 별개의 구분되는 다수의 지능으로 구성된다는 원리를 부연 설명한 것이다.

2. [정답] ④
[해설] ④는 실험 심리학 연구의 뒷받침

3. [정답] ②
[해설] 각 개인의 지능 프로파일의 강점을 살릴 때 팀 시너지를 창출할 수 있다는 가정이 성립되며, 다중 지능 이론의 선호도 측정 점수는 총합으로 절대 점수화하여 해석하는 것은 의미가 없다.

4. [정답] ③
[해설] ③은 Hirsh & Kise(2006)은 팀의 수행을 개선하기 위하여 성격유형을 활용한 전략으로 'Work it out'이란 저서를 통하여 매우 구체적으로 팀워크 계발이론을 제시하였다.Work it Out : Using Personality Type to Improve Team Performance.

5. [정답] ②
[해설] ②는 정보를 수집하는 방법: 감각적인 사람(S: sensing)과 직관적인 사람(I: intuition)

주관식

1. [정답] 결단하는 사람(J: judging)과 인식하는 사람(P: Perceiving)
[해설] 사람들은 순간적으로 계획하거나 여유롭게 대처하듯이 일의 접근 방식이 다르다. 결단하는 사람은 그들의 일을 계획하고, 계획에 따라 일을 수행한다. 그들은 일이 해결되는 것을 즐기고, 빨리 의사결정 하기를 좋아한다. 반면, 인식하는 사람은 결론에 도달하기 보다는 정보를 모으는 과정을 즐긴다.

2. [정답] IESFJ- 섬기는 지도자(service-oriented leaders)
[해설] 성격유형 16가지 성격유형별 지도자 유형 중 하나로 보기의 강점, 문제해결 스타일, 코칭 형태 등은 ESFJ- 섬기는 지도자(service-oriented leaders)이다.

학습 내용 정리 | Mind Mapping

1. 가드너(Howard Gardner, 1983, 1993)는 과거의 여러 지능 연구들이 모두 일차원적 관점에서 이루어졌기 때문에 인간의 지적 능력을 제대로 설명하는 데 한계가 있다고 주장하고 보다 다원적 측면에서 지능을 파악하여 내세운 지능이론이 다중지능 이론(multiple intelligence, 우리나라에서는 다중지능, 복합지능으로 번역되어 왔으나, 이 글에서는 다중지능으로 번역함)이다.
2. 가드너는 다중지능 이론은 다음 세 가지 원리를 제시하였다.

첫째, 지능은 단일한 능력요인 또는 다수의 능력요인으로 구성된 하나의 지능으로 구성된 것이 아니라 서로 별개의 구분되는 다수의 지능으로 구성된다.

둘째, 지능은 서로 독립적이다. 다시 말해서 이론상 어떤 지능의 조건에서 사정된 능력들은 다른 지능의 조건에서 사정된 능력들을 예측할 수 없다.

셋째, 지능은 서로 상호작용적이다. 각각의 지능은 서로 별개의 기능을 보인다고 해서 그들이 함께 작용한다는 것이다.

3. 가드너는 8가지 지능 선별의 준거 기준으로 7가지 지능을 발견하였다.
   - Potential Isolation by Brain Damage. 두뇌손상에 의하여 지적 능력의 고립현상
   - The Existence of Idiot [Autistic] Savants, Prodigies, and other Exceptional Individuals. 백치천재, 신동 등 예외적인 인간의 존재 : 레인맨의 레이몬드
   - A Distinctive Developmental History, along with a Definable Set of Expert "End－State" Performances. 독특한 발달사와 '최고수준'의 전문가로 규정할 수 있는 일련의 수행 결과들
   - An Evolutionary History and Evolutionary Plausibility. 진화사와 진화가소성
   - Support from Psychometric Findings. 심리측정 자료의 근거
   - Support from Experimental Psychological Tasks. 실험 심리학 연구의 뒷받침
   - An Identifiable Core Operation or Set of Operations. 확인 가능한 핵심 조작과 조작들
   - Susceptibility to Encoding in a Symbol System. 상징체계를 이용한 기호화 가능성
4. 이 준거에 합당하다고 가드너가 제시한 7가지 지능은 언어적 지능(linguistic intelligence), 음악적 지능(musical intelligence), 논리 · 수학적 지능(logical-mathematical intelligence), 공간적 지능(spatial intelligence), 신체 · 운동적 지능(bodily-kinesthetic intelligence), 대인간 지능(interpersonal intelligence) 개인 내 지능(intrapersonal intelligence)이다. 7가지 외에 최근에 여덟 번째 지능으로 볼 수 있는 자연이해 지능(naturalistic intelligence)이 추가되었다.
5. 다중지능 이론에서는 지능의 측정(measurement)보다는 지능의 사정(assessment)의 개념이 더 적절한 용어이다.
6. 이러한 다중지능 이론에 기초한 학습 양식은 팀 구성원으로서의 과업 수행의 서로 다른 스타일이 있음을 확인해 주는 것이기도 하다. 팀 구성원이 문제해결을 할 경우 각자의 스타일이 있다는 것이다.
7. Jung은 사람들이 상반되는 오리엔테이션과 심리적 기능들을 함께 가지고 있어 통합적인 삶을 살아가는 사람도 있지만 대부분은 어느 한쪽이 지배적인 양식을 갖는다고 보고 있다. 따라서 내향-외향(I-E), 감각-직관(S-N), 사고-감정(T-F)의 상호 독립적인 세 개의 축으로부터 8개의 성격유형이 만들어 질 수 있다.
8. Myer와 Briggs는 Jung의 세 개의 축에 결단-인식(judging-perceiving : J-P)의 축을 하나 더 추가함으로써 16개의 성격유형을 제안하고 이를 측정하는 검사인 MBTI(Myers-Briggs Type Indicator)를 개발

하였다.

9. E or I　　S or N　　T or F　　J or P

8가지 서로 다른 선호 유형은 16가지의 성격유형을 만들어 낼 수 있다. 이 유형을 자리 배치하면 다음과 같다.

ISTJ	ISFJ	INFJ	INTJ
ISTP	ISFP	INFP	INTP
ESTP	ESFP	ENFP	ENTP
ESTJ	ESFJ	ENFJ	ENTJ

10. 16가지 성격 유형을 지도력, 영향력, 강조점을 중심으로 각 유형의 특징을 제시할 수 있다.
11. 16가지 성격유형별 지도자 유형을 명명해보고, 그 에 따른 강점, 문제해결 스타일, 코칭 형태 등을 제시할 수 있다.

ISTJ - 상식적인 지도자(commonsense leaders)
ISTP - 사실적 지도자(fractual leaders)
ESTP - 자기 출발형 지도자(self-starting leaders)
ESTJ - 책임 있는 지도자(take charge leaders)
ISFJ - 격려하는 지도자(behind-the scenes leaders)
ISFP - 친절한 지도자(gentle leaders)
ESFP - 열의 있는 지도자(exuberant leaders)
ESFJ - 섬기는 지도자(service-oriented leaders)
INFJ - 미래적 지도자(visionary leaders)
INFP - 정신력이 강한 지도자(inspired leaders)
ENFP - 촉매적인 지도자(catalytic leaders)
ENFJ - 가치 지향 지도자(value-focused leaders)
INTJ - 전략적인 지도자(strategic leaders)
INTP - 지적인 지도자(intellectual leaders)
ENTP - 전략적 지도자(entrepreneurial leaders)
ENTJ - 마스터 플랜 지도자(master plan leaders)

12. 이러한 성격유형 이론은 성격의 모든 것을 설명할 수 없으며, 조직의 모든 문제를 해결할 수도 없

다. 또한 어떤 사람의 유형이 다른 사람의 유형보다 좋다고 말할 수 없다. 즉 경쟁이나 능력이 아닌 선호도에 불과하다.

생각해 볼 문제 | Reflection & Discussion

1. 성격유형별 지도자 유형을 분류하고 당신은 어떠한 지도자 유형인지를 가늠해보고, 당신이 가진 강점, 보완점, 문제해결 스타일을 제시해보자.
2. 성격유형과 갈등 상황의 예를 제시하고 어떻게 코치하고 조언할 것인지 토론 해 보자.

참고문헌

고려대학교 부설 행동과학연구소편(1999). 심리척도 핸드북 II. 학지사.

김동일(1998). "H. Gardner의 다지능이론의 교육적 적용"에 대한 하나의 논의 : 특수능력아동교육을 위한 마음의 틀. 교육심리연구, 12(1). 101-104.

김명희 · 김양분(1996). "중등학생의 다중지능 분석". 교육 논총, 12. 151-183.

김정택 · 심혜숙(1990). 성격유형검사(MBTI)의 한국표준화에 관한 연구. 상담과 심리치료, 3(1). 44-72.

류숙희(1996). 지각된 다중지능의 집단차와 IQ 및 성적과의 관계 분석 연구. 서울대학교 대학원 교육학석사학위논문.

명지대학교 창의공학 연구회역(2001). 창의적 문제해결과 공학 설계(Lumsdaine, Lumsdaine & Shelnutt's Creative Problem Solving and Engineering Design). 명지대학교.

민경환(2002). 성격심리학. 법문사.

심우엽(1997). 다중지능이론과 학교교육의 개선에 관한 연구. 교육학연구, 36(3). 83-96.

최유현(1999). 다지능이론이란 무엇인가?(젊은 이론). 교육개발. 1999 여름. 108-114.

최유현(2000). 다중지능 이론을 통한 홀리스틱 교육의 적용 가능성 탐색 : 통합학습의 관점에서. 홀리스틱교육연구, 4(1). 57-76.

최유현(2005). 기술교과교육학. 형설출판사.

최유현(2008). 공학기술과 팀워크. 지호.

최유현(2010). 기술교과교육의 탐구. 형설출판사.

하대현(1998). H. Gardner의 다중지능 이론의 교육적 적용-그 가능성과 한계. 교육심리연구, 12(1). 73-100.

Gardner, H. (1983). Frames of Mind : The Theory of Multiple Intelligences. New York : Basic Books.

Gardner, H. (1983). Frames of Mind : The Theory of Multiple Intelligence. New York : Basic Books. 이경희(역)(1993). 마음의 틀. 문음사.

Gardner, H. (1993). Multiple Intelligence : The Theory in Practice. New York : Basic. 김명희 · 이경희(역)(1998). 다중지능 이론의 이론과 실제. 양서원.

Gardner, H. (1999). Intelligence Reframed. 문용린 옮김(2001). 다중지능 : 인간의 새로운 이해. 김영사.

Gardner, P. L. (1996). Technology Education in Australia : National Policy and State Implementation (ERIC Document Reproduction Service No. ED 395 794).

Hirsh, S. K. & Kise, J. A. G. (2006). Work it Out : Using Personality Type to Improve Team Performance. Mountain View: Publishing Davies-Black.

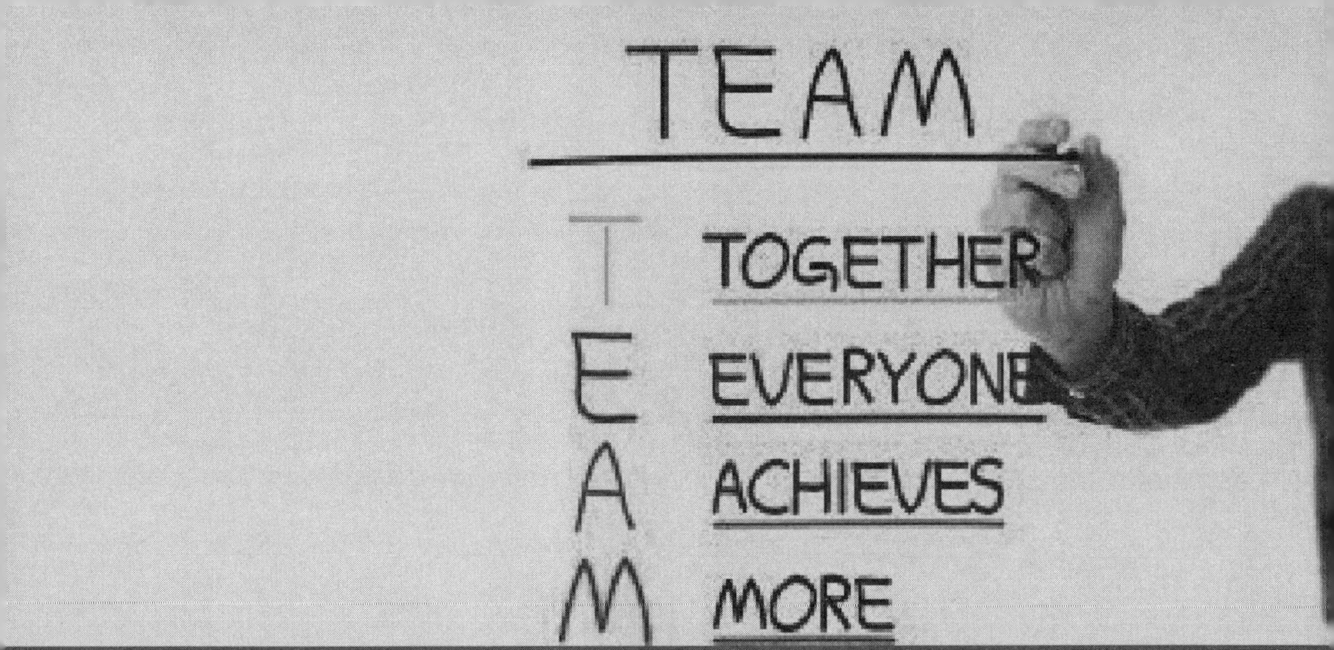

● 팀워크 리더십 Teamwork Leadership ●

Part 02 팀 구성과 역할

4. 팀 구성과 팀워크 진단
5. 팀 수행과정과 목표 설정
6. 팀의 역할과 운영 규칙
7. 책무성 확립하기

Part 02 팀 구성과 역할

04

팀 구성과 팀워크 진단

| 주요 개념 | 두뇌우성이론, 두뇌우성 분석도구(Hermann Brain Dominance Instrument: HBDI)

04 팀 구성과 팀워크 진단

□ **학습 목표**
① 사람마다 다르게 특징지을 수 있는 두뇌 사고의 유형을 설명할 수 있다.
② 두뇌 사고유형이 팀을 구성하는데 어떻게 기여하고, 팀워크에 기여하는지 말할 수 있다.

□ **학습으로의 초대 _ 팀에서의 다양성의 美學**
한 집단의 결과물을 놓고 연구할 경우, 다양성이 모든 유형의 과업 수행에 긍정적 또는 중립적 영향을 미치는 것으로 나타난다. 다양성이 부정적인 영향을 미치는 때는 오직 집단 프로세스를 관리하는 일이며, 이는 많은 어려움을 겪기는 하지만 그 어려움이 그런 집단으로 하여금 단일적인 집단보다 일을 더 잘 수행하지 못하도록 막지는 않는다.
팀 리더가 다양성이 야기하는 도전들을 다루는 방법을 배울 경우, 긍정적인 효과가 커진다(Mannix & Klimoski, 2005). 다양성은 문제를 보는 시각들의 숫자를 증가시킴으로써 문제해결 능력을 향상시킬 수 있다. 이질적인 팀이 보다 다양한 대인관계를 갖고 있을 가능성이 크다. 이것이 더 많은 정보와 지원을 끌어들일 채널을 제공한다. 고위 경영 팀의 다양성은 조직의 운영방식에 전략적 변화를 꾀하려는 의지나 혁신과 관계가 깊다.
개인적 속성과 인구학적 속성에 나타나는 다양성은 집단에 복합적인 영향을 미친다. 반면에 기능적인 속성에 나타나는 다양성은 주로 긍정적인 효과를 미친다. 기술과 지식의 다양성은 집단이 문제를 더 잘 해결하도록 만든다. 개인적 속성과 인구학적 속성에 나타나는 다양성은 집단의 갈등을 악화시킴으로써 자칫 합의를 끌어낼 능력을 깨뜨릴 수도 있다. 작업집단에 가장 파괴적인 요소가 조직 내 재직 기간이나 서열의 차이일 때가 종종 있다. 오랫동안 함께 일해 온 집단 안에서는 다양성과 갈등 사이의 연결이 희미해진다.
다양성의 이점이 가장 명확하게 나타나는 곳은 창의적이고 판단을 요구하는 과업이다. 비록 다양성이 판단을 요구하는 과업에서 갈등을 일으키고 집단을 덜 효율적으로 만들지는 몰라도, 다양성과 갈등이 판단의 질을 높여준다. 다른 많은 유형의 다양성도 팀의 창의적 수행력을 높일 수 있다(Amabile 1983). 인지와 연령, 재직기간, 교육 수준에 나타나는 다양성이 창의성과 관계있는 것으로 나타났다. 다양성의 이런 가치는 사회의 다양한 집단을 노리는 마케팅 프로그램을 마련하는 것과 같이 정체성과 관련 있는 과업에서 더욱 빛을 발하게 된다.

정명진 옮김(2011), 대니얼 래비의 팀워크 심리학, pp. 321-322.

1. 팀 구성의 기초

가. 팀 구성원 수와 의사소통

상대적으로 팀 구성원이 작을 경우는 팀원들은 다양한 학생들과 함께 작업하는 법을 배울 기회가 제한되어 있는 반면, 상대적으로 팀원이 많은 팀에서는 다양한 팀원과의 상호작용을 기대할 수 있다. 그러나 팀 구성원이 많을 경우 참여의 정도와 말할 수 있는 기회가 충분치 않을 수도 있다. 처음에 팀 내에서 작업하는 데 익숙하지 않을 경우는 협동작업에 대한 경험을 만들어 주기 위한 목적으로 둘씩 짝을 지워 주는 것도 고려할 수도 있다. 그 후에 팀의 크기는 다양화할 수 있을 것이다.

일반적으로 모둠의 크기는 협동적인 학습모형과 연구과제의 특성, 과제 수 등에 의해 결정되지만, 4명의 모둠은 최적조건의 구성원이 될 것이다(Javaris, 1993:129). 그러나 실제로 과업이 수행되는 팀 구성원의 수는 상호작용 기회와 관계 없이 그 과업의 특성과 과제의 양에 따라 다양하게 편성될 수 있을 것이다.

4명의 팀에선 의사소통 참여 기회가 3명의 팀보다 2배

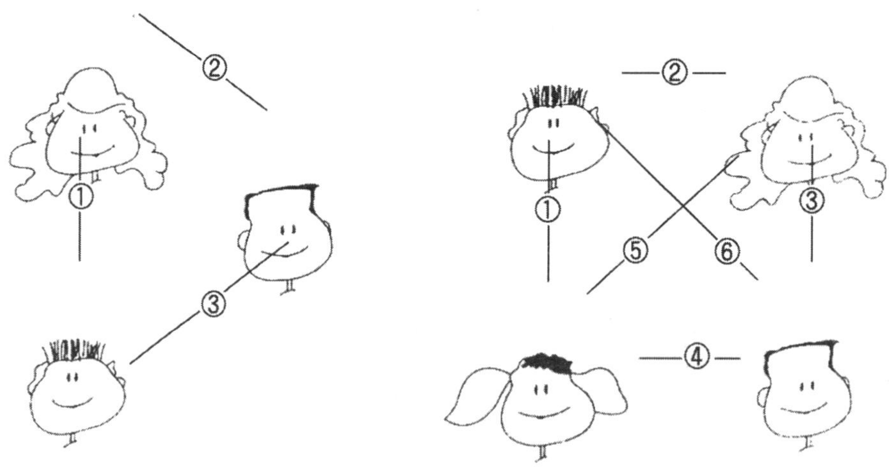

3명 1팀 = 짝이 셋

4명 1팀 = 짝이 여섯

[그림 2-1] 4명의 팀에서 의사소통 기회

나. 팀 구성의 기법

(1) 특정 주제에 따른 팀 만들기

특정 주제에 따른 팀 구성은 한 주제에 대해 다양한 의견들을 내서 토론하게 하는 방법으로 [그림 2-2]를 참고한다.

이질적인 팀 구성
특정 주제에 따른 팀 구성하기

1단계 줄서기 : 한 주제에 대한 자신의 생각에 따라 줄을 선다.

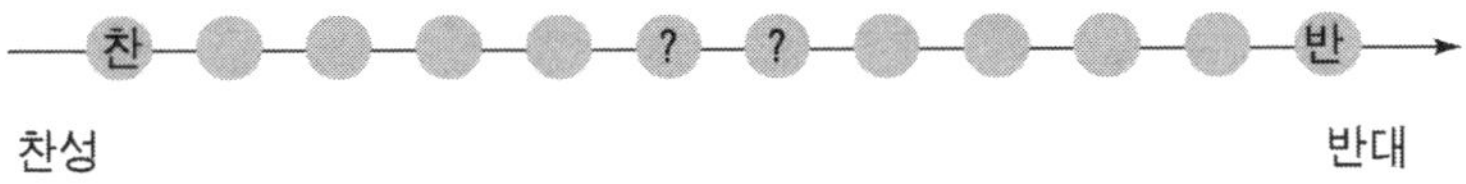

2단계 줄을 반으로 접기 : 한쪽 끝이 반대 의견과 만나도록 줄을 접는다.

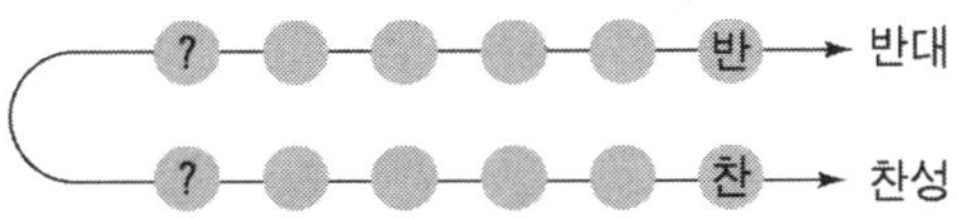

3단계 두 짝을 만나게 함 : 줄의 끝에 선 짝이 다른 쪽 끝의 짝과 만난다.

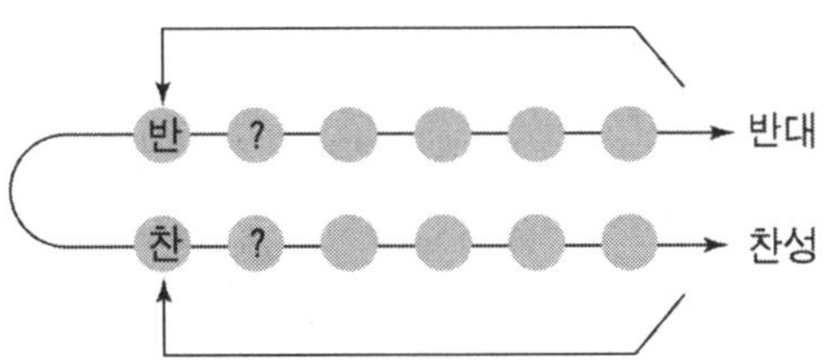

4단계 팀 구성 : 두 짝끼리 4명 1조 모둠을 이루어 책상에 앉는다.

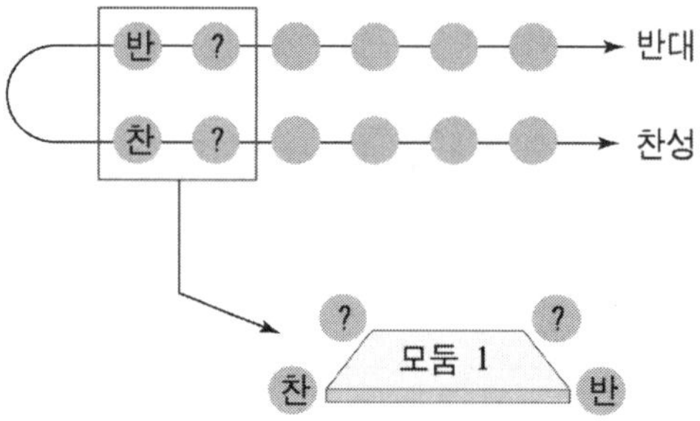

5단계 세 번째와 네 번째 단계 반복 : 3단계와 4단계를 반복해서 다른 팀들을 만든다.

● = 학생 1명　　찬 = 강한 찬성　　반 = 강한 반대　　? = 별다른 의견 없음

[그림 2-2] 특정주제에 따른 팀 구성하기

(2) 모둠 만들기 수레바퀴

집단 전체에서 팀 구성원이 골고루 편성할 수 있는 방법은 모둠 수레바퀴를 활용할 수 있다. 이것은 1차 모둠에서 2차 모둠 편성은 안쪽 바퀴를 고정시키고 다음 바퀴는 한 칸, 그 다음 바퀴는 두 바퀴를 돌리는 형식으로 모둠을 편성하게 된다.

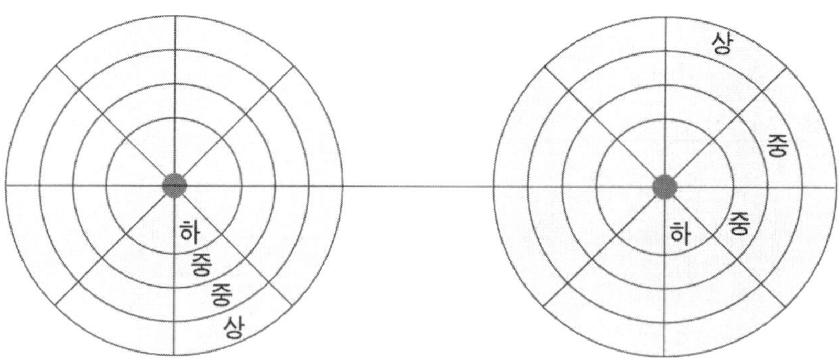

· 하 : 낮은 성취자　　· 중 : 중간 성취자　　· 상 : 높은 성취자

[그림 2-3] 팀 만들기 수레바퀴

(3) 무작위 모둠 만들기

가. 사회적 역할 묶음

- 1단계 – 역할선택 – 지킴이, 조용히, 기록이, 칭찬이 등의 사회적 역할 4가지를 선택한다.
- 2단계 – 교환하기 – 역할이 적힌 카드를 들고 순서 없이 다니다가 '얼음'이라는 말이 나오면 가장 가까이 있는 사람과 서로 카드를 바꾼다. 이렇게 몇 차례 반복한다.
- 3단계 – 짝을 지어 인터뷰하기– 같은 색의 역할 카드를 가진 한 명과 짝을 이룬다. 예를 들면 같은 색을 가진 지킴이와 칭찬이가, 또 조용이와 기록이가 짝이 되는 것이다. 주어진 주제에 대해 상대방과 토론한다.
- 4단계 – 짝짓기 – 짝들은 같은 색을 가지고 있는 다른 짝을 찾아 팀을 이룬다. 그리고 자신이 인터뷰했던 짝을 소개해 준다. 이미 자신의 정해진 역할을 가지고 4인 1팀이 된다[Kagan, 1998, 중앙기독초(역), 1999].

나. 동심원

동심원은 아주 효과적인 팀 구성방법으로 학생들은 그림과 같이 돌면서 모둠을 편성한다

2. 두뇌우성 이론에 의한 팀 구성

가. 두뇌우성 이론[1]

Herrmann은 인간 두뇌의 창의성에 관한 수년간의 연구를 통하여 두뇌가 활동하는 방법에 따라 그 두뇌가 특화된다는 것을 알게 되었다. 이와 같이 특화된 유형들은 각각 고유의 언어, 가치, 인식 방법을 가지고 있는 4개의 독특한 사분면으로 비유될 수 있다.

사분면 두뇌우성 모델을 이해하기 위하여 실제 두뇌를 시각화할 필요가 있다. 대부분의 사람들은 좌뇌와 우뇌의 반구로 두뇌를 등분하는데 익숙하다. 정확하게 말하면 이 대뇌 반구들이 두뇌의 80%를 차지하고 있다. 각 반구들은 분리된 구조로 두뇌에 위치하고 있으며, 각기 대응하는 대뇌 변연계

1 두뇌우성 이론의 내용은 Lumsdaine, Lumsdaine & Shelnutt의 Creative Problem Solving and Engineering Design의 책을 명지대학교 창의공학 연구회가 번역한 창의적 문제해결과 공학 설계(2001)의 내용을 재 정리한 것이다.

(limbic system)의 반을 가지고 있다. 대뇌 변연계는 학습에 있어 입력된 정보를 기억 장소로 보내는 절대적인 역할을 한다. [그림 2-4]는 두뇌의 분할된 모습과 Hermann의 사분면 개념과의 관계를 보여주고 있다. Hermann의 모델의 왼쪽 대뇌[A 분면]은 논리, 분석과 정량적인 사고와 관련이 있으며, 왼쪽 대뇌변연계[B 분면]은 순차적인, 조직화된 세밀한 사고와 관련이 있으며, 오른쪽 대뇌변연계[C 분면]은 감정적인, 감각적인, 사람과 사람사이의 사고와 관련이 되고, 오른쪽 대뇌[D 분면]은 시각적인, 직관적인, 혁신적인 사고와 관련이 있다.

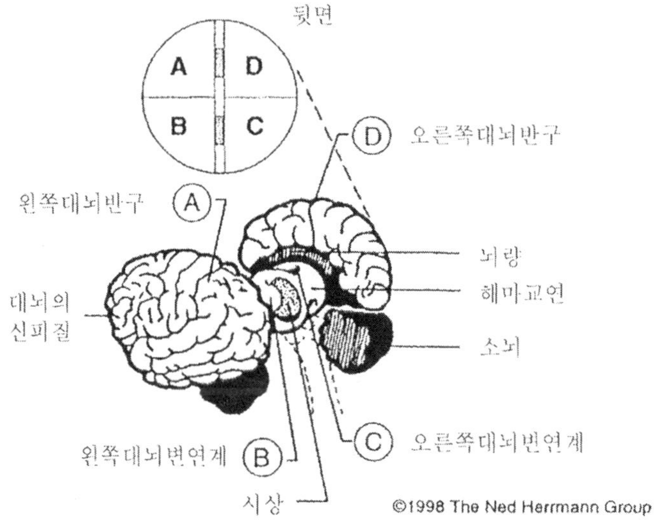

[그림 2-4] 실제 두뇌에서의 두뇌우성 이론의 4분면 모델

각 개인은 이와 같은 사고 선호도가 독특하게 결합되어 있고, 하나 혹은 그 이상의 강한 우성을 가지고 있다. 한 사고 유형에 대한 선호가 강하면 강할수록 다른 사고 유형에 불편함을 느낀다. 우성 유형이 반대인 사람들은 서로 다른 색안경으로 세상을 보기 때문에 서로 의사소통하거나 상대방을 이해하는데 어려움을 느낀다.

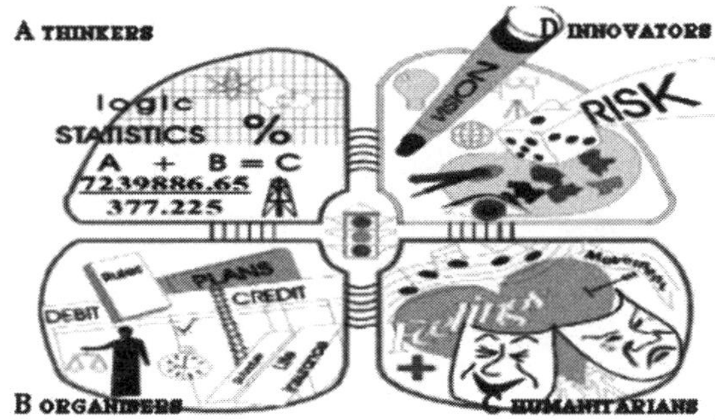

[그림 2-5] 두뇌우성 이론에서 각 4분면의 특징

나. 두뇌우성 분석 도구(HBDI)[2]

Hermann은 두뇌 특화에 기초한 사고 선호도를 진단할 방법을 개발하였다. 즉 허만 두뇌우성 분석 도구(Hermann Brain Dominance Instrument: HBDI)를 개발하였는데, 120가지 질문에 대한 답을 얻은 후 그 결과로 사분면 그래프를 그리고 사고 유형을 진단하도록 되어 있다.

HBDI 특성도표는 개인이나 집단이 갖고 있는 우성의 정도를 일목요연하게 보여준다. 다음은 네 가지 사고 유형을 정리한 것이다.

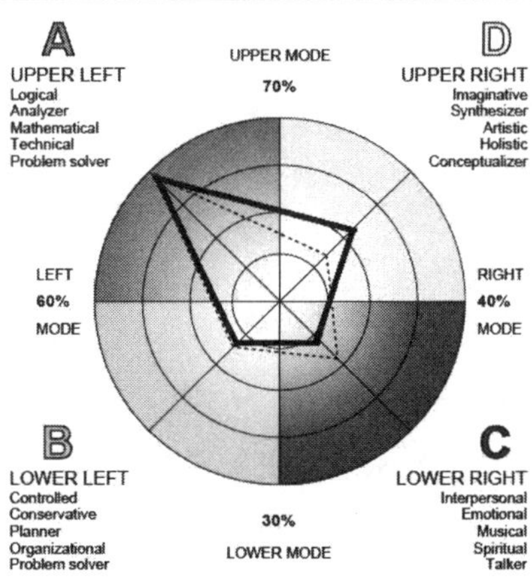

[그림 2-6] HBDI 특성도표의 4가지 사고유형

2 두뇌우성 이론의 내용은 Lumsdaine, Lumsdaine & Shelnutt의 Creative Problem Solving and Engineering Design의 책을 명지대학교 창의공학 연구회가 번역한 창의적 문제해결과 공학 설계(2001)의 내용을 재 정리한 것이다.

(1) 분석적 사고를 하는 A 사분면의 특성

① A 사분면 사고의 특징
- 실제적, 해석적, 정량적, 기술적, 논리적, 이성적, 비판적
- 자료분석, 위험평가, 통계, 계산, 기술적 하드웨어, 분석적 문제해결, 논리와 추론에 근거한 의사결정 등을 다룸

② A 사분면 문화
- 현실적, 권위적
- 성취 지향적, 성과 위주형

③ A 사분면 사고자의 예
- 스타-트랙에서의 Spock, 여론조사가 George Gallup

④ A 사분면 사고자의 선호 과목
- 대수학, 미적분학, 회계, 과학, 공학, 기술과목

⑤ A 사분면 사고에 강한 우성을 보이는 직군
- 법률가, 엔지니어, 컴퓨터 과학자, 분석가, 기술자, 은행가, 외과의사

⑥ A 사분면 사고유형이 우성인 사람의 행태
- "본질", "사실접근", "비판적인 분석"에 대하여 이야기
- "계산기", "인간기계", "인텔리'처럼 이야기함
  (C사분면이 열성일 때는 "쌀쌀한 사람"처럼 말함)

(2) 순차적 사고를 하는 B 사분면의 특성

① B 사분면 사고의 특징
- 순차적, 규제되어 있고, 계획적, 보수적, 구조적, 자세하고, 훈련되고, 일관된 사고
- 관리, 전술적 계획, 절차, 조직적인 형태, 안전보장, 결과의 구현, 현 상황 유지, 절대 확실한 것 등을 다룸

② B 사분면 문화
- 전통적, 관료적, 신뢰성
- 성취 지향적, 작업 주도형

③ B 사분면 사고자의 예

FBI 국장이었던 Edgar Hoover, 독일 수상이었던 Bismark, 미국 인디안 추장Geronimo

④ B 사분면 사고자의 선호 과목

- 매우 구조적이고 순차적으로 구성된 과목

⑤ B 사분면 사고에 강한 우성을 보이는 직군

- 계획입안자, 관료, 관리자, 경리담당자 등

⑥ B 사분면 사고유형이 우성인 사람의 행태

- "우리는 늘 이렇게 해 왔다", "법과 질서", "자기수양", "안전제일"에 대하여 이야기
- "교육자", "까다로운 사람", "억척같은 사람"인 것처럼 이야기

(3) 대인관계와 관련된 사고를 하는 C 사분면의 특성

① C 사분면 사고의 특징

- 감각적, 생리적으로 감성적, 감정적, 사람 지향적, 상징적
- 느낌인지, 신체감각, 정신적인 가치, 음악, 팀워크, 양육,
- 대인관계, 의사소통 등을 다룸

② C 사분면 문화

- 인간적, 협동적, 정신적
- 느낌지향적, 가치주도형

③ C 사분면 사고자의 예

- 힌두 사회개혁자 Mahatma Gandhi, 중국인 철학자 노자
- Martin Luther King, Jr., princess Diana

④ C 사분면 사고자의 선호 과목

- 사회과학, 음악, 춤, 고난도 기술의 스포츠 과목

⑤ C 사분면 사고에 강한 우성을 보이는 직군

- 간호원, 사회사업가, 교육자, 조련사, 상담가 등

⑥ C 사분면 사고유형이 우성인 사람의 행태

- "가족", "팀", "개인의 성장", "가치"에 대하여 이야기
- "뜨거운 가슴"을 가진 사람, "부드러운"사람, "이야기 꾼"으로 보여짐

(4) 상상력이 풍부한 사고인 D 사분면의 특징

①D 사분면 사고의 특징
- 시각적, 총체적, 혁신적, 은유적, 창의적, 상상력이 풍부,
- 통합적, 개념적, 공간적이고, 유연하며 직관적
- 미래와 가능성, 종합, 놀이, 꿈, 예견, 전략적 계획
- 넓은 문맥, 사업가기질, 변화와 혁신을 다룸

②D 사분면 문화
- 탐험적, 사업적, 발명적, 미래지향적
- 명랑, 위험주도형, 독립적

③D 사분면 사고자의 예
- 현대화가 Pablo Picasso, 르네상스 화가 조각가 건축가 과학자인 Leonardo da Vinci, 물리학자 Albert Einstein

④D 사분면 사고자의 선호 과목
- 그림, 조각 같은 예술과목, 기하학, 설계, 시, 건축과목

⑤D 사분면 사고에 강한 우성을 보이는 직군
- 사업가, 탐험가, 예술가, 극작가
- 의학, 물리학, 공학의 연구와 개발에 관계된 과학자

⑥D 사분면 사고유형이 우성인 사람의 행태
- "아이디어 갖고 놀기", "큰 그림", "첨단", "혁신"에 대하여 이야기
- "구름 잡는 이야기"를 하며 "훈련되지 않고", "비현실적인 몽상가"처럼 이야기

(5) 다중우성 (총뇌) 사고와 학습

① 일반적인 우성의 정도
- 한 영역에서 우성을 가지는 사람 : 7%
- 두 영역에서 우성을 가지는 사람 : 60%
- 세 영역에서 우성을 가지는 사람 : 30%
- 네 영역에서 우성을 가지는 사람 : 3%

②두 영역 우성인 유명인의 예
- A+B : Aristotle, Henry Ford, Margaret Thatcher

· B+C : Susan B. Anthony, Mother Theresa, Lech Walesa
· C+D : Shakespeare, Eleanor Roosevelt, Mozart
· D+A : Galileo, Madame Curie, George Bernhard Shaw
· B+D : Sadam Hussein

③ 균형적, 또는 총뇌 사고 선호도를 가진 사람의 예
· Ben Franklin, Sebastian Bach, Winston Churchil
· Thomas Jefferson, Albert Schuweitzer

④ 각 사분면과 학습방법
· 강의와 교과서에 의한 근거로부터 배우는 소위 외부학습 → A 사분면
· 통찰력이나 시각화, 합성, 총체적이고 직감적인 개념의 이해에 의한 내부학습 → D 사분면
· 구술적 피드백과 격려로 시도와 실패를 반복하며 얻은 감각적 경험과 토의에 의한 상호작용에 의한 학습 → C 사분면
· 방법적이고, 배운 것의 단계적 시험, 기술을 향상시키기 위한 연습과 반복에 의한 절차적인 학습 → B 사분면

다. 두뇌우성 이론에 의한 팀 구성하기

HBDI 검사에 의하여 팀을 구성하는 기본 가정은 '대부분의 팀은 분석사고, 절차적 사고, 창의적 사고, 대인관계적 사고의 우성을 보이는 이절적인 팀을 구성할 경우에 팀 역량을 강화한다'는 사실에 기초하고 있다.

따라서 팀 구성의 절차는 다음과 같다.

1) 두뇌우성이론에 의한 HBDI 검사를 수행한다.
2) 개인의 사고 유형 검사에서 각 개인의 강한 사고 우성을 정리한다(1순위, 2순위 정도)
3) 각 개인이 서로 다른 우성을 가지도록 팀을 구성한다.

ㅁ 팀 구성을 위한 사고 유형 확인하기[3]

이 검사는 기본적으로 2단계의 질문지로 구성되어 있다. 처음 1-13번까지(A)는 각 질문에 대하여 4

3 이 설문지는 Lumsdine의 책에서 제공하는 데이터와 Central Michigan University에서 열렸던 기초 공학 설계에 관한 NSF(National Science Foundation) 워크숍에서 Frank Maraviglia가 발표한 자료에 근거한 것이다(김경천 외(역), 창의적 공학설계, 2003에서 재인용함).

개의 선택 지문을 본인의 선호도에 따라 순위를 매긴다. 즉 가장 선호하는 것을 4, 다음은 3, 그 다음은 2, 가장 선호하지 않는 지문에 대하여는 1의 점수를 준다. 이 점수는 검사지 마지막에 있는 점수 기록표에 기록한다.

그리고 14-17번(B)까지는 피검사자가 본인에게 해당되는 항목을 자유롭게 선택하여 그것이 점수가 되고 점수지에 기록하여 4를 곱하여 총점으로 계산한다.

A. 다음 질문을 읽고 본인의 선호 순서대로 4, 3, 2, 1의 점수를 주고 점수표에 기록하세요.

1. 프로젝트를 시작하는 과정에서 다음과 같은 역할을 선호한다.	a. 데이터와 정보를 살펴본다.
	b. 체계적으로 해답과 대안을 찾는다.
	c. 다음 사람들의 의견을 듣고 아이디어와 직관력을 공유한다.
	d. 세밀한 부분보다 전체 그림과 내용을 바라본다.
2. 숙제를 하는 경우에 나는	a. 상세한 것보다는 전체 틀에서 정보를 논리적으로 정리한다.
	b. 숙제를 세밀하게, 깔끔하게, 성실하게 처리한다.
	c. 이유를 묻고 각각의 의미를 살펴보며, 자신에게 동기를 부여한다.
	d. 학습을 보다 흥미롭게 만들기 위해 활발하게 주도권을 잡고 일한다.
3. 새로운 자료를 공부하는 경우에 당신은 다음을 선호한다.	a. 정보를 주는 강의를 듣는다.
	b. 결점과 단점을 찾아내기 위해 이론과 절차를 검증한다.
	c. 목적에 맞는 단서를 찾아내기 위해 서문을 읽는다.
	d. 묘사를 해보고 만일 이러하면 어떤 일이 일어날까를 생각한다.
4. 나는 이런 것을 좋아한다.	a. 교재를 읽는 것을 좋아한다.
	b. 실험을 단계별로 하는 것을 좋아한다.
	c. 말하고, 관찰하고, 검증하고, 듣는 것을 좋아한다.
	d. 말보다는 시각 자료를 이용한다.
5. 새로운 자료를 공부하는 데 있어 나는 다음을 선호한다.	a. 예제 문제와 해답을 분석한다.
	b. 실험 결과에 대한 순차적인 보고서를 쓴다.
	c. 만져보고 관찰하여 바로 해보는 학습을 좋아한다.
	d. 해가 없는 문제를 골라 몇 가지 해를 찾는다.
6. 문제를 풀 때와 풀고 나서 나는	a. 아이디어들을 이성적으로 생각해본다.
	b. 배운 지식들의 실제 활용을 생각해본다. 이론은 충분하지 않다고 생각한다.
	c. 그룹으로 탐구하는 기회와 그룹 토의하는 것을 활용한다.
	d. 문제의 독특함과 그 해결책이 탁월함을 음미한다.

<table>
<tr><td rowspan="4">7. 나는 이런 것을 선호한다.</td><td>a. 과학적인 방법을 가지고 연구한다.</td></tr>
<tr><td>b. 예제 소프트웨어를 가지고 컴퓨터를 활용한다.</td></tr>
<tr><td>c. 그룹으로 공부하는 기회와 그룹 토의 하는 것을 활용한다.</td></tr>
<tr><td>d. 다양한 아이디어를 받아들이는 브레인스토밍 세션을 주도한다.</td></tr>
<tr><td rowspan="4">8. 프로젝트를 추진함에 있어 다음에서 내가 선호하는 것은?</td><td>a. 가설을 설정하고 옳고 그름을 검증한다.</td></tr>
<tr><td>b. 프로젝트와 추진일정을 설계하고 주어진 일정에 맞추어 일을 추진한다.</td></tr>
<tr><td>c. 실험에서 관찰한 바를 철저하게 기록한다.</td></tr>
<tr><td>d. 아이디어와 그 가능성에 대해 실험한다.</td></tr>
<tr><td rowspan="4">9. 나는 흔히 다음과 같은 방법으로서 새로운 아이디어를 흡수한다.</td><td>a. 완벽한 상황에 적용해서</td></tr>
<tr><td>b. 주도면밀한 분석을 집중해서 수행함으로</td></tr>
<tr><td>c. 다른 아이디어와 비교 분석해서</td></tr>
<tr><td>d. 현재 또는 미래의 활동과 연계해서</td></tr>
<tr><td rowspan="4">10. 스스로 학습 자료를 읽을 때 다음에 집중한다.</td><td>a. 정보로부터 추출한 아이디어</td></tr>
<tr><td>b. 정보에 의해 지지되는 새로운 발견의 진실</td></tr>
<tr><td>c. 추천이 되어 있는 지의 여부</td></tr>
<tr><td>d. 결론과 경험의 상관관계</td></tr>
<tr><td rowspan="4">11. 사람들이 토론하는 경우에 나는 이런 편을 선호한다.</td><td>a. 사실과 논리에 입각한 아이디어를 제시하는 편</td></tr>
<tr><td>b. 논쟁을 가장 강력하게 단순하게 표현하는 편</td></tr>
<tr><td>c. 자신의 개인적인 의견을 반영하는 편</td></tr>
<tr><td>d. 앞으로의 일과 전체 그림을 그려주는 편</td></tr>
<tr><td rowspan="4">12. 새로운 선택을 하는 경우에 대부분 다음에 근거한다.</td><td>a. 미래의 가능성보다는 실제와 현재 상황</td></tr>
<tr><td>b. 세밀하고 완벽한 연구 결과</td></tr>
<tr><td>c. 사람들과의 대화</td></tr>
<tr><td>d. 직감</td></tr>
<tr><td rowspan="4">13. 문제를 분석할 때 다음과 같이 하는 경향이 있다.</td><td>a. 문제를 좀 더 확장된 문제 또는 이론으로 연결하려고 한다.</td></tr>
<tr><td>b. 문제를 해결하는 가장 최적의 절차를 찾는다.</td></tr>
<tr><td>c. 다른 사람들은 이 문제를 어떻게 해결했는지 상상해 본다.</td></tr>
<tr><td>d. 문제의 독특함과 해결책이 탁월함을 음미한다.</td></tr>
</table>

B. 다음 14-17번은 본인에게 해당되는 항목을 모두 체크하고 그 숫자를 점수표에 기록하세요.

14. 점수 : [ ]

— 데이터와 정보를 찾는다. 도서관 검색을 한다.

— 정보를 전체 틀 안에서 논리적으로 정리한다.

— 정보를 주는 강의를 듣는다.

— 교재를 읽는다.

— 예제 문제를 공부한다.

— 아이디어들을 생각한다.

— 가설을 설정하고 옳고 그름을 검증한다.

— 사실과 기준 그리고 논리적인 사고에 근거하여 아이디어들을 판단한다.

— 기술적이고 재정적인 사례 연구를 수행한다.

— 얼마나 비용이 소요될 지에 대해 알아본다.

— 수학과 정보 처리를 위해 컴퓨터를 활용한다.

15. 점수 : [ ]

— 즉흥적으로 하지 않고 지침을 정확하게 따라진다.

— 결점과 단점을 찾아내기 위해 이론과 절차를 검증한다.

— 실험실 작업을 순서대로 수행한다.

— 상세한 강의를 듣는다.

— 상세하고 세밀한 노트 필기를 한다.

— 정해진 일정에 따라 정돈된 환경에서 공부한다.

— 상세한 예산을 세운다.

— 반복 작업을 통해 새로운 기술을 실습한다.

— 과제에 대해 어떻게 해결하는가에 대한 설명서를 쓴다.

— 예제 소프트웨어를 가지고 컴퓨터를 사용한다.

— 새로 배운 지식의 실제적인 사용처를 모색한다.

16. 점수 : [ ]

— 다른 사람의 아이디어를 듣고 공유한다.

— 감정적이고 영적인 가치를 기록하는 일기를 가지고 있다.
— 음악을 틀어놓고 공부한다.
— 다른 사람의 권리와 의견을 존중한다.
— 인간이 물건이 아니고 중요한 존재임을 인식한다.
— 몸짓을 통해 시각적인 암시를 준다.
— 도구나 물체를 직접 다루거나 접촉을 통해 배우는 것을 즐긴다.
— 모험 영화보다는 드라마 영화를 보기를 좋아한다.
— 감각적인 입력을 통해 배운다(즉, 오감을 통해).
— 왜라는 질문과 사적인 의미를 모색해 자신에게 동기부여를 한다.
— 여행을 하면서 다른 사람을 만나고 그들의 문화에 대해 배운다.

17. 점수 : [ ]
— 새로운 주제의 세밀한 부분이 아닌 전체 그림과 내용을 그려본다.
— 학습효과를 높이기 위해 활발하게 활동에 참여한다.
— 답이 없는 문제를 택하여 가능한 해결책을 모색한다.
— 경향에 대해 생각해 본다.
— 앞으로의 일과 자기적인 목표에 대해 생각해 본다.
— 세밀한 부분에 신경 쓰지 않고 발명품의 탁월함을 경외감을 표시한다.
— 새로운 것을 만들기 위해 아이디어들과 정보를 종합한다.
— 해결책을 찾기 위해 직감에 의지한다.
— 미래의 기술이 어떻게 될 것인지에 대해 예견한다.
— 해결책을 찾는 다른 방법들을 생각해 본다.
— 배울 때 말보다는 그림을 사용한다.

□ 점수 기록표

문항	a	b	c	d	문항	a	b	c	d
1					8				
2					9				
3					10				
4					11				
5					12				
6					13				
7					총점				

유목	1-13번(I)	14-17번(II)	사고유형점수(I+II)	
a의 총점		14번 (　)점 4=[　]		A
b의 총점		15번 (　)점 4=[　]		B
c의 총점		16번 (　)점 4=[　]		C
d의 총점		17번 (　)점 4=[　]		D

□ 그래프 그리기 (눈금 하나에 10점으로 계산)

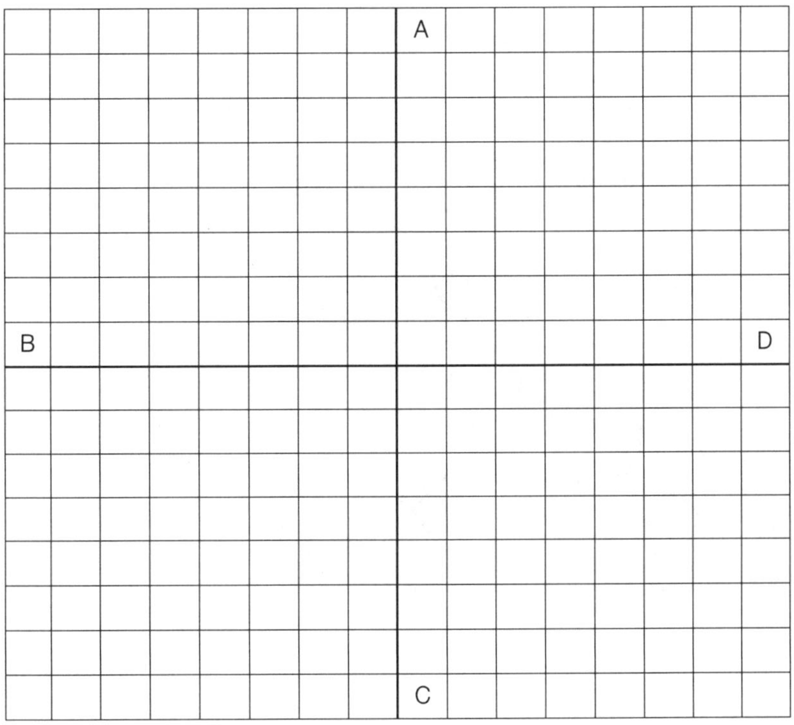

TEAMWORK TIP

두뇌 우성 이론에 의한 사고 유형과 잠재적 최고 팀

- 창의적 사고 유형만의 팀 구성이 혁신적 프로젝트 결과를 낳는가? 그 답은 그렇지 않다는 것이다.
- 최고의 팀이 되기 위해서는 창의적 사고, 분석적 사고, 절차적 사고, 대인관계적 사고의 모든 사고 유형 소유자가 팀에 있을 때 시행착오를 줄이고 보다 나은 결과를 기대할 수 있다.
- 다양한 사고 유형자끼리 팀 구성을 하면, 팀의 발달과정에서 혼란기의 극복을 위한 노력이 더욱 요구될 것이다.

생각을 확장하는 페이지 | HBDI에 따른 리더 유형

HBDI에 의한 사고 우성 유형에 따라 다음과 같이 지도자 유형을 제시할 수 있다.

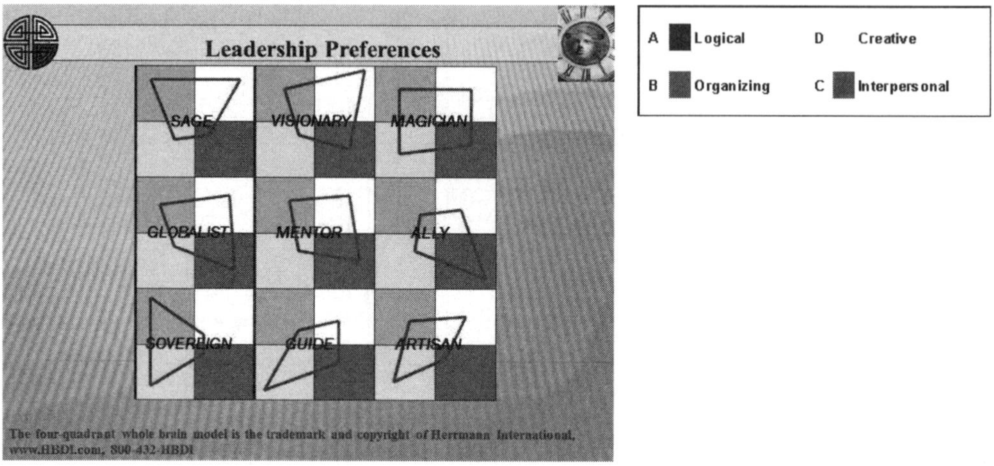

SAGE 사려 깊은 지도자

VISIONARY 예지력이 있는 지도자

MAGICIAN 마술적 지도자

GLOBALIST 세계적 지도자

MENTOR 멘토형 지도자

ALLY 협력적 지도자

SOVEREIGN 통치적 지도자

GUIDE 안내적 지도자

ARTISAN 예술적 지도자

팀십 진단하기 | 팀 계발 활동 TEAM BUILDING

◈ 목표
1. 팀 구성원들의 팀십을 진단하여 팀의 지금의 위치를 확인한다.
2. 팀십의 강점과 약점을 확인한다.

◈ 준비물
팀십 진단 검사지

◈ 절차
1. 현재 당신의 팀을 생각하며 아래의 질문에 솔직하게 답을 하기 바란다.
2. 검사를 한후 점수를 계산하고 팀의 총점을 구한다.

◈ 활동 토의
1. 개인의 점수와 팀 점수의 평균과 비교한다.
2. 우리 팀의 점수가 다른 팀과 비교해 본다.
3. 개인의 시사점은?
4. 우리 팀의 현재 위치의 시사점은?

◆ 팀십 진단 검사지

다음의 진단 도구는 팀이 얼마나 효과적으로 기능하고 있는지 판단하기 위해 관련 데이터 수집과 통계 분석 과정을 거쳐 개발한 것이다(박태현, 2012).

현재 당신의 팀을 생각하며 아래의 질문에 솔직하게 답을 하기 바란다. 팀원들과 함께 참여한다면 보다 객관적은 결과를 얻을 수 있을 것이다.

		← 그렇지 않다				그렇다 →
1.	우리 팀은 중요한 일을 수행한다.	1	2	3	4	5
2.	우리 팀은 의사결정이 빠르다.	1	2	3	4	5
3.	우리 팀은 팀원들의 역량을 개발하기 위해 노력한다.	1	2	3	4	5
4.	우리 팀은 질책/비판 보다 칭찬/격려가 많다.	1	2	3	4	5
5.	우리 팀은 아이디어를 고민할 수 있는 여유가 있다.	1	2	3	4	5
6.	팀원들은 각자 주어진 역할을 잘 수행한다.	1	2	3	4	5
7.	팀원들이 팀장의 의견에도 반박할 수 있다.	1	2	3	4	5
8.	우리 팀은 늘 배우는 팀원들이 많다.	1	2	3	4	5
9.	우리 팀의 회의 분위기는 밝다.	1	2	3	4	5
10.	우리 팀은 항상 새로운 일이나 방법을 추구한다.	1	2	3	4	5

출처 : 박태현(2012). 팀으로 일하라. 시그마북스. pp.23-24.

위에서 체크한 열 개 문항의 점수를 모두 더하여 아래의 '점수 합계' 칸에 기록한다.

점수 합계 ________ 점

◆ 팀십 진단 결과 피드백

다음의 표는 각 합계 점수 범위에 해당하는 팀들이 주로 주의를 기울여야 하는 내용을 간략하게 기술한 것이다. 앞에서 구한 '합계 점수'에 해당되는 내용을 참고하기 바란다.

합계 점수	등급	내용
44점 이상	매우 우수	매우 탁월한 팀이다. 높은 수준의 팀 성과를 창출하고 있으며, 팀 분위기도 활기차다. 팀이 가진 강점을 확인하고 지속적으로 유지 한다면 꾸준히 발전할 수 있을 것이다.
39~43점	우수	우수한 팀이다. 최고의 팀이 될 수 있는 가능성이 높다. 하지만 현 수준에 안주하지 않으려면 좀더 적극적인 변화가 필요하다. 대개 이 수준의 팀에 가장 필요한 것은 보다 효과적으로 아이디어를 얻을 수 있는 구조이다. 무엇보다 팀원들이 자유롭게 아이디어를 개진하고 주도적으로 참여할 수 있는 팀 문화를 형성해야 한다.
35~38점	보통	팀 성과가 무난하거나 기대에 다소 못 미치는 수준이다. 외형적으로는 팀원들이 서로 친밀하게 보일지라도 정작 신뢰 수준은 그리 높지 않을 수 있다. 그래서 팀 내외의 작은 갈등이나 충격에도 분위기가 쉽게 가라앉을 가능성이 높다. 끼리끼리 어울리고 있을 수도 있으니 소외되는 팀원이 없도록 신경을 써야 하며, 두루두루 보다 친숙한 관계를 형성해야 한다. 팀의 약점을 찾아 개선하는 노력이 따라야 하며 팀원들의 역량 개발에도 신경을 써야 한다.
31~34점	미흡	팀 성과가 매우 낮을 가능성이 높다. 또 팀원 간 교류가 거의 없거나 갈등이 깊을 가능성도 있다. 일과 관련하여 팀원들의 스트레스가 높고 팀 분위기가 많이 처져 있을 수도 있다. 무엇보다 팀 내 상하 간, 수평 간 열린 소통이 필요하다. 팀장은 팀원들이 무엇을 힘들어하는지를 살피고 이를 해소해주는 노력을 해야 한다.
30점 이하	매우 미흡	위기 상황! 현재의 팀 모습에 아무도 만족하지 못한다. 팀 차원에서 스스로 해결할 수 없는 구조적인 문제가 있거나 심각한 리더십의 문제가 있을 수도 있다. 팀을 떠나고자 하는 팀원도 점점 많아질 것이다. 팀장과 팀원 모두가 이기심을 버리고 팀을 먼저 생각하는 자세를 갖지 않는다면 팀을 지속하지 못할 수도 있다. 무엇보다 팀장은 팀원들의 의견에 귀를 기울여야 한다.

학습 문제 | Quiz for Summary

◆ 객관식

1. 팀 구성과 관련하여 설명이 올바른 것은?

① 팀 구성은 3명일 때가 4명일 때 보다 의사소통의 기회가 늘어난다.

② 팀의 최적의 인원은 3명이다.

③ 팀 구성은 동질적 구성을 기본으로 한다.

④ 모둠 수레 바퀴는 팀 구성원을 골고루 편성할 때 활용된다.

2. Herrmann은 인간 두뇌의 우성 이론에 대한 설명이 잘못된 것은?

① 왼쪽 대뇌[A 분면]은 논리, 분석과 정량적인 사고와 관련이 있다.

② 오른쪽 대뇌[D 분면]은 시각적인, 직관적인, 혁신적인 사고와 관련이 있다.

③ 각 개인의 사고력이 우수한 사람은 4가지 사고 유형에서 강점을 보인다.

④ 한 사고 유형에 대한 선호가 강하면 강할수록 다른 사고 유형에 불편함을 느낀다.

3. 다음은 HBDI 검사의 한 예이다. 이 결과를 바르게 해석한 것은?

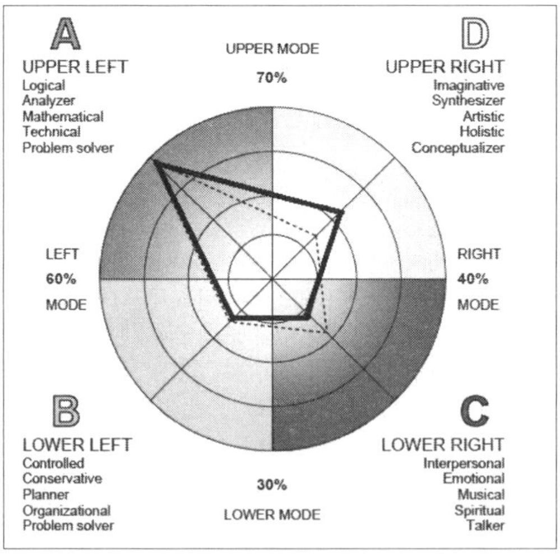

① 분석적 사고에 우성을 보인다.

② 창의적 사고 능력이 부족하다.

③ 조직적, 절차적 사고를 잘하는 편이다.

④ 이 사람은 대인관계가 좋은 편이다.

4. 두뇌우성이론에 의한 팀 구성으로 바람직한 접근은?
① 창의적 사고가 높은 집단을 중심으로 편성한다.
② 분석적 사고와 절차적 사고가 높은 집단을 중심으로 편성한다.
③ 대인관계적 사고가 높은 집단을 중심으로 편성한다.
④ 팀은 4가지 사고에 강점이 있는 사람을 골고루 편성한다.

◆ 주관식

1. 다음은 어떤 사고 유형에 대한 행태인가?

"아이디어 갖고 놀기", "큰 그림", "첨단", "혁신"에 대하여 이야기 "구름 잡는 이야기"를 하며 "훈련되지 않고", "비현실적인 몽상가"처럼 이야기

객관식

1. [정답] ④
[해설] ① 팀 구성은 3명일 때가 4명일 때 보다 의사소통의 기회가 1/2로 감소한다. ② 팀의 최적의 인원은 3명보다 4명이 좋으며, 이는 팀의 미션과 상황을 고려하여 얼마든지 달라질 수 있다. ③ 팀 구성은 오히려 이질적 다양성을 추구하는 것이 장점이 많다.

2. [정답] ③
[해설] ③ 각 개인의 두뇌 우성은 4가지가 다르게 나타는 것이 보편적이다.

3. [정답] ①
[해설] 위 결과는 분석 사고가 높은 우성을 보이고, 다음으로 창의적 사고가 보통의 수준을 보인다. 그리고 절차적 사고와 대인관계적 사고가 현저하게 낮음을 알 수 있다.

4.[정답] ④
[해설] ④ 팀은 4가지 사고에 강점이 있는 사람을 골고루 편성한다.

주관식

1. [정답] 6) D 사분면 사고 (창의적 사고) 유형이 우성인 사람의 행태
[해설] 이 사고 유형의 특징은 다음과 같다.
・시각적, 총체적, 혁신적, 은유적, 창의적, 상상력이 풍부, 통합적, 개념적, 공간적이고, 유연하며 직관적

• 미래와 가능성, 종합, 놀이, 꿈, 예견, 전략적 계획, 넓은 문맥, 사업가기질, 변화와 혁신을 다룸

학습 내용 정리 | Mind Mapping

1. 팀에서 의사소통의 기회는 4명일 때가 3명일 때 보다 2배이다.
2. 팀의 구성은 특정 주제에 따른 팀 구성, 모둠 수레바퀴를 활용한 팀구성, 무작위 팀구성 등의 방법을 활용할 수 있다.
3. Hermann은 인간 두뇌의 창의성에 관한 수년간의 연구를 통하여 두뇌가 활동하는 방법에 따라 그 두뇌가 특화된다는 것을 알게 되었다.
4. Hermann 모델의 왼쪽 대뇌[A 분면]은 논리, 분석과 정량적인 사고와 관련이 있으며, 왼쪽 대뇌변연계[B 분면]은 순차적인, 조직화된 세밀한 사고와 관련이 있으며, 오른쪽 대뇌변연계[C 분면]은 감정적인, 감각적인, 사람과 사람사이의 사고와 관련이 되고, 오른쪽 대뇌[D 분면]은 시각적인, 직관적인, 혁신적인 사고와 관련이 있다.
5. 각 개인은 이와 같은 사고 선호도가 독특하게 결합되어 있고, 하나 혹은 그 이상의 강한 우성을 가지고 있다. 한 사고 유형에 대한 선호가 강하면 강할수록 다른 사고 유형에 불편함을 느낀다. 우성 유형이 반대인 사람들은 서로 다른 색안경으로 세상을 보기 때문에 서로 의사소통하거나 상대방을 이해하는데 어려움을 느낀다.
6. Hermann은 두뇌 특화에 기초한 사고 선호도를 진단할 방법을 개발하였다. 즉 허만 두뇌우성 분석도구(Hermann Brain Dominance Instrument: HBDI)를 개발하였다.
7. HBDI 검사에 의하여 팀을 구성하는 기본 가정은 '대부분의 팀은 분석사고, 절차적 사고, 창의적 사고, 대인관계적 사고의 우성을 보이는 이절적인 팀을 구성할 경우에 팀 역량을 강화한다'는 사실에 기초하고 있다.
8. HBDI에 의한 사고 우성 유형에 따라 다음과 같이 지도자 유형을 9가지로 제시할 수 있다.

생각해 볼 문제 | Reflection & Discussion

1. 다음 도표는 HBDI에 의한 사고 우성 유형에 따라 다음과 같이 지도자 유형이다.

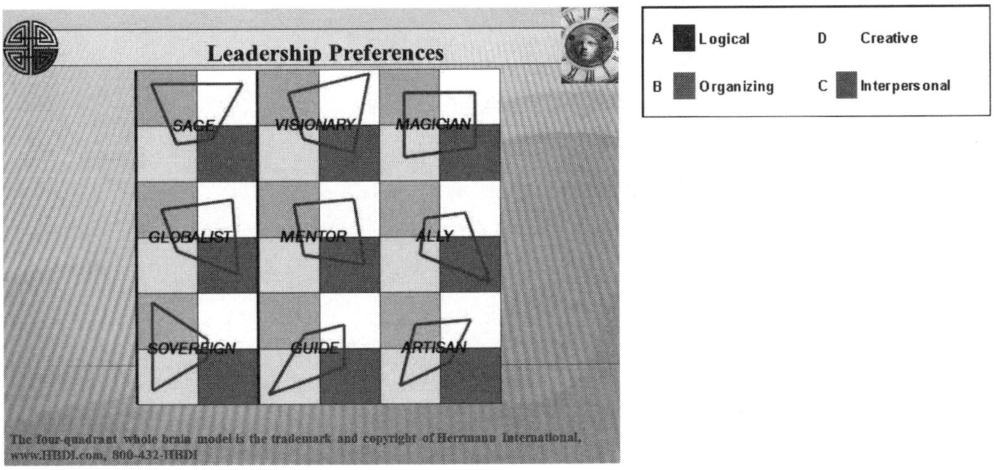

SAGE 사려 깊은 지도자

VISIONARY 예지력이 있는 지도자

MAGICIAN 마술적 지도자

GLOBALIST 세계적 지도자

MENTOR 멘토형 지도자

ALLY 협력적 지도자

SOVEREIGN 통치적 지도자

GUIDE 안내적 지도자

ARTISAN 예술적 지도자

HBDI의 4가지 사고 유형 프로파일에 따른 본인의 리더십 유형을 찾아보고 그 이유를 말해보자. 그리고 다른 동료들과 지도자 유형을 확인하고 토론해 보자.

참고문헌

대니얼 레비, 정영진 역(2011). 팀워크 심리학(Group Dynamics for Team). 부글북스.

명지대학교 창의공학 연구회 역(2001). 창의적 문제해결과 공학 설계(Lumsdaine, Lumsdaine & Shelnutt's Creative Problem Solving and Engineering Design). 명지대학교

박태현(2012). 팀으로 일하라. 시그마북스.

안진환 역(2003). 팀워크북(수잔 윌리스 조글리오 저). 제우스.

최유현 (2008). 공학기술과 팀워크. 지호.

최유현 (2010). 기술교과 교육의 탐구. 형설출판사.

Part 02 팀 구성과 역할

05 팀 수행 과정과 목표 설정

| 주요 개념 | 팀의 수행과정, 팀목표, 팀 임무, 팀 강령(team charter)

1. 팀 수행 과정
2. 팀 목표 설정 : 팀 강령 세우기

05 팀 수행 과정과 목표 설정

▫ **학습 목표**

① 팀의 수행 과정을 설명할 수 있다.
② 팀 목표, 팀 강령과 팀 임무는 왜 필요한지 알고, 실제로 설정할 수 있다.
③ 팀 과제는 어떻게 할당되고, 좋은 팀의 환경을 위하여 필요한 조건을 설명할 수 있다.

▫ **학습으로의 초대 - 목표가 없는 인생은 성취도 없다**

삼성의 주변 풍경은 사뭇 다르다. 늘 분주하면서도 활기찬 발길이 이어진다. 아침마다 밝은 표정으로 출근길에 나서는 삼성맨들, 그들의 가슴을 설레게 만드는 것은 무엇일까? 그들에겐 목표가 있기 때문에 그렇다. 그리고 목표를 향한 도전이 있어 하루하루가 즐거운 것이다.

좀 과장된 표현이지만 "목표가 없는 사람은 목표가 있는 사람을 위해 평생 일하는 종신형에 처해 있는 것"이라는 얘기가 있다.

그렇다. 사람은 목표가 있어야 성취를 이룰 수 있다. 목표가 없는 인생은 성취도 없다. 높은 목표를 세울수록 더 큰 성취를 거머쥘 수 있다. 그렇다면 달성 가능성이 희박한 아주 어려운 목표를 설정한 경우에는 어떨까?

영국의 철학자 존 로크(John Locke)는 인간의 목표의식이 성취결과에 어떤 영향을 미치는지를 연구했다. 그는 달성하기 힘든 목표를 정해 일을 해나가면 과업 성과가 높아지다가, 목표달성이 불가능한 수준에 이르면 과업 성과가 급격히 낮아지는 형태가 나타날 것이라는 가설을 세우고 실험을 했다. 그런데 "불가능한 목표달성을 설정한 경우 그 목표에 이르지 못하더라도 과업 성과가 높다"라는 전혀 예상하지 못한 결과가 나타났다.

언제든지 자신의 작은 노력으로 쉽게 이룰 수 있는 목표에 연연하는 사람은 목표의식이 부족한 사람이다. 목표의식이 뚜렷한 사람의 가장 큰 특징은 자신의 능력보다 큰 목표를 세우고 그 목표를 이루고자 부단히 노력한다. 목표를 향해 전진하는 길에서 만나게 되는 여러 가지 어려움은 오히려 목표를 향한 갈망을 부추기고 동기부여가 될지언정, 목표를 좌절시키지는 못한다. 어렵다고 포기하는 것은 소망이 없음을 의미할 뿐이다.

난관을 극복하고 목표를 성취하려는 강한 정신이 바로 도전정신이다. 삼성맨들에겐 이런 도전정신이 필수다.

삼성맨들이 다른 회사의 직원들보다 목표의식이 강하고 도전정신이 투철한 이유는 무엇일까? 또 무엇이 그들을 그렇게 만들어가고 있는가? 이는 한마디로 삼성의 기업문화 때문이라고 볼 수 있다. 삼성의 경영이념이 그렇고, 삼성이 추구하는 가치가 그렇다. 삼성은 직원을 모집할 때부터 창의적이고 도전적인 인재를 선별해서 철저히 교육시킨다. 삼성의 인재육성 시스템은 정부에서도 배우기 위해 위탁교육을 청하고 견학을 하기도 한다. 현재 삼성의 인재육성 프로그램은 세계적으로 벤치마킹의 대상이 될 정도로 잘 갖춰져 있다.

철저한 인재육성도 관건이지만 실제로 그들의 직장 생활의 근간이 되고 있는 인사제도가 철저한 성과 위주의 인사관리 체계로 되어 있다. 개인별 업무성과와 역량에 따른 보상체계가 완벽하게 자리잡고 있기 때문에 내로라하는 우수인재들 간 선의의 경쟁은 그야말로 전쟁이나 다름없다. 그렇다고 무조건 개인별 경쟁이 치열한 건 아니며 사업부별, 그리고 팀별로 팀워크도 대단하다.
조직별로 차별화돼서 성과에 따라 냉정하게 지급하는 생산성 격려금과 초과이익 배분율이 팀워크를 더욱 다지게 만든다. 이렇게 완벽한 인사 시스템 속에서 삼성맨들은 자기 자신과의 싸움은 물론이고 동료들과의 윈윈(win-win)게임에 끊임없는 열정을 쏟는다. 높이 나는 새가 멀리 볼 수 있는 것처럼, 삼성맨들은 높은 꿈과 이상을 가지고 있으며 성공한 자신의 미래 모습을 머릿속에 그리며 살아가는 사람들이다.
육체는 신경 에너지의 명령에 따라 움직이게 되어 있다. 그러므로 마음 속에 성공을 그리는 행위는 자신의 머릿속 한가운데 자리잡은 중앙 컴퓨터에 성공을 그리는 행위는 자신의 머릿속 한가운데 자리잡은 중앙 컴퓨터에 성공을 프로그래밍하는 것과 똑같은 효과를 발휘한다. 전세계에 삼성의 위상을 마음껏 드높이고 있는, 아니 삼성뿐 아니라 대한민국의 위상을 드높이는 삼성반도체와 애니콜의 신화는 저절로 생긴 것이 아니다. 바로 삼성맨들의 세계 최고를 향한 목표의식과 그 목표를 달성하기 위한 도전정신이 만들어낸 성과인 것이다.
출처 : 신원동(2005). 삼성의 팀 리더십. 한국경제신문. pp.116-119.

1. 팀 수행 과정

팀워크를 계발하기 위하여 여러 가지 전략을 제시할 수 있지만, 크게는 시스템적인 접근과 단계적인 접근으로 구별할 수 있다. 리즈(Rees, 1997)는 Teamwork form start to finish라는 저서를 통하여 팀워크 계발을 위한 열 단계를 제시하고 있다.

• 제 1 단계 : 팀 조직하기

1. 팀의 확인
2. 팀의 역할
3. 팀의 규칙 설정

• 제 2단계 : 팀 과제 수행하기

4. 과제의 계획
5. 과제 수행하기
6. 팀 과제 수행의 검토
7. 과제의 완료

• 제 3단계 : 팀 정리하기

8. 과제 결과의 발표와 공개
9. 팀의 보상
10. 팀의 개선과 재조직

스튜어트, 만즈, 심스 주니어는 Team Work and Group Dynamics라는 저서에서 투입, 과정, 결과에 따른 시스템적인 단계를 제시하였다.

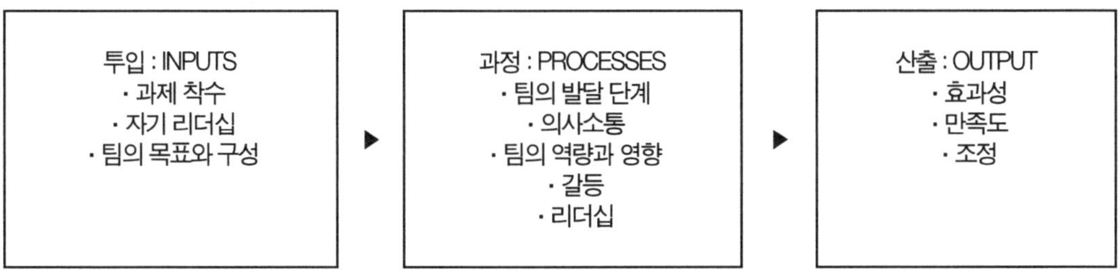

[그림 2-7] 팀워크 계발의 시스템적인 단계

- 제 1단계 : 투입
- 제 2단계 : 과정(팀의 발전, 사회화, 힘과 영향, 갈등, 리더십)
- 제 3단계 : 결과(팀 효과성 결정, 팀의 잠재적 효과, 팀간의 협력, 팀의 효과성 개선)

한편 웨스트와 마르키에비치(West & Markiewicz, 2004)는 다음 그림과 같이 팀 기반 작업(Team-Based Work: TBW)의 계발 기술을 제시하고 있다. TBW에 대한 결정과 조직 검토, 지원시스템의 검토와 설계, 팀 리더와 선정과 훈련, 팀의 개발, 지속가능한 팀의 효과성 검토, TBW의 검토의 여섯 가지 전략을 제시하고 있다. 이 전략은 팀 기반의 실제적인 조직 변화에 초점을 두고 있다.

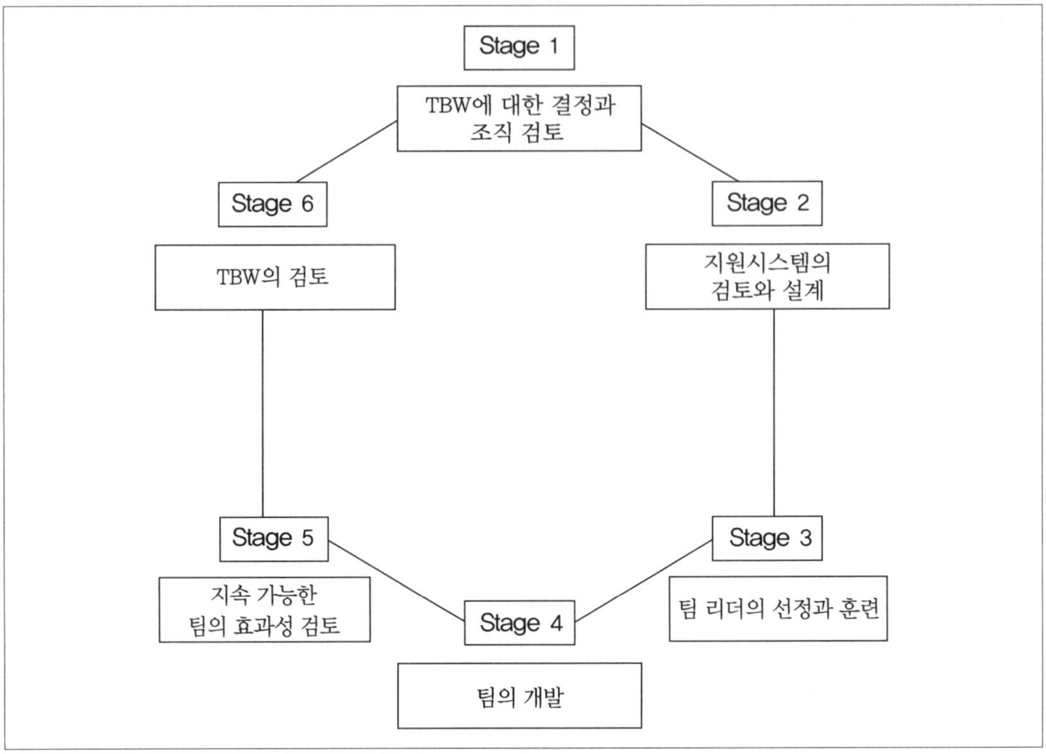

[그림 2-8] 팀 기반 작업의 계발 기술의 6단계

그리고 괴쉬(Goetsch, 2004)는 *Effective Teamwork: Ten Steps for Technical Professions*라는 저서에서 열 단계의 팀 계발 기술을 제시하였다.

1. 팀의 목표와 방향을 정립하기
2. 팀의 역할과 규칙을 정하기
3. 팀의 역할에 따른 책무성을 확립하기
4. 팀 리더십 기술을 계발하기
5. 팀 리더와 구성원을 위한 의사소통 기술 계발하기
6. 팀 갈등 관리 기술을 개발하기
7. 보다 명확한 의사결정 과정 확립하기
8. 긍정적 팀 행동 철학 확립하기
9. 효과적인 팀 수행 결과를 인식하고 보상하기
10. 팀워크를 계속적으로 평가하고 개선하기

대체로 괴쉬의 팀워크 계발을 위한 열 단계 모델은 팀의 목표 설정, 조직, 역할, 팀의 수행에 따른 리더십, 의사소통, 갈등 관리, 효과의 평가에 이르기까지 팀워크의 전반적인 내용을 다루고 있다는 장점을 지니고 있다.

따라서 이 책에서도 괴쉬의 절차를 기본으로 진술하되, 각 영역에서 다른 연구자들의 아이디어와 실천들을 적용시키고자 한다.

2. 팀 목표 설정 : 팀 강령 세우기

주어진 프로젝트나 과제가 주어질 경우 팀의 조직과 수행보다도 가장 먼저 해야 할 일은 명확한 팀의 방향과 목표를 설정하는 일이다. 누구든지 팀 구성원이 되면 몇 가지 기본적인 사항이 궁금해진다.

그 첫째는 팀의 임무를 알고 싶어 하고, 다음으로는 왜 이 팀이 존재하는지, 그리고 성취되어야 할 구체적 목표가 무엇인지를 알고 싶어 할 것이다. 그러고 나서 당신과 다른 팀 구성원에게 주어진 구체적 과제를 알고 싶어 할 것이며, 마지막으로는 팀의 일정과 과제 종료 시점을 알고 싶어 할 것이다.

결국 이러한 것들을 진술하는 문서가 팀 강령이다.

가. 팀 강령

팀 헌장은 개인적 팀 구성원이나 전체 팀에게 방향을 제시해주는 간단한 강령이다. 일반적으로 이 강령에는 다음과 같은 정보를 기본적으로 담고 있어야 한다.

- 팀의 임무 진술
- 팀의 목표
- 팀의 과제 할당
- 팀 수행 일정

다음은 시청 주차 건물 설계 프로젝트의 팀 강령의 예시이다.

<table>
<tr><td colspan="4">팀 강령</td></tr>
<tr><td colspan="4">시청 주차 건물 설계 프로젝트
팀장 : 김OO</td></tr>
<tr><td colspan="4">■ 팀의 임무
· 시청주차건물 설계팀의 임무는 00시청의 다층 주차건물을 세우기 위한 구조적 설계와 기획을 완성하는 것이다.

■ 팀의 목표
· 주차장 건물의 모든 구조물의 설계 계산을 완성한다.
· 주차장 건물의 모든 응력을 고려한 조립 도면을 완성한다.
· 주차장 건물의 건축 도면을 완성한다.
· 주차장 건물을 세우는데 필요한 재료 구입 목록을 완성한다.

■ 팀의 과제 할당
· 설계 계산 : 김00
· 건물 건축 도면 일체 : 홍00
· 조립도면 일체 : 최00
· 재료 구입 목록 : 강00
· 검사 도면 : 전00

■ 팀 수행 일정표</td></tr>
<tr><td>과제 할당</td><td>과제 완료일</td><td></td><td></td></tr>
<tr><td>· 설계 계산
· 건물 건축 도면 일체
· 조립도면 일체
· 재료 구입 목록
· 검사 도면</td><td>1월 15일
3월 1일
3월 30일
4월 10일
4월 20일</td><td></td><td></td></tr>
</table>

[그림 2-9] 시청 주차 건물 설계 프로젝트의 팀 강령의 예시

이 예시에서 알 수 있듯이 팀 강령에는 팀장의 이름과 팀의 방향과 책임을 제시한 프로젝트의 큰 그림의 정보가 담겨져 있다. 팀 강령은 매일 매일 따라야 하는 활동이 아니라 팀의 방향을 광범위하게 진술한 프로젝트의 큰 그림이다.

다음은 또 다른 팀 강령의 예시이다.

PLUMSTAR 팀 규정 강령
미션 : 2006년 8월 31일까지 Plumstar 제품군의 성공적인 정착을 달성하기.
팀 멤버 : Jay Williams, Dave Elson, James Kirk, Ray Stunning, Else Danby, Ellen Rogers and Jan Bitemen.
팀 스폰서: 마케팅부서와 생산부서. XYZ Corp.
핵심 도전 과제 :
새로운 조립 라인을 개발하고, 결함을 제거해라.
중요한 재료와 자원을 확보하라.
새로운 광고 캠페인에 의해 제품 인지도를 얻어라.
판매를 개시할 때 제품 유효성을 확실하게 해라.
4쪽 중 1쪽

[그림 2-10] PLUMSTAR 팀 규정 강령
자료 : Baguley(2003)

누가 팀 강령을 개발하는가?

팀 강령을 가지는 것은 중요하지만 팀 강령은 누가 개발하는가? 고위 관리자? 팀장? 아니면 전체 팀 구성원? 이 질문에 대한 대답은 매우 간단하다. 팀 강령의 개발은 프로젝트의 성격, 상황, 환경 등에 따라 다르다는 것이다. 어떤 경우에는 고위관리자가, 또 다른 경우에는 팀장이, 그리고 팀 구성원 전체가 팀 강령을 만들어 고위관리자에게 제출할 수도 있다. 특히 마지막의 경우는 팀 구성원이 강령 개발에 참여함으로서 팀 과제 수행의 능동성과 동기부여에 큰 역할을 할 수 있는 장점이 있다.

팀 강령을 누가 작성하더라도 간과해서는 안 될 중요한 사실은 반드시 고위관리자에게 프로젝트의 팀 강령이 승인되어야 한다는 것이다. 이는 고위 관리자가 팀의 임무 수행에 관심을 갖고 지원할 수 있는 환경을 만들기 때문이다. 그리고 고위관리자가 팀 강령을 모르는 경우 그 팀은 그 회사의 보다 큰 목표를 신경 쓰지 않고, 팀만의 방법으로 과제를 수행하는 결함이 있는 팀이 될 가능성이 높다.

팀 강령을 만드는 과정에서 다음의 핵심 질문을 통해 팀 강령에 이런 것들이 포함되었는지 확인하고 이러한 질문들에 팀 구성원들이 대답할 수 있어야 한다. 팀 강령은 문서 형태로 정리되지만, 팀의 과제 수행과정에서 적용되고 늘 인지되어야 하는 실천이다.

규정 질문 목록
목적 : 팀 강령에 이것이 포함되어 있는가?

팀 구성원은 누구인가?
팀의 원리는 무엇입니까?
팀 권한이 어디까지인지 알고 있는가?
팀이 사용할 공간이 있는가?
팀의 후워자는 누구인가 ?
주요 도전 과제는 무엇입니까?
팀의 기본 도전 과제를 알고 있는가?
어떤 핵심적인 이정표를 정의할 수 있는가?
팀이 수행할 절차를 알고 있는가?
어떻게 팀의 성과를 측정하고 모니터링할 것인가?
모든 팀 멤버 트레이닝이 필요합니까?

[그림 2-11] 팀 강령 개발시 질문 목록
자료 : Baguley(2003)

TEAMWORK TIP

당신의 팀 강령은?

- 팀 강령은 예외적으로 부가되는 것이 아니라 팀의 생산성과 팀 효율성을 높이는 데 핵심적인 역할을 함을 인지하라.
- 팀 강령은 반드시 팀 구성원 모두가 함께 개발하고 동의하여야 한다.
- 팀 구성원과의 토의로 시작한다.
- 반드시 팀 강령을 확인한다.

Phill Baguley

(1) 팀 임무 진술

팀 임무의 진술은 팀이 존재하는 이유를 설명해준다. 팀 임무 진술은 팀의 전체적인 책임을 포함하는 광범위한 용어로 작성되어야 하지만, 팀의 임무 수행이 가시적으로 나타날 수 있는 명확한 것이어야 한다.

다음은 팀 임무 진술의 준거가 되는 잘 진술된 팀 임무 진술의 특징을 보여준다.

〈표 2-1〉 팀 임무 진술의 준거

진술이 잘된 팀 임무의 특징
· 질문에 대답이 있다 : 왜 이 팀이 존재하는가? · 간략하다 : 한 문장으로 충분하다. · 방법(how)이 아닌, 임무 내용(what)과 이유(why)를 설명하고 있다. · 광범위하게 진술하고 있다(팀의 목표에서 구체성을 보여준다).

(2) 팀 목표

팀 책임의 자세한 내용은 팀 강령에 나타난 팀 목표의 명확성에서 찾을 수 있다. 다음은 잘 진술된 팀 목표 진술의 특징을 보여주고 있다.

〈표 2-2〉 팀 목표 진술의 준거

진술이 잘된 팀 목표의 특징
· 팀의 임무 진술에 직접적으로 연계되어 있다. · 팀 목표는 하나의 과제에 초점을 두고 있다. · '팀 임무 진술의 의미가 무엇인가?'에 대한 대답이 있다. · 구체적으로 팀이 성취해야 할 내용을 보여주고 있다.

팀 목표는 팀 임무에 직접적으로 연계되어야 한다.

팀 목표의 진술은 팀 임무와 직접적으로 관련이 되어야 하는데, 그렇지 못할 경우 목표 진술이 부적절하거나 팀 임무 진술이 잘 진술되지 못한 것이다. 다음 건설 회사의 팀 진술과 팀 목표 진술의 직접적인 연계를 살펴보자.

[그림 2-12] 팀 임무와 팀 목표 진술의 잘못된 예

■ 팀 임무
00건설 회사의 소비자 만족개선 팀의 임무는 소비자의 불만 요인을 확인하고, 그 불만 요인을 제거할 수 있는 전략을 제안하는 것이다.

■ 팀 목표
1. 소비자 불만이 많은 순서로 우선순위를 정한다.
2. 확인되지 않은 소비자들의 다른 불만을 조사한다.
3. 내년에 회사 주식의 주가를 20퍼센트 이상 증대시킨다.
4. 5개의 상위 불만 요인 해소를 위하여 적어도 한 가지 이상씩의 전략을 제안한다.

위 회사의 팀 임무와 목표 진술에서 직접적인 연계가 되지 않는 목표는 목표 3 임을 알 수 있을 것이다. 물론 다른 목표가 성취되고 소비자 불만요인이 줄어든다면 목표 3이 성취될 가능성은 있지만, 이 팀에서 달성해야 할 직접적인 목표와는 거리가 있다는 것이다. 결과적으로 이 목표 3은 재진술되거나 삭제되어야 할 것이다.

팀 목표는 하나의 과제에 초점을 두고 진술해야 한다.

다음 팀 목표를 살펴보자.

- 작업 위치 1-19C에 있는 모든 인쇄회로기판 납땜 결함의 근본적인 원인을 찾는다.
- 작업 위치 1-19C에 있는 모든 인쇄회로기판 납땜 결함의 근본적인 원인을 찾고, X-2 타입의 전선 작업 설비를 위한 새로운 연결 메커니즘을 찾는다.

위의 목표 진술에서 보면 첫 번째 목표는 하나의 과제에만 집중하고 있는 반면, 두 번째 목표는 두 개의 과제에 초점을 두고 진술되었다. 팀의 임무와 관련하여 이 목표는 나누어 진술되든지, 아니면 하나의 과제에 집중하여 재진술되어야 할 것이다.

팀 목표는 팀 임무 진술의 의미를 설명하여야 한다.

팀 임무 진술은 광범위한 큰 그림으로 진술되어 있다. 그래서 팀 구성원들이 프로젝트의 성격과 방향을 알 수 있다. 하지만 보다 구체적으로 그것이 무엇을 요구하는지 그 의미는 팀의 목표 진술에서 설명되어야 한다.

예를 들어 음식 구매 팀에서의 목표가 다음과 같이 진술되었다고 하자.

목표 : 식품 가게에 가서 요리할 재료를 사는 것

이 임무는 큰 그림에 불과하고 구체적으로 많은 의문을 제기한다. 즉 구매해야 할 재료의 종류와 양이 제시되지 않아 팀의 목표에서 진술하여 설명해야 한다. 즉 팀의 목표는 다음과 같다.

- 기름기가 없는 소고기 500그램을 구매한다.
- 감자 5개를 구매한다.
- 검은콩 50그램을 구매한다.

팀 목표는 측정 가능하도록 구체적이어야 한다.

좋은 팀의 목표는 측정 가능한 방법으로 진술되어야 한다. 그래야 팀의 목표가 성취되었는지 아닌지를 판단하기 쉽기 때문이다. 예를 들어 앞서 진술한 목표에서 '감자 5개를 구매한다'라고 되어 있을 경우 3개를 구매했을 경우 목표 달성은 60퍼센트를 한 셈이다. 다음 목표 진술을 살펴보자.

- 회사의 회식을 위하여 햄버그 롤빵을 구매한다.
- 회사 회식을 위하여 충분한 햄버그 롤빵을 구매한다.

첫 번째 진술 목표는 목표 성취를 가늠할 수 있는 근거가 없어 재진술되어야 할 것이다. 두 번째의 경우는 충분한 재료로 목표가 성취될 수 있고, 성취되지 않을 수도 있다. 그러나 비록 성취되었다 할지라도 재료 낭비나 경제적 손실을 가져올 수 있기 때문에 '충분한'이란 애매한 용어 선택보다는 보다 구체적인 측정 가능한 진술로 재진술되어야 할 것이다.

팀 목표는 팀이 성취해야 할 구체적 내용을 보여주어야 한다.

잘 진술된 목표는 목표 성취에 대한 책임이 무엇인지를 보여주어야 한다. 만약 팀 강령이 단지 팀 구성원의 과제 할당만 제시한다면, 개인적 목표 성취는 따질 수 있지만 전체적인 팀 목표 달성을 가늠하기 어렵다. 이는 팀의 목표가 팀 구성원의 목표보다 먼저 진술되어야 하는 이유를 설명해준다.

그래서 팀의 임무를 진술하고, 목표를 설정하고 나서 팀의 과제 할당을 하는 것이다. 목표가 팀워크를 촉진시키는 방법 중 하나는 전술적 상호 지원(tactical mutual assistance: TMA)를 통해서 가능하다.

팀 빌딩 전략
왜 팀의 목적과 목표는 구체적이어야 하는가

팀 조직에 없어서는 안 될 요소는 참여의식(Common commitment)이다. 공동의 참여의식이 없으면 각자 자기 성과만 올리기에 급급해한다. 하지만 공동의 참여의식이 있으면 강력한 응집력으로 공동의 성과를 내려고 노력하는 것을 볼 수 있다. 이런 참여의식을 기르려면 팀원들이 믿고 따를 수 있는 목적이 필요하다. 목적은 '공급업체의 기여를 고객만족으로 전환시키기', '언제라도 자부심을 느낄 수 있는 곳으로 우리 회사 만들기', '모든 아이들이 배울 수 있다는 사실 증명하기' 등이 될 수 있다. 신뢰감을 주는 팀 목적은 성공할 수 있고, 최고가 될 수 있고, 혁신을 불러일으킬 수 있고, 최첨단이 될 수 있는 요소와 관련이 있다.

팀은 의미 있는 목적을 개발하려는 노력을 통해 구성원들에게 방향성, 추진력, 참여의식을 심어줄 수 있다. 그러나 구성원들에게 주인의식과 참여의식을 심어주려면 초기 방향을 팀 외부에 맞추어 설정해야 한다. 팀에게 자율권이 있어야 팀 목적을 '정립할 수 있다'는 흔한 가정은 사실은 많은 예비 팀들에게 도움을 주기보다는 혼란을 불러일으킨다. 팀이 완전히 자체적으로 목적을 세울 수 있는 경우는 실은 사업을 새로 시작하는 예외적인 경우에서나 가능하지 일반적으로는 그렇지 않다.

훌륭한 팀은 대개 고위 경영진의 요구나 기회를 실현해내기 위하여 목적을 설정한다. 팀을 결성할 때 팀원들이 가장 먼저 하는 일은 회사의 성과 기대치를 명료하게 정의내리는 일이다. 경영자의 의무는 팀에게 강령, 이론, 성과 과제 등을 명확하게 설정하는 것이지만, 그 목적과 일련의 구체적 목표, 타이밍, 접근법에 대해서는 팀이 충분한 재량권을 갖도록 해주어야만 한다.

성공한 팀들은 자신들의 목적을 연구하고 그 틀을 잡고, 합의를 이끌어내는 데에 개인적, 집단적으로 막대한 양의 시간과 노력을 투자한다. 이 '목적 설정하기'는 팀이 존재하는 한 그치지 않고 이루어지는 핵심 활동이다. 반면에 실패한 팀들은 공동의 목적을 연구하는 일이 별로 없다. 성과에 대한 미진한 집중, 노력의 부족, 부실한 리더십 등 어떤 이유에서건 그들은 목적이 부재하기에 승부욕을 키울 수 없고 그래서 한데 뭉치지 못한다.

훌륭한 팀들은 가령 '공급업자 거부율 50% 줄이기', '졸업자의 수학 성적 40%에서 95%로 끌어올리기' 식으로, 자신들의 공동 목적을 구체적인 성과목표로 옮길 줄 안다. 팀이 구체적 성과목표를 세우지 못하거나 그러한 목표들이 팀의 전반적 목적과 연관성을 띠지 못하면 팀원들이 우왕좌왕 흩어져서 평범한 성과로 퇴보하고 만다. 반면에 목적과 목표가 서로 맞물리면서 팀 참여의식과 결합되면 강력한 성과 엔진으로 작용한다.

각 구성원들에게 의미 있는 목적을 정립하려면 명료한 목적을 구체적이고 측정가능한 성과목표로 전환하면 된다. '일반적 출시 기간의 절반 안에 신제품 출시하기', '모든 고객에게 24시간 안에 대응하기', '비용절감과 동시에 무결점률 40% 달성하기' 등을 그 예로 들 수 있다. 이를 위해서는 몇 가지 근거가 있다.

- 팀 목표를 구체화하면 조직 차원의 참여의식이나 개인적인 직무목표와는 다른 일련의 작업 산물을 정의내릴 수 있다. 그 결과, 작업 산물에 실질적인 가치를 본질적으로 더할 수 있는 팀원들의 집단적 노력을 요구할 수 있게 된다. 반면에 그때그때 의사결정을 하기 위해 모이는 단순한 행위는 팀 성과를 계속 유지시켜주지 못한다.
- 팀 목표를 구체화하면 팀 안의 커뮤니케이션과 건설적인 의견대립이 명료해진다. 예를 들어 공장 표준화 팀이 기계 교체 평균 시간을 2시간으로 줄이는 목표를 설정했다면 이 목표의 명료성 덕분에 팀은 그 목표에 집중할 수 있게 된다. 목표가 명확하면 그것을 어떻게 추구할지, 그것을 변경할지 말지 등에 집중하여 회의를 진행할 수 있다. 목표가 모호하거나 없으면 회의의 생산성이 떨어진다.
- 팀 목표가 구체적이면 팀은 결과물을 얻는 데에 계속 집중할 수 있다. 가령 엘리 릴리(Eli Lilly)의 페리퍼럴 시스템스 디비전(Peripheral Systems Division)의 제품개발팀은 심부 정맥과 동맥의 위치를 확인할 수 있게 도와주는 초음파 검사기의 시장 도입을 위해 확실한 기준을 설정한 적이 있다. 그 검사기는 일정한 깊이의 피부조직을 통과해도 들을 수 있는 신호를 쏠 수 있어야 하고, 1일 100대 비율로 제조할 수 있어야 하며, 예정된 금액보다 적은 단가에 만들 수 있어야 했다. 팀은 이러한 구체적 목표에 대해 그 진전 사항을 측정할 수 있어서, 검사기 개발 과정이 어느 지점에 와 있는지를 중간중간 확인할 수 있었다.

- 아웃워드 바운드(Outward Bound : 학교가 정한 정규 교육과정 외의 과외 활동)에서와 다른 팀 구축 프로그램들이 예시하듯이 팀의 목표가 구체적이어야 팀의 단결된 행동에도 도움이 된다. 일반적인 소집단의 경우, 그 구성원들이 한계를 뛰어넘어서 행동 시간을 50% 줄이려고 한다면 그들 각각의 직함, 특전, 지위들을 무시해야 한다. 그러나 훌륭한 팀은 성과목표의 관점에서 각 개인의 특성을 잘 살려서 각자의 장점을 이끌어낼 줄 안다.
- 팀 목표가 구체적이면 팀은 명료한 목적을 추구해가는 도중에도 작은 승리들을 일궈낼 수 있다. 이러한 작은 승리들은 장기적 목적을 가로막는 불가피한 장애물들을 극복하게 해주고, 참여의식을 높여주는 데에 매우 귀중하다.
- 구체적인 성과목표가 있어야 구성원들의 마음도 사로잡을 수 있다. 성과목표는 구성원들의 마음에 동기의식을 심어주고 활력을 불어넣어주는 성취의 상징이다. 성과목표가 있으면 팀 구성원들은 극적인 느낌, 긴박성, 실패에 대한 건전한 두려움 등이 한데 뒤섞인 참여의식을 품고서 달성 가능한 도전적인 목표를 앞에 놓고 같은 곳을 바라보며 달려간다. 팀 말고 그 어떤 그룹도 이런 성격을 띠지 못한다.

팀의 목적과 구체적 목표와의 결합은 팀 성과에 절대적으로 필요하다. 이것들은 서로 떼려야 뗄 수 없는 관계로 의존성이 깊다. 확실한 성과목표가 있어야 팀은 책임감을 지니고서 프로젝트의 진행 과정을 계속 따라 잡을 수 있다. 팀 목적이 지닌 명료하고 숭고하기까지한 열망이 있어야 일의 의미와 감성 에너지를 계속 충전할 수 있기 때문이다.

출처: 더글러스 스미스 외 지음 / 이영진 옮김(2009). 팀 매니지먼트 성공하는 팀 구축 전략. 21세기북스. pp.26-29.

(3) 팀의 과제 할당

팀의 과제 할당 목록은 팀 강령에서 가장 구체적 구성요소이다. 팀 과제 할당 목록을 작성할 경우 균형을 잘 맞추는 일이 중요하다. 한편으로는 각 팀은 명확하게 목록을 작성해야 하지만, 조금의 변화를 수용할 수도 없을 정도로 너무 엄격해서도 안 된다.

조립 금속 빌딩 설계 업체의 공학기술 팀의 예를 보자. 이 팀은 1명의 공학기술자, 3명의 CAD 기술자, 1명의 구매 기획자로 구성되었다. 이들 팀의 과제 할당 목록은 다음과 같다.

- 설계 계산 : A(팀 리더)
- 기초 계획 : B
- Anchor-bolt 계획 : B
- 고형 구조물 : C
- 지붕 구조 설계 : C
- 벽 구조 설계 : C
- 세부 접합 설계 : D

- 재료 목록 작성 : D
- 구매 기획 : E

설계 계산은 공학적 전문성이 요구되고, 구매 기획도 경험 있는 지식이 필요하다. 따라서 A와 E는 팀의 특별한 과제를 할당받았다. 그러나 나머지 3명은 구체적인 과제 할당을 받았지만, 상호간에 과제 변경의 가능성이 상황에 따라 가능하도록 열려 있는 점이 다르다. 팀 리더가 필요하다고 판단한 경우 일시적인 수정이 가능하다는 의미이다.

팀이 성공적 과제 수행을 위해서 팀 구성원은 다음의 세 가지 질문에 확실하게 대답할 수 있어야 한다(Baguley, 2003).

당신은 팀의 과제를 명확하게 정의할 수 있는가?

팀 구성원은 팀 과제를 명백하고 명확하게 정의할 수 있어야 한다. 만약 팀원이 과제를 불명확하거나 모호하게 파악한다면 팀은 최악의 상태에서 출발하는 것이 된다. 명확하고 명백한 팀 과제의 정의는 팀 성공의 지름길이다.

당신의 팀 과제가 완료될 때를 알고 있는가?

팀 과제의 정의만이 팀 구성원이 알아야 할 전부는 아니다. 또한 팀 구성원이 팀 과제를 시작하기 전에 그 과제에서 요구되었던 결과들을 확인하고, 측정할 수 있어야 할 것이다. 측정할 수 없는 결과들은 시도하기도 어려우며, 성취를 했는지 평가하기도 어렵다. 측정 가능한 양적인 기준으로서 팀 수행 결과가 평가된다. 수행을 측정하기 위해 필요한 정보를 확인하는 일이 중요하다. 측정 대상들 또는 기준들과 비교할 때 팀의 수행이 어떻게 진척되고 있는지를 알 수 있을 것이다.

당신의 팀 과제는 적절하고 신뢰할 수 있는가?

앞서서 명확하지 않거나 모호한 작업들과 결과들은 팀에게 있어서 좋지 않다는 것을 알았다. 그러나 명쾌함과 정의만이 필요한 전부는 아니다. 만일 당신 팀이 성공을 바란다면 그 과제와 결과들은 다음과 같은 것들을 필요로 할 것이다.

- 적절한 과제인가?

- 현실적 과제인가?
- 믿을 만한 과제인가?
- 납득할 수 있는 가장 중요한 과제인가?
- 도전감이 있는 과제인가?

늘 일상적으로 수행되거나 지루한 과제는 팀 과제로 적절하지 않다. 팀 구성원들은 그들이 하고 있는 과제가 현실적이고, 적절하고, 의미가 있다고 느끼는 것뿐만 아니라 도전하는 느낌을 가져야 할 것이다. 그러나 팀 구성원이 위의 3개 질문들에 '예'라는 대답했을지라도, 팀이 성장하고 발전하고 성과를 올리도록 올바른 환경을 갖추어야 한다.

팀의 환경 : 때와 장소

팀은 조직의 하위 부서이고, 상부 조직에서 오는 여러 가지의 압력들과 영향들에 종속되어 있다. 상부 조직의 압력과 영향들은 팀을 지원하고 육성하는 데 도움이 되거나 또는 당신 팀이 과제를 수행하는 것을 제한하고 금지하고 심지어 파괴를 하는 원인이 되기도 한다.

팀을 위한 좋은 환경

팀이 성공할 기회가 조금이라도 있다고 판단되면 팀의 상부 조직의 지지가 필요해진다. 이러한 지지는 자율과 시간이 보장되어야 한다. 또한 성공적 팀 구성원에게 요구되는 기술을 개발하는 경우에는 팀원들이 필요로 하는 훈련도 지원되어야 한다.

팀 주변 조직의 관리자들과 간부들이 팀의 본질, 방법과 이유를 이해하고, 지원하는 것이 필요하다. 간부급 관리자들은 최근의 유행에 따르는 것보다는 현실적이고 실용적인 이유들을 고려해서 팀을 지원해야 할 것이다.

팀은 중요한 과제를 수행하기 위하여 팀 구성원의 훈련을 실시할 수 있다. 훈련은 팀 구성원들이 중간에 낙오되지 않게 하고 팀원으로서의 좋은 경험을 가지게 해줄 것이다. 이 모두는 팀의 아이디어를 강제적으로 주입하기보다는 차츰 받아들일 수 있는 환경을 가져올 것이이다. 최고의 스포츠 팀들은 하루 만에 만들어지지 않는다. 그들은 팀이 원하는 목표를 달성하기 위해 훈련과 게임 전술을 실전처럼 연습했을 것이다.

'2+2=5 혹은 그 이상' 팀이 탄생하려면 좋은 환경이 주어져야 한다. 이러한 시너지는 조직의 능력을 향상시킬 것이다.

팀에 해로운 환경

좋지 못한 환경은 팀의 성공에 장애가 될 수 있다. 다음과 같은 환경은 팀에게 바람직하지 않은 환경의 사례이다.

- 높은 이직률
- 개인 간의 경쟁을 우선하는 문화
- 핵심 요원이 계약직이거나 외부 업체인사에 있는 경우
- 중역 간부나 관리자가 심하게 팀을 반대하는 경우
- 모든 문제들에 대하여 팀의 아이디어가 즉각적 만병통치약으로서 해결안이 될 경우
- 너무 바쁜 이유로 팀 훈련과 팀 계발을 위한 시간 할애가 어려운 환경

만일 이러한 좋지 못한 환경이 팀의 조직 또는 작업장에 존재한다면, 팀 아이디어를 도입하려고 시도하지 않을 것이다. 이와 같은 상황들에서는 상황이 바뀔 때까지 때를 기다리거나 다른 조직으로 이동하여 일하는 편이 더 좋을 것이다.

TEAMWORK TIP	팀 구성 해법 · 당신의 팀은 다음과 같은 것을 할 수 있음을 인지하라. - 어떤 것을 진행하고 통제한다. - 어떤 것을 개발한다. - 어떤 것을 수행한다. - 어떤 것을 평가하고 제안한다. · 다음과 같은 팀 과제가 필요함을 기억하라. - 명확하게 정의되어야 한다. - 구체적이고 획득 가능한 목표여야 한다. - 도전적이어야 한다. · 당신의 팀은 다음 같은 것이 충족되어야 한다. - 자율성 - 지원과 배려 - 팀 계발과 성장을 위한 시간 - 인지도 Phill Baguley

(4) 팀 일정

팀 강령에서 팀 일정은 팀의 유형에 따라 그 구체성의 정도가 다르다. 팀 일정은 다른 팀 및 팀 내의 일의 전후를 잘 따져서 일정을 잡아야 한다. 팀의 과제가 최종적으로 수행되어야 할 시점을 정하고 팀 내 각각의 과제의 소요시간 등을 할당하여 무리가 없도록 정할 필요가 있다. 그러나 실제로 과제의 수행에 따라 일정이 다소 변경될 가능성이나 여유를 두는 것도 중요하다.

TEAMWORK TIP	최고의 팀을 위한 팁 · 팀은 단순히 작업 그룹과 구별됨을 인식하기 · 팀은 결과 그 자체가 아니라 어떤 것을 성취하기 위한 도구이고 수단임을 인식하기 · 실제 팀은 2 + 2 = 5 혹은 그 이상이라는 것을 기억하기 · 팀 수행은 - 팀과 팀 구성원에게 최선을 다하기 - 함께 일하고, 협력하기 - 공유할 수 있고 의미있는 결과 창출하기 Phill Baguley

생각을 확장하는 페이지 | 사회적 태만 : '봉(鳳)효과'(sucker effect)

동기부여와 관련 있는 문제들 중에서 가장 심각한 것이 사회적 태만이다. 즉 사람들이 혼자 일할 때보다 집단으로 일을 할 때 개인의 기여를 줄인다는 말이다. 간단한 실험으로도 사회적 태만을 극명하게 보여줄 수 있다. 사람들에게 혼자서 소리를 지르게 하고 그 성량을 측정해보라. 그런 다음에 두 사람씩 짝을 지어 소리를 지르게 하면 그 성량은 개인들의 합계의 평균 66%에 지나지 않는다. 이번에는 6명이 한꺼번에 소리를 지르게 해보라. 그러면 개인들의 합계의 36%선으로 뚝 떨어질 것이다.

사회적 태만은 이외에도 집단과 관련있는 다른 현상과도 관계가 있다. 집단에 속한 상황에서는 사람들이 쉽게 '무임승차'(free rider)를 할 수 있다. 집단에 속하게 되면 일을 더 적게 한다는 뜻이다. 그 이유는 사람들이 자신의 개인적 노력이 중요하다는 것을 믿지 않기 때문이다. 사람들은 자신의 노력과는 상관없이 집단에게 주어지는 보상을 얻게 될 것이라는 사실을 잘 알고 있다. 훌륭한 수행자들의 경우에는 팀을 이루기만 하면 다른 사람들이 자신을 이용하는 것을 원하지 않아 게을러지기도 한다. 이를 '봉(鳳)효과'(sucker effect)라고 부른다(Johnson & Johnson, 1997). 이 효과가 작용하면, 집단 구성원 모두가 과업에 대한 기여도를 줄이게 된다.

사회적 태만을 부르는 요인도 다양하다. 팀이 수행하는 과업이 단순히 개별적인 과업을 모아놓은 것에 지나지 않다면, 팀이 조화를 추구하며 수행해야 할 이유가 전혀 없다. 이런 사실이 동기부여를 줄일 수 있다. 팀으로 일을 해야 할 필요성이 제대로 인식되지 않기 때문이다. 개인의 수행이 팀의 집단적인 노력에 묻혀버릴 수 있다. 그러면 당연히 뛰어난 구성원들이 노력을 줄일 것이다. 다른 사람들이 자신의 수행에 대해 어떻게 생각할 것인지에 대한 걱정을 더 이상 하지 않아도 되기 때문이다. 마지막으로는 팀원들이 다른 사람들이 과업에 노력을 어느 정도 쏟고 있는지를 파악하지 못하는 점도 지적해야 한다. 그 결과 팀원들은 자신이 정당한 몫의 일을 하고 있는지 알지 못한다. 불행하게도 사람들은 집단에 대한 자신의 기여도를 과대평가하는 경향을 보인다.

사회적 태만을 이해하는 최선의 방법 중 하나가 바로 그런 태만이 거의 일어나지 않는 상황이다. 농구 결승전이 그런 예이다. 여기서는 승자의 결정에 팀의 점수만 중요할 뿐이다. 그러나 각 선수들의 개인적인 기여도 눈에 드러나고 측정이 가능하다. 그런 과업 자체가 동기를 부여하고 있으며 수행을 사회적으로 관찰하는 것이 가능하기 때문에 구성원들을 더욱 세게 자극 할 수 있다. 그 과업은 통합적이고 조화로운 수행을 요구한다. 한 선수만으로는 절대로 시합에서 이길 수 없다. 그렇기 때문에 승리를 거두려면 선수 모두가 팀의 조화로운 노력에 기여해야 한다. 경기에서는 승리가 중요하다. 또 그에 따르는 보상도 매우 크다. 농구나 그런 특징을 갖는 다른 과업에서는 사회적 태만이 끼어들 틈이 전혀 없다.

작업집단을 대상으로 한 연구에서는 스포츠에 나타나는 이런 원칙들이 일에도 그대로 적용된다는 사실이 확인된다. 작업집단들에게 도전적인 과업을 주고, 또 집단의 성공에 대해 보상을 하되 개인적으로 성취도를 측정할 수 있는 지표를 확보하고, 팀에 대한 충성이 있을 때는 사회적 태만이 일어나지 않는다(Hackman, 1986).

출처 : 정명진 옮김(2010). 팀워크 심리학(대니얼 레비 지음). 부글. pp. 86-88.

우리팀 슬로건 | 팀워크 계발 활동 TEAM BUILDING

◈ 목표
팀워크를 다지기 위하여 정체감을 갖기 위한 활동과 기회를 제공한다.

◈ 준비물
플립 차트 종이와 각 모둠을 위한 매직펜

◈ 절차
1. 10여 분 동안 팀 이름, 팀 슬로건, 팀 로고를 구상한다.
2. 팀 이름, 슬로건, 로고가 완성되면 소개를 하고, 팀 내에서는 의도적으로 사용 횟수를 늘린다.

◈ 활동 토의
1. 여러분은 팀의 이름, 슬로건, 로고는 어떻게 선택했는가? 세 가지 과제를 각각 완성하기 위해 어떤 기준을 사용했는가?
2. 당신의 팀에 대하여 지금의 느낌은 어떠한가? 미래의 과제를 더 성공적으로 해낼 수 있겠는가? 팀에 소속되어 일을 하는 것이 개인적으로 만족을 주겠는가?

학습 문제 | Quiz for Summary

◆ 객관식

1. 리즈가 제시한 팀 수행의 10단계를 제시하기 위하여 세 가지로 범주화하였다. 이 세 가지 범주가 아닌 것은?

① 팀 진단하기

② 팀 조직하기

③ 팀 과제 수행하기

④ 팀 정리하기

2. 스튜어트 등은 시스템적 팀의 수행 단계를 제시하였다. 다음 중 과정(process)으로 볼 수 없는 것은?

① 팀의 목표와 구성

② 팀의 역량과 영향

③ 갈등

④ 의사소통

3. 괴쉬(Goetsch, 2004)의 *Effective Teamwork: Ten Steps for Technical Professions* 저서에서 제시한 열 단계 팀 계발 기술의 첫 단계는?

① 팀의 역할과 규칙을 정하기

② 팀의 목표와 방향을 정립하기

③ 팀의 역할에 따른 책무성을 확립하기

④ 팀 리더십 기술을 계발하기

4. 팀 강령에 포함되지 않아도 되는 것은?

① 팀 임무 진술

② 팀의 목표

③ 팀의 과제 할당

④ 팀의 조직

5. 진술이 잘된 팀 목표 진술으로 보기 어려운 것은?

① 팀의 임무 진술에 직접적으로 연계되어 있다.

② 팀 목표는 여러 개의 과제에 초점을 두고 있다.

③ '팀 임무 진술의 의미가 무엇인가?'에 대한 대답이 있다.

④ 구체적으로 팀이 성취해야 할 내용을 보여주고 있다.

◆ 주관식

1. 팀이 성공적 과제 수행을 위해서 팀 구성원이 대답해야 할 세 가지 질문을 제시해 보시오.

객관식

1. [정답] ①
   [해설] 리즈(Rees, 1997)는 Teamwork form start to finish라는 저서를 통하여 팀워크 계발을 위한 열 단계를 제시하고 팀, 조직, 팀 과제 수행, 팀 정리하기로 범범주화 하였다.

2. [정답] ①
   [해설] 제 1단계 : 투입(과제 착수, 자기 리더십, 팀의 목표와 구성)
   제 2단계 : 과정(팀의 발전, 사회화, 힘과 영향, 갈등, 리더십)
   제 3단계 : 결과(팀 효과성 결정, 팀의 잠재적 효과, 팀간의 협력, 팀의 효과성 개선)

3. [정답] ②
   [해설] 팀의 목표와 방향을 정립하기가 첫 번째 단계이다.

4. [정답] ④
   [해설] 팀 강령에는 팀의 임무 진술, 팀의 목표, 팀의 과제 할당, 팀 수행 일정 등을 포함시킨다.

5. [정답] ②
   [해설] 팀 목표는 하나의 과제에 초점을 두고 있다.

주관식

1. [정답]
   1) 당신은 팀의 과제를 명확하게 정의할 수 있는가?
   2) 당신의 팀 과제가 완료될 때를 알고 있는가?
   3) 당신의 팀 과제는 적절하고 신뢰할 수 있는가?
   [해설] 명확하고 명백한 팀 과제의 정의는 팀 성공의 지름길이며, 측정 대상들 또는 기준들과 비교할 때 팀의 수행이 어떻게 진척되고 있는지를 알 수 있을 것이다. 또한 팀 구성원들은 그들이 하고 있는 과제가 현실적이고, 적절하고, 의미가 있다고 느끼는 것뿐만 아니라 도전하는 느낌을 가져야 할 것이다.

학습 내용 정리 | Mind Mapping

1. 스튜어트, 만즈, 심스 주니어는 Team Work and Group Dynamics라는 저서에서 투입, 과정, 결과에 따른 시스템적인 단계를 제시하였다.
2. 웨스트와 마르키에비치(West & Markiewicz, 2004)는 팀 기반 작업(Team-Based Work: TBW)의 계발 기술을 TBW에 대한 결정과 조직 검토, 지원시스템의 검토와 설계, 팀 리더와 선정과 훈련, 팀의 개발, 지속가능한 팀의 효과성 검토, TBW의 검토의 여섯 가지 전략을 제시하였다.
3. 괴쉬(Goetsch, 2004)는 Effective Teamwork: Ten Steps for Technical Professions라는 저서에서 열 단계의 팀 계발 기술을 제시하였다. 대체로 괴쉬의 팀워크 계발을 위한 열 단계 모델은 팀의 목표 설정, 조직, 역할, 팀의 수행에 따른 리더십, 의사소통, 갈등 관리, 효과의 평가에 이르기까지 팀워크의 전반적인 내용을 다루고 있다는 장점을 지니고 있다.
4. 팀 강령을 설정하는 일의 첫번째는 팀의 임무를 알고 싶어 하고, 다음으로는 왜 이 팀이 존재하는지, 그리고 성취되어야 할 구체적 목표가 무엇인지를 알고 싶어 할 것이다. 그러고 나서 당신과 다른 팀 구성원에게 주어진 구체적 과제를 알고 싶어 할 것이며, 마지막으로는 팀의 일정과 과제 종료 시점을 알고 싶어 할 것이다.
5. 팀 임무의 진술은 팀이 존재하는 이유를 설명해준다. 팀 임무 진술은 팀의 전체적인 책임을 포함하는 광범위한 용어로 작성되어야 하지만, 팀의 임무 수행이 가시적으로 나타날 수 있는 명확한 것이어야 한다.
6. 잘된 팀 목표 진술은 다음과 같은 특징을 갖고 있다.
- 팀의 임무 진술에 직접적으로 연계되어 있다.
- 팀 목표는 하나의 과제에 초점을 두고 있다.
- '팀 임무 진술의 의미가 무엇인가?'에 대한 대답이 있다.
- 구체적으로 팀이 성취해야 할 내용을 보여주고 있다.
7. 팀의 과제 할당 목록은 팀 강령에서 가장 구체적 구성요소이다. 팀 과제 할당 목록을 작성할 경우 균형을 잘 맞추는 일이 중요하다. 한편으로는 각 팀은 명확하게 목록을 작성해야 하지만, 조금의 변화를 수용할 수도 없을 정도로 너무 엄격해서도 안 된다.
8. 팀 강령에서 팀 일정은 팀의 유형에 따라 그 구체성의 정도가 다르다. 팀 일정은 다른 팀 및 팀 내의 일의 전후를 잘 따져서 일정을 잡아야 한다. 팀의 과제가 최종적으로 수행되어야 할 시점을 정하고 팀 내 각각의 과제의 소요시간 등을 할당하여 무리가 없도록 정할 필요가 있다.

생각해 볼 문제 | Reflection & Discussion

좋지 못한 환경은 팀의 성공에 장애가 될 수 있다. 다음과 같은 환경은 팀에게 바람직하지 않은 환경의 사례로 볼 수 있다. 각각의 사례가 왜 해로운 환경인지 토의 해보자.

- 높은 이직률
- 개인 간의 경쟁을 우선하는 문화
- 핵심 요원이 계약직이거나 외부 업체인사에 있는 경우
- 중역 간부나 관리자가 심하게 팀을 반대하는 경우
- 모든 문제들에 대하여 팀의 아이디어가 즉각적 만병통치약으로서 해결안이 될 경우
- 너무 바쁜 이유로 팀 훈련과 팀 계발을 위한 시간 할애가 어려운 환경

참고문헌

김은영 역(2006). 테크놀로지의 걸작들(Lewis's Masterworks of Technology). 생각의 나무.

박태현(2012). 팀으로 일하라. 시그마북스.

이영진 옮김(2009). 팀 매니지먼트 성공하는 팀 구축 전략(더글러스 스미스 외 지음). 21세기북스.

정명진 역(2011). 팀워크 심리학(Group Dynamics for Team, 대니얼 레비 지음). 부글북스.

최유현(2008). 공학기술과 팀워크. 지호.

Baguley, P. (2003). Teams and Team-Working. McGraw-Hill.

Bennis, W. & Nanus, B. (1985). Leaders: The Strategies for Taking Charge. New York: Harper & Row.

Goetsch, D. (2004). Effective Teamwork: Ten Steps for Technical Professions. Net Efect Series. Columbus, Ohio, Pearson Prentice Hall.

Rees, F. (1997). Teamwork form start to finish. : 10 steps to results. An Imprint of Jossey-Bass Inc., Publishers.

Scolotes, P. P. (1996). The Team Handbook. Madison, WI: Joiner Association.

Smith, K. A. (2004). Teamwork and Project Management. Boston: McGrawHill - Higher Education.

Stewant G. L., Manz, C. C. & Sims, Jr. H. P. (1999). Team Work and Group Dynamics. New York: John Wily & Sons, INC.

Wellins, R. S., Byham, W. C. & Willson, J. M. (1991). Empowered Teams: Creating self-directed work groups that improve quality, productivity, and participation. San Francisco, CA: Jossy-Bass Inc.

West, M.A. & Markiewicz, L. (2004). Building Team-Based Working : Practical Guide to Organizational Transforming. BPS Blackwell.

Part 02 팀 구성과 역할

06 팀의 역할과 운영 규칙

| 주요 개념 | 팀 리더, 팀 구성원, 팀 역할, 팀 운영규칙, 팀구성원의 강점, 기여도
조하리의 창

1. 팀의 역할
2. 팀 역할과 운영 규칙
3. 팀구성원의 강점 공유와 기여도

06 팀의 역할과 운영 규칙

ㅁ 학습 목표
① 팀을 구성하는 팀 리더, 팀 구성원의 역할을 설명할 수 있다.
② 팀의 규칙과 역할을 이해한다.
③ 팀 구성원의 강점 공유와 기여도를 설명할 수 있다.

ㅁ 학습으로의 초대
동료 힘 빠지게 하는 '에너지 뱀파이어'

뭘 좀 하려고 하면 빈정대고 가시 돋친 말 · 욕설하기 일쑤… 조직 성과 30~40% 갉아먹어

능력 뛰어나 내보낼 수 없다면
1단계 : 조용히 불러 지적하라, 2단계 : 대인관계 · 리더십 교육
3단계 : 적성 맞는 부서로 배치, 4단계 : 혼자 일하게 격리

◇ 딜레마
입이 하도 거칠어 별명이 '걸레'인 영업팀 박막말 상무. 동료나 부하 직원을 깎아내리는 말은 물론 욕설도 서슴없이 내뱉는다. 주변 사람들은 그런 박 상무 옆에만 있으면 마치 배터리가 방전된 것처럼 기운이 쭉 빠진다. 이에 나답답 사장은 눈 딱 감고 박 상무를 내쫓아버리고 싶은 마음이 굴뚝같다. 하지만, 문제는 박 상무가 다른 직원들과는 비교도 안 될 만큼 실적이 뛰어나다는 점이다. 이럴 땐 어떻게 해야 할까?

◇ 해법
이상하게도 함께 있으면 있던 힘마저 쭉쭉 빠지게 하는 사람들이 있다. 이를테면 말끝마다 가시 돋친 말을 내뱉는다든지, 뭘 좀 해보자고 하면 냉소적으로 빈정대면서 반대부터 한다든지, 매사에 상대방을 무시하거나 모욕감을 주는 행동을 한다든지 등 그 유형도 다양하다. 이들은 마치 흡혈귀처럼 상대방의 에너지를 쭉쭉 빨아먹는다고 해서 '에너지 뱀파이어'라고 불린다.
이들의 공격을 한번 받으면 마음에 깊은 상처를 받아 무기력해지거나 일할 흥미조차 잃어버리기 쉽다. 실제로 한 조사에 따르면, '에너지 뱀파이어'들이 섞여 있는 팀은 그렇지 않은 팀보다 성과가 30~40% 정도 더 낮다고 한다.

자, 이쯤 되면 이들을 몰아내는 게 회사에 훨씬 이득이지 않을까? 그런데, 만약 이들이 우리 회사에 꼭 필요한 핵심 기술을 갖고 있다거나, 다른 직원들과 비교도 안 될 만큼 실적이 좋은 인재라면 어떻게 해야 할까? 내보내는 것도 그리 간단한 문제가 아니다.
출처 : 권상술 IGM교수 · 김성애 연구원, [IGM과 함께하는 리더의 딜레마 해결]
조선비즈 2013.2.26.
http://biz.chosun.com/site/data/html_dir/2012/12/26/2012122602380.html

1. 팀의 역할

몇몇 사람들은 선천적으로 팀에서 일을 잘 수행한다. 그러나 보다 효과적인 팀워크는 타인존중, 신뢰, 협력, 인내, 민감성 등을 포함하는 행동을 기초로 한다. 대부분의 사람들은 효과적으로 팀 내에서 일하는 방법을 배워야 한다. 여기서 아주 중요한 두 가지는 팀의 역할을 명료히 하고, 팀 내의 운영 규칙을 정하는 일이다. 팀이 효과적으로 수행되기 위해서는 사람들이 팀 구성원, 팀 리더의 역할을 이해하고 팀 운영 규칙을 이해할 필요가 있다(Goetsch, 2004).

가. 팀 리더

팀 리더는 기업체의 선호와 조건, 팀의 유형과 크기에 따라 매우 다양한 이름을 가지고 있다. 즉 팀 리더(taem leader), 팀장(team captain), 감독자(supervisor), 부서장(department head), 분과장(division director), 총감독(superintendent), 프로젝트 관리자(project manager), 직장(unit head), 위원장(committee chair), CEO 등의 이름으로 불린다. 이러한 팀 리더의 이름에 관계없이, 모든 팀에는 팀 리더가 있어야 한다. 하지만 이는 다른 팀 구성원은 팀 리더의 기술을 사용하지 않는다는 의미는 아니다. 모든 팀 구성원은 팀의 역할 이해와 책임을 위하여 리더십 기술을 익혀야 한다.

<u>팀 리더의 역할</u>

팀 리더는 팀 구성원으로서의 주어진 매일의 과제와 팀의 리더로서의 일을 수행하는 두 가지 역할을 지니고 있다. 앞의 역할을 잘할수록 뒤의 역할을 더 잘할 수 있다. 이는 팀 리더가 자신의 일을 잘 수행하는 모범을 보이는 것이 큰 지도력을 행사하는 데 도움을 준다는 의미이다.

숄테스(Scholtes, 1996)는 팀 리더의 역할을 다음과 같이 제시한다.

팀 리더는 팀을 관리하고, 팀 미팅을 소집하고 촉진시키며, 세부 행정적인 일을 다루거나 할당하며, 모든 팀의 활동을 조화시키며, 보고서나 발표를 사전에 준비하는 사람이다. 팀 리더는 그들의 프로젝트 문제해결을 하는 데 관심을 집중하고, 팀 구성원들이 서로 일을 잘 수행하도록 합리적인 일 처리를 해야 한다. 궁극적으로 팀의 과제를 수행하기 위하여 팀 구성원이 할 수 있는 과제의 통로를 만들고 관리하는 것이 팀 리더의 책무이다.

보다 구체적으로 어떤 팀이라도 팀 리더는 다음과 같은 책무와 역할을 가져야 한다.

- 팀 구성원에게 긍정적 모범을 보인다.
- 자기의 팀과 나머지 다른 조직과의 접촉을 장려한다.
- 팀의 모든 기록을 남긴다.
- 팀 전체 과제의 수행을 지휘한다.
- 개인 팀 구성원의 과제를 지휘한다.
- 팀 구성원에게 과제를 할당한다.
- 팀 과제의 방향과 큰 그림의 팀 강령을 마련한다.
- 팀 구성원의 업무 수행을 평가한다.
- 팀과 팀 구성원을 위한 훈련을 기획한다.
- 작업 일정에 따라 팀의 과제를 유지시킨다.
- 회사 내에서 알려진 관련 쟁점을 관련시킨다.
- 팀 내의 멘토링 관계를 조정한다.
- 팀 내의 갈등을 관리한다.
- 팀 구성원간의 신뢰를 돈독히 한다.
- 팀을 위한 긍정적 작업 환경을 마련하고 지속시킨다.
- 긍정적 팀 행동을 격려하고 강화한다.
- 팀과 팀 구성원을 위한 적절한 인식을 가진다.
- 팀의 과제 수행 과정과 결과에 책무를 진다.

나. 팀 구성원

팀에 대하여 팀 구성원이 긍정적인 기여를 하는 것은 매우 중요하다. 다음은 팀 구성원 개인이 팀에 효과적으로 참여하는 전략을 보여준다.

- 자신과 팀 구성원을 잘 인지한다 - 동료 팀 구성원과 가능한 한 충분히 잘 알고 지내야 한다. 당신이 누구인지, 무엇으로 팀에 기여할 수 있는지를 그들에게 알려준다. 그러나 팀 구성원 각각이 누구인지, 무엇을 할 수 있는지를 아는 것이 더 중요하다.
- 팀 임무를 명확하게 이해한다 - 팀 구성원이 만약 팀의 임무가 무엇인지를 모른다면 팀에 기여할 수 없다. 즉 팀의 임무, 목표, 팀의 과제 할당, 일정을 잘 알고 있어야 하고, 자유롭게 팀의 문제, 진척도, 다른 중요한 정보를 의사소통할 수 있어야 한다.
- 팀 회의에 미리 준비하고 참여한다 - 좋은 팀 구성원은 결코 팀 회의 때 방관자로 남지 않는다. 회의에 참여하기 전에 미리 준비한다 주어진 회의 안건에 친숙하고 지난번 회의록, 개인적인 노트를 검토하고, 팀 구성원이 제기할 쟁점을 작성한다. 회의 동안에는 정확하고 충분하게 자신의 의견을 제시한다.
- 팀 구성원과의 가까운 관계를 유지한다 - 좋은 팀 구성원은 팀 회의에 접촉을 유지하고, 자주 의사소통한다. 당신이 과제를 마칠 때까지 팀 구성원과의 관계를 잘 유지하고 어려운 문제에 대하여 도움을 청한다.

TEAMWORK TIP	이상적인 팀 구성원은 항상 · 명료하게 의사소통한다. · 보다 많은 과제와 책임을 기꺼이 자원한다. · 긍정적이다. · 비평을 수용한다. · 팀 내에서 다른 구성원과 잘 지낸다. · 성실하고 배려심이 높다. · 큰 그림을 이해한다. · 풍부한 유머 감각이 있다. · 필요한 경우 물러설 줄 안다. · 유연하고 융통성이 있다. Phill Baguley

2. 팀 역할과 운영 규칙

가. 팀 역할

팀 구성원은 팀 구성에서 가장 중요한 요인이다. 물고기가 물을 필요로 하는 것처럼 팀들은 팀 구성원을 필요로 한다. 팀 구성원들은 신중하게 택할 필요가 있다. 팀 구성원에게는 다음과 같은 기술과 능력이 필요하다(Baguley, 2003).

- 다른 사람과 함께 일할 수 있는 기술
- 의사결정을 할 수 있거나 문제를 해결할 수 있는 능력
- 팀에서 동화될 수 있는 기술

사람들은 팀에서의 역할을 받아들인다. 팀 구성원은 다음과 같은 팀에서 역할들의 일부를 확인할 수 있을 것이다.

- 새로운 아이디어를 따라잡기
- 갈등이나 긴장을 완화시키기
- 팀의 허드렛일을 돌보기
- 우연히 발생할 수 있는 문제 살피기
- 팀의 나머지 위치에 도전하기

팀 역할들에 관한 연구는 팀에서 적어도 3개의 역할들을 제공하라고 팀 구성원에게 제안하고 있다.

- 강한 투사 역할
- 논리적인 사색가 역할
- 친구/조력자 역할

그러나 이것들이 유일한 것은 아니며, 다음과 같은 역할도 필요하다.

- 코미디언 - 갈등 또는 긴장, 위기를 잘 해제하는 사람
- 조직가 - 팀을 위해 조직화하고 잡무들을 보살펴주는 사람
- 비평자 - 항상 건설적으로 팀의 활동들에 관해 비평하는 사람

- 반대자 - 팀의 의견에 동의하지 않고 다른 의견을 내는(도전하는) 사람

잠재적인 팀 구성원들이 이 종류의 역할들을 할 수 있는지 아는 것은 쉬운 일은 아니다. 그러나 다른 팀들에서 그들이 수행했던 방법, 그들의 태도와 응답, 그들이 경험한 관계가 있는 훈련과 개발 프로그램 또는 그들의 현재 또는 이전 상사들로부터 팀 구성원의 정보를 얻을 수 있다. 또한 보다 객관적으로 팀 역할 평가 설문조사를 통해서도 확인할 수 있을 것이다.

이 같은 설문지 중에 가장 쉽게 사용할 수 있는 것 중의 하나가 메러디스 벨빈(Meredith Belbin) 박사가 연구개발한 설문이다. 그는 성공적인 팀과 성공적이지 않은 팀의 특징을 찾아내기를 원했다. 그는 성공적인 팀은 각기 다른 아홉 개의 팀 역할을 충실하게 수행하는 사람들로 구성된다는 것이었다. 벨빈이 제시한 팀의 역할 유형과 내용은 다음과 같다(Baguley, 2003).

〈표 2-3〉 벨빈의 9가지 팀 역할 유형의 특성

유 형		내 용
진행자/코디네이터 Chairman -〉Coordinator(CO)	CO	묵묵하게 자신을 잘 통제하고 자신감에 넘치는 지도자로서, 팀 목표를 명확히 하고 핵심 과제를 설정한다.
실행자Company worker -〉 Implementer(IMP)	IMP	팀의 아이디어를 관리가능한 과제로 전환하는 열심히 일하는 실제적 조직가이다.
전문가Specialist (SP)	SP	아이디어를 정리하고 팀 노력을 세련되게 적용시키는 외향적이고 역동적인 과제 리더이다.
창조자Plant(PL)	PL	창조적이고 상상력이 풍부하며 전통이나 인습에 얽매이지 않아 어려운 문제를 잘 해결한다.
자원탐색가Resource investigator(RI)	RI	의사소통 기술과 사회적 수용태도가 뛰어난 역할을 하는 팀 조정자이다.
냉철 판단자Monitor evaluator(ME)	ME	냉정하고 전략적이며 총명하여 모든 안을 살피고 정확히 분석하는 판단자이다.
분위기 조성자 Teamworker(TW)	TW	협력적이고 온화하며 남을 말을 잘 경청하고 마찰을 피하며 조직을 평온하게 한다.
최종 완결자Completer(CF)	CF	모든 자세한 사항도 점검하여 실수나 빠진 것을 찾아내고 주어진 시간에 일을 해내는 완벽주의자이다.

모든 역할자가 존재하면 팀이 균형 잡히고 효과적이 된다. 이와 같은 팀은 다음과 같은 특성을 가진다.

- 팀의 자원을 최대한 이용한다.
- 좌절을 극복할 수 있는 능력을 가진다.
- 적응력을 발휘한다.
- 창조적인 핵심 멤버를 가지고 있다.

벨빈은 팀 구성원에게 가장 잘 맞거나 보조적인 팀 역할을 확인할 수 있게 하기 위해 자기 평가 질문지를 개발하였다. 하지만 이것이 유일한 것은 아니다. 벨빈 접근법과 마저리슨-맥켄(Margerison-McCann) 접근법과 마이어스(S. P. Myers)가 개발한 관리 팀 역할 지표(Management Team Role Indicator)와 같은 다른 접근법도 있다.

만약 팀 구성을 적절하게 한다면 결과적으로 팀은 개인적인 멤버의 능력과 기술의 합을 뛰어넘는 잠재력과 시너지를 가지게 될 것이다. 다음과 같은 팀 구성원을 선택한다면 가능하다.

- 과제 수행 기술만큼이나 대인관계 기술을 보유
- 팀에서 다른 사람의 역할을 보충하는 적응 능력
- 팀 내부와 외부의 균형 잡힌 역할 준비

TEAMWORK TIP	당신의 팀의 환경은? · 당신의 팀에서 구성원의 적절한 조합은 팀의 성공의 열쇠이다. · 반드시 팀 구성원이 많은 대규모 팀을 필요한 것은 아니다. 보통 5명이 충분하다. · 사람들이 팀에 따라 서로 다르게 행동한다는 것을 기억하라. · 다음과 같은 사람들로 팀원들을 구성하자 - 적절한 과제 수행 능력을 가진 사람 - 좋은 대인관계 기술들을 가진 사람 - 팀의 부족한 부분을 보충하기 위해 그들의 팀 역할을 조절할 수 있는 사람 Phill Baguley

나. 팀의 일반규칙

옛말에 '좋은 담벽은 좋은 이웃을 만든다'는 말이 있다. 이는 이웃집 간의 명확한 경계를 확립하는 것이 좋은 이웃을 만든다는 것이다. 즉 경계로 인한 갈등의 가능성을 애당초에 없애는 것이다. 사람들

간의 상호작용이 활발한 팀 내에서도 명확한 경계는 매우 중요한다.

팀의 상호작용은 상호간의 몰이해, 의사소통의 오해, 불일치, 갈등 등의 가능성도 확대시킨다. 이는 성, 인종, 종교, 문화, 국가, 정치 등의 차이로 인해 팀 구성원들이 가지고 있는 인성, 목표, 동기, 야망, 그리고 일의 수행 방법 등이 저마다 다르기 때문이다.

팀은 공동의 임무를 가진 사람들 간의 집단이다. 명확한 경계는 팀 임무를 수행하는 데 매우 중요하다. 팀의 일반규칙을 정하는 접근은 여러 가지가 있다. 어떤 회사는 개별 팀 내에서 일반규칙을 정하기도 한다. 이러한 팀 내에서 정한 일반규칙은 팀 구성원들이 보다 잘 수용하고, 동료들의 압력으로 인해 강화되는 이점이 있다. 반면에 이러한 접근은 팀 간의 통일성이 부족하다는 단점이 있다. 모든 팀들이 서로 다른 일반규칙을 가지고 있으면, 팀 간의 문제가 발생했을 경우와 한 사람이 여러 팀에 속해 있을 경우에 해결이 어렵다는 것이다. 따라서 어떤 회사는 동일한 일반규칙을 만들고 그것을 각 팀에게 전달한다. 이 접근법은 회사 전체의 통일성에 이점을 주지만, 팀 내에서 자신들의 일반규칙이라는 생각이 부족하다. 이 두 가지 접근법은 서로 배타적이고 화해할 수 없는 딜레마이다. 그래서 제3의 접근법으로 앞서 두 가지 접근의 장점을 활용한 일반규칙을 개발하는 것이 중요하다(Goetsch, 2004).

<u>팀 일반규칙 개발하기</u>

회사에서 통일성을 가지고 각 팀만의 일반규칙을 개발하는 일반적 절차는 다음과 같다.

- 일반규칙을 만드는 데 고려할 수 있는 표준목록 개발을 위한 상호기능팀(CFT: cross functional team)을 구성한다.
- 회사에서 일반규칙 초안을 회람하여 요구 사항을 수집한다.
- 일반규칙 위원회는 회람 과정에서 수집된 요구사항을 반영하여 표준목록을 최종적으로 작성한다.
- 모든 팀 리더에게 최종 표준목록을 주고 팀의 일반규칙을 개발하는 데 지침으로 사용하도록 한다.

① 상호기능 팀을 구성한다.

상호기능 팀은 적어도 모든 부서에서 참여토록 하고 회사 전체의 광범위한 상황이 반영되고 대표성을 갖도록 한다. 이 팀이 모든 부서에서 왔기 때문에 회사의 CEO는 표준목록을 개발하기 위한 팀 강령을 개발할 필요가 있다. 다음은 그 예이다.

팀 강령 일반규칙 표준목록 개발 위원회

- 위원장 :
- 임무 - 일반규칙 표준목록 개발 위원회의 임무는 각 팀이 그들의 일반규칙을 만들 때 고려할 수 있는 표준목록을 개발하는 것이다.
- 목표

1. 일반규칙을 위한 표준목록 초안을 개발한다.
2. 모든 고용원에게 표준목록 초안을 회람하여 요구를 수집한다.
3. 수집된 요구사항에 기초하여 최종 표준목록을 개발한다.

- 과제 할당

모든 위원들은 위원회 모든 활동을 참여한다.

- 일정

1. 초안 작성	1월 15일
2. 초안의 회람	1월 30일
3. 최종 표준목록 개발	2월 15일

[그림 2-13] 표준목록을 개발하기위한 팀 강령 예

② 일반규칙의 초안을 만들어 회람한다.

일반규칙 개발 위원회는 활용 가능한 표준목록의 초안을 개발하고, 그 초안을 회람시킨다. 각 초안의 항목에서 제거할 항목과 첨가해야 할 항목을 수집한다. 다음 그림은 표준목록 초안의 예이다.

〈표 2-4〉 표준목록 초안의 예

<table>
<tr><th colspan="2">팀 일반규칙에서 고려할 목록</th></tr>
<tr><td>· 정직
· 무욕
· 연합
· 협력
· 다양성
· 시간 정확성
· 인내
· 갈등 해결
· 출석
· 존중
· 지도력
· 의사소통</td><td>· 신뢰
· 상호 의존성
· 책임
· 솔선수범
· 자원동원력
· 관용/민감성
· 지원
· 자각
· 참여
· 예의
· 동료애</td></tr>
</table>

③ 팀 리더에게 최종 표준목록을 제공한다.

일반규칙의 최종 목록은 팀 내의 일반규칙을 정하기 위한 가이드라인으로 활용토록 모든 팀의 리더에게 제공한다. 다음은 각 팀에서 개발한 일반규칙이다.

〈표 2-5〉 개발한 일반규칙의 예

팀 일반규칙 - 안전위원회	팀 일반규칙 - 설계/계획 팀
· 정직과 신뢰 우리 팀의 구성원은 서로간의 신뢰를 위하여 정직해야 한다. · 상호 의존성과 시간 지키기 우리 팀의 구성원은 정시에 도착하고 모든 과제, 책임, 과제할당을 완성하기 위하여 상호의존적으로 일을 수행한다. · 존중/관용/민감성 우리 팀의 구성원은 매일 매일의 상호작용하면서 서로를 존중하고, 관용, 민감성으로 배려한다. · 연합/ 지원/ 협력 우리 팀의 구성원은 작업을 수행하는 과정에서 상호 지원과 협력을 통하여 서로의 연합을 증진시킨다.	· 신뢰 팀 구성원은 정직, 상호의존, 협력, 상호지원을 통하여 신뢰를 구축한다. · 책임감 팀 구성원은 각자의 과제에 책임을 지고, 개인적인 욕심을 버리고, 좋은 출석과 시간 지키기, 적극적 참여, 상호지원을 보여줌으로써 책임을 진다. · 관용 팀 구성원은 개인차를 존중하고 세심하게 배려해서 관용의 환경을 유지한다.

이 두 일반규칙은 얼핏 보면 서로 다른 것처럼 보이지만, 자세히 관찰하면 같은 맥락임을 발견할 수 있다. 안전위원회 팀의 일반규칙은 관련 있는 두 세개의 항목에 따른 규칙을 작성하였고, 설계/계획 팀의 일반규칙은 크게 신뢰, 책임감, 관용을 중심으로 하위 항목을 규칙 내용 속에 반영했음을 알 수 있다.

3. 팀구성원의 강점 공유와 기여도

가. 팀원들의 강점 공유하기

당신은 팀에서 현재 함께 일하는 동료들에 대해 얼마나 많이 알고 있는가? 그리고 당신의 팀은 팀원들이 서로에 대해 잘 알고 있는가? 나는 팀원들이 서로 이름조차 제대로 알지 못하는 팀을 본 적도 있다. 팀원들이 서로에 대한 이해가 부족하면 불필요한 갈등이 발생하기 쉽고 갈등을 우려한 나머지 서로에게 지나치게 조심스럽게 행동한다. 일이 더디고 비효율적으로 진행될 수밖에 없다. 반대로 서로에 대한 이해가 깊으면 함께 일하기가 쉬워진다. 제아무리 어려운 일도 서로 잘 아는 사람끼리는 말한두 마디로 해결되기도 한다.

1955년 미국의 심리학자인 조셉 루프트(Joseph Luft)와 해리 잉그램(Hrry Ingram)은 그들의 이름을 조합한 '조하리의 창(Johari's Window)'이라는 툴을 제시했다. 이는 조직에서 한 개인의 모습을 설명해 주는 매우 유용한 도구이다. 조하리의 창은 다음의 네 가지 영역으로 구성되어 있다.

	내가 아는 나	내가 모르는 나
타인이 아는 나	공개 영역 (Open Area)	맹인 영역 (Blind Area)
타인이 모르는 나	비밀 영역 (Hidden Area)	미지 영역 (Unknown Area)
	낮음	높음

[그림 2-14] 조하리의 창(Johari's Window)
출처 : 박태현(2012). 팀으로 일하라. 시그마북스. p.172.

먼저 '공개 영역'은 나 자신에 대해 나도 알고 타인도 알고 있는 영역이다. '비밀 영역'은 나에 대해 내가 타인에게 밝히지 않거나 숨기는 영역이다. '맹인 영역'은 나 자신에 대해 나는 모르지만 타인이 알고 있는 영역이다. 내가 나 자신에 대해 모르는 영역이 있을까 싶지만 의외로 이런 영역이 크게 존재하는 경우가 많다. 한 번은 후배로부터 내가 팀 회의를 할 때 다른 팀원의 이야기를 잘 듣지 않는다는 피드백을 받고 적잖이 놀랐던 기억이 있다. 피드백을 받기 전까지는 전혀 몰랐다. 마지막으로 '미지 영역'은 나 자신에 대해 나도 모르고 타인도 모르는 영역이다.

조하리의 창에서 중요한 것은 한 개인이 그가 속한 사회에서 동료들과 긍정적인 관계를 형성하기 위해서는 '공개 영역'을 넓혀야 한다는 점이다. '공개 영역'을 넓히는 방법에는 오른쪽으로 넓히는 방법과 아래쪽으로 넓히는 방법이 있다. 오른쪽으로 넓히는 방법은 '맹인 영역'을 좁히는 것으로, 동료가 자신에게 전하는 피드백을 잘 듣는 것이다. 동료의 피드백을 통해 사회 속에서 보이는 자신의 모습을 잘 이해할 수 있게 된다. 아래로 넓히는 방법은 '비밀 영역'을 좁히는 것으로, 자기 자신의 진정한 모습을 동료들에게 노출하는 것이다. 동료들이 알아주기를 기다릴 것이 아니라 찾아가 자신의 생각과 상황을 전달함으로써 동료들이 자신에 대해 보다 잘 이해할 수 있도록 해야 한다. 일이 뜻대로 되지 않아 마음고생이 심한 팀원이 있었다. 그는 자신이 이렇게 힘든데도 동료들이 나 몰라라 하는 상황에 적잖이 실망하고 있었다. 그런데 문제는 그가 처한 상황에 대해 팀 동료 가운데 아무에게도 말하지 않았다는 점이다.

저마다 바쁜 상황에서 그를 먼저 이해해줄 동료는 없었다. 그에게도 문제가 있었던 것이다.

팀원 모두가 이와 같이 '공개 영역'을 넓혀 나간다면 팀원들 간 상호 이해도가 높아지며 보다 편안한 상황에서 일을 수행할 수 있게 된다.

그런데 팀원 상호 이해라는 측면에서 한 가지 꼭 강조하고 싶은 것이 있다. 그것은 팀원들의 강점에 관한 것이다. 사람에 대한 우리의 이해란 상대의 취미, 전공, 주로 해 왔던 일과 현재 하고 있는 일, 가족 관계 등과 같은 피상적인 수준에 머무는 경우가 많다. 이러한 정보는 알면 좋지만 모른다고 해서 문제가 되지도 않는다. 팀은 일을 통해 성과를 창출하기 위해 존재하는 곳이니만큼 그것과 연관성이 높은 정보들이 공유된다면 팀과 팀원 개개인의 시너지는 극대화될 것이다. 시간을 두고 팀원들에게 저마다 어떤 강점이 있는지 살펴보자. 그리고 그것을 팀 차원에서 공유하기 바란다. 이렇게 되면 팀원 개개인에 대한 강점 리스트가 정리될 것이다. 이러한 강점 리스트는 팀원 각자의 성장에도 큰 도움이 된다. 사람은 자신이 가진 강점에 대해 미처 인식하지 못하고 사는 경우가 많다. 늘 몸에 붙어있는 것들이기 때문이다. 그러나 그것을 자신의 강점으로 인식하는 순간부터는 양상이 달라진다. 수면 밑에 가라앉아 있는 강점들이 보다 활성화되어 강화되는 프로세스를 거치며 더욱 강해지는 것이다.

마커스 버킹햄(Marcus Buckingham)은 그의 저서 『강점 혁명』에서 높은 성과를 내는 사람(Excellent Perfomer)의 특징에 대한 연구 결과를 발표했다. 바로 자신의 약점을 최소화하고 강점을 살리는 사람이었다. 팀 동료에 대한 강점을 찾아 말해준다는 것은 팀 동료를 성장시키는 가장 효과적인 방법이다. 동시에 팀원들 간 관계의 질도 달라진다. 팀 차원에서는 팀원 개개인이 가진 강점을 안다는 것은 매우 의미 있는 일이다. 예를 들어 업무 분장을 할 때 팀원 개개인의 강점을 최대한 반영한다면 보다 생산적으로 일할 수 있을 것이다.

나. 팀의 기여도에 영향을 미치는 3가지 요소

팀워크의 능력과 직결되는 것은 팀원의 출중한 실력과 자발적인 자세이다. 팀에서 요구하는 것은 실력이 출중하고 자발적으로 끊임없이 능력을 계발하고자 하는 팀원이다. 또한 스스로 알아서 행동으로 임하는 리더, 시의 적절한 때 주도권을 장악하는 동시에 허물 없는 리더를 요구한다.

역할에 맞게 기여를 하면 팀에서는 다양한 의견과 재능을 수렴하고, 소모전을 예방할 수 있다. 특정 소수만이 대부분의 일을 처리하고 대부분의 아이디어를 제안하며 리더 역할마저 자처한다면, 팀원들은 흥미를 잃고 팀에서 빠지거나 더 심한 경우는 회사를 그만둘 가능성도 있다. 이런 상황을 겪지 않으려면 팀원 모두에게 균등한 기회가 가야 한다. 팀에 대한 기여도는 고민해야 할 3가지 요소에 의해 좌우된다.

팀의 기여도에 영향을 미치는 3가지 요소

- 소속감
- 자신감
- 자긍심

소속감

소속감은 기여도와 비례한다. 기여를 많이 할수록 팀의 일부가 되었다는 생각을 갖게 된다. 소속감이 들면 팀에 대한 기여도는 대폭 상승한다. 소속감을 증폭하기 위해 팀에서는 모든 팀원들에게 지속적으로 정보를 제공하고, 팀원 모두의 의견에 귀를 기울이고, 수평적 구조를 보편화해야 한다.

소속감은 이럴 때 생긴다.

- 팀원들이 팀과 팀의 업무 진행에 대한 충분한 정보를 가지고 있을 때
- 팀원들의 의견과 역할이 요구될 때

자신감

자기 자신과 팀을 신뢰해야 할 때 자신감이 생긴다. 실속 있는 기여를 위해서 팀원들은 소속감뿐만 아니라 자신감도 가져야 한다. 즉 성공을 위해 필요한 실력과 능력을 가지고 있다는 믿음이 있어야 하는 것이다. 또한 팀원들은 다양하다. 이는 어떤 사람들은 전문 분야에는 능통하지만 리더의 자질은 부족한 경우도 있으며, 다른 사람들은 팀의 업무 진행에는 탁월하지만 신입사원 교육에는 서툴 수 있다는 의미이다. 따라서 효율성을 극대화하기 위해 팀에서는 처음부터 일의 특성에 맞는 인력을 투입하고, 지속적으로 자신감을 갖고 업무 처리를 하도록 능력을 개발해 주어야 한다.

팀 내부에서 생기는 자신감은 팀원의 기여도에도 영향을 미친다. 자신감이 없으면 시간과 노력을 투자하거나 추가 교육을 받기도 꺼려할 것이고, 자신이 리더를 할 차례가 되어도 꽁무니를 뺄 것이다. 또한 추가 업무를 맡거나, 다른 이들을 대신해 뛰는 것도 망설일 것이다. 기여도를 향상시키기 위해 팀원들은 협동이라는 시너지 효과와 성공에 대한 믿음이 있어야 한다.

자긍심

자긍심을 갖기 위해 팀원들은

- 의사 결정에 동참해야 한다.
- 해당 업무를 처리할 수단을 제공받아야 한다.

· 경력과 경험에 대한 합당한 인정을 받아야 한다.

자긍심은 기여도에 또한 영향을 미친다. 자신에게 영향을 미치는 결정에 참여할 때 기여도가 증폭된다. 팀원들은 업무에 필요한 수단 및 직위를 부여받기 때문에 팀의 성공에 남다른 애정을 쏟게 된다.

아이디어에 대한 자문이 들어오고, 의사 결정에 참여하며, 경험을 인정받는다면, 직장 생활의 질은 십분 향상될 것이다.

출처 : 수잔 윌리스 조글리오 /안진환 역. 팀워크북, 제우스, pp.183-184.

팀 역할 이해하기 | 팀 계발 활동 TEAM BUILDING

◈ 목표

1. 팀 구성원간의 활동을 촉진시킨다.
2. 팀 활성화, 팀 빌딩, 문제해결, 시간관리, 조직 그리고 엄격한 시간 제약 조건에서 리더십과 관계된 쟁점을 기술한다.

◈ 준비물

플립 차트와 펠트 펜.
팀 문제와 배경의 설명서

◈ 절차

1. 집단을 3명에서 4명의 하위 그룹으로 나눈다.
2. 이 팀이 다음 6분 동안 특정한 임무를 수행하는 것을 알린다.
3. 6분이 지난 마지막에 리더(자유선정)는 팀의 결론을 요약하여 기록한 플립 차트를 제출한다.
4. 그 내용을 1분 동안 프리젠테이션한다.
5. 팀 미션 과제는 자유롭게 정하여 해결한다 (가능하면 조직적으로 관계가 있거나 관련된 업무를 제안한다).

◈ 활동 토의

1. 누가 리더로서 활동을 했는가? 그 이유는 무엇인가?
2. 팀 구성원 각자는 어떠한 역할을 수행하였는가?
3. 어떤 문제가 팀에게 발생이 되었는가? 그 문제를 팀 구성원은 어떻게 극복하였는가?
4. 시간 내에 미션을 해결해야 하는 부담은 없었는가? 또 어떻게 해결하였는가?

◈ 팁(TIP)

팀 구성원은 팀을 위한 매력있는 작업을 수행한다는 것을 이해한다. 팀에게 질문, 요약, 조사와 관련 정보의 제공, 격려 등의 다양한 역할의 중요성을 이해한다.

학습 문제 | Quiz for Summary

◆ 객관식

1. 팀 리더의 역할로 바람직하지 않은 것은?

① 자기의 팀과 나머지 다른 조직과의 접촉을 제한한다.

② 개인 팀 구성원의 과제를 지휘한다.

③ 작업 일정에 따라 팀의 과제를 유지시킨다.

④ 팀의 과제 수행 과정과 결과에 책무를 진다.

2. 팀 구성원의 역할로 바람직하지 않은 것은?

① 자신과 팀 구성원을 잘 인지한다.

② 팀 임무를 명확하게 이해한다.

③ 팀 회의에 미리 준비하고 참여한다.

④ 팀 구성원과의 너무 가까운 관계가 유지되지 않도록 한다.

3. 팀 구성원의 역할 진술이 잘못된 것은?

① 코미디언 - 갈등 또는 긴장, 위기를 잘 해제하는 사람

② 조직가 - 팀을 위해 조직화하고 잡무들을 보살펴주는 사람

③ 비난자 - 항상 팀의 활동들에 관해 비난하는 사람

④ 반대자- 팀의 의견에 동의하지 않고 다른 의견을 내는(도전하는) 사람

4. 팀의 일반 규칙에 대한 설명이 잘못된 것은?

① 일반규칙을 만드는 데 고려할 수 있는 표준목록 개발을 위한 상호기능팀(CFT: cross functional team)을 구성한다.

② 회사에서 일반규칙 초안을 회람하여 요구 사항을 수집한다.

③ 일반규칙 위원회는 회람 과정에서 요구사항을 배제한 표준목록을 최종적으로 작성한다.

④ 모든 팀 리더에게 최종 표준목록을 주고 팀의 일반규칙을 개발하는 데 지침으로 사용하도록 한다.

5. 다음 조하리의 창이 팀워크에 주는 시사점은?

	내가 아는 나	내가 모르는 나
타인이 아는 나	공개 영역 (Open Area)	맹인 영역 (Blind Area)
타인이 모르는 나	비밀 영역 (Hidden Area)	미지 영역 (Unknown Area)
	낮음	높음

① 공개 영역을 확대한다.

② 맹인 영역을 확대한다.

③ 비밀 영역을 확대한다.

④ 미지 영역을 확대한다.

◆ 주관식

1. 다음은 벨빈의 9가지 팀 역할 유형의 특성을 제시한 것이다. 괄호 (가), (나) 안의 유형을 작성하시오.

유 형		내 용
(가)		묵묵하게 자신을 잘 통제하고 자신감에 넘치는 지도자로서, 팀 목표를 명확히 하고 핵심 과제를 설정한다.
실행자Company worker -〉 Implementer(IMP)		팀의 아이디어를 관리가능한 과제로 전환하는 열심히 일하는 실제적 조직가이다.
전문가Specialist (SP)	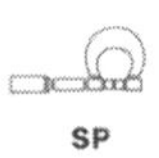	아이디어를 정리하고 팀 노력을 세련되게 적용시키는 외향적이고 역동적인 과제 리더이다.
(나)		창조적이고 상상력이 풍부하며 전통이나 인습에 얽매이지 않아 어려운 문제를 잘 해결한다.
자원탐색가Resource investigator(RI)		의사소통 기술과 사회적 수용태도가 뛰어난 역할을 하는 팀 조정자이다.

냉철 판단자Monitor evaluator(ME)		냉정하고 전략적이며 총명하여 모든 안을 살피고 정확히 분석하는 판단자이다.
분위기 조성자 Teamworker(TW)		협력적이고 온화하며 남을 말을 잘 경청하고 마찰을 피하며 조직을 평온하게 한다.
최종 완결자Completer(CF)	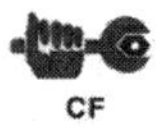	모든 자세한 사항도 점검하여 실수나 빠진 것을 찾아내고 주어진 시간에 일을 해내는 완벽주의자이다.

2. 팀의 기여도에 영향을 미치는 3가지 요소는?

객관식

1. [정답] ①
   [해설] 자기의 팀과 나머지 다른 조직과의 접촉을 촉진시켜야 한다.

2. [정답] ④
   [해설] 팀 구성원과의 가까운 관계를 유지해야 한다.

3. [정답] ③
   [해설] 비난자보다는 '항상 건설적으로 팀의 활동들에 관해 비평하는 '비평자'의 역할이 필요하다.

4. [정답] ③
   [해설] 일반규칙 위원회는 회람 과정에서 수집된 요구사항을 반영하여 표준목록을 최종적으로 작성하는 것이 일반적이다.

5. [정답] ①
   [해설] 조하리의 창에서 중요한 것은 한 개인이 그가 속한 사회에서 동료들과 긍정적인 관계를 형성하기 위해서는 '공개 영역'을 넓혀야 한다는 점이다. '공개 영역'을 넓히는 방법에는 오른쪽으로 넓히는 방법과 아래쪽으로 넓히는 방법이 있다. 오른쪽으로 넓히는 방법은 '맹인 영역'을 좁히는 것으로, 동료가 자신에게 전하는 피드백을 잘 듣는 것이다. 동료의 피드백을 통해 사회 속에서 보이는 자신의 모습을 잘 이해할 수 있게 된다. 아래로 넓히는 방법은 '비밀 영역'을 좁히는 것으로, 자기 자신의 진정한 모습을 동료들에게 노출하는 것이다.

주관식

1. [정답] 가. 진행자/코디네이터 Chairman -> Coordinator(CO)
   나. 창조자 Plant(PL)
   [해설] 묵묵하게 자신을 잘 통제하고 자신감에 넘치는 지도자로서, 팀 목표를 명확히 하고 핵심 과제를 설정하는 역할은 진행자, 창조적이고 상상력이 풍부하며 전통이나 인습에 얽매이지 않아 어려운 문제를 잘 해결하는 역할은 창조자의 역할이다.

2. [정답] 소속감, 자신감, 자긍심
   [해설] 기여를 많이 할수록 팀의 일부가 되었다는 생각을 갖게 되며, 자기 자신과 팀을 신뢰해야 할 때 자신감이 생긴다. 그리고 팀원들은 업무에 필요한 수단 및 직위를 부여받기 때문에 팀의 성공에 남다른 애정을 쏟게 되는 자긍심이 생긴다.

학습 내용 정리 | Mind Mapping

1. 팀이 효과적으로 수행되기 위해서는 사람들이 팀 구성원, 팀 리더의 역할을 이해하고 팀 운영 규칙을 이해할 필요가 있다.
2. 팀 리더는 팀 구성원으로서의 주어진 매일의 과제와 팀의 리더로서 일을 수행하는 두 가지 역할을 지니고 있다. 앞의 역할을 잘할수록 뒤의 역할을 더 잘할 수 있다. 이는 팀 리더가 자신의 일을 잘 수행하는 모범을 보이는 것이 큰 지도력을 행사하는 데 도움을 준다.
3. 팀 리더는 팀을 관리하고, 팀 미팅을 소집하고 촉진시키며, 세부 행정적인 일을 다루거나 할당하며, 모든 팀의 활동을 조화시키며, 보고서나 발표를 사전에 준비하는 사람이다. 팀 리더는 그들의 프로젝트 문제해결을 하는 데 관심을 집중하고, 팀 구성원들이 서로 일을 잘 수행하도록 합리적인 일 처리를 해야 한다. 궁극적으로 팀의 과제를 수행하기 위하여 팀 구성원이 할 수 있는 과제의 통로를 만들고 관리하는 것이 팀 리더의 책무이다.
4. 팀에 대하여 팀 구성원이 긍정적인 기여를 하는 것은 매우 중요하다. 이를 위하여 자신과 팀 구성원을 잘 인지하고, 팀 임무를 명확하게 이해하며, 팀 회의에 미리 준비하고 참여한다. 그리고 팀 구성원과의 가까운 관계를 유지한다.
5. 팀 구성원은 다른 사람과 함께 일할 수 있는 기술, 의사결정을 할 수 있거나 문제를 해결할 수 있는 능력, 팀에서 동화될 수 있는 기술이 필요하다.
6. 메러디스 벨빈(Meredith Belbin) 박사가 제시한 팀의 역할 유형은 진행자, 실행자, 전문가, 창조자, 자원탐색가, 냉철 판단자, 분위기 조성자, 최종 완결자이다.

7. 회사에서 통일성을 가지고 각 팀만의 일반규칙을 개발하는 일반적 절차는 다음과 같다.
- 일반규칙을 만드는 데 고려할 수 있는 표준목록 개발을 위한 상호기능팀(CFT: cross functional team)을 구성한다.
- 회사에서 일반규칙 초안을 회람하여 요구 사항을 수집한다.
- 일반규칙 위원회는 회람 과정에서 수집된 요구사항을 반영하여 표준목록을 최종적으로 작성한다.
- 모든 팀 리더에게 최종 표준목록을 주고 팀의 일반규칙을 개발하는 데 지침으로 사용하도록 한다.

8. 팀의 감정 공유는 중요하며, 조하리의 창에서 '공개 영역'은 나 자신에 대해 나도 알고 타인도 알고 있는 영역이다. 즉 한 개인이 그가 속한 사회에서 동료들과 긍정적인 관계를 형성하기 위해서는 '공개 영역'을 넓혀야 한다.

9. 팀의 기여도에 영향을 미치는 3가지 요소는 소속감, 자신감, 자긍심이다.

생각해 볼 문제 | Reflection & Discussion

1. 다음은 이상적인 팀 구성원에 대한 진술이다. 각각의 내용이 왜 이상적인지 토의해 보자.

이상적인 팀 구성원은 항상
- 명료하게 의사소통한다.
- 보다 많은 과제와 책임을 기꺼이 자원한다.
- 긍정적이다.
- 비평을 수용한다.
- 팀 내에서 다른 구성원과 잘 지낸다.
- 성실하고 배려심이 높다.
- 큰 그림을 이해한다.
- 풍부한 유머 감각이 있다.
- 필요한 경우 물러설 줄 안다.
- 유연하고 융통성이 있다.

Phill Baguley

참고문헌

김은영 역(2006). 테크놀로지의 걸작들(Lewis's Masterworks of Technology). 생각의 나무.

대니얼 레비, 정명진 역(2011). 팀워크 심리학(Group Dynamics for Team). 부글북스.

박태현(2012). 팀으로 일하라. 시그마북스.

안진환 역(2003). 팀워크북(수잔 윌리스 조글리오 저), 제우스.

최유현(2008). 공학기술과 팀워크. 지호.

Bagulary, P. (2003). Teams and Team-working. Chicago, Ill: MaGraw-Hill.

Bennis, W. & Nanus, B. (1985). Leaders: The Strategies for Taking Charge. New York: Harper & Row.

Goetsch, D. (2004). Effective Teamwork: Ten Steps for Technical Professions. Net Efect Series. Columbus, Ohio, Pearson Prentice Hall.

Rees, F. (1997). Teamwork form start to finish. : 10 steps to results. An Imprint of Jossey-Bass Inc., Publishers.

Scolotes, P. P. (1996). The Team Handbook. Madison, WI: Joiner Association.

Smith, K. A. (2004). Teamwork and Project Management. Boston: McGrawHill - Higher Education.

Stewart, G. L., Manz, C. C. & Sims, Jr, H. P. (1999). Team Work and Group Dynamics. New York: John Wiley & Sons, INC.

Wellins, R. S., Byham, W. C. & Willson, J. M. (1991). Empowered Teams: Creating self-directed work groups that improve quality, productivity, and participation. San Francisco, CA: Jossy-Bass Inc..

West, M. A. & Markiewicz, L. (2004). Building Team-Based Working : Practical Guide to Organizational Transforming. BPS Blackwell.

조선비즈 2013. 2. 26. http://biz.chosun.com/site/data/html_dir/2012/12/26/2012122602380.html

Part 02 팀 구성과 역할

07 책무성 확립하기

| 주요 개념 | 팀 책무성, 형식적 책무성(formal accountability)과 비형식적 책무성(informal accountability), 팀 리더 책무, 팀 구성원 책무, 팀 동료 책무 사명감

1. 팀 책무성을 위한 기초
2. 팀리더와 구성원을 위한 책무성
3. 책무성을 넘어서 사명감으로

07 책무성 확립하기

□ **학습 목표**

① 팀 책무성의 기초적 내용을 이해한다.
② 팀 리더, 팀구성으로서의 책무성을 설명할 수 있다.
③ 사명감을 높일 수 있는 개인 전략 3가지를 적용할 수 있다.

□ **학습으로의 초대_ 동기부여 자연스러운 책무**

다음은 동기 부여의 의미가 강한 동사들을 나열해 놓은 목록이다.

고취시키다(Elevate)
고무시키다(Inspire)
동기부여하다(Motivate)
영향을 주다(Impact)
달성하다(Accomplish)
조성하다(Create)
촉진하다(Boost)
기여하다(Contribute)
기쁘게 하다(Delight)
봉사하다(Serve)

위와 같은 단어가 팀 활동이나 수행과정 속에 스며들게 할 수 없을까?

1. 팀 책무성을 위한 기초

가. 팀 책무성을 위한 기초 확립

팀 강령은 팀 일반 규칙팀 전체와 팀 개인에게 무엇을 기대할 수 있게 해준다. 팀 리더는 팀이 적절히 그들의 강령을 시간 안에 만족시키기를 기대한다. 팀 구성원은 팀 강령을 충분히 지원받고 일을 수행하는 것을 기대한다.

이러한 기대가 존재할 때, 반드시 책무성이 요구된다. 책무가 없는 기대는 마치 이빨 없는 호랑이와 같다. 책무성은 성공적인 팀워크를 위한 공식에서 핵심 요소이다. 전체 팀의 리더와 팀 구성원은 팀의 수행에 책무를 지니고 있어야 한다. 책무성은 자연적으로 어떻게 개인이 행동 결정이 되는지, 어떻게 팀의 수행에 영향을 주는지에 따른 긍정적 혹은 부정적 결과를 반영하게 된다(Goetsch, 2004).

회사에서 가장 나쁜 실수 중의 하나는 팀 수행을 위한 지원과 자원을 뒷받침해 주지 않고 팀의 책무만 갖도록 하는 것이다. 팀 책무성의 효과적인 프로그램은 견고한 기초위에 세워져야하는 집과 같다. 팀은 목록이 충족될 때 책무성을 위한 견고한 기초를 가졌다고 볼 수 있다.

여기서 팀의 과제 수행에 따른 책무성을 세우기 위한 필요한 네 가지 요소를 〈표 2-6〉에서 보여주고 있다. 첫 번째와 두 번째 요소는 팀 강령과 일반 규칙에서 제시되었다. 즉 팀 강령에서 팀의 임무가 팀의 기대를 진술하고 있고, 팀의 일반규칙은 팀이 추구하는 일의 범위 안에서 행동의 지침을 설명하고, 팀의 목표는 성공적인 팀 임무가 어떻게 결정되는지 명확하게 보여준다(모든 목표는 시간 내에 달성되어야 한다).

팀 워크와 과제 수행과 관련된 기술의 훈련 또한 책무성을 위한 기초적인 요소이다. 팀 구성원이 그들의 수행방법을 모르면 과제 수행이 어려울 것이다. 나중에 팀 구성원으로서 다양한 훈련이 제안될 것이다. 또한 잘 유지된 시설, 첨단 장비, 올바른 도구, 충분한 시간도 성공적인 과제 수행을 위하여 필요하다. 이러한 것들은 보다 고위 관리자들에 의하여 충분히 지원되어야 한다.

〈표 2-6〉 효과적인 팀의 책무성 시스템에서의 견고한 기초

팀 책무성의 기초를 세우기 위한 요소
· 팀 구성원은 전체 팀에 대하여, 그리고 개인에 대하여 기대되는 것이 무엇인지를 이해한다. · 팀 구성원은 어떻게 충분한 기대들이 결정될 것인지 이해한다. · 팀 구성원은 기대를 채우기 위해 필요한 주어진 훈련을 계속한다. · 팀에게 기대를 채우기 위해 충분한 지원과 자원이 주어져야 한다.

나. 형식적 책무성과 비형식적 책무성

책무성에는 형식적 책무성(formal accountability)과 비형식적 책무성(informal accountability)의 두 가지 유형이 있다. 형식적 책무성은 두 가지 과정을 포함한다 : (1) 팀 강령에 제시한 성취도에 기초한 팀 수행에 대한 지필 평가, (2) 팀의 일반 규칙에 기초한 팀 구성원에 대한 평가.

팀 리더들은 책임 있는 고위 관리자에 의하여 팀 강령의 내용 성취도에 따라 형식적 평가를 받는다. 평가가 없는 책무성은 없으며, 형식적 평가는 구체적 평가 기준과 준거를 가지고 있어야 한다.

이러한 형식적 평가 이외에 비형식적 평가도 팀의 책무성에 매우 중요하다. 비형식적 책무성은 (1) 팀 리더에 의하여 지속적인 점검과 (2) 팀 동료에 의한 지속적 점검의 두 가지가 있다.

팀 리더에 의한 지속적인 점검(monitoring)

형식적, 정기적, 지필 평가는 팀 책무성에서 매우 중요하다. 그러나 지필 평가는 일반적으로 일이 수행된 후에 이루어진다. 이는 중요한 목적은 달성되지만, 다음 팀 과제를 할당하기 까지 팀의 과제 수행을 개선하는데 기여할 수 없다. 실시간 그 시점에서 팀의 과제 수행 개선을 위해서는 팀 리더는 그들 팀 구성원의 과제 수행에 대하여 긍정적 피드백과 수정을 요구하는 피드백을 당장 줄 수 있도록 계속적인 점검이 필요하다.

그리고 팀들을 관리하는 상위 팀 리더는 팀 미팅의 면대면 만남과 보고서를 통하여 질문하고, 전화, 이메일 등으로 최근의 팀 회의 등을 점검한다. 이는 그 시점에서 팀의 수행을 개선하기 위하여 격려와 수정하는 기회를 제공해준다.

팀 동료에 의한 지속적 점검(monitoring)

최고의 팀 과제 수행은 팀 구성원들이 동료 점검을 통하여 그들 자신의 규칙을 강화했을 때이다. 사람들은 그들 삶의 대부분에서 동료들의 압력에 민감하다. 이는 부정적인 경우뿐 아니라 긍정적인 경우도 마찬가지이다. 동료 점검의 기본적 효과는 팀 구성원간에 매우 강력하며, 비밀스럽고, 관계를 배려한다는데 있다.

팀 리더는 그들 팀 구성원간에 발달된 신뢰의 적절한 수준의 때를 판단해야 한다. 충분한 신뢰가 구축되었다고 팀 리더가 판단한다면, 팀 구성원에게 서로의 일들을 도와주기를 기대한다고 말할 수 있다.

2. 팀 리더와 구성원을 위한 책무성

가. 팀 리더를 위한 책무성

적절한 팀 책무성의 기초가 마련된다면, 팀 리더는 팀의 수행에 대하여 일차적인 책임을 지는 사람이다. 동전의 양면같이 책임은 책무를 갖게한다. 팀 리더는 스포츠 팀의 코치와 마찬가지로 팀이 실패했을때 실제로 코치의 잘못이 아니더라도 비난은 코치에게로 가는 것과 같은 이치이다.

실제 작업 현장에서 팀 수행의 책무성은 팀 강령에 기초하여 기대되어지는 결과와 팀의 수행 결과를 비교하는 형식적 평가에 의하여 이루어진다. 이 비교평가는 팀 리더의 책임을 묻는 일차적 요소이다. 이차적 요소는 팀 리더 개인의 정규적, 정기적 수행 결과의 평가이다.

<u>팀 수행에 기초한 책무성</u>

팀 수행 결과를 측정하는 것은 성취되어야 할 팀 강령의 목표 범위를 평가하는 것이다. 이는 팀의 유형과 관계없이 이루어진다. 〈표 2-7〉은 팀 강령에 제시된 목표에서 발췌된 평가 기준이다.

〈표 2-7〉 팀 강령에서 발췌된 목표의 평가 기준의 예

팀 강령에서 발췌된 목표
· 프로젝트 02-XT의 설계 계산은 1월 15일까지 완성한다. · 프로젝트 02-XT의 설계 제도는 2월 10일까지 완성한다. · 프로젝트 02-XT의 재료 청구 목록은 2월 17일까지 완성한다.

여기서 보면 공학 건설 프로젝트의 예로서 중요한 사실은 주어진 시일내에 수행되고, 검토되고, 수정되어야 한다. 만약 설계 계산이 정해진 시일까지 마쳐지지 못하면 다른 팀 구성원에게 영향을 미치고 나아가 다른 팀에게도 영향을 주기 때문에 공학 기술 팀에서 정해진 시일은 팀의 책무에 매우 중요한 요인이 된다. 만약 팀의 과제 수행이 완성되지 못할 경우, 팀의 책무를 묻는 평가는 정해진 공간에서 협상이 이루어질 수 있다. 과제 수행이 어렵게 된 통제할 수 없는 요인이나 방해물이 없었는지를 확인한다. 팀 리더는 그 자리에서 팀의 상황에 대하여 자세히 대변하도록 하고, 필요한 경우 팀 강령의 수정을 협상할 수도 있다.

팀 리더의 정기적인 수행 평가

팀 리더는 팀 자체의 의무에 대하여 평가를 받는 것 이외에 다른 책임을 지고 있다. 팀 리더의 모든 작업 수행 양상에 대한 정기적인 평가를 받는다. 즉 형식은 다양하지만 팀 리더의 지도 능력을 평가한다. 〈표 2-8〉은 팀 리더를 평가하는 수행 평가의 준거의 예이다.

〈표 2-8〉 팀 리더를 평가하는 수행 평가의 준거의 예

팀 리더십					
	3	6	9	12	15 Rating
대체로 기대에 충족 못함	가끔 기대에 충족 못함	가끔 기대를 충족 시킴	자주 기대를 충족 시킴	대부분 기대를 충족 시킴	

〈표 2-9〉 책무성을 지닌 팀리더의 특성

책무성을 지닌 팀 리더의 특성
B1. 나는 팀 구성원들과 이 역할을 공유하는데 행복하다. B2. 팀 구성원의 과제 수행능력을 확장하도록 격려한다. B3. 나는 팀 구성원을 신뢰한다. B4. 나는 과제와 팀에 적합한 관리 스타일을 적용한다. B5. 나는 팀의 모든 쟁점에 대하여 명확하고 효과적으로 의사소통한다. B6. 나는 미리 팀 미팅을 계획한다. B7. 나는 팀구성원이 자유롭게 의견개진을 하도록 개방한다. B8. 나는 팀과제가 잘 수행되도록 보호막이 된다. B9. 나는 팀을 조정하고, 코칭하고, 조언해야 한다. B10. 나는 좋은 일의 수행을 인식하고 고마움을 표현한다.

TEAMWORK TIP	관리자(managers)는 올바르게 일을 하는 사람들이고, 리더(leaders)는 올바른 일을 하는 사람들이다. - Bennis & Nanus

나. 팀 구성원을 위한 책무성

팀 리더의 책무는 팀 강령에서 출발하지만, 팀 구성원의 책무는 일반 규칙에서 출발한다. 팀 강령이

팀 리더의 수행을 평가하는데 중요한 것처럼, 일반 규칙은 팀 구성원의 수행을 평가하는데 중요하다. 〈표 2-10〉은 팀 구성원을 평가하는 기준을 제시한 것이다. 이는 긍정적인 팀 행동을 평가해 주기도 하지만 팀 구성원 개인의 기술적인 작업 능력을 평가할 수 도 있다.

〈표 2-10〉 팀 구성원의 긍정적 팀 행동 수행 평가 준거의 예

팀 구성원의 수행 평가 준거	
5=항상 그렇다 4=보통그렇다 3= 가끔그렇다 2=거의 그렇지 않다 1= 전혀 그렇지않다	
평가 준거	평정
· 다른 팀 구성원에 대하여 정직하다.	
· 자신보다 다른 팀 구성원의 요구를 존중한다.	
· 팀 내에서 팀 연합을 촉진하는 행동을 한다.	
· 과제를 수행할 때 협력한다.	
· 다양한 배경을 지닌 팀 구성원과 함께 일을 잘 수행한다.	
· 시간을 잘 지킨다.	
· 작업이 어려울 때 인내를 감수한다.	
· 긍정적인 태도로 갈등을 해결한다.	
· 팀의 기대를 충족한다.	
· 과제를 수행할 때 다른 사람을 존중한다.	
· 수준 높은 과제 수행을 도울 수 있는 리더십 기술을 발휘한다.	
· 효과적으로 의사소통을 한다.	
· 팀의 수행에 책임을 진다.	
· 팀 내에서 신뢰를 쌓는다.	
· 팀에서 다른 팀원에 의존적인 관계를 유지한다.	
· 과제가 잘 수행되도록 솔선수범한다.	
· 과제 수행을 위해 자원동원력이 있다.	
· 팀 구성원간의 개인차를 관용으로 대한다.	
· 팀 구성원에게 지원과 도움을 준다.	
· 팀 과제 수행에 영향을 주는 최근의 정보를 인식한다.	
· 팀 활동에 적극적으로 참여한다.	
· 팀 과제 수행에서 다른 사람에게 예의를 갖춘다.	
· 팀 리더의 지시를 기꺼이 따른다.	

〈표 2-11〉 책무성이 높은 팀 구성원의 특징

책무성이 높은 팀 구성원의 특징
C1. 나는 이 팀의 구성원을 즐긴다. C2. 나는 팀에서 기술을 획득하고 나의 직무를 개선한다고 느낀다. C3. 이 팀에서 좋은 팀 구성원이 되는 것은 나의 직업능력을 향상시킬 것이다. C4. 나는 나의 직무수행능력과 대인관계기술을 모두 할 수 있는한 최대한 발휘한다. C5. 다른 팀 구성원과의 협력은 반드시 필요하다. C6. 나의 팀워크는 팀 과제수행능력을 높인다. C7. 나는 갈등이 팀에게 건설적인 기회가 되기 위하여 다른 팀 구성원과 함께 열심히 과제를 수행한다. C8. 팀 목표는 나의 목표보다 중요하다. C9. 나는 팀에서 다른 사람들을 신뢰한다. C10. 나는 명확하고 효과적인 방법으로 다른 팀 구성원과 의사소통을 한다. C11. 나는 다른 사람들이 말하는 것을 경청한다.

다. 팀 동료의 책무(peer accountability)

올바르게 과제가 수행될 때, 동료의 책무는 팀 내에서의 책무를 따지는 가장 효과적인 수단이 될 수 있다. 과제를 수행할 때 팀 구성원간의 서로의 책무가 높을수록 감독이 줄어들 수 있다. 우리가 실패하면 함께 실패하고, 성공하면 함께 성공한다는 동료 간의 책무는 매우 중요하다.

효과적인 동료 책무를 확립하기 위하여 팀 리더는 작업 현장에서 다음 같은 환경을 갖추도록 한다.

- 팀 구성원의 기대되는 긍정적 행동의 모범을 제시한다.
- 팀에 기대하는 것이 무엇인지를 재인식 시킨다(특별히 팀의 일반 규칙).
- 동료 책무에 대해 공개적으로, 자주 말한다.
- 동료 책무를 강화한다.

3. 책무성을 넘어서 사명감으로

수잔 윌리스 조글리오는 '사명감을 높이기 위해 내가 할 수 있는 것'으로 개인 전략 3가지를 제안하였다(안진현 역, 2003).

개인 전략 3가지 가. 팀의 목표와 가치관에 초점을 맞춘다. 나. 자신의 목표와 가치관을 명확히 한다. 다. 자신의 목표와 가치관이 팀의 목표와 가치관에 부합하는지 생각한다.

가. 팀의 목표와 가치관에 초점을 맞춘다.

팀원으로서 효율성을 높이기 위해서는 팀의 기본적인 목표, 사명에 대해 확실히 알고 있어야 한다. 스티븐 코비의 〈성공하는 사람들의 7가지 습관〉에서는 '마음 속에 목표를 품고 시작하는 것'이 중요하다고 한다. 팀의 존재 이유를 알고, 기업의 가치관이 팀과 자신에게 어떻게 영향을 미치는지에 대해 명확히 설명할 수 있어야 한다. 프로젝트 팀, 판매, 생산 등 어느 팀의 일원이건 상관없이 개인의 사명감은 키울 수 있다. 단, 팀의 기본 목적을 알고, 그 목적이 기업의 성공에 어떠한 영향을 미치는지 알며, 그것이 개인의 성공관에 어떻게 부합되는지 알 때만 가능한 일이다.

팀의 목적을 얼마나 잘 이해하는지 알아보기 위해 간략하게 팀이 존재하는 이유를 설명해 보도록 한다. 그리고 나서 팀의 주요 가치관을 나열한다. 이때 다소 어려움이 있다면, 팀 회의 때 팀의 사명과 가치관에 대해 상의하도록 한다. 팀 회의 때에도 팀의 사명과 중요한 가치관에 대해 토의하는 데 어려움이 있다면, 한 차례의 미팅을 주재할 수 있는 진행자의 도움을 받는다.

- 팀의 목표와 가치관

① 팀의 기본 목적을 한두 문장으로 짧게 설명한다.

② 팀원이 갖추어야 할 자세를 3~7가지 정도 나열한다.

③ 팀의 기본 목표, 가치관, 구체적인 목표를 고려할 때, 어떠한 '기본 수칙'이 팀의 성공에 도움이 될 것인가?

나. 자신의 목표와 가치관을 명확히 한다.

- 목표의 3가지 요소

① 성취 ② 실적 ③ 가치관

인생에서 주요 목표나 자신의 가치관에 대해 많이 생각해 본 적이 없더라도 자신이 어떤 사람이 되고 싶은가, 죽기 전에 어떤 것을 성취하고 싶은가에 대해서는 생각해 본 적이 있을 것이다. 아마 자신에게 성공이 어떠한 의미를 가지는가 상상해 봤을 것이다. 많은 사람들의 경우에 궁극적 성공이란 자신의 기준이나 가치관에 따라 살면서 목표를 달성하는 것이다. 하지만 안타깝게도, 허망한 성공에 대해 얘기하는 이들이 많다. 목표는 달성했지만, 자신들에게 중요한 가치관을 따르지는 않았기 때문이다.

개인의 목표와 가치관이 팀의 목표와 가치관에 부합한다면, 팀에서 중시하는 사항에 대해 사명감을 가질 확률이 높다. 하지만 부합 여부의 문제를 살펴보기 전에, 약간의 자아 성찰 시간이 필요하다.

- 나의 목표와 가치관

목표를 분명히 하는 한 가지 방법은 성취 대상, 다양한 역할을 수행하는 방법, 인생관에 초점을 맞추는 것이다.

① 평생 달성하고자 하는 중요한 것들을 나열한다(예 : 사업, 집필, 교수 방법).

② 가까운 관계 안에서의 역할은 무엇이고, 어떤 방식으로 그 역할을 행할 것인가?(예 : 의지할 수 있는 부모, 의리 있는 친구, 직원 발전에 주력하는 사장, 연락을 자주하는 형제 자매)

③ 자신을 어떤 가치관과 연결시켜 주길 바라는가?(예 : 성실함, 우수성 추구, 유머, 인내, 위험을 무릅쓰는 용기, 융통성)

다. 자신의 목표와 가치관이 팀의 목표와 가치관에 부합하는지 생각한다.

팀의 목표에 대한 신념이 없으면, 팀에 대한 사명감을 가질 수 없다.

팀의 목표가 당신의 목표에 부합한다면, 팀과 혼연일체가 되었다는 생각이 들 것이다. 그렇지 않으면 팔다리가 따로 노는 느낌을 받을 것이다. 따라서 팀의 목표가 얼마나 가치 있다고 생각하는지 분석하는 것이 중요하다. 개인적으로 가치 있다고 여겨지는 목표인가? 당신의 사명과 같은 선상에 놓여 있는가? 당신의 가치관이 팀의 가치관에 부합하는가? 완벽하게 부합되지 않을지라도, 두 가지를 모두 만족하는 방법을 생각해낼 수 있다.

예를 들어 당신이 직선적인 표현을 좋아하는 경우, 팀에서 원하는 것이 평화와 조화일 때 낙동강 오리알 신세를 면치 못할 것이다. 그런 갈등을 대화시 평화와 정직이라는 2가지 가치관을 동시에 염두에 두고, 재치를 발휘함으로써 해결할 수 있을 것이다. 또한 지혜롭게 이견을 수렴하는 몇가지 기본 규칙을 팀에 도입해달라고 요구함으로써, 정직하게 자신의 가치관을 나타낼 수 있을 것이다. 하지만 이견을 말하기 전엔 우선 어떻게 다른지를 넘어가야 한다.

- 개인과 팀 목표간의 차이 점검

① 어느 정도로 팀의 목표가 당신의 목표에 부합하는가?

② 당신의 어떤 장점이 팀에게 중요한 것인가?(예 : 정직성, 근면, 창의력, 봉사 정신)

③ 당신의 가치관과 충돌하는 팀의 가치관이 있는가?(예 : 개인적으로 정직을 중시하지만 팀에서는

조화를 중시하고, 개인적으로는 혼자 일하는 것을 중시하지만 팀에서는 공동체적인 협력을 중시할 경우)

④ 이러한 가치관의 갈등이 해결될 여지가 있는가? 그 방법은 무엇인가?

■ 팀 워크 진단 활동(Baguley, 2003)

다음은 팀워크를 진단하는 활동이다. 질문지는 팀, 팀 리더, 팀 구성원을 위한 세 가지 질문이다. 다음 질문에 대하여 솔직하게 응답하시오. 응답은 올바른 답이 아니라 여러분의 솔직한 응답을 하여야만 한다. 세 가지 영역 모두 질문에 응답하고 각 영역의 점수를 합하고, 마지막에 총점을 구하여 여러분의 팀워크를 진단해 보자.

팀 영역 질문지					
평가 항목	항상 그렇다.	대부분 그렇다.	가끔 그렇다.	대체로 그렇지 않다.	전혀 그렇지 않다.
A1. 우리는 팀의 목적, 목표, 임무를 명확하게 이해하고 있다.	1	2	3	4	5
A2. 팀으로서 우리는 무엇을 하는지, 어떻게 하는지를 알고 있다.	1	2	3	4	5
A3. 우리는 서로 돕고 협력한다.	1	2	3	4	5
A4. 팀 목표는 개인의 목표보다 중요하다.	1	2	3	4	5
A5. 팀 리더는 돌아가면서 한다.	1	2	3	4	5
A6. 팀 모임은 출석률이 높고, 능동적이고 유용하다.	1	2	3	4	5
A7. 팀의 갈등은 건설적으로 활용된다.	1	2	3	4	5
A8. 팀의 의사소통은 명확하고 효과적으로 수행된다.	1	2	3	4	5
A9. 팀은 함께 시간을 많이 보낸다.	1	2	3	4	5
A10. 팀의 수행과정과 결과를 평가하고 모니터링 한다.	1	2	3	4	5
A11. 팀 구성원은 서로에게 관대적이다.	1	2	3	4	5
A12. 팀 구성원은 서로 신뢰한다.	1	2	3	4	5
팀 질문 영역 총점					

생각을 확장하는 페이지 | GROUP GENEUS 집단 창조성

긍정적 사고

어떤 상황들이 팀 구성원에게 동기를 부여하는가? '넌 성공할 수 있어!' 등의 격려로 귀하에게 동기를 부여해 주었던 과거의 학교 선생님, 친구 또는 부모님을 떠올려보라. 이는 동기부여에 있어 첫 번째 원칙을 말해 주는 좋은 사례이다. 즉, 긍정적인 사고가 동기를 부여해 준다.

기쁨

어떤 활동(귀하 혼자서 했거나 동료와 함께 한 일)을 통해서 얻은 순수한 기쁨을 돌이켜볼 수 있을 것이다. 여러분은 성공하도록 동기 부여받았고 그렇게 해낸 것이다. 사람들은 일을 끝낸 후의 기쁨을 맛보기 위해 활동을 한다.

나 자신이 중요하다는 생각

다른 동료가 귀하의 의견을 받아들였던 그때의 기억을 돌이켜본다. 귀하의 아이디어는 중요했으며 다른 동료들이 귀하의 의견을 경청했을 것이다. 그때 귀하는 동기 부여되었는가? 그랬으리라 확신한다. 이는 동기부여에 있어 세 번째 원칙을 말해주는 사례이다. 즉, 자신이 중요하다는 생각이 동기를 부여해 준다.

성공

많은 경우에서 어떤 일을 매우 잘할 때 동기부여가 발생한다. 귀하는 자신의 업무가 보람 있는 일이라고 생각하면서 지속적인 성공을 위해 열심히 일한다. 이는 네 번째 원칙을 증명해 준다. 즉, 성공이 동기를 부여해 준다.

개인적 혜택

또 다른 동기부여의 원천은 '과연 이 일을 해서 내가 얻을 수 있는 것은 무엇인가'에 있다. 종업원, 교육 수강생, 이밖에 어느 누구든지 개인적으로 어떤 혜택을 받을 수 있는지 알고 있을 때 이들에게 동기가 부여된다. 즉, 개인적 혜택이 동기를 부여한다.

명확성

마지막 원칙은 귀하가 동기 부여되지 않았던 상황을 떠올리면 쉽게 이해할 수 있다. 귀하가 해야 했던 업무가 불명확했었을 가능성이 있다. 아니면 업무 지침이 모호했을 가능성도 있다. 이를 뒤집어 살펴보면 바로 동기부여의 여섯 번째 원칙이 나오게 된다. 즉, 명확할 때 동기가 부여된다.

사각형 바퀴 수레 토론	팀 계발 활동 TEAM BUILDING

◈ 목표

1. 팀 리더와 팀 구성원이 가진 문제를 발견할 수 있다.
2. 팀 책무성 차원에서 새로운 팀십을 세울 수 있다.

◈ 준비물

사각형 바퀴 수레 워크 시트, 새로운 수레를 그릴 수 있는 용지와 필기도구

◈ 절차

1. 사각형 수레 바퀴의 문제점을 모두 분석한다.
2. 팀 워크 차원에서 팀 리더, 팀 구성원, 팀 문화의 차원에서 문제를 구체화한다.
3. 새로운 팀 문화와 팀 워크를 위한 대안을 도출한다.
4. 대안을 바탕으로 새로운 수레 그림을 그려본다.

◈ 토론 자료 : 사각형 바퀴 수레

사각형 바퀴®

성명 :

(스콧 시머슨 박사, 퍼포먼스 매니지먼트 컴퍼니, 미국 사우스캐롤라이나 테일러가 29687 864-292-8700)

이 그림은 실제 여러 조직이 일하는 방법을 보여준다.

TEAMWORK TIP	최고의 팀을 위한 팁 · 팀은 단순히 작업 그룹과 구별됨을 인식하기 · 팀은 결과 그 자체가 아니라 어떤 것을 성취하기 위한 도구이고 수단임을 인식하기 · 실제 팀은 2 + 2 = 5 혹은 그 이상이라는 것을 기억하기 · 팀 수행은 - 팀과 팀 구성원에게 최선을 다하기 - 함께 일하고, 협력하기 - 공유할 수 있고 의미있는 결과 창출하기 Phill Baguley

학습 문제 | Quiz for Summary

◆ 객관식

1. 팀 책무성의 기초를 세우기 위한 요소로 거리가 먼 내용은?

① 팀 구성원은 전체 팀에 대하여, 그리고 개인에 대하여 기대되는 것이 무엇인지를 이해한다.

② 팀 구성원은 어떻게 충분한 기대들이 결정될 것인지 이해한다.

③ 팀 구성원은 기대를 채우기 위해 필요한 주어진 훈련을 계속한다.

④ 팀에게 기대를 채우기 위해 충분한 지원과 자원보다는 스스로 만족하는 마음가짐을 한다.

2. 팀 책무성과 관련된 설명이 잘못된 것은?

① 형식적 책무성(formal accountability)과 비형식적 책무성(informal accountability)의 두 가지 유형이 있다.

② 형식적 책무성은 두 가지 과정을 포함한다

③ 비형식적 책무성으로 팀 강령에 제시한 성취도에 기초한 팀 수행에 대한 지필 평가가 있다.

④ 형식적 책무성으로 팀의 일반 규칙에 기초한 팀 구성원에 대한 평가가 있다.

3. 비형식적 책무성에 대한 설명이 잘못된 것은?

① 팀 리더에 의하여 지속적인 점검을 한다.

② 팀 동료에 의한 지속적 점검을 한다.

③ 팀 리더는 팀 미팅의 면대면 만남과 보고서를 통하여 질문하지만, 가급적 전화, 이메일 등으로 하는 점검은 피한다.

④ 팀 리더는 그들의 팀 구성원간에 발달된 신뢰의 적절한 수준의 때를 판단해야 한다.

4. 책무성이 강한 팀 리더의 특성으로 볼 수 없는 것은?
① 팀 구성원을 신뢰한다.
② 팀의 모든 쟁점에 대하여 명확하고 효과적으로 의사소통한다.
③ 팀 과제가 잘 수행되도록 보호막보다는 책무를 따진다.
④ 좋은 일의 수행을 인식하고 고마움을 표현한다.

5. 책무성이 높은 팀 구성원의 특성으로 볼 수 없는 것은?
① 이 팀의 구성원으로 즐긴다.
② 이 팀에서 좋은 팀 구성원이 되는 것은 나의 직업능력을 향상시킬 것이라고 인식한다.
③ 다른 팀 구성원과의 협력은 반드시 필요하다고 인식한다.
④ 다른 사람들이 말하는 것을 경청하기보다는 내 주장을 한다.

◆ 주관식

1. 효과적인 동료 책무를 확립하기 위하여 팀 리더는 작업 현장에서 필요한 전략 4가지를 제시하시오.

2. 수잔 윌리스 조글리오는 '사명감을 높이기 위해 내가 할 수 있는 것'으로 개인 전략 3가지를 제안하였다. 그 내용을 제시해 보시오.

객관식

1. [정답] ④
[해설] 팀에게 기대를 채우기 위해 충분한 지원과 자원이 주어져야 한다.

2. [정답] ③
[해설] ③은 형식적 책무성으로 팀 강령에 제시한 성취도에 기초한 팀 수행에 대한 지필 평가가 있다.

3. [정답] ③
   [해설] ③ 그리고 팀들을 관리하는 상위 팀 리더는 팀 미팅의 면대면 만남과 보고서를 통하여 질문하고, 전화, 이메일 등으로 최근의 팀 회의 등을 점검한다. 이는 그 시점에서 팀의 수행을 개선하기 위하여 격려와 수정하는 기회를 제공해준다.

4. [정답] ③
   [해설] 팀 과제가 잘 수행되도록 보호막이 되어야 한다.

5. [정답] ④
   [해설] 다른 사람들이 말하는 것을 경청한다.

주관식

1. [정답]
   - 팀 구성원의 기대되는 긍정적 행동의 모범을 제시한다.
   - 팀에 기대하는 것이 무엇인지를 재인식 시킨다. (특별히 팀의 일반 규칙)
   - 동료 책무에 대한 공개적으로 그리고 자주 말한다.
   - 동료 책무를 강화한다.

   [해설] 올바르게 과제가 수행될 때, 동료의 책무는 팀 내에서의 책무를 따지는 가장 효과적인 수단이 될 수 있다. 과제를 수행할 때 팀 구성원간의 서로의 책무가 높을수록 감독이 줄어들 수 있다. 우리가 실패하면 함께 실패하고, 성공하면 함께 성공한다는 동료 간의 책무는 매우 중요하다.

2. [정답]
   가. 팀의 목표와 가치관에 초점을 맞춘다.
   나. 자신의 목표와 가치관을 명확히 한다.
   다. 자신의 목표와 가치관이 팀의 목표와 가치관에 부합하는지 생각한다.

학습 내용 정리	Mind Mapping

1. 팀 강령과 팀 일반 규칙팀 전체와 팀 개인에게 무엇을 기대할 수 있게 해준다. 팀 리더는 팀이 적절히 그들의 강령을 시간 안에 만족시키기를 기대한다. 팀 구성원은 팀 강령의 충분한 지원받고 일을 수행하는 것을 기대한다. 이러한 기대가 존재할 때, 반드시 책무성이 요구된다. 책무성은 성공적인 팀워크를 위한 공식에서 핵심 요소이다.
2. 팀의 과제 수행에 따른 책무성을 세우기 위한 필요한 네 가지 요소 :

- 팀 구성원은 전체 팀에 대하여, 그리고 개인에 대하여 기대되는 것이 무엇인지를 이해한다.
- 팀 구성원은 어떻게 충분한 기대들이 결정될 것인지 이해한다.

- 팀 구성원은 기대를 채우기 위해 필요한 주어진 훈련을 계속한다.
- 팀에게 기대를 채우기 위해 충분한 지원과 자원이 주어져야 한다.

3. 책무성에는 형식적 책무성(formal accountability)과 비형식적 책무성(informal accountability)의 두 가지 유형이 있다. 형식적 책무성은 두 가지 과정을 포함한다 : (1) 팀 강령에 제시한 성취도에 기초한 팀 수행에 대한 지필 평가, (2) 팀의 일반 규칙에 기초한 팀 구성원에 대한 평가.
4. 비형식적 평가도 팀의 책무성에 매우 중요하다. 비형식적 책무성은 (1) 팀 리더에 의하여 지속적인 점검과 (2) 팀 동료에 의한 지속적 점검의 두 가지가 있다.
5. 적절한 팀 책무성의 기초가 마련된다면, 팀 리더는 팀의 수행에 대하여 일차적인 책임을 지는 사람이다. 동전의 양면같이 책임은 책무를 갖게한다. 실제 작업 현장에서 팀 수행의 책무성은 팀 강령에 기초하여 기대되어지는 결과와 팀의 수행 결과를 비교하는 형식적 평가에 의하여 이루어진다.
6. 팀 리더의 책무는 팀 강령에서 출발하지만, 팀 구성원의 책무는 일반 규칙에서 출발한다. 팀 강령이 팀 리더의 수행을 평가하는데 중요한 것처럼, 일반 규칙은 팀 구성원의 수행을 평가하는데 중요하다.
7. 팀 동료의 책무는 팀 내에서의 책무를 따지는 가장 효과적인 수단이 될 수 있다. 과제를 수행할 때 팀 구성원간의 서로의 책무가 높을수록 감독이 줄어들 수 있다. 우리가 실패하면 함께 실패하고, 성공하면 함께 성공한다는 동료 간의 책무는 매우 중요하다.
8. '사명감을 높이기 위한 개인 전략 3가지' :

- 팀의 목표와 가치관에 초점을 맞춘다.
- 자신의 목표와 가치관을 명확히 한다.
- 자신의 목표와 가치관이 팀의 목표와 가치관에 부합하는지 생각한다.

생각해 볼 문제 | Reflection & Discussion

1. 다음은 팀 동기 부여와 관련된 중요한 요인 6가지이다. 이 요인들이 왜 동기 부여에 영향을 미치는지 그 이유를 토의해 보자.

❶ 긍정적 사고	❷ 기쁨	❸ 나 자신이 중요하다는 생각
❹ 성공	❺개인적 혜택	❻명확성

[해설]
긍정적 사고
어떤 상황들이 팀 구성원에게 동기를 부여하는가? '넌 성공할 수 있어!' 등의 격려로 귀하에게 동기를 부여해 주었던 과거의 학교 선생님, 친구 또는 부모님을 떠올려보라. 이는 동기부여에 있어 첫 번째 원칙을 말해 주는 좋은 사례이다. 즉, 긍정적인 사고가 동기를 부여해 준다.

기쁨
어떤 활동(귀하 혼자서 했거나 동료와 함께 한 일)을 통해서 얻은 순수한 기쁨을 돌이켜볼 수 있을 것이다. 여러분은 성공하도록 동기 부여받았고 그렇게 해낸 것이다. 사람들은 일을 끝낸 후의 기쁨을 맛보기 위해 활동을 한다.

나 자신이 중요하다는 생각
다름 동료가 귀하의 의견을 받아들였던 그때의 기억을 돌이켜본다. 귀하의 아이디어는 중요했으며 다른 동료들이 귀하의 의견을 경청했을 것이다. 그때 귀하는 동기 부여되었는가? 그랬으리라 확신한다. 이는 동기부여에 있어 세 번째 원칙을 말해주는 사례이다. 즉, 자신이 중요하다는 생각이 동기를 부여해 준다.

성공
많은 경우에서 어떤 일을 매우 잘할 때 동기부여가 발생한다. 귀하는 자신의 업무가 보람 있는 일이라고 생각하면서 지속적인 성공을 위해 열심히 일한다. 이는 네 번째 원칙을 증명해 준다. 즉, 성공이 동기를 부여해 준다.

개인적 혜택
또 다른 동기부여의 원천은 '과연 이 일을 해서 내가 얻을 수 있는 것은 무엇인가'에 있다. 종업원, 교육 수강생, 이밖에 어느 누구든지 개인적으로 어떤 혜택을 받을 수 있는지 알고 있을 때 이들에게 동기가 부여된다. 즉, 개인적 혜택이 동기를 부여한다.

명확성
마지막 원칙은 귀하가 동기 부여되지 않았던 상황을 떠올리면 쉽게 이해할 수 있다. 귀하가 해야 했던 업무가 불명확했었을 가능성이 있다. 아니면 업무 지침이 모호했을 가능성도 있다. 이를 뒤집어 살펴보면 바로 동기부여의 여섯 번째 원칙이 나오게 된다. 즉, 명확할 때 동기가 부여된다.

참고문헌

대니얼 레비, 정명진 역(2011). 팀워크 심리학(Group Dynamics for Team). 부글북스.

박태현(2012). 팀으로 일하라. 시그마북스.

최유현(2008). 공학기술과 팀워크. 지호.

IBS 컨설팅 그룹 역(2002). 성공하는 컨설턴트를 위한 Tool Kit(멜 실버맨 엮음). 새로운 제안.

Bagulary, P. (2003). Teams and Team-working. Chicago, Ill: MaGraw-Hill.

Bennis, W. & Nanus, B. (1985). Leaders: The Strategies for Taking Charge. New York: Harper & Row.

Goetsch, D. (2004). Effective Teamwork: Ten Steps for Technical Professions. Net Efect Series. Columbus, Ohio, Pearson Prentice Hall.

Rees, F. (1997). Teamwork form start to finish. : 10 steps to results. An Imprint of Jossey-Bass Inc., Publishers.

Scolotes, P. P. (1996). The Team Handbook. Madison, WI: Joiner Association.

Smith, K. A. (2004). Teamwork and Project Management. Boston: McGrawHill - Higher Education.

Stewart, G. L., Manz, C. C. & Sims, Jr, H. P. (1999). Team Work and Group Dynamics. New York: John Wiley & Sons, INC.

Wellins, R. S., Byham, W. C. & Willson, J. M. (1991). Empowered Teams: Creating self-directed work groups that improve quality, productivity, and participation. San Francisco, CA: Jossy-Bass Inc.

West, M. A. & Markiewicz, L. (2004). Building Team-Based Working : Practical Guide to Organizational Transforming. BPS Blackwell.

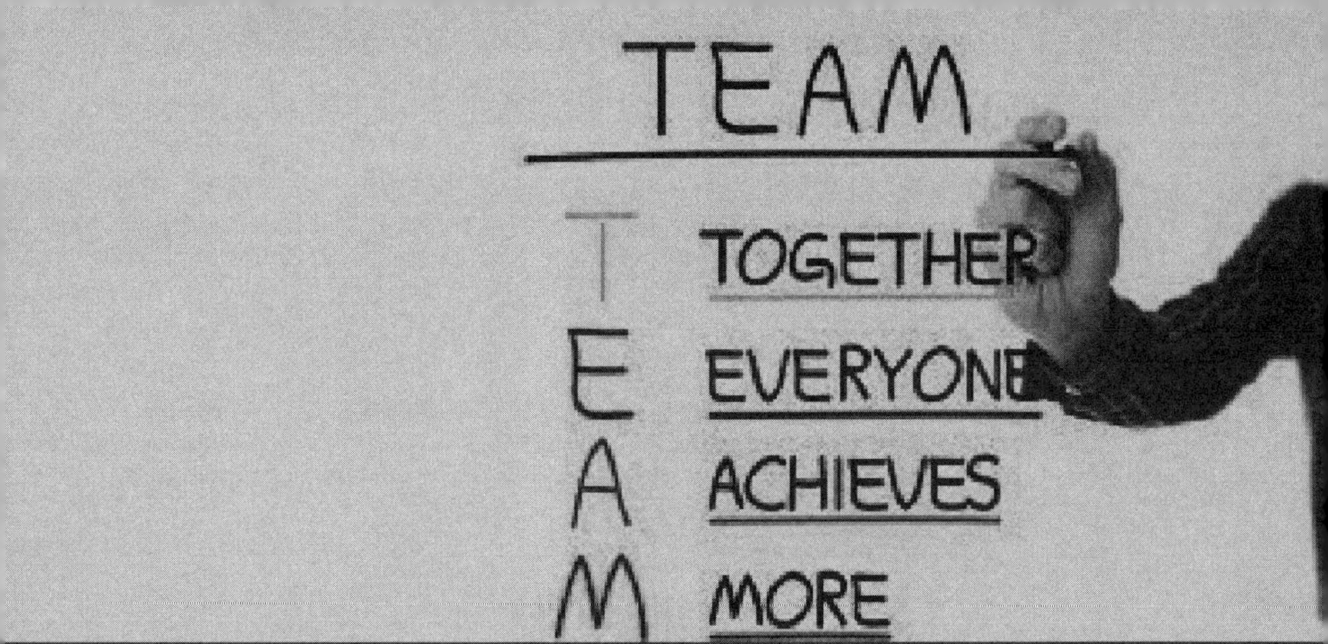

● 팀워크 리더십 Teamwork Leadership ●

Part 03 팀 리더십 개발하기

8. 팀 리더십 기술 개발하기
9. 의사소통 기술 개발하기
10. 팀워크와 갈등관리
11. 팀 갈등관리 기술 개발하기
12. 팀워크와 의사결정
13. 의사결정 기술 개발하기

Part 03 팀 리더십 개발하기

08 팀 리더십 기술 개발하기

I 주요 개념 I 팀 리더십 연구, 리더 오해(myths), 팀 리더의 힘, 팀 리더 유형, 팀 리더 윤리

08 팀 리더십 기술 개발하기

ㅁ 학습 목표

① 팀 리더십의 연구의 접근을 이해한다.
② 팀 리더십 기술을 이해하고 실천할 수 있다.
③ 팀 리더의 유형을 설명할 수 있다.

ㅁ 학습으로의 초대

다음은 팀의 역할 구조에 대한 그림이다. 리더가 지시하는 작업 집단, 리더가 감독하는 팀, 부분적으로 자기주도적 팀, 자기 주도적 팀을 그림으로 제시하고 있다. 각 팀의 구조에서 리더의 역할과 자질은 무엇일까?

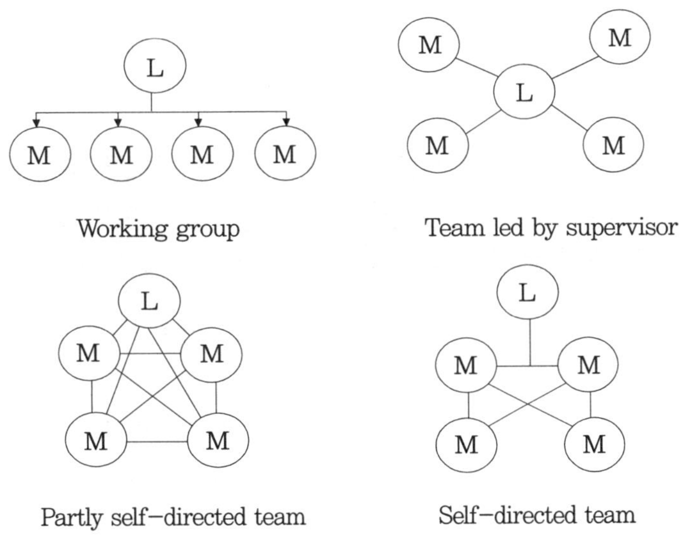

출처 : http://leadershiptheories.blogspot.kr/2010/02/team-leadership.html

1. 팀 리더십 연구의 접근

리더십은 대부분의 사람들이 매우 중요하다고 생각하는 주제이다. 리더십을 주제로 엄청나게 많은 연구가 행해졌다. 그럼에도 우리는 리더십을 매우 잘 이해하지는 못한다. 리더십 연구 자체가 안고 있는 문제들이 이런 딜레마를 낳는다. 사람들이 리더십을 중요한 것으로 믿고 있다는 사실이 곧 리더십이 중요하다는 의미는 아니다(Meindl & Ehrlich, 1987). 한 사람의 최적의 지도자가 있는 것이 아니라, 상황에 따라 다양한 유형의 지도자가 유익할 것이다. 이 상황에서 더 유능한 리더가 있고, 저 상황에서 더 유능한 리더가 있다(대니얼 레비, 정명진 역, 2011).

리더십 연구의 4가지 방법은 각각 조직과 팀에 어떤 암시를 전한다〈표 3-1〉. '성격접근법'(personality approach)은 훌륭한 리더들은 특정한 성격을 갖고 있다는 믿음에 바탕을 두고 있다. 이것이 진실이라면, 심리테스트를 활용하여 훌륭한 리더를 찾아낼 수 있다는 말이다. 그 대안이 '행동접근법'(behavioral approach)이다. 리더십을 리더의 행동 방식에 따라 정의하는 것이다. 이 접근법은 사람들을 훌륭한 리더로 훈련시키기 위하여 훌륭한 리더들이 하는 행동이 어떤 것인지를 찾으려고 노력한다. '상황접근법'(situational approach)은 리더십의 필요성에 의문을 제기한다. 그것은 리더가 필요한 때와 리더십을 대체할 수 있는 요소들이 무엇인지를 밝히려고 노력한다. 마지막 접근법이 '상황적응접근법'(contingency approach)이다. 리더의 성격 또는 행동의 특징과 상황의 특징을 결합하는 접근법이다. 예를 들어 훌륭한 리더십이 어떤 행동을 보이는지를 밝히는 것은 불가능하지만, 어떤 비상 상황에 훌륭한 리더십을 정의하는 것은 가능하다.

〈표 3-1〉 리더십 연구의 4모델

리더십 모델	
모델	함축적 의미
성격	훌륭한 리더를 선택하려면 심리 테스트를 이용하라
행동	사람을 훌륭한 리더로 훈련시켜라
상황	리더십의 대용(代用)들을 이해하라
상황적응	성격 또는 행동을 상황과 연결시켜라

팀워크의 관점에서 보면, 리더십 이론 중에서 가장 중요한 것이 '상황대응리더십이론'(situational leadership theory)이다. 이 이론은 리더의 행동과 집단의 특성들을 연결시킨다. 이 이론의 진가는 리더

에게 행동하는 방법 그 이상의 것을 알려준다는 데 있다. 상황대응리더십이론은 리더십의 목표 중 하나가 집단을 발달시키는 것이라고 주장하는 발달이론이다. 그렇기 때문에 리더십 이론 중에서 가장 팀 지향적이다(대니얼 레비, 정명진 역, 2011).

상황대응리더십이론은 과업 지향성과 인간 지향성의 결합을 바탕으로 리더십의 기본 유형을 4가지로 나눈다. 리더들은 명령하거나(매우 과업 지향적), 지도하거나(매우 과업 지향적이기도 하고 인간 지향적이기도 함), 지원하거나(매우 인간 지향적), 위임할(과업 지향적이지도 않고 인간 지향적이지도 않음) 수도 있다. 적절한 스타일은 집단의 '준비성'(readiness)이 어느 정도이냐에 따라 달라진다. 집단의 준비성은 구성원들의 기술, 구성원들이 과업을 수행한 경험, 구성원들이 목표를 세우는 능력, 책임을 지는 능력 등에 의해 파악된다. [그림 3-1]에 집단의 준비성의 수준과 리더의 행동 사이의 관계가 소개된다.

이 이론이 어떤 것인지 이해하기 위해 당신이 여름 노동 프로그램에 참가한 청소년 집단의 리더라고 상상해보자. 리더로서의 첫날에는 그 청소년 집단이 그 과업을 전혀 경험하지 않은 상태이고 공동으로 일한 경험도 거의 없는 상태일 것이다. 리더인 당신은 그 상황을 통제하고 그 집단이 공동 작업을 시작하도록 고무할 필요가 있다. 이때는 과업 지향적인 접근(명령)이 필요하다. 그 집단이 약간의 경험을 쌓게 되면, 당신의 리더십 스타일은 집단의 성취를 보상하기 위해 조금 부드러워져야(지도)한다. 그 집단이 직무를 수행하고 책임감 있게 행동하는 방법을 배우기만 하면, 당신은 그들에게 의사결정 과정에 참여하도록 허용함으로써(지원) 구성원들에게 보상을 더 많이 할 필요가 있다. 그러면 구성원들이 집단에 더욱 충성하게 되고 리더십 기술을 개발할 것이다. 집단이 과업 수행에 대한 책임을 전적으로 질 수 있는 단계가 되면, 당신의 직무는 팀 바깥의 이슈들을 처리하는 쪽으로 옮겨가야 한다. 더 이상 팀을 지도할 필요가 없기 때문이다. 이제 당신은 내부의 리더십 기능 대부분을 팀원들에게 위임하고 팀이 스스로를 관리하도록 내버려둬야 한다.

이 예에서 보듯, 상황대응리더십이론은 두 가지 중요한 것을 강조한다. 첫째, 리더는 집단의 준비성이 어느 정도이냐에 따라 행동 스타일을 조정할 필요가 있다는 점이다. 둘째, 리더십은 하나의 발달과정이며, 리더의 행동이 집단의 준비성을 높여야 한다는 점이다.

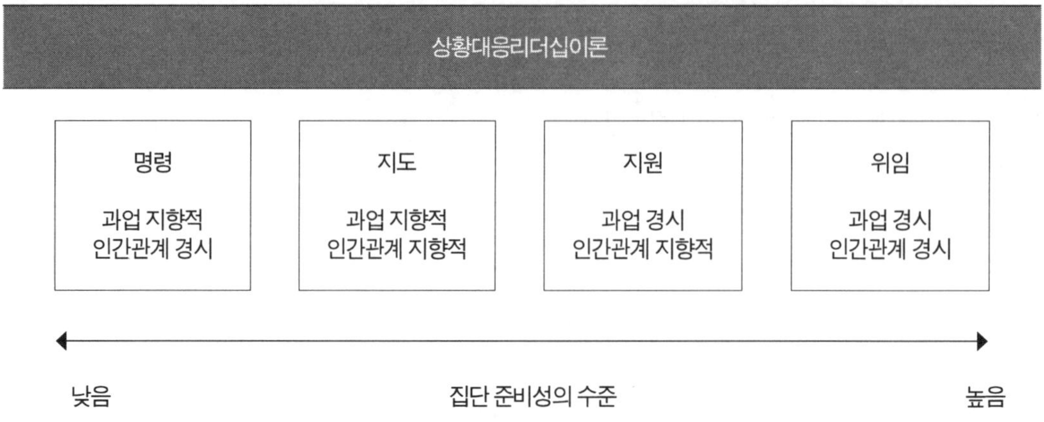

Source: Adapted from Hersey and Blanchard(1993). 대니얼 레비, 정명진 역, 2011).

[그림 3-1] 집단 준비성의 수준과 리더 행동

2. 팀 리더십 기술 개발하기

가. 팀 리더십

팀 리더십은 팀에서 일관되게 최고의 성공을 보장하는 가장 중요한 요소이다. 좋은 리더십을 가지고 있다면, 보통의 사람들이 예상외의 성과를 가져올 수 있다. 반면에 리더십이 없다면 가장 재능이 많은 사람들도 기대 이하의 성취를 이룰 수도 있다. 이 장에서는 팀을 이끌기 위한 책임이 주어진 경우 어떻게 리더십 기술을 개발하는가를 설명한다(Goetsch, 2004).

지금까지 가장 오래된 논쟁 중의 하나는 리더십이 타고나느냐 아니면 만들어지는가이다. 이러한 논쟁은 리더십이 학습될 가능성이 있는가의 문제이다. 이러한 논쟁은 아직도 해결되지 않았으며, 아마도 앞으로도 해결되지 않을 것이다. 보다 확실한 결론은 이 두 주장이 어느 정도 모두 맞다는 것이다.

운동선수와 마찬가지로 선천적으로 어느 정도 타고난 재능도 있지만 후천적인 훈련에 의하여 길러질 수 있는 측면이 있다는 것이다. 즉 타고난 운동선수는 출발점이 다를 수 있지만 그 이후의 능력은 본인의 의지와 훈련에 의하여 결정된다는 것이다. 리더십에 있어서도 이와 마찬가지로 어떤 관리자는 다른 관리자보다도 타고난 리더십을 지닐 수 있다. 그러나 그들의 개인적 출발점에 관계없이 모든 관리자는 교육, 훈련, 연습, 결정, 노력 등에 의하여 훌륭한 리더가 될 수 있다는 것이다.

공학기술 회사들은 핵심 사원에게 필요한 훈련과 멘토링을 준비하여 리더십 기술을 개발시키는 것을 도울 수 있다. 이러한 리더십 훈련은 리더십 전문가를 회사로 초빙하여 할 수도 있고, 리더십 훈련이 필요한 사원을 대학 또는 리더십 훈련기관에 보내서 할 수도 있다. 또한 온라인을 통해서도 필요한 훈련을 할 수 있다.

접근법에 관계없이, 공학기술 회사들은 훈련과정에서 어떤 핵심적인 정보가 포함되도록 보증해주어야 한다. 이 장에서는 리더십 훈련 프로그램에서 포함되어야 할 핵심적인 정보를 상기시키고자 한다.

나. 리더의 힘

리더는 영향력을 행사하며, 그 영향력은 힘에서 나온다고 볼 수 있다. 베이글리는 힘(power)의 유형을 다음과 같이 제시하였다.

지위를 가진 힘(position power) : 조직에서 주어진 지위나 역할에서 오는 힘으로 흔히 법적인 힘으로 불린다. 이 힘은 조직의 힘과 조직에 의하여 부여된 권한의 힘에 의존한다. 팀 리더에게 이러한 힘이 주어져야 한다.

자원을 보유한 힘(resource power) : 모든 조직은 자원을 필요로 한다. 자본, 사람, 기술, 정보 등이 대표적인 자본이며, 이러한 힘을 가졌다면 물건을 살 수 있고, 사람을 관리하고 통제할 수 있고, 특별한 기술을 활용하거나 거래할 수 있고, 더 나은 의사결정을 위하여 정보를 활용할 수 있다.

전문성을 가진 힘(expert power) : 이것은 특별한 지식이나 기술을 개발하고 획득할 때 생기는 힘이다. 이는 특별한 프로젝트 수행과정에서 전문가로 인정받고 자율적 권한을 부여받는다. 구체적으로 상황, 문제, 해결책의 경험, 정보수집과 수행 지식, 실행의 전문성을 가리킨다. 팀 리더가 이러한 힘을 갖는 것은 매우 중요하다.

품성적 힘(personality power) : 인간이 지니고 있는 가치 있는 힘으로 개인의 성격, 인성과 개인의 품성과 관련된 힘이다. 이 힘은 존경과 신뢰를 기초로 하며, 막스 웨버는 이 사람을 범상치 않는 사람으로 초자연적, 초인으로 지칭하기도 한다.

보상적 힘(reward power) : 이 힘은 평균 이상의 성취를 했을 때 주어지는 돈, 승진, 희망 부서 발령 등으로 나타난다. 팀에서는 팀 개인보다는 팀 전체를 보상하는 것이 바람직하며, 이는 팀의 긍정적 상호의존성을 높여 팀워크를 강화시킨다.

네트워크 힘(connection power) : 이것은 관계와 네트워크, 정치적 힘이다. 이것은 무엇을 알고 있는가보다 누구를 알고 있는가가 더 중요하다. 특히 팀에서도 상부의 지지와 네트워크는 중요하다.

다. 팀 리더의 능력

베니스와 나누스(1985)는 그의 저서『능력 있는 리더의 전략』에서 리더의 능력을 세 가지 학습 영역으로 요약하였다.

- 변화에 대한 저항을 극복하기 - 어떤 사람들은 힘과 통제를 통하여 이러한 것들을 시도한다. 능력 있는 리더는 공유된 가치와 목표에 대하여 전체적, 의지적, 자발적 태도를 견지함으로서 이러한 것들을 극복한다.
- 팀 내부와 외부 집단의 상반된 요구를 중재한다 - 팀과 다른 부서의 요구가 갈등을 일으킬 때, 능력 있는 리더는 어느 한 쪽을 희생하지 않고 양쪽의 요구를 수용하는 중재안을 찾을 수 있다.
- 전체 팀의 원활한 과제 수행을 위하여 윤리적 기초를 확립한다 - 이것은 다음과 같은 전략으로 성취될 수 있다.

- 윤리적 모범 행동 사례를 마련한다.
- 팀 구성원으로 윤리적 사람을 선택한다.
- 팀 목적을 교감하도록 대화한다.
- 팀과 팀 밖에서 적절한 행동을 강화한다.
- 내부적, 외부적인 윤리적 지위를 분명히 한다.

라. 훌륭한 리더란?

훌륭한 리더는 여러 가지 특성을 보인다. 이러한 특성은 전체적이고, 의지적이고, 자발적인 태도를 추구한다.

훌륭한 리더는 자신이 과제를 잘 수행하고 팀 구성원이 과제를 잘 수행하도록 만들어야 하는데, 이 두 가지의 균형 있는 지도력이 필요하다. 좋은 리더는 항상 긍정적 모범을 제시한다. 즉 역할 모델이 되어야 한다. 행동이 아닌 말로만 하는 관리자는 효과적인 팀 리더가 아니다. 팀 구성원을 움직이기 위해서 팀 리더는 작업자들이 기대하는 일을 최고 수준으로 일관되게 기꺼이 수행할 수 있어야 한다. 예를 들어 팀의 참여가 중요하다면 팀 리더는 일관성 있게 자리를 지켜야 하고, 팀의 시간 준수가 중요하다면 시간준수의 모범을 보여야한다.

훌륭한 리더는 의사소통을 잘해야 한다. 리더는 팀 구성원의 말에 자발적이고, 인내하면서 숙련된 청취자이다. 리더는 간결하고 명확하게 편안한 태도로 대화할 수 있어야 한다. 리더는 팀 내에서의 자연적 친밀감을 형성하여 의사소통 기술을 확립해야 한다. 좋은 리더는 팀 구성원과 함께 영향력을 받고 긍정적인 태도로 그 영향력을 활용해야 한다. 영향력은 어떤 관점으로 사람들을 움직이는 힘의 예술이다. 팀 리더의 힘은 팀 구성원과 쌓은 신뢰와 그들의 과제 수행의 권위로부터 나온다. 영향력이 없는 힘은 소용없다. 힘은 적당하고 적절하게, 그리고 효과적으로 긍정적 영향력이 미치도록 발휘되어야 한다.

끝으로 훌륭한 리더는 설득력이 있어야 한다. 팀 리더는 영향력 있는 의사소통 기술과 설득력을 보여야 하며, 이 과정에서 전체적이고, 의지적이고, 자발적인 태도로 접근하는 것이 바람직하다.

훌륭한 리더의 특성 체크리스트
__V__ 일과 팀 구성원 간의 균형 잡힌 처치
__V__ 팀 구성원에 대하여 긍정적 역할 모델
__V__ 좋은 의사소통 기술
__V__ 팀 구성원에게 긍정적 영향력
__V__ 팀 구성원들을 잘 설득하는 능력

[그림 3-2] 훌륭한 리더의 특성

마. 리더십에 대한 오해

수십 년 동안 리더십에 대한 그릇된 신화들이 전해져오고 있다. 리더는 이러한 오해를 인식하고 그것들을 추방할 수 있어야 한다. 베니스와 나누스(1985)는 이러한 일반적 오해를 다음과 같이 제시하였다.

오해 1 : 리더십은 특별한 기술이 없다.
오해 2 : 리더십은 타고나는 것이지 만들어지는 것이 아니다.
오해 3 : 리더는 카리스마가 있어야 한다.
오해 4 : 리더십은 높은 지위에 있는 사람의 전유물이다.
오해 5 : 리더는 통제하고, 지시하고, 명령하고, 조정하는 것이다.
오해 6 : 리더는 학습자가 될 필요가 없다.

이러한 오해들을 살펴보면 우리가 흔히 리더를 잘못 판단하는 실수를 바로잡아주는 중요한 메시지를 얻을 수 있다. 리더십에 대한 이러한 오해는 결코 사실일 수 없으며, 훌륭한 지도자라면 가져서는 안 될 생각들이다.

바. 지지자를 세우고 관리하기

사람들은 자발적이고 안정적으로 지도를 따르는 사람들이 있을 때 지도자가 될 수 있다. 추종 세력은 세워지고 유지되어야 한다. 여기에서는 이러한 내용을 다루고자 한다.

인기와 리더

많은 사람들은 리더십과 인기, 지지 세력을 혼동한다. 리더십과 인기는 같은 것이 아니지만, 장기간의 추종 세력만이 인기가 아닌 존경을 할 수 있다. 좋은 지도자는 인기가 있을 수도 있지만, 그보다도 존경받아야 한다. 모든 좋은 지도자가 인기 있는 것은 아니지만, 모든 좋은 지도자는 존경받는다.

팀 리더는 때로는 인기 없는 결정을 할 수도 있다. 인생에서 리더는 때때로 고독하게 묘사될 수 있다. 인기 없는 결정으로 지지 세력을 잃을 수도 있다. 대조적으로 당장 인기 있는 결정으로 단기간의 효과는 있지만 장기적인 지지 세력을 잃을 수도 있다.

추종 세력을 만들고 유지하기 위한 리더십 특성

팀 리더는 그들의 지도력에 존경을 받고 추종 세력을 만들고 유지해야 한다. 다음은 이를 위한 몇 가지 특성을 제시한 것이다.

- 목표 의식 - 성공적인 지도자는 강한 목표 의식이 있어야 한다. 그들이 누구인지, 전체 조직에서 누구인지, 어디가 적당한지, 그리고 조직의 성공을 위하여 그들의 영역이 어떻게 기여할 수 있는지를 알고 있어야 한다.
- 자기 도야 - 성공적인 지도자는 자기도야를 개발해야 한다. 자기 도야는 부정적인 자기 방종, 부적절한 정서 표현(화냄 등), 비생산적인 반응을 피해야 한다. 자기 도야를 통하여 리더는 균형감과 긍정적 태도로 문제와 압력을 다루는 모범을 확립해야 한다.
- 정직 - 성공적인 지도자는 그들의 추종자들에게 신뢰를 받아야 한다. 그들은 팀 구성원들에게 개방적이고, 정직하고, 솔직해야 한다. 그들은 즐겁지 않은 상황에서 어려운 결정을 하는 데 있어서도 항상 믿음을 주어야 한다.
- 신뢰성 - 성공적인 지도자는 모든 인간관계에서 납득할 만하고, 일관성 있고, 공정해야 한다.
- 상식 - 성공적인 지도자는 주어진 상황에서 무엇이 중요한지 아닌지를 알아야 한다. 사람들을 다룰

때 재치가 중요함을 알아야 한다. 또한 융통성을 보여야 할 때와 확고해야 할 때를 알아야 한다.

- 체력 - 성공적인 지도자는 체력이 있어야 한다. 지도자는 맨 먼저 도착하고 맨 나중에 자리를 떠야 한다. 지도자가 보내는 시간은 다른 사람들보다 길고 압박감이 크다. 에너지, 인내, 좋은 건강은 좋은 리더십에 발휘하는 데 중요하다.
- 책임 - 성공적인 지도자는 팀 목표에 대하여 책임을 지고, 팀 구성원과 함께 과제를 수행하며, 지속적인 인성과 전문성을 개발해야 한다. 그들은 팀의 지속을 위하여 법의 범위, 전문가 윤리, 회사 정책 안에서 모든 것을 기꺼이 할 수 있어야 한다.
- 확고한 신념 - 성공적인 지도자는 확고한 신념과 결연한 의지를 가지야 한다. 사람들은 일반적으로 책임과 신념이 없는 사람을 추종하지 않는다. 성공적인 지도자는 어려움이 닥치더라도 확고한 신념을 유지해야 한다.

<u>지도력을 해치는 함정</u>

추종세력을 차단하거나 해치는 몇 가지 함정이 있다. 따라서 지도자는 이러한 함정들을 잘 인지하고 대처해야 한다.

- 친구가 되기를 시도하는 것 - 긍정적인 관계와 좋은 친밀감은 중요하지만, 리더는 친구가 되어서는 안 된다.
- 팀 구성원을 협박하는 관계를 갖는 것 - 이는 지혜롭지 못하고 비윤리적이다. 이러한 상황에서 긍정적인 지도자는 나올 수 없다.
- 이전에 동료가 팀을 이끌 때와 같은 태도로 일하는 것 - 지도자와 팀 구성원의 관계는 동료와 동료 간의 관계와 다르다. 만약 팀 동료가 팀 리더로 바뀌는 경우 이전의 동료 관계로 관계를 지속시켜서는 안 된다.

사. 팀 리더십의 윤리

팀 윤리에 대한 많은 정의가 있지만 누구나 보편적으로 수용하는 것은 없다. 작업자, 고객, 경쟁업체, 일반대중과 관련된 갈등과 논쟁은 작업 현장에서의 윤리적 곤경에서 초래될 경향이 있다. 작업 현장에서의 윤리적 문제는 다른 상황보다 복잡하다. 그들은 사회적 기대, 경쟁, 책임뿐만 아니라 조직의 많은 고객에 대한 한 고용자 행동의 잠재적 결과를 포함하고 있다.

윤리적 문제의 토론에서 '양심', '도덕성', '법' 같은 용어들이 자주 거론된다. 이러한 용어들이 윤리와 밀접한 관련이 있을지라도 쉽게 한정하여 정의될 수 없다. 다음과 같이 윤리가 정의될 수도 있다.

윤리는 도덕성을 발휘하는 것이다. 윤리적 행위는 도덕적 틀 안에서 "올바른 일"을 하는 것을 의미한다.

(1) 윤리적 행동을 결정하기 위한 지침

명백히 옳고 명백히 그른 것 사이에 있는 회색지대에 빠질 수 있는 문제들을 정리하고 사용할 수 있는 지침을 팀 리더에게 제시하기 전에, "법"과 "윤리"를 구분하는 일이 필요하다. 이 두 용어는 항상 동의어가 아니다. 사람들은 "나는 법적으로 아무런 문제가 없다"고 항변하지만 비윤리적 문제를 범하는 경우가 있다. 다음은 행위가 법적으로 가정되는 윤리적 행위를 결정하는 데 도움이 되는 지침이다(Goetsch, 2004).

- 다음날 아침 후 시험 - 시간이 지나 내일 아침 당신의 느낌은?
- 머릿기사 시험 - 신문에 당신의 이야기가 머릿기사에 소개된다면, 당신의 결정이 대한 느낌은?
- 거울 시험 - 거울 속에 있는 당신 스스로에게 물어보면 당신에 대한 느낌은?
- 입장 바꾸는 시험 - 다른 사람의 입장에서 생각해보면 그 결정의 느낌은?
- 상식 시험 - 자신에게 그 문제를 말하고 귀 기울여보라. 만약 당신이 상식적으로 잘못된 느낌을 가지는지?

(2) 팀 리더의 윤리적 역할

앞에서 다룬 지침들을 이용하여 팀 리더는 윤리적 선택에 대한 결정의 책임을 져야 한다. 불행하게도 윤리적으로 행동하는 것보다 윤리적인 결정을 하는 것이 쉽다. 윤리적으로 실천하는 것은 마치 다이어트를 실천하는 것과 같다. 다이어트를 위해서 칼로리 섭취를 줄어야 한다는 사실을 아는 것은 다이어트를 실천하는 것보다 훨씬 쉽다.

팀 리더는 세 가지 역할을 해야 한다. 첫 번째는 윤리적 행동의 모범을 확립하는 것이다. 두 번째는 팀 구성원이 윤리적 문제에 직면했을 때, 올바른 결정을 하도록 도와주어야 하는 책임을 가진다. 세 번째는 언젠가 확인된 적절한 선택에 따라 윤리적 선택을 하도록 도와줄 책임을 가진다. 이러한 책임을 수행하는데 있어서 팀 리더는 다음 접근법 중에 하나를 채택할 수 있다.

최적 비율 접근

최적 비율 접근은 진보적인 선택이다. 이 접근의 철학에서 사람들은 올바른 상황에서는 기본적으로 선하고 윤리적으로 행동한다는 것이다. 그러나 어떤 상황에서는 비윤리적인 행동으로 바뀔 수 있다는 것이다. 그러므로 팀 리더는 좋은 선택과 나쁜 선택의 최적의 가능성 있는 비율을 윤리적인 행동이 가능하도록 조건을 만드는 것이다. 아주 어려운 결정이 되었을 때, 팀 리더는 모든 사람들을 위한 가장 좋은 선택을 해야 한다는 것이다. 이것은 때때로 상황적 윤리로 간주된다.

흑백 접근

흑백 접근법에서는 옳은 것은 옳고 나쁜 것은 나쁘다. 상황과 조건은 관계가 없다. 팀 리더의 일은 윤리적 판단을 하고, 그것을 실행하고, 상황에 관계없이 팀 구성원이 그것을 따르도록 도와주어야 한다는 것이다. 어려운 결정일수록 공정하고 치우치지 않는 결정을 한다.

최고 잠재력 접근

최고 잠재력 접근은 팀 리더가 팀 구성원이 최고의 잠재력을 보일 수 있는 능력에 어떻게 영향을 줄 것인지에 기초하여 선택을 하는 것이다. 이 접근법의 철학은 사람들은 도덕성에 국한하여 그들의 최고 잠재력을 실현하는 데 책임을 진다는 것이다. 다른 사람의 권리를 침해하지 않고 목표를 성취하는 것을 선택하는 것이 윤리적으로 고려된다.

TEAMWORK TIP

팀 경영과 팀 리더십의 차이점

Management (structure)		Leadership (flexibility)
A function	↔	A relationship
Planning	↔	Selecting talent
Budgeting	↔	Motivating
Evaluating	↔	Coaching
Facilitating	↔	Building trust

Team Management is associated with:
- Planning and budgeting
- Organizing and staffing
- Controlling and problem solving
- Producing a predictable outcome

Team Leadership is associated with:
- Establishing direction
- Aligning people
- Motivating and inspiring
- Producing change

Source: Macoby, M. (2000). Understanding the difference between managment and leadership. Research and Technology Management, Jan-Feb, p. 57-59
http://www.narek.me/team-management-vs-team-leadership/

3. 팀 리더의 유형

가. 리더십 유형의 종류

리더십의 유형은 연구자마다 서로 다른 이름으로 분류된다. 괴쉬(2004)는 다음과 같은 다섯 가지 리더십 유형으로 구분하였다.

독재적 리더십 - 독재적 리더십은 지시적 리더십, 명령적 리더십으로 불린다. 이러한 부류의 리더는 팀 구성원과의 의논 없이 독단적으로 의사결정을 한다. 이러한 리더십은 단기간의 효과를 볼지는 모르지만 장기적으로 효과를 기대하기 어렵다는 비평을 면하기 어렵다. 독재적인 리더십은 팀 체제의 상황에서 적절한 리더십 유형이 아니다.

민주적 리더십 - 민주적 리더십은 조언적 리더십 또는 합의적 리더십으로 불린다. 이러한 접근을 하는 리더는 팀 구성원과 충분한 대화를 하여 의사결정을 한다. 리더가 최종적인 의사결정을 하지만, 팀 구성원의 요구와 추천 내용을 검토한 후에 결정한다. 이러한 리더십의 단점은 가장 인기 있는 결정이 최선의 결정이 아닐 수 있다는 것이다. 이러한 스타일은 요구되는 결과를 가져오지 못하고 실패하는 타협을 이끌 수도 있다. 따라서 이 리더십 유형도 팀 체제에서는 적절한 것이 못된다.

참여적 리더십 - 참여적 리더십은 비지시적 리더십으로 알려져 있다. 이 접근법을 취하는 사람은 의사결정 과정 전체에서 약한 형태의 통제를 행사한다. 그들은 문제에 대한 정보를 마련하고, 팀 구성원이 전략과 해결을 개발하도록 요구한다. 이 유형의 중요한 사항은 팀 구성원이 과제해결, 목표성취, 전략개발에 준비성을 갖고 수용할 책임을 보다 많이 갖는다는 것이다. 이 접근의 단점은 모든 사람들이 팀에 최대한도로 참여함으로써 시간 낭비를 초래할 수 있다는 것이다.

목표중심 리더십 - 목표중심 리더십은 결과기반 리더십으로 불린다. 이 접근을 취하는 사람들은 팀 구성원이 당장의 목표에만 관심을 갖도록 요구한다. 그러한 사람들의 유일한 전략은 정해지거나 측정가능한 팀의 목표만 검토하는 것이다. 팀에서 팀의 목표와 관계가 적은 인성이나 다른 요인의 영향력은 최소화된다. 이 접근의 단점은 팀 내부의 구체적인 목표에만 매달려 팀 외부의 작은 관심을 잃게 되어 팀의 기회와 잠재력을 깰 수 있다는 것이다. 이러한 결점은 팀 상황에서는 효과를 발휘하기 어렵다.

상황적 리더십 - 상황적 리더십은 임기응변적 리더십으로 불린다. 이 접근을 취하는 리더는 현재의 상황에 기초하여 가장 적절한 리더십을 선택하여 적용한다. 리더는 상황을 평가하는 데 다음과 같은 요인을 고려한다.

- 리더와 팀 구성원의 관계
- 얼마나 정확하게 구체적인 지침을 실천할 수 있는가?
- 리더가 팀 구성원에게 실제로 가지고 있는 권위의 정도

이러한 요인에 기초하여 관리자는 독재적, 민주적, 참여적, 목표중심적 접근을 적절히 선택한다. 서

로 다른 상황에서 같은 리더라도 다른 리더십 유형을 적용할 수도 있다. 이 접근을 비판하는 사람들은 장기간이 아닌 단기간에 이 접근을 시도하는 것을 거부한다.

한편 베이글리(2003)는 팀 리더의 유형을 동료 유형, 조언적 유형, 참여적 유형, 독재적 유형으로 구분하고 통제, 의사결정, 영향력을 중심으로 다음과 같이 비교하였다.

〈표 3-2〉 Bagulary의 팀 리더의 유형

구분	독재적 유형	동료 유형	조언적 유형	참여적 유형
통제	리더	공유	공유	팀
의사결정	리더	조언 후	공유	위임
영향력	말하기	설득하기	공유	위임

팀에서는 지원하는 유형이 좋은 리더라고 말한다.

팀 체제에서의 최적의 리더십 유형

팀 체제에서의 가장 적절한 리더십 유형은 참여적 리더십이 보다 높은 수준에서 적용될 수 있다. 전통적인 리더십이 유일하게 팀 구성원의 요구 수용에 기초를 두고 있는 반면, 참여적 리더십은 기본적인 차이가 있다. 그것은 팀 구성원이 자신의 아이디어나 생각, 그리고 요구를 동일하게 하지만, 그 과정에서 과제에 대한 솔선수범과 동기를 부여받고, 또 일하는 과정에서 빈약한 제안에 대하여 책임 있게 개선하는 태도를 보이는 데 있다.

TEAMWORK TIP	좋은 리더와 나쁜 리더	
	좋은 리더의 특징 조정자 인내와 조언자 팀의 보호자 팀을 위한 자료 확보자 팀 구성원의 코칭, 격려자 문제해결자 훌륭한 일에 대한 인식과 보상자	나쁜 리더의 특징 감독자 가르치는 자 제한된 2차 자료 제공 쫀쫀한 관리자 Phill Baguley

나. 성격 유형별 지도자 유형

앞서 배운 MBTI 16가지 성격유형별 지도자 유형을 명명해보고, 그에 따른 강점, 문제해결 스타일, 코칭 형태 등을 제시하면 다음과 같다(Hirsh & Kise, 2006).

ISTJ - 상식적인 지도자(commonsense leaders)

일반적 강점

- 과제나 필요한 기능을 숙달할 때 까지 학습하고 연습한다.
- 계약, 서류, 시간 일정표 등의 구체적인 것에 가치를 둔다.
- 일을 마칠 때까지 일정표나 지침 등을 고수한다.
- 의사결정에 사실적인 상황과 과거 경험을 중시한다.

지도 스타일 - 과업을 받아 무엇을 수행하든지 효율성을 따진다.

문제해결 스타일 - 사실에 기초하여 감각적으로 문제를 접하고, 논리를 적용하여 사고하고, 사람을 감성적으로 고려하며, 큰 그림을 보면서 상상한다.

코칭 형태 - 시스템, 단계적 절차, 실천, 환인된 방법을 활용한다.

ISTP - 사실적 지도자(fractual leaders)

일반적 강점

- 미리 준비될 수 있는 사실과 구체물을 위한 寶庫가 된다.
- 불가능하게 보이는 일을 성취하기 위하여 관료적 형식주의(red tape)를 통하여 일을 수행한다.
- 상황을 극복하기 위하여 현실적으로 접근한다.
- 의사결정을 위하여 현재 상황과 과거 경험을 활용한다.

지도 스타일 - 표본을 정하고 조용히 지도한다.

문제해결 스타일 - 논리적으로 사고하고, 사실을 감각적으로 받아들이고, 보다 큰 그림으로 상상하며, 사람을 감성적으로 고려한다.

코칭 형태 - 제기된 요구에 직접적으로 따르기 위하여 관찰, 사례, 직접적 경험을 활용한다.

ESTP - 자기 출발형 지도자(self-starting leaders)

일반적 강점

- 전진적, 직접적, 논리적 방법으로 문제를 해결한다.

- 시간을 절약하기 위하여 행동이 많고, 융통성이 있고, 빠르다.
- 일을 진전시키기 위하여 타협점을 찾고 협상한다.
- 사례로서 다른 사람을 환기시키고 잠시라도 즐거움을 갖게 한다.

지도 스타일 - 일에 대하여 사람들이 가장 효율적인 방법을 찾도록 지도한다.

문제해결 스타일 - 사실을 감각적으로 받아들이고, 논리를 활용하여 사고하고, 다른 사람을 감성적으로 고려하며, 큰 그림으로 상상한다.

코칭 형태 - 직접적인 기술을 준비시키기 위해 외부 활동을 활동한다: 실제로 시간을 주고 새로운 행동을 시도하도록 기회를 준다.

<u>ESTJ - 책임 있는 지도자(take charge leaders)</u>

일반적 강점

- 일의 실천을 위하여 사람, 사물, 조직 등을 단계적으로 수행한다.
- 구조, 방향, 핵심 명료화 등을 마련한다.
- 올바르게 수행된 과제와 예견되는 결과를 찾기 위하여 매진한다.
- 일의 흐름을 찾고, 미리 수정한다.

지도 스타일 - 계획, 방향 제시, 책임을 부여하여 지도한다.

문제해결 스타일 - 논리적으로 사고하고, 사실을 감각적으로 바라보며, 큰 그림으로 상상하고, 다른 사람을 감성적으로 고려한다.

코칭 형태 - 구조, 진술된 논리적 절차 활동, 확실한 이익을 활용한다.

<u>ISFJ - 격려하는 지도자(behind-the scenes leaders)</u>

일반적 강점

- 다른 사람이 신뢰하도록 책무를 소중히 한다.
- 올바른 시간에 올바른 장소에서 수행되도록 조직하는데 있어서 성실하게 추진한다.
- 다른 사람에게 일을 자세하고 쉽게 다룬다.
- 협력적이고 각 사람을 고려한다.

지도 스타일 - 적절하고 최상의 결과를 위하여 다른 사람을 격려함으로서 지도한다.

문제해결 스타일 - 사실을 감각적으로 받아들이고 사람을 감성적으로 대하고, 논리적으로 사고하며, 큰 그림을 상상한다.

코칭 형태 - 명확한 지침을 부여하고, 눈에 보일 수 있는 과제의 절차를 정의한다.

ISFP - 친절한 지도자(gentle leaders)

일반적 강점

- 적절한 시기에 맞는 올바른 행동과 말을 알고 있다.
- 즐거움, 친절이 삶의 방식이 모범이 된다.
- 색감, 형태, 구조 등에 민감한 처치를 활용하고 가치를 둔다.
- 다른 사람이 협력을 희망하도록 화합을 창조하고 모범이 된다.

지도 스타일 - 다른 사람이 협력하도록 격려함으로써 지도한다.

문제해결 스타일 - 다른 사람을 감성적으로 대하고, 사실을 감각적으로 받아들이며, 큰 그림으로 상상하고, 논리를 적용하여 사고한다.

코칭 형태 - 사람들의 능력과 그들의 직접적인 주장을 충족시키기 위하여 단계적으로 접촉하고 관련 학습 경험을 활용한다.

ESFP - 열의 있는 지도자(exuberant leaders)

일반적 강점

- 다른 사람을 수용하고 관대하게 대한다.
- 일과 놀이에 있어서 열의 있는 접근을 취한다.
- 어떤 일에도 잘 수행하기 위하여 열정, 에너지, 정신력, 용기를 더한다.
- 과제에 직결된 자원, 사람과의 관계망, 실제적 정보에 능력을 보인다.

지도 스타일 - 다른 사람의 기여를 격려하면서 지도한다.

문제해결 스타일 - 사실을 감각적으로 받아들이고, 사람을 정감 있게 대하여, 논리적으로 사고하고, 큰 그림으로 상상한다.

코칭 형태 - 실천 중심 그룹 상황에서 직접적, 적응력 있는 기술 개발을 활용한다.

ESFJ - 섬기는 지도자(service-oriented leaders)

일반적 강점

- 각 사람의 요구에 일관되고 관심을 가지고, 사려 깊게 대응한다.
- 사람, 조직, 팀 수행자에게 충실하고 헌신한다.
- 일의 수행을 위하여 따뜻함, 실제적 인정, 조화로운 방법을 취한다.
- 모든 다른 사람에 적절하게 동의를 구하여 일한다.

지도 스타일 - 다른 사람이 그들이 중요하다고 느끼게 하고 요구를 주의 깊게 받아들이며 지도한다.

문제해결 스타일 - 다른 사람을 정감 있게 대하고, 사물의 감각적으로 바라보며, 큰 그림으로 상상하고, 논리적으로 사고한다.

코칭 형태 - 관찰, 역할 행동, 단계적 실천 등의 다양하고 구조화된 방법을 활용한다.

INFJ- 미래적 지도자(visionary leaders)

일반적 강점

- 특별히 사람들에게 일어날 일을 천리안을 가지고 통찰한다.
- 개인과 시스템이 어떻게 통합되는지 이해한다.
- 계획하고 개발하기 위하여 미래 중심 아이디어를 창출한다.

지도 스타일 - 전망을 가지고 협력적으로 일하도록 사람들을 격려하면서 지도한다.

문제해결 스타일 - 큰 그림으로 상상하고, 사람들을 정감 있게 대하며, 논리적으로 사고하고, 사실을 감각적으로 바라본다.

코칭 형태 - 인간 중심의 질문을 하고, 그들이 성찰할 수 있는 기회를 제공한다.

INFP - 정신력이 강한 지도자(inspired leaders)

일반적 강점

- 실천하기 위하여 조직하고 사람들을 활기차게 한다.
- 만만찮은 반대에 직면하여 그들의 소신을 확고히 유지한다.
- 인간의 열망과 목표에 대하여 창의적인 방법으로 다른 사람을 환기시킨다.
- 열정, 배려, 조화에 강조를 둔다.

지도 스타일 - 각 사람에게 가치를 두고 조화로운 팀워크를 촉진시킴으로써 지도한다.

문제해결 스타일 - 사람들을 정감 있게 대하며, 큰 그림으로 상상하고, 사실을 감각적으로 받아들이며, 논리적으로 사고한다.

코칭 형태 - 표현의 독창성, 새로운 아이디어를 활용 한다: 깊이 있는 주제의 탐색과 창조성의 기회를 제공한다.

ENFP - 촉매적인 지도자(catalytic leaders)

일반적 강점

- 인간 성장과 잠재력을 위한 모든 종류의 아이디어를 제기하고 촉진시킨다.
- 새로운 기회를 쉬지 않고 추구한다.

- 거의 불가능한 일의 성취를 위하여 풍부하고 혁신적인 노력을 한다.
- 다른 사람들을 축하하고 칭찬한다.

지도 스타일 - 사람들의 잠재력을 도와주고 새로운 비전을 창조하도록 지도한다.

문제해결 스타일 - 큰 그림으로 상상하며, 사람들을 정감있게 대하고, 논리적으로 사고하며, 사실을 감각적으로 바라본다.

코칭 형태 - 다양한 방법, 실험, 브레인스토밍을 활용하고, 배워야 할 많은 내용에 대하여 대화할 기회를 마련한다.

<u>ENFJ - 가치 지향 지도자(value-focused leaders)</u>

일반적 강점

- 사람들의 성장을 위한 배려, 협력, 조언을 제공한다.
- 다른 사람의 요구와 필요를 청취하기 위하여 메시지를 누적시킨다.
- 일의 성취와 핵심 가치를 조언하면서 환기시킨다.
- 사람들의 긍정적인 태도를 신뢰하고 지원을 준비한다.

지도 스타일 - 사람들이 목표를 달성하기 위하여 계획과 협력을 촉진시키면서 지도한다.

문제해결 스타일 - 사람들을 정감 있게 대하며, 큰 그림으로 상상하고, 사실을 감각적으로 받아들이고, 논리적으로 사고한다.

코칭 형태 - 다양한 정보원을 활용 한다: 사람들에게 중요한 주제에 대한 그룹에서 일하고 말할 기회를 준다.

<u>INTJ - 전략적인 지도자(strategic leaders)</u>

일반적 강점

- 아주 명확한 아이디어를 상상한다.
- 개념적인 대성공, 패러다임 이동과 같이 행동한다.
- 전체에서 각 부분을 파악한다.
- 미래의 요구를 충족하기 위하여 구식의 접근을 재설계하고 독립적인 사고를 활용한다.

지도 스타일 - 아이디어가 현실이 되도록 과정을 정착시킴으로써 지도한다.

문제해결 스타일 - 큰 그림으로 상상하고, 논리적으로 사고하고, 사람들을 정감 있게 대하며, 사실을 감각적으로 바라본다.

코칭 형태 - 보편적 원리에 관련 있는 시스템, 이론, 구성요소, 그리고 원래의 사고를 자극하기 위하여 창조적 과정을 활용한다.

INTP - 지적인 지도자(intellectual leaders)

일반적 강점

- 전략가 중의 전략가이고, 복잡한 문제를 해결한다.
- 모델과 이론을 개발한다.
- 전통에 대한 독립적, 비평적, 논리적 분석과 새로운 사고와 시스템을 준비한다.
- 계획과 전략의 논리와 장기간 수행과정 상의 에러를 찾는다.

지도 스타일 - 함께할 다른 사람을 설득하고, 자신의 아이디어의 논리와 장점을 가지고 지도한다.

문제해결 스타일 - 논리적으로 사고하고, 큰 그림으로 상상하고, 사실을 감각적으로 바라보며, 다른 사람을 정감 있게 대한다.

코칭 형태 - 지적이고 광범위한 개발 모델을 사용한다.

ENTP - 전략적 지도자(entrepreneurial leaders)

일반적 강점

- 새로운 노력에 대한 에너지와 신뢰를 마련하고, 열정을 가지고 일을 시작한다.
- 문제를 해결하기 위하여 전략에 따라 분석한다.
- 재난에 직면해서도 가능성을 바라본다.
- 미리 행동하여 직면한 도전을 전략화 한다.

지도 스타일 - 새로운 기획을 위하여 새로운 전략 개발을 통하여 지도한다.

문제해결 스타일 - 큰 그림으로 상상하고, 논리적으로 사고하고, 다른 사람을 정감 있게 대하며, 사실을 감각적으로 바라본다.

코칭 형태 - 도전하고, 평가하고, 해결할 아이디어, 사례연구, 시스템을 제공한다.

ENTJ - 마스터 플랜 지도자(master plan leaders)

일반적 강점

- 미래 목표를 성취하기 위하여 힘을 집중한다.
- 시스템의 용어로 사고하고, 모든 요소를 상황에 접목시킨다.
- 문제를 직접 부딪치고, 책임을 진다.

지도 스타일 - 계획을 제시하고 나서 그것을 성취하기 위하여 다른 사람에게 집중하고 힘을 집중시킴으로서 지도한다.

문제해결 스타일 - 논리적으로 사고하고, 큰 그림으로 상상하며, 사실을 감각적으로 바라보고, 다른 사람을 정감 있게 대한다.

코칭 형태 - 일을 마스터하기 위한 개발 활동을 활용한다.

생각을 확장하는 페이지 | 코칭 리더십

코칭 리더십은 왜 필요한가 : 인간적 신뢰와 수용적 프로세스

코칭 리더십은 인간적인 신뢰를 바탕으로 발휘되는 리더십의 특징을 갖는다. 즉 팀 구성원들이 가지고 있는 강점을 지속적으로 강화시키며, 약점은 전략적으로 보완하고, 좀 더 효과적으로 일할 수 있는 방법이나 지식을 제공하는 상호수용적이고 성과 지향적인 프로세스를 말한다. 그래서 팀 구성원들에 동기 부여가 되고 동기 부여를 통해 잠재 능력을 최대로 이끌어 낼 수 있다.

코칭 리더십의 원리 : 지속적인 대화의 과정

쌍방향 커뮤니케이션으로 지속적인 대화의 과정이 필요하다.

리더는 솔루션을 제공하는 사람이 아니다.

팀 구성원 스스로 해답을 찾도록 도움을 주고, 찾은 다음에 실천할 수 있도록 동기를 제공하는 일이다.

코칭 리더는 구성원들의 행동이나 습관, 그리고 성품을 바르게 지도해 준다.

코칭 리더는 자신에게 주어진 임무를 잘 수행과 동시에 긍정적인 변화를 유도해야 한다.

코칭 리더십 스킬 : 질문과 경청의 기술

코칭리더는 질문을 통해 상대방의 의사와 마음을 확인할 수 있다.

효과적인 질문은 구성원들에게 새로운 아이디어와 좀 더 나은 방향으로 생각하게 하며, 구체적인 전략을 세우게 한다.

생산적인 질문은 생산적인 대답을 이끌어낼 수 있기 때문에 좋은 질문을 해야 한다.

대부분의 리더는 자기의 많은 경험과 나은 위치로 인하여 좀 더 말을 많이 해야한다고 착각한다.

어떻게 하면 좋은 이야기를 구성원들에게 주입할까를 고민한다.

경청을 잘하는 사람은 침묵할 줄 알며, 상대방의 얘기를 액면그대로 듣는 것이 아니라 그 속에 담긴 뜻과 의미를 함께 듣는다. 더군다나 상대방의 생각과 감정까지도 들을 줄 안다.

진정한 코칭 리더가 되고 싶다면 쉼없이 질문하라, 그리고 경청하라.

출처 : 신원동(2005). 삼성의 팀 리더십. 한국경제신문. pp.200-203을 재구성함

혼자서 해보는 리더의 역량 계발 | 팀 계발 활동 TEAM BUILDING

① 칭찬하는 연습하기

요약	이 게임은 리더가 팀 구성원들을 정기적으로 칭찬하도록 독려할 뿐만 아니라 칭찬을 가치 있고 상호 보상적인 경험으로 만들기 위한 팁과 테크닉을 제공한다.
시간	소요 시간은 상황에 따라 달라질 수 있다.
준비물	특별한 준비물은 없으나 팀 구성원들이 성장해 가는 모습을 지켜보려는 강력한 의지가 필요하다.
진행 방법	깜짝 퀴즈로 시작하자. 지난 이틀간 팀 구성원들을 칭찬한 적이 있는가? 그전에는 어떠한가? 팀 구성원들이 정확히 어떻게 일을 계속해 나가야 할지 알 수 있을 정도로 칭찬이 구체적인가? 모든 팀 구성원을 칭찬하되 팀 구성원들 개개인의 독특한 장점을 인정하고 칭찬하는가? 빈정대거나 비꼬지 않고 진심으로 칭찬하는가? 팀 구성원들이 그 의도를 의심할 수 있는 형식적인 칭찬이 아니라 정말로 칭찬할 만한 부분을 찾는가? 부서에서 벌어지는 좋은 일들에 늘 관심을 기울이고 팀 구성원들을 인정하기 위해 의식적으로 노력할 때 하루나 한 주를 마치면서 기분이 좋아지는가? 자, 깜짝 퀴즈에 대한 정답은 다음과 같다. 그렇다, 그렇다, 그렇다, 그렇다, 그렇다, 그렇다, 그렇다. 모두 맞혔다면 참 잘하고 있는 것이다! 만일 정답을 맞히지 못했다면 아래 내용을 계속 읽어보고 다음주 다시 퀴즈를 풀어보도록 한다. 다음은 팀 구성원들에 대한 칭찬을 새롭고 보상적이며 의미 있는 관행으로 유지하는 데 도움이 될 만한 몇 가지 아이디어다.
	· 오른쪽 주머니(또는 책상 오른쪽)에 동전 네 개를 넣는다. 팀 구성원을 한 명 칭찬할 때마다 동전 하나를 왼쪽 주머니(또는 책상 왼쪽)로 옮긴다. 매일 오전과 오후, 네 개의 동전을 모두 옮기도록 노력한다. · 가나다순으로 팀 구성원들의 이름을 적어 목록을 만든다. 이를 깨끗하게 복사해 한 주를 시작한다. 하루하루 칭찬한 팀 구성원들의 이름을 형광펜으로 칠한다. 주말이 올 때까지 모든 팀 구성원의 이름을 형광펜으로 칠할 수 있도록 노력한다. · 작은 메모지에 팀 구성원들에 대한 칭찬을 적는다. 팀 구성원들이 출근하기 전에 그 메모를 팀 구성원들의 의자 아래쪽에 테이프로 붙인다. 그날 중으로 전 팀 구성원에게 의자 밑을 확인하라는 내용의 이메일을 보낸다. · 매주 또는 2주마다 한 번씩 팀이 이루어낸 성과 중 칭찬할 만한 일을 가려낸다. 팀 구성원들에게 이메일이나 음성메일을 보내 협동의 성과에 대해 칭찬한다. · 누군가를 칭찬하는 일을 매일의 일상에서 무엇보다도 우선시하도록 한다.

② 우선순위 정하기

요약	두 가지 목록을 만든다. 하나는 되고 싶은 것을 나열한 목록이고 하나는 절대로 되고 싶지 않은 것을 나열한 목록이다. 간단하면서도 계몽적인 게임이지만 리더로서 사명감을 키우고 프로다운 삶을 위한 우선순위를 설정하는 데 도움을 준다.
시간	약 10분
준비물	컴퓨터(또는 펜과 종이)
진행 방법	이 자기활동의 전제는 매우 간단하다. 리더로서 당신의 행동이나 철학을 정립하는 데 도움이 될 두 가지 목록을 만드는 것이다. 그러나 이 게임은 예상치 않게 매서운 경험이기도 하다. 샘플 목록을 살펴본 다음, 리더로서 당신의 가치관과 우선순위에 대해 잠시 생각해 본다. 각 목록의 항목을 일곱 개 이하로 제한할 것을 권장한다. 이는 어떤 자질이 당신에게 가장 중요한지 결정하도록 자극할 것이다. 게다가 항목 수가 적어 관리하기도 쉽다. 그 이상 목록이 길어지면 당신뿐만 아니라 누구라도 이를 실현하기 위해 진심으로 노력하기는 어려울 것이다. 물론 반드시 일곱 개의 항목을 나열해야 한다는 강박관념에 얽매일 필요는 없다. 당신에게 중요한 항목이 세 개뿐이라고 생각한다면 그것만 나열해도 좋다. 이것은 어쨌거나 당신의 목록이다! 팁 하나! 두 목록에 반대되는 말을 나란히 나열하지 않는다. 예를 들어 '되고 싶은' 목록에 '공정한 사람'이라고 적었다면, '되고 싶지 않은' 목록에서는 '불공정한'이라는 단어를 피한다. 목록을 작성한 다음에는 이를 가까이 두고 매일 자주 참고하도록 한다. 머리와 마음속에 항상 새겨두면 이를 실현하려는 목적의식이 강해질 뿐만 아니라 실제로 그렇게 될 가능성도 높다.
그 밖의 아이디어	· 이 게임을 다시 한 번 하되, 이번에는 '되다'를 '하다'로 대체한다. 당신이 하고 싶은 일들과 절대로 하고 싶지 않은 일들의 목록을 각각 만들게 될 것이다. · 이 게임을 개인적인 생활로 확장해 본다. 업무 외의 생활에서 당신은 무엇이 되고 싶고 절대로 되고 싶지 않은 것은 무엇인가? · 때때로 목록을 검토하고 수정한다. 그리고 두드러지게 나아졌거나 성과를 거둔 부분에 대해서는 스스로 보상한다. · '내 인생에서 없어서는 안 될 것들'과 '내 인생에서 절대 없어야 할 것들'로 테마를 바꾸어 또 다른 변형을 시도해 볼 수 있다. 이는 당신의 가치관을 명료하게 표현해 볼 수 있는 훌륭한 방법이다. · 직접 해본 후, 직원들에게도 같은 방법으로 게임을 해보도록 권장한다.

샘플	언제나 되고 싶은 것 1. 창의적인 사람 2. 열심히 일하는 사람 3. 열린 사고를 하는 사람 4. 야망이 있는 사람 5. 용기를 북돋우는 사람 절대로 되고 싶지 않은 것 1. 불공정한 사람 2. 거만한 사람 3. 무기력한 사람

출처 : 안미헌 역(2006). 게임으로 배우는 팀 리더십(바슈다 데밍 저). 한국경제신문, pp.168.177.에서 재인용

학습 문제 | Quiz for Summary

◆ 객관식

1. 팀 리더십 연구 방법 중 리더의 성격 또는 행동의 특징과 상황의 특징을 결합하는 접근법으로 훌륭한 리더십이 어떤 행동을 보이는지를 밝히는 것은 불가능하지만, 어떤 비상 상황에 훌륭한 리더십을 정의하는 것은 가능한 접근법은?

① 성격접근법(personality approach)

② 행동접근법(behavioral approach)

③ 상황접근법(situational approach)

④ 상황적응접근법(contingency approach)

2. 팀 리더십과 관련된 진술이 잘못된 것은?

① 리더는 개인적 출발점에 차이가 존재하며, 교육, 훈련, 연습, 결정, 노력 등에 의하여 훌륭한 리더가 되는데 한계가 있다.

② 팀 리더십은 팀에서 일관되게 최고의 성공을 보장하는 가장 중요한 요소이다.

③ 리더십이 없다면 가장 재능이 많은 사람들도 기대 이하의 성취를 이룰 수도 있다

④ 리더는 영향력을 행사하며, 그 영향력은 힘에 나온다고 볼 수 있다.

3. 다음에서 설명하는 리더의 힘은?

특별한 지식이나 기술을 개발하고 획득할 때 생기는 힘으로 이는 특별한 프로젝트 수행 과정에서 전문가로 인정받고 자율적 권한을 부여받는다. 구체적으로 상황, 문제, 해결책의 경험, 정보수집과 수행 지식, 실행의 전문성을 가리킨다. 팀 리더가 이러한 힘을 갖는 것은 매우 중요하다.

① 지위를 가진 힘(position power)

② 자원을 보유한 힘(resource power)

③ 전문성을 가진 힘(expert power)

④ 네트워크 힘(connection power)

4. 베니스와 나누스(1985)가 제시한 능력 있는 리더의 전략』에서 리더의 능력을 세 가지 학습 영역으로 요약하였다. 세 가지가 아닌 것은?

① 변화에 대한 저항을 극복한다.

② 팀 외부와의 네트워크를 갖춘다.

③ 팀 내부와 외부의 집단의 상반된 요구를 중재한다.

④ 전체의 팀의 원활한 과제 수행을 위하여 윤리적 기초를 확립한다.

5. 코칭 리더십에 대한 설명이 올바른 것은?

① 코칭 리더십은 지속적 대화보다는 관찰이 중요하다.

② 코칭 리더십은 인간적 신뢰보다는 합리적 판단에 기초한다.

③ 코칭 리더십의 핵심 기술은 질문과 경청이다.

④ 코칭 리더십은 팀 성과를 위하여 개인의 헌신과 희생을 강요한다.

◆ 주관식

1. 다음 내용이 설명하는 [ ] 안에 들어갈 팀 리더의 윤리적 행동의 접근법은?

> 팀 리더는 세 가지 역할을 해야 한다. 첫 번째는 윤리적 행동의 모범을 확립하는 것이다. 두 번째는 팀 구성원이 윤리적 문제에 직면했을 때, 올바른 결정을 하도록 도와주어야 하는 책임을 가진다. 세 번째는 언젠가 확인된 적절한 선택에 따라 윤리적 선택을 하도록 도와줄 책임을 가진다. 이러한 책임을 수행하는데 있어서 팀 리더는 여러 접근법 중에 하나를 채택할 수 있다. [ ] 은 진보적인 선택이다. 이 접근의 철학은 사람들은 올바른 상황에서는 기본적으로 선하고 윤리적으로 행동한다는 것이다. 그러나 어떤 상황에서는 비윤리적인 행동으로 바뀔 수 있다는 것이다. 그러므로 팀 리더는 좋은 선택과 나쁜 선택의 최적의 가능성 있는 비율을 윤리적인 행동이 가능하도록 조건을 만드는 것이다. 아주 어려운 결정이 되었을 때, 팀 리더는 모든 사람들을 위한 가장 좋을 수 있는 선택을 해야 한다는 것이다. 이것은 때때로 상황적 윤리로 간주된다.

객관식

1. [정답] ④
[해설] '상황접근법'(situational approach)은 리더십의 필요성에 의문을 제기한다. 그것은 리더가 필요한 때와 리더십을 대체할 수 있는 요소들이 무엇인지를 밝히려고 노력한다. '상황적응접근법'(contingency approach)이다. 리더의 성격 또는 행동의 특징과 상황의 특징을 결합하는 접근법이다. 예를 들어 훌륭한 리더십이 어떤 행동을 보이는지를 밝히는 것은 불가능하지만, 어떤 비상 상황에 훌륭한 리더십을 정의하는 것은 가능하다.

2. [정답] ①
[해설] 리더는 개인적 출발점에 관계없이 교육, 훈련, 연습, 결정, 노력 등에 의하여 훌륭한 리더가 될 수 있다.

3. [정답] ③
[해설] 전문성을 가진 리더의 힘을 말한다.
지위를 가진 힘(position power) : 조직에서 주어진 지위나 역할에서 오는 힘으로 흔히 법적인 힘으로 불린다. 이 힘은 조직의 힘과 조직에 의하여 부여된 권한의 힘에 의존한다. 팀 리더에게 이러한 힘이 주어져야 한다.
자원을 보유한 힘(resource power) : 모든 조직은 자원을 필요로 한다. 자본, 사람, 기술, 정보 등이 대표적인 자본이며, 이러한 힘을 가졌다면 물건을 살 수 있고, 사람을 관리하고 통제할 수 있고, 특별한 기술을 활용하거나 거래할 수 있고, 더 나은 의사결정을 위하여 정보를 활용할 수 있다.
네트워크 힘(connection power) : 이것은 관계와 네트워크, 정치적 힘이다. 이것은 무엇을 알고 있는가보다 누구를 알고 있는가가 더 중요하다. 특히 팀에서도 상부의 지지와 네트워크는 중요하다.

4. [정답] ②
[해설] ②는 세 가지 학습 전략과 무관하다.

5. [정답] ③
[해설] 코칭 리더십은 인간적 신뢰와 수용적 프로세스이며, 지속적인 대화의 과정으로 코칭 리더십 스킬은 질문과 경청의 기술에 달려 있다.

주관식

1. [정답] 최적 비율 접근
   [해설] 위의 설명은 최적 비율 접근이며, 이 외에 두 가지 접근은 다음과 같다,
   흑백 접근
   흑백 접근법에서는 옳은 것은 옳고 나쁜 것은 나쁘다. 상황과 조건은 관계가 없다. 팀 리더의 일은 윤리적 판단을 하고, 그것을 실행하고, 상황에 관계없이 팀 구성원이 그것을 따르도록 도와주어야 한다는 것이다. 어려운 결정일수록 공정하고 치우치지 않는 결정을 한다.
   최고 잠재력 접근
   최고 잠재력 접근은 팀 리더가 팀 구성원이 최고의 잠재력을 보일 수 있는 능력에 어떻게 영향을 줄 것인지에 기초하여 선택을 하는 것이다. 이 접근법의 철학은 사람들은 도덕성에 국한하여 그들의 최고 잠재력을 실현하는 데 책임을 진다는 것이다. 다른 사람의 권리를 침해하지 않고 목표를 성취하는 것을 선택하는 것이 윤리적으로 고려된다.

학습 내용 정리 | Mind Mapping

1. 리더십 연구의 4가지 방법은 '성격접근법'(personality approach), '행동접근법'(behavioral approach), '상황접근법'(situational approach), '상황적응접근법'(contingency approach)이다.
2. 리더는 영향력을 행사하며, 그 영향력은 힘에 나온다고 볼 수 있다. 베이글리는 힘(power)의 유형을 지위를 가진 힘(position power), 자원을 보유한 힘(resource power), 전문성을 가진 힘(expert power), 품성적 힘(personality power), 보상적 힘(reward power), 네트워크 힘(connection power)으러 제시하였다.
3. 베니스와 나누스(1985)는 그의 저서 『능력 있는 리더의 전략』에서 리더의 능력을 세 가지 학습 영역으로 요약하였다.

- 변화에 대한 저항을 극복한다.
- 팀 내부와 외부의 집단의 상반된 요구를 중재한다.
- 전체의 팀의 원활한 과제 수행을 위하여 윤리적 기초를 확립한다.

4. 훌륭한 리더는 훌륭한 리더는 자신이 과제를 잘 수행하고 팀 구성원이 과제를 잘 수행하도록 만들어야 하는데, 이 두 가지의 균형 있는 지도력이 필요하다. 훌륭한 리더는 의사소통을 잘해야 한다. 또한 훌륭한 리더는 설득력이 있어야 한다. 팀 리더는 영향력 있는 의사소통 기술과 설득력을 보여야 하며, 이 과정에서 전체적이고, 의지적이고, 자발적인 태도로 접근하는 것이 바람직하다.
5. 팀 리더는 추종 세력을 만들고 유지하기 위한 리더십 특성을 가져야한다. 다음은 이를 위한 몇 가지 특성을 제시한 것이다.

· 목표 의식　· 자기 도야　· 정직　· 신뢰성
· 상식　· 체력　· 책임　· 확고한 신념

6. 팀 리더는 세 가지 역할을 해야 한다. 첫 번째는 윤리적 행동의 모범을 확립하는 것이다. 두 번째는 팀 구성원이 윤리적 문제에 직면했을 때, 올바른 결정을 하도록 도와주어야 하는 책임을 가진다. 세 번째는 언젠가 확인된 적절한 선택에 따라 윤리적 선택을 하도록 도와줄 책임을 가진다. 이러한 책임을 수행하는데 있어서 팀 리더는 다음 접근법 중에 하나를 채택할 수 있다.

· 최적 비율 접근　· 흑백 접근　· 최고 잠재력 접근

7. 리더십의 유형은 연구자마다 서로 다른 이름으로 분류된다. 괴쉬(2004)는 다음과 같은 다섯 가지 리더십 유형으로 구분하였다.

· 독재적 리더십　· 민주적 리더십　· 참여적 리더십
· 목표중심 리더십　· 상황적 리더십

8. 앞서 배운 MBTI 16가지 성격유형별 지도자 유형을 명명해보고, 그에 따른 강점, 문제해결 스타일, 코칭 형태 등을 제시할 수 있다.

9. 코칭 리더십은 인간적 신뢰와 수용적 프로세스에 바탕을 두며, 지속적인 대화의 과정 쌍방향 커뮤니케이션에 기본 원리를 둔다. 따라서 코칭 리더십 스킬은 질문과 경청의 기술에 좌우된다.

생각해 볼 문제 | Reflection & Discussion

1. 다음은 리더와 관련된 오해이다. 이들 오해에 대하여 생각해 보고 그 오해를 팀의 이론의 관점에서 바로 잡아 보세요.

> 오해 1: 리더십은 특별한 기술이 없다.
> 오해 2: 리더십은 타고나는 것이지 만들어지는 것이 아니다.
> 오해 3: 리더는 카리스마가 있어야 한다.
> 오해 4: 리더십은 높은 지위에 있는 사람의 전유물이다.
> 오해 5: 리더는 통제하고, 지시하고, 명령하고, 조정하는 것이다.
> 오해 6: 리더는 학습자가 될 필요가 없다.

2. 다음은 Hill's Team Leadership Model이다. 이 모델이 시사하는 팀 리더의 자질과 역할을 토의해 보자.

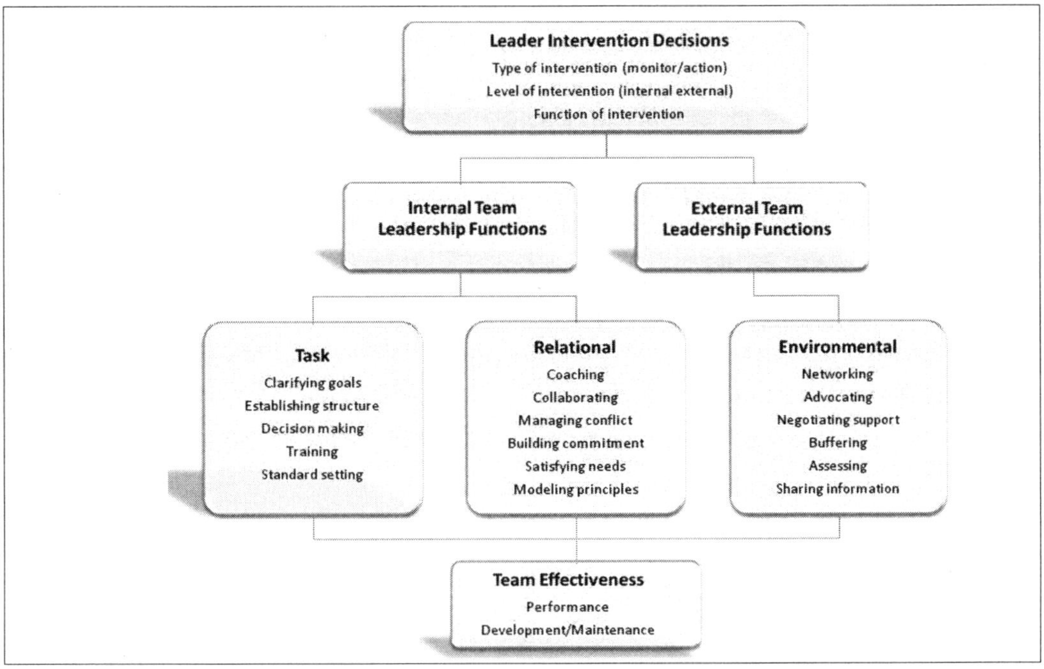

Team Leadership Model에서 4단계

1 단계 : 팀 리더의 팀 개입 결정 단계(팀 리더는 팀 상황을 파악하면서 행동으로 옮길지, 관리만 할것인지를 결정하는 단계)

2 단계 : 이 상황이 팀 내부 수준인지 외부 수준인지를 확인하는 단계

3 단계 : 팀 내부의 경우 팀 리더의 과제 수행인지 관계 문제인지, 그리고 외부의 문제인 경우에 각각의 수행 행동을 하는 단계

4단계 : 위 3단계가 올바로 수행될 경우 훌륭한 팀의 성취를 가져오는 단계(성취, 발달과 유지)

출처: http://www.nwlink.com/~donclark/leader/team_leadership.html

참고문헌

대니얼 레비, 정명진 역(2011). 팀워크 심리학(Group Dynamics for Team). 부글북스.

박태현(2012). 팀으로 일하라. 시그마북스.

신원동(2005). 삼성의 팀 리더십. 한국경제신문.

안미헌 역(2006). 게임으로 배우는 팀 리더십(바슈다 데밍 저).한국경제신문.

최유현(2008). 공학기술과 팀워크. 지호.

Bagulary, P. (2003). Teams and Team-working. Chicago, Ill: MaGraw-Hill.

Eide, A. R., Jenison, R. D., Mashaw, L.H., and Northup, L.L. (2002). Introduction to Engineering Design & Problem Solving. Boston: McGraw-Hill.

Katzenbach, J. & Smith D. (1993). The wisdom of teams: Creating the high-performance organization. Cambridge, MA: Harvard Business School Press.

McNeill, B. Bellamy, L. and Foster, S. (1995). Introduction to engineering design. Tempe: Arizona State University.

Smith, K. A. (2004). Teamwork and Project Management. 2nd Ed. Boston: MaGraw-Hill.

Stewart, G. L., Manz, C. C. & Sims, Jr, H. P. (1999). Team Work and Group Dynamics. New York: John Wiley & Sons, INC.

Wellins, R. S., Byham, W. C. & Willson, J. M. (1991). Empowered Teams: Creating self-directed work groups that improve quality, productivity, and participation. San Francisco, CA: Jossy-Bass Inc.

09 의사소통 기술 개발하기

| 주요 개념 | 의사소통, 효과적 의사소통, 완전한 의사소통, 청취, 피드백, 의사소통 장애요인, 비언어적 의사소통, 구두 의사소통, 의사소통 개선전략

1. 의사소통의 이해
2. 의사소통의 방법
3. 나의 의사소통 기술 개발하기

09 의사소통 기술 개발하기

□ **학습 목표**
① 의사소통의 기본적 개념을 이해한다.
② 의사소통의 비언어적, 구두 의사소통을 적용할 수 있다.
③ 개인의 의사소통 기술의 구체적 기술을 알고 실천한다.

□ **학습으로의 초대 _ 성공과 소통, 팀 성공은?**

성공에 있어 가장 기본이 되는 원칙을 상호의존성의 원칙이라고 한다. 우리 인간의 성공은 다른 사람과의 관계 속에, 즉 사회 속에서 이루어진다는 것이다. 인간이 사회적 동물이라는 아리스토텔레스의 정의를 들추지 않더라도 우리 인간은 사회와 분리하여 존재할 수가 없다. 그것은 자연의 기본원리에 따른 것이기 때문이다. 우리가 일상에서 우리가 원하는 것을 얻지 못할 때, 바라는 것을 이루지 못할 때 그 주된 원인으로 소통의 부재, 소통의 미흡을 적시하곤 한다. 성공을 꿈꾸는 많은 사람들이 소통의 올바른 방법을 찾기 위해 노력한다. 이것은 우리가 우리의 성공이 소통에 좌우된다는 것을 체험하고 체득하였다는 것을 의미한다. 소통이 그토록 바라는 성공의 핵심요인이라는 것을 이미 알고 있는 것이다(박기찬, 2011).

미국 시카고 대학의 보아즈 케이자(Boaz Keysar) 교수는 '근접소통오류(Closenss - Communication Bias)'라는 이론을 제시했다. 이는 가족이나 직장 동료와 같은 가까운 사람들 간의 소통 수준이 처음 만난 사람들과의 소통 수준보다 못하거나 비슷하다는 것이다. 가까운 사람들과의 소통 수준을 과대평가하여 노력을 게을리 하기 때문에 나타나는 현상이다. 소통은 절대 그냥 되는 법이 없다. 오히려 가까운 사람들과의 소통에 더욱 신경을 써야 할 것이다. 무관심의 대표적인 행동은 바로 나를 쳐다보지 않는 것이다. 너무 오랫동안 뿌리 깊게 형성된 습성이라 '시선 맞추기'를 어색해하고, 시선을 맞추지 않을 때 오히려 편안함을 느끼는 것이 더 큰 문제다. 분명 비정상적이고 비인간적인 모습임에도 불구하고 말이다(박태현, 2012).

이와 같이 우리 팀내에서 팀 성공의 중요한 요인은 소통에 있음을 알고 있다. 그러나 의외로 근접소통오류처럼 늘 가까이 지내는 팀구성원간의 소통이 부자연스러울 수 있다. 팀 구성원간의 소통은 곧바로 팀 성공의 지름길이다.

1. 의사소통의 이해

팀 리더와 팀 구성원에게 요구되는 기술 중에서 의사소통은 가장 중요한 기술 중 하나이다. 의사소통은 리더십, 동기부여, 문제해결, 수행평가, 윤리, 교육, 훈련, 멘토링 등 팀 리더와 팀 구성원의 관련 있는 모든 영역에서 기본이 되는 기술이다. 이 장에서는 팀 리더와 팀 구성원들에게 필요한 의사소통의 방법적 기술을 살펴본다(Goetsch, 2004).

의사소통은 모든 인간 과정에서 가장 불완전한 기술일는지도 모른다. 의사소통은 의사소통의 질이 서로 다른 요인(예: 말하기 능력, 듣기 능력, 언어 장벽, 나이, 성별, 인종, 국적, 문화에 따른 서로 다른 인식과 의미, 태도, 비언어적 단서, 수신자와 송신자의 신뢰 수준)에 의하여 영향을 받기 때문이다. 이러한 이유 때문에 효과적으로 의사소통하기란 매우 어렵다. 그러나 의사소통은 팀의 수행을 위하여 지속적인 개선이 기본적으로 요구된다. 의사소통은 인간의 상호작용에 윤활작용을 하는 기름과 같다.

공학기술 회사와 기술적 전문가에게는 참으로 다행스럽게도, 의사소통의 기술은 학습되어질 수 있다. 충분한 훈련과 연습을 한다면 타고난 능력과 관계없이 대부분의 사람들은 충분한 의사소통 기술을 학습할 수 있다.

가. 의사소통이란 무엇인가

경험 없는 팀 리더는 흔히 '말하기(telling)'와 '의사소통하기(communicating)'를 혼동한다. 문제가 확대될 때, 그들은 "그러나 나는 그에게 무엇을 해야 하는지를 말했다"라고 항변하기도 한다. 경험 없는 팀 리더는 흔히 '듣기(hearing)'와 '청취하기(listening)'을 혼동하기도 한다.

두 경우에 리더는 의사소통을 말하기와 듣기로 혼동하는 것이다. 의사소통에서 핵심은 "이해"이다. 의사소통에는 말하기가 포함될지 모르지만 이는 단순한 말하기 이상의 것이다. 듣기 또한 단순히 듣기 이상의 의미를 지니며, 일반적으로 의사소통은 다음과 같이 정의된다.

의사소통은 수신된 정보의 전달이며, 하나의 정보원으로부터 다른 곳으로 완전히 이해되는 것이다.

메시지는 한 사람에 의하여 다른 사람에게로 전달될 수 있다. 그러나 메시지가 완전히 이해될 때까지는 의사소통이 아니다. 이는 연설, 논술, 비구어적 메시지에도 적용되는 원리이다.

<u>의사소통 대 효과적인 의사소통</u>

정보가 전달되어 수신되고 이해될 때, 비로소 의사소통이 이루어진다. 그러나 이해한다는 것이 반드시 효과적인 의사소통인 것은 아니다. 효과적인 의사소통은 수신되고 이해된 정보가 바람직한 방식

으로 실행될 때 발생한다.

예를 들어 팀 리더가 그들의 팀 구성원에게 다음 모임 때 15분 일찍 도착하도록 요구했다고 하자. 팀 구성원 모두 메시지와 그 뒤에 담긴 의미를 이해했다고 확신했다. 그러나 팀 리더에 알리지 않고 2명의 팀 구성원은 이에 따르지 않았다. 이는 비효과적인 의사소통의 예이다. 지시를 따르지 않는 2명의 팀 구성원은 메시지를 이해했지만 무시하기로 결정했다. 이 사례에서 팀 리더는 메시지의 수락을 확보하는 데 실패한 셈이다. 결과적으로 의사소통이 비효과적으로 나타났다.

효과적인 의사소통은 단순한 의사소통 이상이다. 의사소통이 이해와 수용을 함의하고 있기 때문에, 의사소통에는 설득, 동기부여, 관리, 리디십이 요구된다.

의사소통 수준

의사소통은 조직에서 다양한 수준으로 나타난다.

처음 두 수준에서는 비록 팀 리더가 일차적으로 적극적으로 개입하고 있을지라도 다른 구성원이 적어도 간접적으로 관여하는 일이 발생한다. 결과적으로 팀 리더는 의사소통의 네 수준 모두에 숙달되어야 한다.

1:1 수준 의사소통은 이름 그대로 한 사람이 다른 사람과 의사소통하는 것이다. 즉 면대면 대화로서 전화, 이메일과 같은 접촉적인 표현으로 이루어진다.

팀 또는 부서 수준 의사소통은 동료집단 내에서 이루어지는 의사소통이다. 1:1 의사소통과 팀 의사소통 간의 차이는 후자의 경우가 모든 팀 구성원이 문제를 해결하거나 목표를 달성하기 위해서 즉각적으로 의사소통에 참여한다는 것이다.

회사 수준 의사소통은 집단 간의 의사소통이다. 즉 판매부서, 설계부서, 생산부서가 포함된 회의가 회사수준 의사소통에서 일어나는 사례이다.

지역사회 수준 의사소통은 회사 내부의 팀과 집, 그리고 회사 외부 간에 이루어지는 것으로, 가장 일반적인 예는 회사대표와 신문, 라디오, TV, 리포트 간에 이루어지는 의사소통이다.

나. 과정으로서의 의사소통

의사소통은 송신자, 수신자, 매체, 메시지 등의 여러 가지 구성요소가 포함된 과정이다. 송신자는 메시지의 창시자이고 정보원이며, 수신자는 의도된 메시지를 받는 사람이나 집단이다. 그리고 메시지는 전달하여 이해되고 수락되는 정보이며, 매체는 메시지를 전달하는 장치이다.

매체의 세 가지 기본 범주는 구두, 비언어, 문자이다. 구두 의사소통은 면대면 대화, 전화대화, 연설,

대중연설, 기자회견, 등의 말로서 전달된다. 비언어적 의사소통은 몸짓, 얼굴 표현, 목소리 톤, 자세 등을 포함한다. 그리고 문자 의사소통은 편지, 이메일, 메모, 게시판, 매뉴얼, 책 등의 문자로 작성된 형태의 모든 것을 포함한다(Goetsch, 2004).

기술의 발달은 주목할 만하게 정보를 전달하는 능력에 영향을 미친다. 이러한 발달의 예는 컴퓨터 문서작성, 위성 통신, 컴퓨터 네트워크, 무선전화, 자동응답기, 팩시밀리, 이메일, 인터넷 등에서 찾을 수 있다.

의사소통에는 크게 일방향 의사소통과 양방향 의사소통으로 구분할 수 있으며, 완전한 의사소통은 양방향일 때 일어나며, 수신자와 발신자의 역할이 공존하며 수신자와 발신자가 모두 정보, 아이디어, 감정을 전달할 수 있다(Baguley, 2003). 완전한 의사소통의 장점은 정보 교환뿐만 아니라 아이디어와 감정, 희망, 요구 등을 서로 소통할 수 있다는 것이다.

Figure 10.1 Feedback

[반쪽 의사소통]

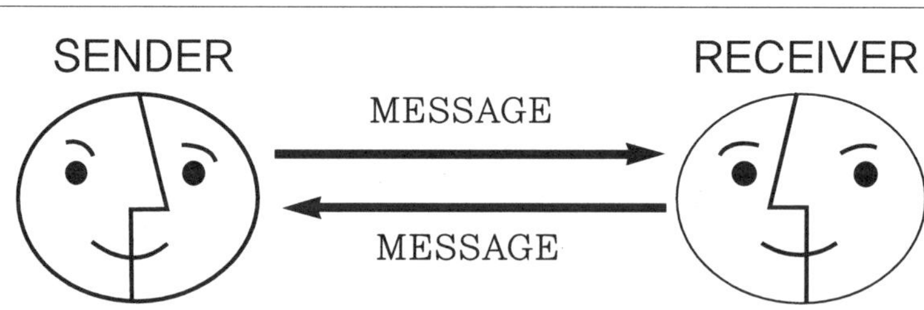

Figure 10.2 Full communication

[완전한 의사소통]

[그림 3-3] 반쪽 의사소통과 완전한 의사소통

다. 의사소통의 일반적 장애

여러 가지 통신기술을 강화하는 장치가 개발되었지만 여전히 효과적인 의사소통의 장애가 존재한다. 팀 리더는 이러한 장애를 인지하고 그것들을 극복하거나 피해야 한다.

의미의 차이 - 의미의 차이는 서로 다른 교육의 수준과 배경, 문화, 종교, 인종, 국적 등을 가지고 있기 때문에 의사소통에서 피할 수 없다. 그 결과로 말, 몸짓, 얼굴 표정 등은 서로 다른 사람에게 서로 다른 의미를 줄 수 있다. 이러한 장애를 극복하기 위해서는 팀 리더는 팀 구성원을 이해하는 데 시간을 투자해야 한다.

불충분한 신뢰 - 불충분한 신뢰는 효과적인 의사소통의 장애가 된다. 만약 수신자가 송신자를 신뢰하지 못하면 그들은 과도하게 민감하거나 방어적으로 반응할지도 모른다. 따라서 팀 리더는 팀 구성원과의 신뢰를 다지는 일우 중요하며, 이를 위해 시간과 노력을 투자해야 한다.

정보 과잉 - 정보통신 기술의 발달과 빠르고 계속적인 정보 재생산 때문에 우리는 흔히 효과적으로 정보를 처리하기보다는 너무 많은 정보를 접한다. 이를 '정보 과잉'이라고 부르며 실제로 통신 장애의 원인이 된다. 팀 리더는 팀 구성원에게 전달할 정보를 발췌, 조직화, 요약화, 단순화하여 정보 과잉을 막아야 한다.

환경 장애 - 환경 장애는 효과적인 의사소통을 막는 외적인 장애물이다. 이는 환경 소음이나 위성 장애 등으로 발생될 수 있다. 장애의 종류와 관계없이 환경 장애는 메시지를 왜곡시키거나 완전히 막는다. 팀 리더는 팀 구성원과 의사소통 계획을 세울 때, 환경적 요인에 세심한 주의를 해야 한다.

낮은 목소리 - 너무 낮은 목소리도 의사소통의 문제를 발생시킨다. 사람들은 너무 낮은 목소리를 좋아하지 않는다. 팀 리더는 결코 그렇게 해서는 안 된다.

청취의 문제 - 효과적인 의사소통에서 가장 심각한 장애 요인은 청취 문제이다. 이는 수신자가 송신자의 메시지를 잘못 청취하는 문제이다.

섣부른 판단 - 송신자 또는 수신자의 섣부른 판단은 효과적인 의사소통의 방해가 된다. 이것의 청취의 문제이며, 너무 빠른 판단을 하고 청취를 중단하는 데서 온다. 따라서 팀 리더는 팀 구성원과 의사소통할 때 미리 판단하지 말고 주의 깊게 경청해야 한다.

부정확한 가정 - 우리의 인식은 우리의 가정에 영향을 받기 때문에 부정확한 가정은 부정확한 인식으로 이어진다.

기술적 결함 - 기술적 결함은 소프트웨어 버그, 컴퓨터 바이러스, 배터리 소진, 전원 차단, 소프트웨어 버전 충돌 등의 여러 가지 기술적인 결함은 의사소통의 장애를 일으킨다. 기술적 장치에 주로 의존하는 의사소통은 이런 문제에 많이 노출된다.

2. 의사소통의 방법

가. 의사소통 도구로서의 청취

팀 리더의 가장 중요한 의사소통 기술은 청취 능력이다. 이것 또한 빈약한 기술 중 하나이다. 당신은 어떠한가? 다음 질문을 보면서 좋은 청취자인지 판단해 보라(Goetsch, 2004).

1. 팀 구성원 중에서 당신은 주로 말하는가 아니면 듣는가?
2. 어떤 사람과 대화할 때, 말이 끝나기 전에 가로채서 말한 적이 있는가?
3. 어떤 사람과 대화할 때, 당신의 반응에 앞서 생각한 사실을 발견한 적이 있는가?
4. 어떤 사람과 대화할 때, 상대방의 말을 반복하여 다시 말할 수 있는가?
5. 대화 중에 다른 사람이 그의 의견을 말하기 전에 당신의 의견을 진술한 적이 있는가?
6. 어떤 사람과 대화할 때, 완전한 주의를 기울이고 계속 반응을 보이는가 아니면 다른 과제를 동시에 수행하는가?
7. 당신이 이해할 수 없을 때, 명확한 이해를 구하는가?
8. 회의에서 몽상에 잠기거나 주제로부터 벗어나는 반응을 보이는가?
9. 어떤 사람과 대화할 때, 당신의 시계를 보는 등의 행동을 하는가?
10. 너무 늦게 대화를 하는 사람의 진술을 빨리 마무리한 적이 있는가?

잘 청취하는 사람은 위의 질문에 대하여 다음과 같이 반응한다.

1. 듣는다　2. 아니오　3. 아니오
4. 예　5. 아니오　6. 완전히 주의를 기울인다.
7. 예　8. 아니오　9. 아니오
10. 아니오

만약 당신이 좋은 청취자라는 것을 판명하기 위한 가정 좋은 방법은 당신의 친구, 배우자, 동료 팀 리더, 또는 팀 구성원으로부터 객관적인 대답을 얻는 것이다. 만약 당신이 바람직하지 못한 청취자라면 청취 기술을 개발시켜야 한다. 좋은 청취자가 되기 위해서는 (1) 청취의 의미 (2) 청취를 막는 장애 (3) 효과적인 청취를 증진하기 위한 전략 등에 대하여 알아둘 필요가 있다. '말하는 것'의 반대는 '듣는 것'이 아니라 '기다리는 것'이다.

청취란 무엇인가?

그냥 듣는 것(hearing)은 자연적인 과정이지만 청취(listening)는 그렇지 않다. 어떤 사람이 아주 민감하게 들을지라도 좋은 청취자는 될 수 없다. 역설적으로 듣는 장애가 있는 사람이 훌륭한 청취자가 될 수 있다. 듣는 행위는 음파를 해독하는 신체적인 과정이지만, 청취 행위는 인식을 요구한다.

청취는 메시지를 받고, 올바르게 그것을 해독하고, 정확하게 그 의미를 인식하는 것이다.

효과적인 청취의 방해물

청취는 수신자가 정확하게 메시지를 인식하지 못할 때 장애를 일으킨다. 청취 장애의 원인은 다음과 같다.

- 집중력 부족
- 선입관
- 앞서 생각하기
- 가로막음
- 딴 생각하기

TEAMWORK TIP	당신은 좋은 청취자인가?
	모든 산만한 행동과 반응을 줄인다. 편안하게 화자를 주시한다. 똑바로 화자를 바라본다. 무슨 말을 하는지 집중한다. 비언어적 단서를 주의 깊게 살핀다. 화자의 목소리 크기를 주목한다. 인내하고 기다린다. 명확한 이해를 위한 질문을 한다. 화자가 말한 내용을 반복한다. 정서를 통제한다. David L. Goetsch

나. 비언어적 의사소통

비언어적 메시지는 통신의 유형에서 이해도는 떨어지지만 가장 강력한 통신 수단이다. 비언어적 의사소통은 보디랭귀지로 잘 알려져 있다. 그러나 몸짓 언어는 비언어적 의사소통의 한 가지 예이다. 보다 정확하게 비언어적 의사소통은 몸짓 요인, 목소리 요인, 근사 요인 등으로 분류될 수 있다(Goetsch, 2004).

몸짓 요인

사람들의 자세, 얼굴 표정, 몸짓, 의상 등의 몸짓 요인이 메시지를 전달해줄 수 있다. 심지어는 헝클어지거나 단정한 머리, 과도하거나 빈약한 화장, 더럽거나 광나는 신발 등도 메시지를 전달한다. 팀 리더는 이러한 몸짓 요인에 주의를 기울이고, 비언어적 메시지를 어떻게 더하거나 제거하는 방법을 알아야 한다.

비언어적 단서를 이해하는 핵심적인 방법은 조화의 개념에 있다. 음성 메시지와 비언어적 메시지는 서로 일치되어 나타난다. 구두적 메시지와 비언어적 메시지가 조화가 되지 않을 때, 팀 리더는 노력을 더해야 한다. 부조화를 다루는 효과적인 방법은 보다 신사적으로 솔직하게 그것을 직면하는 것이다.

목소리 요인

목소리 요인 또한 비언어적 의사소통으로 분류된다. 팀 구성원의 말을 청취할 때, 팀 리더는 목소리 음량, 세기, 높낮이, 속도 등과 같은 목소리 요인을 들어야 한다. 이러한 요인은 화, 두려움, 초조, 불신, 관심, 수용, 확신 등의 감정을 나타낸다. 몸짓 요인과 더불어 조화를 관찰하는 것이 중요하다.

근사 요인

근사 요인은 의사소통이 이루어지는 공간의 사무실 배치, 벽의 색깔, 부착물의 유형과 장식의 위치와 관련된 요인이다. 즉 팀 리더가 팀 구성원의 옆에 있는 것보다 맞은편에 앉아서 의사소통을 하는 경우가 메시지 전달이 용이하다. 효과적인 의사소통을 위해서 팀 리더에게 보내는 근사 요인 측면의 제안은 다음과 같다.

- 방문자를 위한 편안한 의자를 준비한다.
- 당신의 책상 뒤보다는 의자 옆에 방문자의 의자를 준비한다.
- 자극적인 색상보다는 부드럽고 편안한 색상을 선택한다.
- 가능하다면 방문자를 위한 커피, 음료, 다과 등의 간단한 음식을 준비한다.

다. 구두 의사소통

팀 리더에게 구두 의사소통은 청취만큼이나 중요하다. 팀 리더는 다음 요인을 고려하여 구두 의사소통 기술을 개선시킬 필요가 있다(Goetsch, 2004).

- 관심 - 팀 리더는 팀 구성원에게 전달하고자 하는 메시지에 깊은 관심을 나타낸다. 메시지의 수신자에게도 관심을 나타내어야 한다. 필요하다면 모든 수신자에게 눈을 마주치고, 소리가 조금 지겹거나 주저하거나 무관심한 경우를 팀 구성원은 쉽게 알아차리고 그대로 답습할 것이다.
- 태도 - 긍정적이고 친절한 태도는 구두 의사소통을 강화시킨다. 기다리고 친근하게 미소를 짓는 것은 중요하다.
- 융통성- 유연하게 대처한다.
- 재치 - 특별히 민감하고 논쟁적인 메시지를 전달할 때 재치는 구두 의사소통에서 매우 중요한 구성요소이다. 재치는 판을 깨뜨리지 않고 망치로 못을 박는 경우와 같은 능력으로 비유된다. 재치 있는 구두 의사소통의 핵심은 말하기 전에 생각하는 것이다.
- 예의 - 예의를 갖춘 말은 수신자에게 적절한 관심을 보여주는 수단이다.

라. 개선을 위한 피드백 의사소통하기

팀에서 팀 구성원과 함께 일할 때, 팀 리더는 수정을 요하는 피드백을 주는 것은 피할 수 없다. 이러한 정보는 과제 수행을 향상시키는 중요한 수단이다. 그러나 효과적으로 수정을 요하는 피드백은 적절하게 의사소통되어야 한다. 다음의 지침은 수정을 위한 피드백 지침이다.

- 긍정적인 피드백을 한다 - 수정을 위한 피드백은 팀 구성원들에게 수용되고 실천되어야 한다. 이는 긍정적인 태도로 전달되어야 한다. 긍정적으로 말할 수 있는 방법들을 찾아야 한다.
- 준비된 피드백을 한다 - 그 내용에 집중하되 개인의 인성적 측면을 배제해야 한다. 팀 리더가 수정하기를 원하는 행동의 구체적 사례를 제시한다.
- 실천 가능한 피드백을 한다 - 팀 구성원의 통제 범위 내에 있는 개선 사항을 피드백한다. 팀 구성원이 통제할 수 없는 것들까지 기대해서는 안 된다.

마. 팀에서의 의소소통 개선하기

효과적인 의사소통은 팀 리더에게 반드시 필요하다. 다음의 전략은 의사소통 기술을 개선하는데 사용될 수 있다(Goetsch, 2004).

- 필요한 정보만 말한다 - 팀에 영향을 주는 정보만을 의사소통의 대상으로 삼는다. 팀 리더가 모르는 내용은 말할 수 없다.
- 우선순위와 시간의 제한을 결정한다 - 의사소통은 팀 리더가 알고 있는 모든 것을 팀 구성원에게 전달하는 수단이 아니다. 이러한 접근은 정보 과잉을 초래할 수 있고 의사소통의 장애가 된다. 팀 구성원이 알아야 할 꼭 필요한 정보를 수집하고 결정하여 전달한다. 시간 내에 가능한 중요한 것 순서대로 우선순위를 정해야 한다.
- 전달할 대상을 결정한다 - 정보의 우선순위가 정리되었다면, 누구에게 전달할 것인지를 결정한다.
- 전달 방법을 결정한다.- 정보를 전달할 방법(구두, 전자메일, 면대면, 팀 회의 등)은 여러 가지가 있다. 이 중에서 여러 방법들을 조화시키는 선택은 흔히 가장 효과적이다. 이러한 균형을 유지할 때 의사소통의 질을 높인다.
- 정보를 대화한다.- 정보를 전달할 때 일방적 방법보다는 대화와 질문 등으로 이해와 수락의 의사소통 수준을 높인다. 다음 단계로 넘어가기 전에 동의를 구하는 것도 잊지 말아야 한다.
- 정보의 정확성을 점검하고 피드백한다.- 당신의 정보가 실제로 전달되었는지 확인한다. 즉 팀 구성원이 팀 리더의 전달사항을 반복하여 재생할 수 있는지를 알아보아야 한다.

<u>적절한 의사소통 방법을 선택하기</u>

효과적으로 의사소통하기 위하여 의사소통의 방법을 적절하게 선택하여야 한다. 다음은 상황에 따라 구두 의사소통, 문자 의사소통이 필요한지 아닌지를 설명해준다.

다음 예는 문자 의사소통이 비효과적인 경우이다.

- 팀 구성원의 영역에서 즉각적인 실천이 요구되는 메시지를 의사소통하는 경우
- 과제를 잘 수행하는 팀 구성원을 칭찬할 경우
- 과제 수행이 잘 되지 못할 때 팀 구성원을 질책하는 경우
- 과제 수행을 하는 과정에서 발생된 팀 구성원 간의 갈등을 푸는 경우

다음 예는 구두 의사소통이 비효과적인 경우이다.

- 팀 구성원의 영역에서 미래 실천이 요구되는 경우
- 회사정책, 개인 정보, 방향, 주문 등의 일반적인 정보를 전달하는 경우
- 감독자나 고위관리자에게 즉각적인 작업 진척도를 알리는 경우
- 안전 캠페인을 촉진하는 경우

따라서 팀 리더는 상황에 맞는 의사소통의 방법을 선택함으로써 그들의 정보 전달의 효과를 강화할 수 있다.

TEAMWORK TIP	나의 청취 능력 자가 진단		
	다음 1-7에서 양쪽 진술문에 가까운 쪽에 동그라미를 하고 총점을 계산하시오.		
	나는 눈을 마주친다.	1 2 3 4 5 6 7	나는 눈을 피한다.
	나는 팔짱을 끼지 않는다.	1 2 3 4 5 6 7	나는 팔짱을 낀다.
	나는 얼굴을 주시하고 앞을 바라본다.	1 2 3 4 5 6 7	나는 고개를 종종 돌린다.
	나는 산만한 행동을 하지 않는다.	1 2 3 4 5 6 7	나는 산만한 행동을 한다.
	나는 침묵으로 경청한다.	1 2 3 4 5 6 7	나는 침묵하기 어렵고 말을 자주 끊는다.
	나는 말하는 중에 방해하지 않는다.	1 2 3 4 5 6 7	나는 일관되게 방해한다.
	나는 질문할 때 명료하게 한다.	1 2 3 4 5 6 7	나는 관련 없는 질문을 한다.
	나는 개방적 질문을 한다. (대화 유도 질문)	1 2 3 4 5 6 7	나는 폐쇄적 질문을 한다. (예, 아니오 대답 요구)
	나는 편안한 태도를 하고, 집중한다.	1 2 3 4 5 6 7	나는 긴장을 하고 집중하지 않는다.
	당신의 총점: 총점이 27 이하면 경청에 문제가 없으며, 36 이상이면 약간의 문제가 있는 것이다. 각 항목의 점수가 4 이상인 항목이 당신이 개선해야 할 부분이다. David L. Goetsch		

3. 나의 의사소통 기술 개발하기

조직심리학자인 수잔 윌리스(1997)는 의사소통을 향상시키기 위해 내가 할 수 있는 것으로 개인 전략 3가지를 제안하였다(안진환(역), 2003, pp.53-63).

① 자신의 커뮤니케이션 스타일을 평가한다.

② 커뮤니케이션 향상 목표를 정한다.
③ 스스로 배우며 실행에 옮긴다.

여기에서 첫 번째와 두 번째 전략을 소개하고자 한다.

가. 자신의 커뮤니케이션 스타일을 평가한다.

자신의 커뮤니케이션 스타일을 평가하려면, 얼마나 경청을 잘하고 거기에 반응하는지, 상대방에게 건설적인 피드백을 얼마나 잘 제공하는지 생각해 봐야 한다. 자신의 커뮤니케이션 강점과 약점에 대해 믿음이 가는 동료 직원에게 피드백을 부탁한다. 다음의 방식으로 요청할 수 있다.

- 어떤 면에서 제가 커뮤니케이션을 잘한다고 생각하나요?
- 제가 커뮤니케이션을 더 잘하기 위해 어떤 부분에 노력을 더 기울여야 하겠습니까?(예 : 간결하고, 확실하고, 더 재미있게 말하는 것)

스스로 자가 평가를 해도 좋다. 일단 평가가 끝나면, 중요한 커뮤니케이션 향상을 위한 목표점을 설정하고, 이를 달성하기 위해 스스로 배워나가도록 한다. 우선, 자신이 얼마나 상대방의 말을 경청하는지 알아보자.

<u>경청 습관</u>
다음의 질문에 대해 빈도수에 따라 3, 2, 1을 표시한다.
자주하는 경우는 3, 보통은 2, 거의 하지 않을 경우 1로 표시한다.

[ ] 다른 사람들이 말할 때, 시선을 맞추는가?
[ ] 다른 사람들의 말이 끝났을 때, 그 사람의 요점을 반복할 수 있는가?
[ ] 상대방의 말이 완전히 끝난 후 자신이 말하는가?
[ ] 다음에 할 말을 생각하는 대신 화자의 말에 최대한 집중하는가?

올바른 경청 습관
- 지속적인 시선 교환
- 요점 반복

- 상대방의 말이 끝나도록 기다림
- 상대방이 말하는 내용에 집중

다른 사람의 말을 듣는 것뿐만 아니라, 자신이 그 사람의 말에 귀기울이고 있음을 알리는 것도 중요하다. 다시 말해, 커뮤니케이션을 잘하려면 반응을 잘해야 한다. 손짓, 몸짓을 사용하는 것도 주의를 집중하고 있다는 것이다. 감정이입이 되고 있다는 것, 마음을 열고 있다는 것을 전달한다. 자신의 반응 습관을 점검하자.

자신이 듣고 있다는 것을 보여 주려면
- 반응을 내색하라.
- 들은 내용을 다른 표현으로 옮겨 보라.
- 질문을 하라.

<u>반응 습관</u>
다음의 질문에 대해 빈도수에 따라 3, 2, 1을 표시한다.
자주하는 경우는 3, 보통은 2, 거의 하지 않을 경우 1로 표시한다.

[ ] 화자의 감정에 함께 반응하면서 경청하고 있다는 것을 보여 주는가?
(예 : "프레젠테이션 때문에 걱정이겠구나.")
[ ] 들은 내용을 다른 표현으로 옮겨 보면서 자신이 이해한 바를 점검하는가?
(예 : "그럼 자네의 주요 걱정거리는 이사회에서 어떻게 주식을 사들이는가 하는 것이지?")
[ ] 관련된 질문을 하면서 상대방이 말한 내용에 대해 더 잘 이해하려고 하는가?
(예 : "우리가 지금 당장 돈을 절약하진 않겠지만, 장기적으로 봤을 때 새로운 공정으로 돈을 절약하게 된다는 점을 알고 있나요?")
[ ] 동의하는 부분을 먼저 말하고, 반대하는 부분을 나중에 말하는 식으로 대응하는가?
(예 : "봉급 인상은 동의합니다만, 인상 시기는 우려하는 바입니다.")
[ ] 이견을 표명할 때, 어떤 조건하에서 동의하는지 명시하는가?
(예 : "우리 제휴업자들을 교육시킨다는 조건하에서 그 생각에 동의합니다.")
[ ] 이견을 표명할 때, 다른 사람이 생각하는 것, 생각을 주고받는 것, 위험을 무릅쓰는 것을 존중하는가?

(예 : "창의적인 생각이네요. 지금 시도해 보기에는 시기상조이지만, 귀하께서는 저희와 거래하는 방식은 마음에 듭니다.")

말을 잘하려면

- 명확하게
- 간결하게
- 지루하지 않게

커뮤니케이션을 잘하기 위해서는 일단 경청하고 적당한 타이밍에 반응하며 단어 선택에도 각별한 신경을 써야 한다. 또한 명확하고, 간결하며, 지루하지 않게 의사를 전달할 수 있어야 한다.

명확성은 특정 청중에 맞는 단어를 선택하고, 같은 내용을 다양하게 전달하는 방법을 알고, 어휘력도 뛰어나야 한다는 것을 의미한다. 생각하고 나서 말하는 것도 요점을 조리 있게 전달하기 위한 열쇠이다.

말을 많이 하지 않고, 간단명료하게 하는 것은 지향할 만한 목표가 된다. 하염없이 주절거릴 것이 뻔한 사람에게 연락하거나, 만나고자 하는 사람은 없다. 실제로 그런 사람들과 가능한 한 대면하기를 꺼리고, 어쩔 수 없이 대면해야 할 경우 초조하게 말이 끝나기를 기다린다. 전화 통화할 때 먼저 끊는 경우가 거의 없거나, 대화에서 먼저 일어서는 경우가 없는 사람이라면, 자신이 말이 너무 많은 것은 아닌지 생각해 봐야 한다. 말을 할 때 사람들이 멀뚱히 쳐다보는 것을 느낄 경우에도, 말이 많다는 증거이다.

간결하게 말할 수 있는 능력은 어떤 직장에서도, 특히 팀 내에서 장점이 된다. 코멘트를 할 때는 짧게 말하는 것을 원칙으로 한다. 짧은 코멘트가 주는 메시지는 더 설득력을 갖게 되고, 듣는 사람들도 고마워할 것이다.

<u>지루하지 않게 말하기</u>

- 위트 있는 발언
- 일화 인용
- 다양한 목소리 톤
- 풍부한 어휘력
- 추측성 질문

듣고 있으면 기분이 좋아지는 방식으로 말하는 사람들을 알고 있는가? 단어 선택, 문장 처리, 위트 있는 말은 모두 눈, 귀를 고정시키게 한다. 목소리도 관심을 모을 수 있는 관건이 된다. 누구나 '뉴스 앵커'의 목소리를 가질 수는 없지만, 창의적으로 언어를 사용하여 듣는 사람이 잠이 오게 하지 않도록 할 수 있다. 회의석상에서 비교적 지루한 사람이 말하는 것을 들은 경험이 있다면 이 말이 이해될 것이다. 뻔한 말과 동일한 목소리 톤은 잡념을 불어넣는다.

건설적인 피드백

누가 짜증나는 행동을 할 때, 그 사람의 그러한 행동이 당신에게 어떠한 영향을 미치는지(영향력), 구체적으로 어떤 행동이 불쾌했는지(행동), 앞으로는 어떻게 했으면 좋겠는지(요청)을 말하는 것이 중요하다. 설득력 있는 피드백에는 3가지 단계가 있는데, 즉 영향력, 행동, 요청이다.

몇가지 예가 있다.

"자네가 나에게 들르기로 약속해 놓고서, 나를 기다리게 해서 실망스러웠네. 이런 일이 없겠다고 약속해 주길 바라네."

"이봐 자네, 누가 회의에 늦으면 12명의 시간이 날라가는 거야. 이제부터 제 시간에 오면 고맙겠어."

"여러분, 다른 사람이 제안한 바를 무시하면 참여가 저조해집니다. 다시 돌아가서, 메리가 말한 부분을 좀 더 길게 논의할 수 있을까요?"

"제인, '깐깐하다'는 애매한 표현을 사용할 때 헷갈리는데, 내가 어떤 행동을 고쳤으면 좋겠는지 더 구체적으로 말해 줄래?"

자신에게 짜증이 나게 한 타인의 최근 행동에 포커스를 둔다. 위에서 언급한 3가지 요소(영향력, 행동, 요청)를 사용하여 문제를 일으킨 당사자에게 말한다고 생각하면서 건설적인 피드백을 써보자.

나. 커뮤니케이션 향상 목표를 정한다.

"어디로 가고 있는지 모른다면, 엉뚱한 곳으로 가게 된다."

- 루이스 캐롤 (Lowis Carroll)

커뮤니케이션 기술을 개선하는 것이 어려워 보일 수도 있다. 어찌 되었건, 수년 간 자신만의 커뮤니케이션 패턴이 있을 것이다. 부담을 줄이기 위해, 한 번에 한 가지 개선점에만 초점을 맞춘다. 예를 들어 열중하며 경청하거나, 적극적으로 반응하거나, 구체적인 피드백을 하는 것에 개별 포커스를 맞출 수 있다.

어떤 행동을 개선하고자 결정할 때, 관련된 작은 목표를 몇 개 설정한다. 예를 들어 더 간결하게 말하는 것이 포커스라면, 1분 이상 말하지 않는다는 작은 목표를 세울 수 있다. 아니면 하루에 전화 통화하는 시간을 각각 3분으로 제한하는 것도 한 방법이다. 나아지고 있는지 여부를 알기 위해 모래시계를 사용하라. 작은 목표를 달성하면, 한 번 더 해 보고, 다시 한 번 더 해 본다. 자신도 모르게 행동이 습관처럼 되어, 뿌듯함을 느낄 것이다. 한 번에 조금씩 커뮤니케이션 기술을 발전시킬 수 있을 것이다. 처음에는 목표를 작게 세워 점차 발전시키도록 한다.

커뮤니케이션 향상을 위한 작은 목표

앞에서와 마찬가지로 3, 2, 1로 평가한다.

· 경청하는 습관을 돕기 위해 다음 사항을 점검한다.

[ ] 상대방과 시선 교환하는 횟수를 증가시킨다.

[ ] 듣는 동안 필기를 한다.

[ ] 하루 내 들은 내용을 자신의 말로 바꾸는 연습을 한다.

[ ] 경청할 때마다 자신의 태도를 점수로 매긴다.

[ ] 말하기 전에 셋까지 센다.

[ ] 책상에서 주의를 산만하게 하는 것을 치운다.

[ ] 기타

· 반응을 더 잘하기 위해 다음 사항을 점검한다.

[ ] 고개를 끄덕이며 '아, 그렇구나', '알겠다'라고 한다.

[ ] 아이디어를 칭찬하는 말을 한다.

[ ] '동의하지 않아'라는 말은 피한다.

[ ] '이런 조건이라면 지지할 수 있다'라는 말을 한다.

[ ] 관련된 질문을 한다.

[ ] 기타

· 피드백을 더 잘하기 위해 다음 사항을 점검한다.

[ ] 마음에 들지 않는 행동이 어떠한 영향을 미치는가를 설명할 때, "그런 행동은 나의 기분을 ○○하게 만든다."라고 말하거나, 그 행동으로 야기된 결과를 설명한다.

[ ] '너는 예의가 없다'라는 말을 피한다.

생각을 확장하는 페이지 | 팀내 권력 거리 지수를 낮추라!

말콤 글래드웰(Malcolm Gladwell)의 저서 [아웃라이어]에는 네덜란드 사회학자 기어트 홉스테드(Geert Hofstede)의 '홉스테드 요인(Hofstede's Dimension'에 대한 내용이 소개되어 있다. 이 가운데 '권력거리지수(Power Distance Index, PDI)'는 특히 우리나라의 팀장들이 눈여겨봐야 할 지수다. PDI는 '특정 문화가 위계질서와 권위를 얼마나 존중하는지를 나타내는 지수'를 말한다.

홉스테드는 문화, 즉 사회의식을 크게 4개의 차원으로 구분하여 전 세계 53개국간의 비교연구를 행하고 있다. 권력거리(power distance)의 크기, 집합주의(collectivism) 대 개인주의(individualism), 여성성(feminity) 대 남성성(masculinity), 불확실성 회피(uncertainty avoidance)의 강도 등이 그것이다.

권력거리지수는 의존관계를 말해준다. 권력거리가 작은 나라에서는 부하직원이 상사에게 의존하는 정도가 약하며, 상사와 부하직원간의 상호의존을 선호한다. 상사와 부하직원간의 감정적 거리는 비교적 작은 편이다. 그래서 부하직원은 상사에게 쉽게 접근해서 반대의견을 낼 수 있다. 권력거리가 큰 나라에서는 부하직원이 상사에게 의존하는 정도가 높다. 부하직원은 그런 의존관계 자체를 선호하거나, 아니면 그런 의존관계를 거부한다. 그러므로 권력거리가 큰 나라에서는 의존과 반의존간의 양극화현상이 나타난다.

결국 권력거리지수는 팀 내의 의사소통과 매우 밀접한 관계가 있다. 상호의존적 팀 구성원간의 의사소통을 원한다면 팀장과 팀 구성원과의 권력거리가 가까워야 할 것이다. 형식적이고 권위적이고, 지위 중심적인 팀 문화는 팀 시너지는 창출하는데 결코 도움이 안될 것이다.

'나'가 없는 대화 | 팀 계발 활동 TEAM BUILDING

◈ 목표
팀 구성원들은 인식했던 것보다 더 자기중심적인 경향이 있다는 것을 확인하고, 다른 사람들에게 집중하는 것이 중요함을 인식하는 데 도움을 준다.

◈ 절차
1. 대인관계 능력이나 의사소통태도에 대하여 토론한 후에 우리가 다른 사람들에게 주의를 기울이지 않는 많은 일들과 의식하고 하는 것은 아니지만 자기중심적인 것들을 격식 없이 말하여 보자.
2. 파트너를 정하고, 2분 동안 토론하기 원하는 영역에 대하여 대화한다. 원하는 어떤 것도 할 수 있지만 "나/내가"라는 말만 할 수 없다.

◈ 활동 토의
1. 여러분은 "나"라는 말을 사용하지 않고 2분 동안 얼마나 많은 대화를 할 수 있었습니까?
2. 대화에서 왜 "나"라는 말의 사용을 피하는 데 많은 어려움을 겪었습니까?
3. "나"라는 말로 모든 문장을 시작하는 사람들과 대화할 때(들을 때) 여러분은 어떻게 느꼈습니까?
4. 다른 사람들에게 좀 더 주의를 기울이기 위해 대화를 어떻게 표현할 수 있겠습니까?
5. 만약 여러분이 "나"라는 단어를 사용하지 않는다면, 여러분은 그것을 피하기 위해 어떤 방법을 사용하였습니까? 여러분은 이러한 일들을 당신의 업무(또는 사회) 환경에 더 자주 사용할 수 있습니까?

◈ 팁
각 조의 한 명에게 "나"의 횟수를 세도록 한다.

학습 문제 | Quiz for Summary

◆ 객관식

1. 의사소통에 대한 설명이 잘못된 것은?

① 팀 리더와 팀 구성원에게 요구되는 기술 중에서 의사소통은 가장 중요한 기술 중 하나이다.

② 의사소통은 리더십, 동기부여, 문제해결, 수행평가, 윤리, 교육, 훈련, 멘토링 등 팀 리더와 팀 구성원의 관련 있는 모든 영역에서 기본이 되는 기술이다.

③ 의사소통은 가능하면 일 중심이 아니라 사람 중심으로 해야한다.

④ 충분한 훈련과 연습을 한다면 타고난 능력과 관계없이 대부분의 사람들은 충분한 의사소통 기술을 학습할 수 있다.

2. 의사소통에 대한 진술이 올바른 것은?
① 의사소통은 '말하기(telling)'와 '의사소통하기(communicating)'을 구분하지 않는다.
② 의사소통은 '듣기(hearing)'와 '청취하기(listening)'를 구분하지 않는다.
③ 의사소통에서의 메시지는 한 사람에 의하여 다른 사람에게로 전달될 수 있다. 그러나 메시지가 완전히 이해되지 않아도 의사소통은 이루어진다.
④ 의사소통은 수신된 정보의 전달이며, 하나의 정보원으로부터 다른 곳으로 완전히 이해되는 것이다.

3. 모든 팀 구성원이 문제를 해결하거나 목표를 달성하기 위해서 즉각적으로 의사소통에 참여하는 의사소통 수준은?
① 1:1 수준 의사소통
② 팀 또는 부서 수준 의사소통
③ 회사 수준 의사소통
④ 지역사회 수준 의사소통

4. 의사소통의 장애 요인으로 볼 수 없는 것은?
① 의미의 차이
② 낮은 목소리
③ 청취의 문제
④ 정보 부족

5. 팀에서의 의소소통 개선하기와 거리가 먼 내용은?
① 필요한 정보 뿐만 아니라 많은 말을 한다.
② 우선순위와 시간의 제한을 결정한다.
③ 전달할 대상을 결정한다.
④ 전달 방법을 결정한다.

◆ 주관식

1. 팀 리더에게 구두 의사소통은 청취만큼이나 중요하다. 팀 리더는 청취의 요인을 고려하여 구두 의사소통 기술을 개선시킬 필요가 있다. 청취의 중요한 요인을 세 가지 이상 제시하시오.

객관식

1. [정답] ③
   [해설] 의사소통이 일 중심이 아니라 사람 중심으로 되면 갈등이 많아지고 본질이 왜곡될 수 있다.

2. [정답] ④
   [해설] 경험 없는 팀 리더는 흔히 '말하기(telling)'와 '의사소통하기(communicating)'를 혼동한다. 문제가 확대될 때, 그들은 "그러나 나는 그에게 무엇을 해야 하는지를 말했다"라고 항변하기도 한다. 경험 없는 팀 리더는 흔히 '듣기(hearing)'와 '청취하기(listening)'를 혼동하기도 한다.
   두 경우에 리더는 의사소통을 말하기와 듣기로 혼동하는 것이다. 의사소통에서 핵심은 "이해"이다. 의사소통에는 말하기가 포함될지 모르지만 이는 단순한 말하기 이상의 것이다. 듣기 또한 단순히 듣기 이상의 의미를 지니며, 일반적으로 의사소통은 다음과 같이 정의된다.
   의사소통은 수신된 정보의 전달이며, 하나의 정보원으로부터 다른 곳으로 완전히 이해되는 것이다.
   메시지는 한 사람에 의하여 다른 사람에게로 전달될 수 있다. 그러나 메시지가 완전히 이해될 때까지는 의사소통이 아니다. 이는 연설, 논술, 비구어적 메시지에도 적용되는 원리이다.

3. [정답] ②
   [해설] 1:1 수준 의사소통은 이름 그대로 한 사람이 다른 사람과 의사소통하는 것이다. 즉 면대면 대화로서 전화, 이메일과 같은 접촉적인 표현으로 이루어진다.
   팀 또는 부서 수준 의사소통은 동료집단 내에서 이루어지는 의사소통이다. 1:1 의사소통과 팀 의사소통 간의 차이는 후자의 경우가 모든 팀 구성원이 문제를 해결하거나 목표를 달성하기 위해서 즉각적으로 의사소통에 참여한다는 것이다.

4. [정답] ④
   [해설] 의사소통의 장애 요인 중 하나는 정보 과잉이다. 즉 정보통신 기술의 발달과 빠르고 계속적인 정보 재생산 때문에 우리는 흔히 효과적으로 정보를 처리하기보다는 너무 많은 정보를 접한다. 이를 '정보 과잉'이라고 부르며 실제로 통신 장애의 원인이 된다. 팀 리더는 팀 구성원에게 전달할 정보를 발췌, 조직화, 요약화, 단순화하여 정보 과잉을 막아야 한다.

5. [정답] ①
   [해설] 팀에서 의사소통을 개선하기 위해서는 필요한 정보만 말한다. 팀에 영향을 주는 정보만을 의사소통의 대상으로 삼는다. 팀 리더가 모르는 내용은 말할 수 없다

주관식

1. [정답] 관심, 태도, 융통성, 재치, 예의
   [해설]
   - 관심 - 팀 리더는 팀 구성원에게 전달하고자 하는 메시지에 깊은 관심을 나타낸다. 메시지의 수신자에게도 관심을 나타내어야 한다. 필요하다면 모든 수신자에게 눈을 마주치고, 소리가 조금 지겹거나 주저하거나 무관심한 경우를 팀 구성원은 쉽게 알아차리고 그대로 답습할 것이다.
   - 태도 - 긍정적이고 친절한 태도는 구두 의사소통을 강화시킨다. 기다리고 친근하게 미소를 짓는 것은 중요

하다.
- 융통성 - 유연하게 대처한다.
- 재치 - 특별히 민감하고 논쟁적인 메시지를 전달할 때 재치는 구두 의사소통에서 매우 중요한 구성요소이다. 재치는 판을 깨뜨리지 않고 망치로 못을 박는 경우와 같은 능력으로 비유된다. 재치 있는 구두 의사소통의 핵심은 말하기 전에 생각하는 것이다.
- 예의 - 예의를 갖춘 말은 수신자에게 적절한 관심을 보여주는 수단이다.

학습 내용 정리 | Mind Mapping

1. 경험 없는 팀 리더는 흔히 '말하기(telling)'와 '의사소통하기(communicating)'를 혼동한다. 또한 팀 리더는 흔히 '듣기(hearing)'와 '청취하기(listening)'를 혼동하기도 한다. 두 경우에 리더는 의사소통을 말하기와 듣기로 혼동하는 것이다. 의사소통에서 핵심은 "이해"이다.
2. 의사소통은 수신된 정보의 전달이며, 하나의 정보원으로부터 다른 곳으로 완전히 이해되는 것이다.
3. 의사소통은 여러 수준으로 나타난다. 팀 리더는 의사소통의 네 수준 모두에 숙달되어야 한다.
4. 의사소통에는 크게 일방향 의사소통과 양방향 의사소통으로 구분할 수 있으며, 완전한 의사소통은 양방향일 때 일어나며, 수신자와 발신자의 역할이 공존하며 수신자와 발신자가 모두 정보, 아이디어, 감정을 전달할 수 있다.
5. 효과적인 의사소통의 장애가 존재한다. 즉 의미의 차이, 불충분한 신뢰, 정보 과잉, 환경 장애, 낮은 목소리, 청취의 문제, 섣부른 판단, 부정확한 가정, 기술적 결함 등이다.
6. 효과적인 청취의 방해물은 집중력 부족, 선입관, 앞서 생각하기, 가로막음, 딴 생각하기 등이다.
7. 비언어적 메시지는 통신의 유형에서 이해도는 떨어지지만 가장 강력한 통신 수단이다. 비언어적 의서소통은 보디랭귀지로 잘 알려져 있다. 그러나 몸짓 언어는 비언어적 의사소통의 한 가지 예이다. 보다 정확하게 비언어적 의사소통은 몸짓 요인, 목소리 요인, 근사 요인 등으로 분류될 수 있다.
8. 팀 리더에게 구두 의사소통은 청취만큼이나 중요하다. 팀 리더는 구두 의사소통 기술을 개선시킬 필요가 있다. 즉 관심, 태도, 융통성, 재치, 예의 등이 중요하다.
9. 팀에서의 의사소통을 개선하기 위해서는

- 필요한 정보만 말한다.
- 우선순위와 시간의 제한을 결정한다.
- 전달할 대상을 결정한다.
- 전달 방법을 결정한다.

- 정보를 대화한다.
- 정보의 정확성을 점검하고 피드백한다.

10. 수잔 윌리스(1997)가 제안한 의사소통 향상의 개인 전략 3가지 : 자신의 커뮤니케이션 스타일을 평가한다, 커뮤니케이션 향상 목표를 정한다, 스스로 배우며 실행에 옮긴다.

생각해 볼 문제 | Reflection & Discussion

1. 말콤 글래드웰(Malcolm Gladwell)의 저서 [아웃라이어]에는 네덜란드 사회학자 기어트 홉스테드(Geert Hofstede)의 '홉스테드 요인(Hofstede's Dimension)'에 대한 내용이 소개되어 있다. 이 가운데 '권력거리지수(Power Distance Index, PDI)'는 특히 우리나라의 팀장들이 눈여겨봐야 할 지수다. PDI는 '특정 문화가 위계질서와 권위를 얼마나 존중하는지를 나타내는 지수'를 말한다. 이러한 관점에서 팀의 위계질서를 무너뜨리기 위해 팀장에게 필요한 다음의 행동들은 중요한 의미를 갖는다. 각각의 행동들이 미치는 영향에 토의해 보자.

> 1. 말을 줄여라! 말이 없을수록 팀원들이 말을 많이 한다.
> 2. 팀원들의 말을 절대 중간에 자르지 마라.
> 3. 가급적 인상을 쓰지 마라.
> 4. 팀원들이 하는 일에 대한 간섭을 줄여라.
> 5. 당신의 생각에 반대하는 팀원을 칭찬하라.
> 6. 회의할 때는 중앙보다는 귀퉁이에 앉아라.
> 7. 자기 자랑을 하지 마라.

참고문헌

대니얼 레비, 정명진 역(2011). 팀워크 심리학(Group Dynamics for Team). 부글북스.

박기찬(2011). 소통하는 팀, 소통하는 회사. 네임북스.

박태현(2012). 팀으로 일하라. 시그마북스.

안진환 역(2003). 팀 워크북(수산 윌리스 조글리오 저). 제우스.

최유현(2008). 공학기술과 팀워크. 지호.

Bagulary, P. (2003). Teams and Team-working. Chicago, Ill: MaGraw-Hill.

Eide, A. R., Jenison, R. D., Mashaw, L.H., and Northup, L.L. (2002). Introduction to Engineering Design & Problem Solving. Boston: McGraw-Hill.

Katzenbach, J. & Smith D. (1993). The wisdom of teams: Creating the high-performance organization. Cambridge, MA: Harvard Business School Press.

McNeill, B. Bellamy, L. and Foster, S. (1995). Introduction to engineering design. Tempe: Arizona State University.

Smith, K. A. (2004). Teamwork and Project Management. 2nd Ed. Boston: MaGraw-Hill.

Stewart, G. L., Manz, C. C. & Sims, Jr, H. P. (1999). Team Work and Group Dynamics. New York: John Wiley & Sons, INC.

Wellins, R. S., Byham, W. C. & Willson, J. M. (1991). Empowered Teams: Creating self-directed work groups that improve quality, productivity, and participation. San Francisco, CA: Jossy-Bass Inc.

Part 03 팀 리더십 개발하기

10

팀워크와 갈등 관리

| 주요 개념 | 갈등, 갈등 원인, 갈등의 대응, 갈등 해결의 중요성, 갈등 관리 개인전략

1. 갈등의 이해
2. 나의 갈등 관리 기술 개발하기

10 팀워크와 갈등 관리

□ **학습 목표**
① 갈등 원인, 갈등 대응, 갈등 스트레스 등을 설명할 수 있다.
② 갈등 관리의 개선 전략 세 가지를 적용할 수 있다.

□ **학습으로의 초대 _ 갈등은 반드시 부정적인가?**
갈등은 반드시 부정적인가?
물론 갈등은 스트레스의 팀의 문제해결에 장애요소이다. 그러나 갈등으로 인하여 팀워크가 더 다져지고 팀 구성원간의 협상력이 강화되는 측면이 있다. 갈등은 피해야 하는 대상이 아니라 슬기롭게 해결해야 하는 필요임을 인식해야 할 것이다.

대니얼 레비는 불행하게도 갈등을 잘못 이해하고 오해하는 경우가 많다고 한다(정명진 역, 2010, P.160).
· 갈등은 나쁜 것이며, 반드시 피해야 한다.
· 서로를 잘못 이해하는 팀원들이 갈등을 일으킨다.
· 모든 갈등은 모두가 만족하는 쪽으로 해결될 수 있다.

위와 같은 생각들이 왜 오해인지를 생각해보자.

1. 갈등의 이해

가. 팀 갈등의 원인

갈등은 고도의 경쟁적이고 스트레스가 많은 작업 환경에서 자연적으로 나타나는 현상이다. 사람들이 함께 일할 때는 갈등이 일어나기 마련이며, 팀 구성원은 갈등 관리에 능숙하여야 한다. 이 장에서는 팀 구성원이 팀 내에서의 갈등을 푸는 데 촉매가 될 수 있는 방법을 설명하고자 한다(Goetsch, 2004).

팀 갈등의 대부분의 원인은 예측될 수 있다. 그 예측 원인은 〈표 3-3〉에서 제시한 것과 같다. 갈등은 다른 사람들에 의하여 사람들의 요구가 좌절되거나 필요가 위협받을 때 일어난다.

〈표 3-3〉 팀 갈등의 잠재적 원인

팀 갈등의 일반적 원인 체크리스트
__V__ 제한된 자원 __V__ 양립할 수 없는 목표 __V__ 애매모호한 역할 __V__ 서로 다른 가치 __V__ 서로 다른 인식 __V__ 의사소통의 문제

'제한된 자원'은 작업을 완수하는 데 필요한 자원(자금, 재료, 사람, 시간, 장비 등)이 너무 적을 때 발생되고, 누가 많은 자원을 차지할 것인가와 관련된다. '양립할 수 없는 목표'는 팀 구성원의 요구와 팀의 요구가 다르기 때문에 오는 것으로 팀에서 피할 수 없는 갈등이다. '애매모호한 역할'은 담당 구획선의 문제로 누구의 책임인지 누구의 권한인지 모호할 때 발생된다. '서로 다른 가치'는 작업 보안, 위험 인지와 같은 가치의 차이가 잠재 요인이 된다. '서로 다른 인식'은 팀 구성원의 서로 다른 배경, 가치, 신념, 개인적 상황 등의 특별히 다양한 작업 환경이 늘어나는 곳에서 발생된다. 끝으로 '서투른 의사소통의 문제'이다. 완벽한 의사소통은 없기 때문에, 의사소통과 관련된 갈등은 충분히 예측되는 갈등이다. 모든 팀 구성원의 의사소통 기술의 개선은 팀 리더의 지속적인 목표가 되어야 한다.

포크라스(Pokras, 2002)는 갈등이 차이점과 부조화의 연장선상에서 그 결과로 나타나는 것으로 보고 다음과 같은 갈등에 이르는 순서도를 제시하였다.

차이점 팀 구성원은 인간으로서 자연적 다양성을 갖고 있고 그들은 각기 독특하다.	▶ 환경, 교육, 성장 ▶ 가치, 신념, 철학 ▶ 성격 유형과 선호도 ▶ 작업 우선순위와 부서 목표 ▶ 개인적 야망
↓	
부조화 사람들은 마찰과 부조화를 느끼고, 팀은 좌절하고 시간을 낭비하고 목표를 벗어난다.	▶ 실천 과제가 완성되지 못한다. ▶ 팀 운영 규칙에 따르지 않는다. ▶ 지배, 파열, 협동의 부족 ▶ 작업 부담을 공유하기를 꺼려함 ▶ 비판, 부정적 피드백
↓	
갈등 의사소통이 완전히 단절되고 정서적으로 통제 밖의 상태	▶ 종국에 폭발을 일으키는 긴장감 ▶ 직접적 불평과 혼란 ▶ 조정이 어려운 팀 미팅 ▶ 팀 구성원이 일을 중단하고 나타나지 않음 ▶ 관계의 영구적인 손상

[그림 3-4] 갈등에 이르는 순서도(pokras, 2002)

나. 갈등에 대한 대응

갈등을 효과적으로 다루기 위해서 팀 리더는 갈등에 대응하는 사람들의 다양한 방법을 이해할 필요가 있다. 가장 전형적인 대응은 다른 사람을 이기기 위한 '경쟁'이다. 그리고 이것과 상반되는 대응으로 다른 사람을 배려하는 '수용'이 있다. 그리고 '타협'은 서로 가장 훌륭한 결과를 이끌어내는 문제해결 방법이며, '협력'은 양자가 수용 가능한 해결을 위하여 함께 도우며 문제 해결을 시도하는 것이다. 그리고 '회피'는 갈등으로부터 떠나는 것이다. 이것들은 상황에 따라 효용이 다를 수 있다.

- 경쟁은 도움이 되거나 중요하지만 인기가 없는 실행이 급히 필요할 때 적절하다.
- 협력은 개인 간의 관계에서 서로의 일에 관여하며 일하는 것이 중요할 때 적절하다.
- 회피는 다른 사람의 관심을 만족시킬 기회가 없다고 판단될 때나 긍정적인 인식을 위해서 냉각시키는 시간이 필요할 때 적절하다.
- 수용은 즉각적으로 쟁점화하기보다는 조화와 안정이 요구될 때와 당신이 앞서있다고 생각될 때 적절하다.

다. 갈등 관리의 중요성

'갈등 관리'는 갈등 해결, 갈등 시뮬레이션을 포함하는 광범위한 개념이다. 팀 구성원은 갈등에 대한 반응의 종류에 관계없이, 갈등에서 스트레스를 받는다. 사실 갈등은 작업 스트레스의 큰 원인이고, 이 때문에 팀 리더는 갈등 관리에 능숙해야 한다. 작업 관련 스트레스는 다음과 같은 많은 부분에서 불리하게 영향을 줄 수 있다.

- 팀 구성원의 수행 능력 - 스트레스를 과도하게 받은 팀 구성원은 최고의 품질 또는 생산성을 가져오는 일을 수행하지 못한다.
- 고객 서비스와 만족 - 스트레스를 과도하게 받은 팀 구성원은 적절하게 고객을 서비스하고 만족시키는 데 필요한 긍정적이고 배려하는 태도를 가지기가 힘들다.
- 팀 구성원의 안전 - 스트레스를 과도하게 받은 팀 구성원은 사고를 일으킬 가능성이 크며, 그 결과로 다른 사람에게 위험이 될 수 있다.
- 팀 구성원의 건강 - 너무 과도한 스트레스는 질병을 가져올 수 있다. 스트레스는 혈압, 심장 박동, 위장 장애 등의 문제를 일으킨다.
- 결근과 지각 - 과도하게 스트레스를 받으면 지각이나 결근하고 싶은 경향을 보인다. 이러한 일이 발생될 때 팀 전체의 목표 달성에 영향을 미친다.

2. 나의 갈등관리 기술 개발하기

수잔 윌리스 조글리오는 갈등 해결을 위해 내가 할 수 있는 전략 4가지를 제안하였다. 즉 자신만의 갈등 스타일을 이해하고, 갈등 해결 기술을 향상시키고, 일단 갈등이 생기면 신속히 해결하며, 끝으로 동료들의 갈등 해결에 도움을 주는 것으로 전략화하고 있다(안진환 역, 2003).

가. 자신만의 갈등 스타일을 이해한다.

자기 주장이 강한 사람도 있고 그렇지 않은 사람도 있는 것처럼, 갈등을 해결할 때 강하게 밀고 나가는 사람도 있지만, 조화롭게 해결하려는 사람도 있다. 모든 상황에 따라 적절한 방식이 있듯, 어떤 방식이 '옳다' 혹은 '그르다'라고 할 수 없다. 하지만 자신에게 맞는 방식과 상황에 맞는 방식은 존재한다. 가장 적절한 방식을 의식적으로 선택하기 위해서는 순간적으로 나오는 자신의 기본적인 스타일을 알고 있어야 한다.

나. 갈등 해결 기술을 향상시킨다.

갈등을 잘 해결하려면 사고 방식, 즉 패러다임을 전환할 수 있어야 한다. 여기서는 일반적으로 대립에 직면하는 상황에 대한 패러다임, 자신만의 극복 노하우에 대한 패러다임에 대해 생각해 본다. 패러다임이란 자신이 옳다고 생각하는 추측이나 가정을 가리킨다. 예를 들어 대부분의 사람들이 워낙 이기적이고, 원하는 것을 손에 쥐는 것에만 관심이 있다고 생각한다면, 특정 패러다임이 작동한다는 것이다.

패러다임이란 주관적이고 구태의연하며 부정확할 가능성이 있기 때문에, 창의적인 협상에는 전혀 도움이 안 된다. 따라서 냉철하게 검토해 봐야 한다. 자신의 패러다임을 바꾸면 갈등을 해결할 가능성도 높아진다. 사물을 다른 시각에서 보게 되기 때문이다. 다음 인물들은 우리가 세상을 다른 각도에서 볼 수 있도록 해준 장본인들이다.

- 콜럼버스 : 지구가 평평하지 않고 둥글다는 것을 보여주었다.
- 파스퇴르 : 박테리아와 같은 눈에 안 보이는 것들이 사람들을 죽일 수도 있다는 것을 입증했다.
- 예거 : 음속의 벽을 넘었다.

<u>나의 패러다임 점검</u>

자신의 패러다임을 점검하는 것이 중요하다. 어설픈 선입관은 가능한 것, 현실적인 것, 필요한 것에 대한 관점을 제한하기 때문에 실질적인 걸림돌이 된다.

따라서 어떠한 갈등이 생긴다면 이를 무턱대고 해결하려 하기 전에, 자신의 사고 방식을 점검하도록 한다. 이를 통해 갈등을 성공적으로 해결하는 데 발목을 잡는 자신만의 편견에는 어떤 것들이 있는지 짚고 넘어갈 수 있을 것이다.

① 일반적으로 갈등이 빚어지고 있는 상황에 대해 어떠한 사고방식을 가지고 있는가?
(예 : "대립적인 상황에서 누군가가 이기고, 다른 사람이 져야 게임이 끝난 것이라 할 수 있다.")
나는 어떤가 :

② 현재 해결해야 하는 갈등에 대해 생각해 본다. '상대방'을 어떻게 생각하고 있는가?

(예 : "그 사람과 해결을 보는 유일한 방법을 내가 원하는 바를 확실히 말하고, 절대 빈틈을 타고 들어오지 못하도록 하는 것이다. 안 그러면, 내가 온통 뒤집어 쓸 것이다.")

나는 어떤가 :

③ 그러한 상황에서 자기 자신을 어떻게 생각하는가?

(예 : "이 상황에 대해 내가 할 수 있는 것은 전무하다. 난 빼도 박도 못한다. 한바탕 소리지르며 서로 달려들 것이다. 그 여자는 정말로 내 피를 솟게 하기 때문에, 어쩔 수 없다.")

나는 어떤가 :

부정적인 패러다임을 버리고, 더 긍정적인 것으로 바꾸는 데 도움이 되는 3가지 테크닉은 생각의 전환, 역지사지의 정신, 긍정적인 태도로 요약된다. 이러한 기술을 발전시키면, 정신적으로 폐쇄된 관점에서 벗어나 더욱더 개방적인 관점으로 향한다. 개방적이 되면 윈윈 전략으로 갈등 해결에 성공할 확률이 높다.

패러다임의 긍정적인 전환을 위한 3가지 테크닉

- 생각의 전환
- 역지사지
- 선언문 사용

생각을 전환한다는 것은 상황을 다른 각도에서 보고 산다는 말이다. 어렸을 적에 만화경을 가지고 논 적이 있을 것이다. 만화경을 돌리면 부분적으로 모양이 변해서, 돌릴 때마다 다른 그림이 나온다. 다른 그림을 보기 위해 계속해서 돌리고, 또 돌렸던 기억이 있을 것이다. 효과적으로 협상을 하기 위해서는 사물의 틀을 '재구성'하는 것이 도움이 된다. 다시 말하면, 현재의 상황을 다른 시각에서 볼 필요가 있다는 것이다. 재구성이라는 것은 컵에 물이 '반밖에 없다'로 생각하지 않고, '반이나 남았다'고 보는 것과 같은 맥락이다. 밝은 면을 보는 것, 더 긍정적인 관점을 갖는 것과도 같다.

<u>생각의 전환</u>

대립적인 상황에 대한 사고 방식을 바꾸기 위해 '생각의 전환' 테크닉을 사용할 수 있다.

(예 : 전환 전	전환 후
그 사람 아니면 나야.	우리 모두 이길 수 있어.

희망이 안 보인다.	해결책이 있을 거야.
갈등은 없어야 돼.	갈등은 충분히 있을 수 있어.

다음의 생각들을 전환해 보자.

전환 전	전환 후
a. 그 여자의 말에 왈가왈부할 가치도 없어.	

전환 전	전환 후
b. 내가 양보하면, 나를 밟고 올라서겠지.	

전환 전	전환 후
c. 이봐, 이것은 내가 시작한 것이 아니야. 그 여자가 시작한 거야. 왜 내가 협상해야 하는데?	

역지사지

대립적인 상황에 대한 사고방식을 바꾸기 위한 두 번째 테크닉은 자신이 그 사람의 입장이라면 어떠할지 머릿속으로 그림을 그리는 것이다. 그러면 감정이입이 되고, 그 사람의 입장에서 상황을 보게 된다. 역지사지는 감정이입을 요한다. 상대방의 느낌을 느껴야 하고, 상대방의 시각으로 봐야 한다. 익히기에 쉽지는 않지만, 연습하면 확실히 도움이 된다.

① 당신의 팀원 중 한 명이 다른 사람들 앞에서 호되게 질책을 당한다면 그 사람은 어떤 느낌일까?
② 특별 업무 팀에 지원자가 없다면 당신의 사장은 어떤 느낌일까?
③ 당신이 현재 갈등을 빚고 있는 그 사람은 어떤 느낌일까?
④ 그 사람에게 정말로 중요한 것은 무엇인가? 그의 관심사는 무엇인가?

특히 자신에 대한 패러다임을 전환하는 데 도움이 되는 세 번째 테크닉은 선언문(긍정적인 말)을 이용하는 것이다. 자신이 옳다고 생각하는 것에 대해 현재 시점으로, 긍정적인 문장으로 말하는 것이다. 머릿속에서 긍정적인 말로 표현하리라 다짐하며, 어떠한 부정적인 생각도 지워 버리려는 것이다.

선언문은

- 긍정적이고
- 현재 시제여야 한다.

예컨대, 누군가와 대립하는 것이 신경 쓰인다고 가정해 보자. 머릿속을 스치는 생각들은 다음과 같이 부정적일 것이다.

'나는 언젠가는 이 분노가 폭발할 것 같아.'

'내 권리를 주장할 수 없을 거야.'

'그 사람 앞에서 너무 떨려 아무 생각도 안 날 것 같아.'

이러한 생각 대신 다음과 같은 긍정적인 생각으로 바꿀 수 있다.

'나는 온화한 성격에, 준비된 사람으로서, 협상을 잘할 수 있어.'

'나는 절제할 줄 알고, 주장도 분명하며, 융통성 있어.'

<u>선언문 사용의 실제</u>

1. 현재 자신이 경험하고 있는 대립적인 상황을 생각해 보자. 계속해서 뇌리를 스치는 부정적인 생각에는 어떤 것들이 있는가?
2. 위의 생각 대신에 뇌리에서 반복할 수 있는 긍정적인 사고 한 가지를 적어 본다.

선언문을 잘 활용하려면, 하루에도 몇 번씩 되뇌어야 한다. 특히 아침에 일어나서, 잠들기 전에 말한다. 이러한 모토를 포스트잇에 적어 두면 하루 종일 긍정적인 태도를 취할 수 있다. 거울 위, 다이어리, 칠판, 열쇠 주머니 같은 곳에 하나씩 붙여 놓을 수도 있다.

다. 일단 갈등이 생기면 신속히 해결한다.

갈등을 해결하는 데 있어 가장 중요한 것은 첫 단추를 잘 끼우는 것이다. 상대방에게 '우리 둘 사이에 문제가 있다'고 말하는 것은 쉽지 않다. 그저 덮어두려 한다. 하지만 덮어두면 둘수록 사태 해결은 어려워진다. 시간이 지나면 처음의 잘잘못은 희미해지고, 어느새 뇌리에는 새로운 시나리오가 자리잡으며 상처는 곪게 된다. 신속하게 갈등을 조절하면, 자신에게도 수월하게 된다. 갈등이 일어나고 48시간 내에 해결하면 아주 이상적이다.

상대방과 갈등에 대해 말하기 전에 상대방으로 인하여 생긴 분노, 괴로움, 그것에 대한 구체적인 사례, 분노와 괴로움이 생기는 이유를 적어 본다. 해결되지 않은 갈등은 팀의 커뮤니케이션, 협동, 창의력에 영향을 미친다.

해결점을 찾으려고 우선적으로 노력하는 사람이 되기 위해서는, 동료와 대립될 때마다 문제 해결을 위한 자리를 솔선수범하여 만들겠다는 각오가 있어야 한다. 그렇게 하면 팀에서 본보기가 되고, 다른 사람들도 무작정 회피하는 습관을 버리게 될 것이다. 팀에서 이견을 조율하고 개방적인 직장 분위기를 유지할 수 있도록 하는 데, 긍정적인 영향을 미칠 수도 있다.

라. 동료들의 갈등 해결에 도움을 준다.

묵은 갈등이 해소되지 않는 분위기에서 평소와 다름없이 일하게 되면, 서로 피하게 되는 습관만 키울 뿐이다. 딱히 비난할 수 없는 이런 행동은 반복되게 마련이고, 이런 행동을 대수롭지 않게 여기기 때문에, 해결되지 않은 갈등은 지속되는 것이다. 그러한 장기전을 피하려면, 당사자에게 대립적 상황에 대해 말을 한다.

다른 두 팀원들이 팽팽한 신경전을 벌이는 것을 목격한다면, 둘 중 한 명에게로 가서 '나와 팀 전체에 영향을 미친다'고 설명하라.

갈등 국면의 당사자들은 보통 자신들에게만 상처가 있을 뿐이라며 타협하는 것을 미루기 때문에, 제3자가 가서 팀의 대인 관계의 문제점들이 커뮤니케이션, 협동, 창의력을 가로막는다는 사실을 밝혀주는 것이 도움이 된다.

동료에게 타협의 손길을 먼저 건네는 방법을 제안할 수도 있다. 방법을 대략적으로 설명하거나, 자신이 비슷한 입장일 때 했던 언행이 어떻게 성공했는가를 들려줄 수도 있을 것이다. 동료가 정말로 난처해한다면 첫 대면을 중재해 주거나, 상담가나 인사부 전문가와 같은 객관성을 띤 중재인을 소개해 줄 수 도 있다.

관계 개선이 안 되면 당사자에게 직접 가서 타협을 시도해 봤는지 물어본다. 포기하지 말라. 그리고 당사자가 "당신이 상관할 바 아니니 물러나시오"라고 말해도 끈질기게 설득하라. 팀은 개방적이고 정직해야 하고, 팀원들은 긍정적이고, 기분 좋은 환경에서 일하길 원한다는 말을 전하라. 팀 내에서 각기 다른 생각이 있게 마련이고, 이는 해결 가능하다는 확고한 믿음을 가져야 한다. 이것은 팀의 역량을 최대한 발휘하기 위한 필수 조건이다.

생각을 확장하는 페이지 | 갈등 해결_색깔이 다른 Post it 사용

심리학에는 전위공격성(Displaced Aggression)이란 용어가 있다. 분노를 가져다 준 대상에게 보복을 하지 못할 경우 다른 무고한 대상에게 그 분노를 표출하는 것을 말한다. '종로에서 뺨 맞고 한강에서 화풀이한다'이다.

분노에서 생각해야 할 또 하나는 비등점(沸騰點)이다. 분노를 느끼기 시작하는 수준이 개인마다 차이가 있다. 같은 대상을 보고서도 A라는 사람은 분노를 느끼지만 B라는 사람은 분노를 느끼지 않을 수가 있다. 개인마다 가지고 있는 가치관이나 경험 그리고 당시 상황에서 갖게 된 개인의 감정에 따라 같은 대상을 보고도 분노를 느끼는 비등점이 달라지는 것이다. 이는 선택적 인지(Selective Cognition) 때문이다. 모든 정보를 인식하는 것이 아니라 자신이 알고 있거나 유리한 정보만을 위주로 받아들이고 이를 자기 나름대로 재구성하기 때문에 사람에 따라 달라지게 된다.

이런 유사한 경우는 회사 내에서 매우 비일비재하게 발생한다. 각각 다른 감정의 비등점을 서로가 모르기 때문이다. 화풀이의 대상이 된 사람은 이유없이 당했다고 생각한다. 잘못된 시간, 잘못된 장소에 있었다는 것만으로 전위공격성의 희생자가 되었다고 느낀다. 관계는 악화된다.

이런 경우를 예방하기 위해 사용하는 소통의 보조수단이 색깔 다른 포스트잇이다. 먼저 모든 팀원이 모여 결정한다. 빨간색 포스트잇은 팀원의 입장에서 직장생활이나 직원관계에서 가장 민감하고 중요하게 생각하는, 그래서 이것이 고쳐지지 않으면 정말 홧병이 생길 정도인 이슈를 의미하고, 노란색은 그 다음 수준의 중요하고 민감한 이슈, 그리고 파란색은 농담이라고 모두가 약속을 하는 것이다. 팀원이 느끼는 분노의 비등점을 색깔이 있는 포스트잇으로 표현하기로 약속하는 것이다.

이 색깔있는 포스트잇 사용은 간단하지만 매우 효과적이다. 서로가 문제에 대한 다른 인식 차이를 이해할 수 있게 해준다. 말로 하는 잔소리 보다 글로 하기 때문에 전달력도 더 커진다. 또한 이것을 통하여 팀원 간에 같은 사안이라도 얼마나 달리 인식하고 있는지, 그래서 얼마나 더 대화를 해야 하는지를 체감할 수 있게 하는 매우 좋은 수단이다(박기찬, 2011, 339-343).

우리 팀의 갈등 해결 유형 확인하기 | 팀 계발 활동 TEAM BUILDING

◈ 목표

우리 팀의 갈등 해결의 성향을 진단하고 이상적인 갈등 해결의 지향을 확인한다.

◈ 절차

1. 우리 팀의 갈등 해결 유형 확인하기

	매우 그렇다 (고)	그렇다 (중)	전혀 그렇지 않다 (저)
a. 우리 팀은 갈등 해결이 협력적이다.			
b. 우리 팀은 갈등 해결이 단호하다			

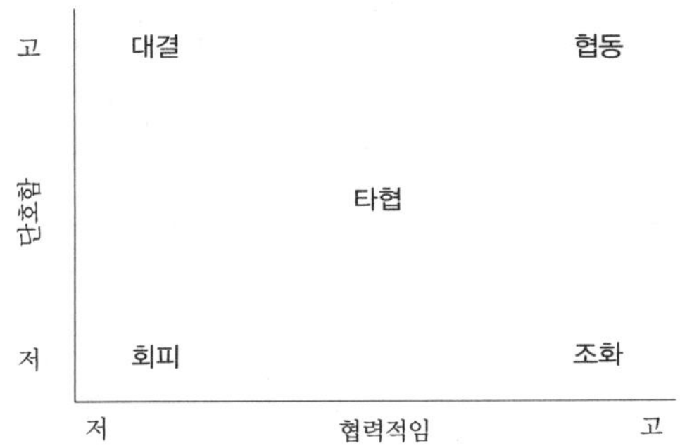

Sourec: Used by permission of Marvin Dunnette.

우리 팀의 갈등 해결 유형은? [ ]

2. 우리 팀의 갈등 해결 유형의 문제점은 무엇인가?

3. 우리 팀이 이상적 갈등 해결을 위하여 함께 노력해야 할 것들을 토의해 보자.

■ 활동에 대한 팁 : 갈등 해결을 위한 다양한 접근법

1. 회피 : 이 접근법은 이슈를 무시하거나 문제가 있다는 사실을 부인하려 든다. 갈등에 정면으로 맞서지 않으면서 팀원들은 문제가 저절로 해소될 것이라고 바란다.
2. 조화 : 일부 팀원들이 합의를 위해 자신의 입장을 포기하기로 결정할 수도 있다. 그들은 협력적인 존재들이다. 하지만 팀의 입장에서 보면 그들의 의견이나 아이디어를 잃는 손해를 입는다.
3. 대결 : 공격적으로 행동하면서 이기려고 노력하는 것도 갈등을 해결하는 한 방법이다. 그러나 이때는 훌륭한 결정을 내리는 일보다 승리를 거두는 것이 더 중요할 수도 있다.
4. 타협 : 각 참가자들의 목표와 팀원들 간의 관계에 균형을 이루는 한 가지 방법은 모든 사람이 조금씩 '양보'하는 것이다.
5. 협동 : 갈등 당사자 양편이 중요한 이해관계를 갖고 있을 때는 팀이 두 사람 모두를 만족시킬 해결책을 찾을 필요가 있다. 이는 협력과 다른 사람들의 입장에 대한 존중을 요구한다.

이 모든 접근법들을 갈등 해결에 동원할 수 있음에도 불구하고, 각각의 접근법은 저마다 문제를 안고 있다. 회피와 조화, 대결도 갈등 해결에 효력을 발휘할 것이다. 하지만 이 접근법들은 승자와 패자를 낳는다. 이런 스타일을 이용하는 팀들은 종종 결정의 실행에 어려움을 겪으며, 훗날에도 자신들이 똑같은 문제에 직면하고 있다는 사실을 깨닫게 된다. 타협이 다소 낫다. 모든 사람이 약간씩 얻고 약간씩 잃기 때문이다. 타협은 평등이나 공평을 촉진하긴 하지만 언제나 최적의 결정이 아닌 결과를 낳는다.

이론상으로는 협동이 최선의 접근법임에도 불구하고, 현실에서 언제나 그것을 성취할 수 있는 것은 아니다. 다양한 접근법들이 최선인 상황이 일어난다. 예를 들어 감정적으로 격한 보스와의 사이에 빚어진 갈등에 좋은 단기적 전략은 조화이다. 그러나 급박한 상황에서는 사람들이 대결적인 상황을 더 쉽게 받아들인다. 신속한 해결책을 높이 평가하기 때문이다. 협동은 팀이 상대적으로 동등한 지위를 누리고 해결책을 찾을 시간이 많을 때 최선의 접근법이다. 갈등 당사자 사이에 권력의 차이가 크고 신속한 해결책이 필요할 때는 다른 접근법들이 더 나을 것이다.

자료 : 대니얼 레비 저, 정명진 역, 2011, pp.167-170. 재구성

학습 문제 | Quiz for Summary

◆ 객관식

1. 다음 중 팀 갈등의 원인으로 볼 수 없는 것은?

① 애매모호한 역할

② 서로 다른 가치

③ 의사소통의 문제

④ 풍부한 자원

2. 다음 보기의 괄호 안의 들어갈 적당한 단어를 순서대로 바르게 나열한 것은?

> 갈등을 효과적 다루기 위해서는 팀 리더는 갈등에 반응하는 사람들의 다양한 방법을 이해할 필요가 있다. 가장 전형적인 반응은 다른 사람을 이기기 위한 [ ]이다. 그리고 이것과 상반되는 반응으로 다른 사람을 배려하는 [ ]이 있다. 그리고 '타협'은 서로 가장 훌륭한 결과를 이끌어내는 문제해결 방법이며, [ ] 은 양자가 수용 가능한 해결을 위하여 함께 도우며 문제해결을 시도하는 것이다. 그리고 [ ]는 갈등으로부터 떠나는 것이다.

① 경쟁, 수용, 협력, 회피

② 협력, 수용, 경쟁, 회피

③ 경쟁, 협력, 회피, 수용

④ 협력, 경쟁, 수용, 회피

3. 갈등의 결과로 초래되지 않는 것은?

① 개인적 수행 성취

② 고객 서비스 불만족

③ 팀 구성원의 건강문제

④ 결근과 지각

4. 수잔 윌리스 조글리오는 갈등 해결을 위해 개인 전략 4가지를 제안하였다. 여기에 해당되지 않는 전략은?

① 자신만의 갈등 스타일을 이해한다.

② 갈등 해결 기술을 향상시킨다.

③ 일단 갈등이 생기면 가급적 많은 생각을 하며 시간을 번다.

④ 동료들의 갈등 해결에 도움을 준다.

5. 갈등 관리를 위한 개인적 생각의 전환으로 올바르지 못한 것은?

① 우리 모두 이길 수 있어.

② 해결책이 있을 거야.

③ 갈등은 충분히 있을 수 있어.

④ 갈등이 심화되기 전에 덮어 두어야 해

◆ 주관식

1. 포크라스(Pokras, 2002)는 갈등은 차이점과 부조화의 연장선상에서 그 결과로 나타나는 것으로 보고 갈등에 이르는 순서도를 제시하였다. 순서도의 핵심 요인 세 가지는?

객관식

1. [정답] ④
[해설] '제한된 자원'은 작업을 완수하는 데 필요한 자원(자금, 재료, 사람, 시간, 장비 등)이 너무 적을 때 발생되고, 누가 많은 자원을 차지할 것인가와 관련되는 갈등의 원인이다.

2. [정답] ①
[해설]
① 경쟁은 도움이 되거나 중요하지만 인기가 없는 실행이 급히 필요할 때 적절하다.
② 협력은 개인 간의 관계에서 서로의 일에 관여하며 일하는 것이 중요할 때 적절하다.
③ 회피는 다른 사람의 관심을 만족시킬 기회가 없다고 판단될 때나 긍정적인 인식을 위해서 냉각시키는 시간이 필요할 때 적절하다.
④ 수용은 즉각적으로 쟁점화하기보다는 조화와 안정이 요구될 때와 당신이 앞서있다고 생각될 때 적절하다.

3. [정답] ①
[해설] 스트레스를 과도하게 받은 팀 구성원은 최고의 품질 또는 생산성을 가져오는 일을 수행하지 못한다. 아울러 개인적 수행 성취도 기대할 수 없다.

4. [정답] ③
[해설] 갈등을 해결하는 데 있어 가장 중요한 것은 첫 단추를 잘 끼우는 것이다. 상대방에게 '우리 둘 사이에 문제가 있다'고 말하는 것은 쉽지 않다. 그저 덮어두려 한다. 하지만 덮어두면 둘수록 사태 해결은 어려워진다. 시간이 지나면 처음의 잘잘못은 희미해지고, 어느새 뇌리에는 새로운 시나리오가 자리잡으며 상처는 곪게 된다. 신속하게 갈등을 조절하면, 자신에게도 수월하게 된다. 갈등이 일어나고 48시간 내에 해결하면 아주 이상적이다.

5. [정답] ④
[해설] 갈등은 문제가 더 심각해지 전에 회피 보다는 적극적으로 해결해야 한다.

주관식

1. [정답] 차이점, 부조화, 갈등

[해설]

차이점 팀 구성원은 인간으로서 자연적 다양성을 갖고 있고 그들은 각기 독특하다.
⇩
부조화 사람들은 마찰과 부조화를 느끼고, 팀은 좌절하고 시간을 낭비하고 목표를 벗어난다.
⇩
갈등 의사소통이 완전히 단절되고 정서적으로 통제 밖의 상태

학습 내용 정리 | Mind Mapping

1. 팀 갈등의 대부분의 원인은 예측될 수 있다. 그 예측 원인은 '제한된 자원', '양립할 수 없는 목표', '애매모호한 역할', '서로 다른 가치', '서로 다른 인식', '서투른 의사소통'의 문제이다.
2. 포크라스(Pokras, 2002)는 갈등을 차이점과 부조화의 연장선상에서 그 결과로 나타나는 것으로 보고 갈등에 이르는 순서를 차이점→부조화→갈등으로 제시하였다.
3. 갈등을 효과적 다루기 위해서는 팀 리더는 갈등에 반응하는 사람들의 다양한 방법을 이해할 필요가 있다. 가장 전형적인 반응은 다른 사람을 이기기 위한 '경쟁'이다. 그리고 이것과 상반되는 반응으로 다른 사람을 배려하는 '수용'이 있다. 그리고 '타협'은 서로 가장 훌륭한 결과를 이끌어내는 문제해결 방법이며, '협력'은 양자가 수용 가능한 해결을 위하여 함께 도우며 문제해결을 시도하는 것이다. 그리고 '회피'는 갈등으로부터 떠나는 것이다. 이것들은 상황에 따라 효용이 다를 수 있다.
4. 갈등에서 스트레스를 받는다. 사실 갈등은 작업 스트레스의 큰 원인이고, 이 때문에 팀 리더는 갈등 관리에 능숙해야 한다.
5. 수잔 윌리스 조글리오는 갈등 해결을 위해 개인전략 4가지를 제안하였다. 즉 자신만의 갈등 스타일을 이해하고, 갈등 해결 기술을 향상시키고, 일단 갈등이 생기면 신속히 해결하며, 끝으로 동료들의 갈등 해결에 도움을 주는 것으로 전략화하고 있다.

생각해 볼 문제 | Reflection & Discussion

1. 갈등 관리 기술에서 자신의 패러다임을 점검하는 것이 중요하다. 어설픈 선입관은 가능한 것, 현실적인 것, 필요한 것에 대한 관점을 제한하기 때문에 실질적인 걸림돌이 된다. 따라서 어떠한 갈등이 생긴다면 이를 무턱대고 해결하려 하기 전에, 자신의 사고 방식을 점검하도록 한다. 이를 통해 갈등을 성공적으로 해결하는 데 발목을 잡는 자신만의 편견에는 어떤 것들이 있는지 짚고 넘어갈 수 있을 것이다.

   부정적인 패러다임을 버리고, 더 긍정적인 것으로 바꾸는 데 도움이 되는 3가지 테크닉은 생각의 전환, 역지사지의 정신, 긍정적인 태도로 요약된다.

   - 생각의 전환
   - 역지사지
   - 선언문 사용

   이러한 기술 중 한 가지를 적용해보고 어떻게 갈등 관리 기술이 개발되었는지 토의해 보자.

참고문헌

대니얼 레비, 정명진 역(2011). 팀워크 심리학(Group Dynamics for Team). 부글북스.

박기찬(2011). 어떻게 소통할 것인가? 소통하는 팀-소통하는 회사 만들기. 네임북스.

박태현(2012). 팀으로 일하라. 시그마북스.

안진환 역(2003). 팀 워크북(수산 윌리스 조글리오 저). 제우스.

최유현(2008). 공학기술과 팀워크. 지호.

Bagulary, P. (2003). Teams and Team-working. Chicago, Ill: MaGraw-Hill.

Eide, A. R., Jenison, R. D., Mashaw, L.H., and Northup, L.L. (2002). Introduction to Engineering Design & Problem Solving. Boston: McGraw-Hill.

Katzenbach, J. & Smith D. (1993). The wisdom of teams: Creating the high-performance organization. Cambridge, MA: Harvard Business School Press.

McNeill, B. Bellamy, L. and Foster, S. (1995). Introduction to engineering design. Tempe: Arizona State University.

Smith, K. A. (2004). Teamwork and Project Management. 2nd Ed. Boston: MaGraw-Hill.

Stewart, G. L., Manz, C. C. & Sims, Jr, H. P. (1999). Team Work and Group Dynamics. New York: John Wiley & Sons, INC.

Wellins, R. S., Byham, W. C. & Willson, J. M. (1991). Empowered Teams: Creating self-directed work groups that improve quality, productivity, and participation. San Francisco, CA: Jossy-Bass Inc.

11 팀 갈등 관리 기술 개발하기

| 주요 개념 | 팀 갈등 관리, 팀 갈등 자극, 팀의 부정성(negativity), 팀 갈등 관리 의사소통, 팀 갈등 관리 전략

1. 팀 갈등 관리 기술의 기초
2. 팀 갈등 관리 3가지 전략
3. 소통하는 회사만들기 : 360도 피드백

11 팀 갈등관리 기술 개발하기

□ **학습 목표**

① 팀 갈등 관리, 팀 갈등 자극, 팀의 부정성(negativity), 팀 갈등관리 의사소통 등의 팀 갈등 관리의 기초적 기술을 이해한다.

② 팀 갈등 관리 3가지 전략을 적용한다.

□ **학습으로의 초대 _ 인지적 갈등과 정서적 갈등**

갈등은 사실 인지적 갈등과 정서적 갈등의 두 가지 형태로 온다. 인지적, 즉 실재적 갈등은 해결할 일과 관련지어 표출된다. 아이디어와 가정에 대한 의견 불일치, 앞으로 진행할 최선의 방법에 대한 의견차를 들 수 있다. 이러한 갈등은 활력을 주기 때문에 대화형 과정의 효율성을 높이는 데에 절대 필요하다. 사람들은 다른 의견을 스스럼없이 표현하고 기본 가정에도 의문을 제기하면서 새로운 아이디어를 도입한다. 반면에 정서적, 대인적 갈등은 그야말로 감정적으로 표출된다. 개인적 마찰, 경쟁 의식, 성격 차이를 들 수 있다. 이러한 갈등은 의사결정 과정이 진행되는 동안 사람들이 협력하고자 하는 마음을 약화시켜서 의사결정 과정의 효율성을 떨어뜨린다(더글러스 스미스 외, 이영진 역, 2009. p.129).

흔히 이러한 갈등은 학자에 따라 과업 갈등과 관계 갈등으로 구분하기로 한다.

리더의 과제는 정서적 갈등 수준은 낮추고 인지적 갈등 수준을 높이는 것이다.

1. 팀 갈등 관리 기술의 기초

가. 팀 리더의 갈등 관리 방법

포크라스는 팀 갈등 시 이를 해결하는 단계를 크게 6단계로 제시하였다.

단계	내용
단계 1: 불평을 기꺼이 받아들이기	▶ 모든 확산적 관점에서 긍정적 측면을 찾는다. ▶ 모든 불평은 팀 토의에 포함시킨다. ▶ 불평과 건의사항은 모두 서류철에 보관한다. ▶ 좌절하고 있는 팀 구성원을 이해하고 피하지 말라.
단계 2: 긍정적으로 반응하기	▶ 불평을 경청하기 위한 안전한 장소를 만든다. ▶ 갈등의 상황에서 긍정적인 태도를 유지한다. ▶ 건설적으로 팀워크의 신뢰를 보인다. ▶ 불평을 들어주고 인내심을 가지고 부드럽게 대화한다.
단계 3: 동정을 활용하기	▶ 동조하면서 능동적으로 경청하라. ▶ 동료의 감정에 충실한다. ▶ 다른 사람의 아이디어와 느낌에 의식적으로 집중한다. ▶ 다른 사람의 입장에서 바라본다.
단계 4: 긍정적 피드백을 활용하기	▶ '나 전달법'의 대화를 하고 이해와 조언을 활용한다. ▶ 사람이 아닌 상황에 초점을 둔다. ▶ 직접적이고, 구체적이고, 확고하고, 도움이 되도록 조언한다. ▶ 긍정적 강화로 모든 부분에 균형을 유지한다.
단계 5: 문제를 직면하기	▶ 개방적으로 모든 측면을 토의함으로써 문제를 찾는다. ▶ 완전한 해결책을 위하여 증상이 아닌 근본 원인을 찾는다. ▶ 당신의 문제인지 아닌지를 떠나 개인적 책임감을 가진다. ▶ 모든 갈등 상황을 학습의 기회로 전환한다.
단계 6: 함께 해결책을 협상하기	▶ 협력을 활용하여 서로 WIN-WIN 하도록 협상한다. ▶ 해답을 찾기 위하여 팀 규칙을 적용한다. ▶ 대안을 브레인스토밍하기 위해 팀의 창의력을 활용한다. ▶ 팀의 합의를 이루도록 팀 의사결정을 촉진시킨다. ▶ 팀 문제를 자신의 문제로 선언함으로써 소속감을 유지한다.

[그림 3-5] 팀 갈등 해결 단계

갈등이 발생될 때 팀 리더는 적절한 방법으로 그 갈등을 풀어야 한다. 다음은 팀 리더가 갈등을 해결하는 데 활용될 수 있는 절차를 제시한 것이다(Goetsch, 2004).

① 모든 사람들에게 관련된 쟁점의 중요성을 결정한다.
② 갈등에 관련된 팀 구성원이 긍정적인 태도로 그 쟁점을 토의할 수 있는지 그리고 하고 싶어 하는지를 판단한다.
③ 갈등의 쟁점에 대하여 신뢰를 가지고 협의할 사적인 장소를 선정한다.
④ 팀 구성원이 문제와 해결 모두에 다 책임이 있다는 것을 확실히 이해시킨다.
⑤ 양 측면에서 개방적인 제안하도록 요구한다. 그리고 그들의 관심, 감정, 아이디어, 생각 등을 자유로운 태도로 표현하도록 한다.
⑥ 갈등 문제의 명확하고 구체적인 정의를 참여자들에게 알려준다.
⑦ 해결을 제안하도록 참여자를 격려하고 주의 깊게 경청하도록 한다. 다양한 관점에서 문제를 검토하고 제안된 모든 해결책을 토의한다.
⑧ 모든 제안된 해결책에 대하여 이익과 손해, 장단점 등을 개방적으로 평가하고 최선의 해결책을 선정한다.
⑨ 갈등 해결 과정의 쟁점과 토의를 성찰하고, 그 과정을 어떻게 개선할 수 있는지 참여자들이 자유롭게 표현하도록 격려한다.

나. 팀 갈등을 자극하기

팀에서 너무 갈등이 없는 상황은 팀 구성원이 과도하게 안정적이거나 비평적 사고, 혁신, 창조를 효과적으로 억누르면서 관리할 때 일어난다. 이러한 상황이 지속되면 오히려 팀의 침체를 가져올 수 있다. 팀 리더는 긍정적인 팀 갈등이 일어나도록 자극할 필요가 있다. 다음 질문에 '예'라고 답한다면 팀에서의 갈등을 자극할 필요가 있다고 판단된다(Goetsch, 2004).

- 팀이 항상 팀 리더에게 동의하고 듣기를 좋아하는 말만 하는가?
- 팀 구성원이 도움을 청하는 것과 실수를 두려워하는가?
- 팀 구성원이 최선의 결정을 도달하기보다는 합의 도달에 더 집중하는가?
- 팀 구성원이 목표 도달보다는 서로 잘 지내는 데 집중하는가?
- 팀 구성원이 보다 질적인 결정에 도달하기보다는 다른 사람의 상처를 주지 않으려는 데에 강조를 두는가?
- 팀 구성원이 작업 수행보다는 인기 유지에 강조를 두고 있는가?

· 팀 구성원이 새로운 아이디어를 창출하는 것을 피하는가?

갈등 없이 팀이 살아 있고, 에너지가 넘치며, 발전적이고, 개선이 되는 팀은 가능할지도 모르지만 일반적으로 이러한 팀은 불가능하다. 혁신, 창조, 변화는 계속적으로 갈등을 발생시키는 것이 자연스러운 일이다. 그러므로 갈등이 완전히 없다는 것은 팀의 생명력의 결여를 나타내는 것이며, 팀 리더는 긍정적인 갈등을 자극할 필요가 있다.

갈등을 자극하는 기술은 의사소통의 개선, 팀 구성원의 참여, 행동의 변화 등 세 가지로 설명될 수 있다.

· 의사소통의 개선은 팀 내의 자유로운 아이디어의 흐름을 가능하게 해준다. 개방된 의사소통은 매일 팀의 침체를 막아주는 핵심 요인이 되고, 효과적으로 갈등을 다루는 메커니즘을 제공한다.
· 영향을 미치는 쟁점에 대한 의사결정 과정에 팀 구성원을 참여시키는 것은 팀 침체를 막는 데 도움을 준다.
· 행동의 변화는 아마도 팀 내에서 갈등을 직접적으로 해결하기보다는 억누르거나 장려하지 않을 때 필요할 것이다. 다음 절차가 이러한 상황에서 팀 리더에게 도움이 될 것이다. (a) 팀 구성원이 나타내고자 하는 기대 행동이 무엇인지 확인한다 (b) 그러한 행동에 대하여 팀 구성원과 대화하며, 그에게 기대하는 팀 행동을 이해시킨다 (c) 바람직한 행동을 강화하고 (d) 앞서 설명한 갈등 관리의 절차를 활용하여 갈등을 관리한다.

다. 갈등 해결을 위한 의사소통

팀에서의 인간 갈등은 자연스러운 현상이고, 어떤 상황에서는 팀의 침체를 극복하는 수단이 된다는 사실을 확인하였다. 이 두 가지 상황에서 의사소통은 매우 중요한 역할을 한다. 다음 지침은 갈등 관리에서 의사소통을 개선시키는 데 사용할 수 있다(Goetsch, 2004).

· 갈등에서 관련된 처음의 태도가 결과를 미리 결정할 수 있다.
· 가능하다면 갈등의 지침은 갈등이 발생하기 전에 마련되어야 하다.
· 비난하는 행위는 허용되지 않아야 한다.
· 지금 이상의 것을 기대하는 해결 방법은 지양되어야 한다.
· 약속을 지킴으로써 신뢰를 유지한다.

팀 구성원의 화를 다루는 방법

팀 리더나 팀 구성원이 화를 내고 있는 상태에서는 결코 문제가 해결되지 않는다. 문제가 더욱 악화되기 전에 팀 구성원이 화가 나 있는 상황에서 팀 리더에게 도움이 되는 전략을 살펴보자(Goetsch, 2004).

팀 리더가 피해야 할 행동

팀 리더는 화가 나 있는 팀 구성원에 대하여 즉각적으로 행동을 강요해야겠다고 생각할지도 모른다. 그러나 화가 나 있는 팀 구성원을 가라앉게 하는 것이 우선 취해야 할 행동이다. 팀 리더는 화가 나 있는 팀 구성원을 다루는 데 피해야 할 내용은 다음과 같다.

- 성질적 대응 - 화가 나 있는 사람에게 성질적 대응은 불에 기름을 붓는 행위와 같다. 이는 상황을 더욱 악화시키고, 성질적 대응은 팀 리더가 취해야 할 선택이 아니다.
- 자리를 떠나는 것 - 화가 난 사람을 대응할 때, 소극적으로 자리를 피하는 경우 장기적으로 상황을 더욱 악화시킬 수 있다. 문제가 더 악화되기 전에 즉각적으로 부정적인 상황을 직접 다루어야 한다.
- 화가 난 팀 구성원이 무례하다고 지적하는 것 - 화가 난 팀 구성원에 대하여 질책하는 것은 더욱 화나게 하는 행위이다. 이러한 상황에서는 사실이 명백히 밝혀지기는커녕 더욱 상황이 악화될 뿐이다.

팀 리더가 취해야 할 행동

화가 난 팀 구성원을 다루는 데 가장 중요한 두 가지는 (1) 안정을 유지시키고 (2) 화냄과는 상관없는 다른 문제에 집중하는 것이다. 이러한 접근은 말은 쉽지만 행동은 어렵다. 다음 전략은 화가 난 팀 구성원을 안정시키고 문제에 집중하는 법을 제시한 것이다.

- 당신의 호흡을 가다듬는다 - 화를 포함하여 스트레스를 받으면 호흡은 빨라지고 불규칙적으로 되는 경향이 있다. 이러한 경우 여러 번 깊은 한숨을 내쉬고 편안한 상태를 유지한다. 이는 호흡을 정상으로 돌리고 당신의 정신을 안정시킨다.
- 실제적인 메시지를 위해 화를 간파한다.
- 당신의 목소리와 몸짓에 신경을 쓴다.

화가 난 팀 구성원을 안정시키는 방법

화가 난 팀 구성원을 안정시키는 것이 중요하다.

- 화가 난 팀 구성원을 방해하거나 반대 의견을 제시하지 않는다. 화가 난 팀 구성원과 사적인 장소에서 만나 충분히 화가 난 상황을 청취하는 것이 매우 중요하다. 화가 난 사람은 자기의 이야기를 들어줄 누군가를 필요로 한다.
- 화가 난 팀 구성원은 말한 내용을 다시 반복하며 이해를 구한다. 이는 화가 난 팀 구성원이 말한 내용을 당신이 잘 청취하고 있다는 사실을 확인하는 것이다. 듣는 것 이상의 처방은 없다. 사실 많은 사람들의 화는 자신의 이야기를 들어줄 사람이 없다는 사실에 있는지도 모른다. 이러한 접근의 다른 이점은 사실을 구체적으로 확인할 수 있다는 것이다.
- 화를 인정한다. 단순히 화가 난 상태를 인정하는 것은 화가 난 사람을 안정시킨다. 팀 리더는 실제로 팀 구성원이 화가 난 상황을 이해한다고 인정해주는 것이 중요하다. 인정은 이해를 보여주는 것이다.
- 문제를 해결할 때 화가 난 팀 구성원과 함께 풀도록 격려한다.
- 구체적인 문제해결에 합의를 한다.

라. 팀에서의 부정성의 극복

부정성은 팀의 최적의 수행 결과에 거슬리는 작업을 하는 구성원의 행동이다. 부정성은 다음과 같이 범주화할 수 있다.

- 통제의 논쟁(누구 책임인가?)
- 의존/독립 논쟁(나는 필요하다, 나는 필요치 않다.)
- 관심의 필요/책임
- 권한 문제
- 충성도 논쟁

<u>부정성의 인지</u>

팀 리더는 작업장에서의 부정성은 전염성이 강하기 때문에 그 징후를 경고해야 한다. 이는 팀에 빠른 속도로 파급되어 팀 분위기를 해치고, 팀의 수행능력을 무력화시킨다. 다음과 같은 부정성 징후들을 팀 리더는 주의 깊게 관찰하고 처방해야 한다.

- '나는 할 수 없다'는 태도

- '그들은'의 정신성 - 수행능력이 우수한 팀은 '우리는' 이란 용어를 흔히 사용한다.
- 비평적 대화 - 수행능력이 우수한 팀은 차를 마시는 시간에도 작업관련 주제와 개인적 관심 등의 긍정적인 대화가 오고간다. 그러나 대화가 비평적일 때 부정적인 태도가 지배하고 논쟁과 판단이 지배한다.
- 비난의 고착화 - 수행능력이 우수한 팀의 구성원은 비난이 아닌 문제에 집중한다.

부정성의 극복

팀 리더는 팀 내에서 부정성을 확인한 경우, 그것을 제거하기 위한 적절한 절차를 밟아야 한다. 다음 전략은 팀에서의 부정성을 극복하는 데 사용될 수 있다.

- 지속적이고 효과적인 의사소통을 한다.
- 팀 구성원이 명확하게 기대를 갖게 하고 알게 한다.
- 팀 수행의 압박과 마감 등에 대한 근심의 분출구를 준비한다.
- 신뢰를 형성한다.
- 팀 구성원을 가까이 참여시킨다.

TEAMWORK TIP

WIN-WIN 협상

방법	할 것	하지 말 것
긍정적 관계 세우기	· 공동의 장을 추구하라 · 문제와 사람을 분리하라.	· 약점을 찾는다. · 이익을 조사한다. · 반대자를 공격한다.
상호이익을 추구하기	· 요구를 개방적으로 배열하라 · 정보를 공유하라.	
양쪽의 관심을 만족시키기	· 객관적 이익을 고려한다. · 원리에 기초한 결정을 한다.	· 조작에 기초하여 결정한다.
서로의 문제를 해결하기	· 폭넓은 개방적이고 창의적인 사고를 활용한다.	· 제한된 사고와 마음을 감춘다.

Sandy Pokras(2002)

2. 팀 갈등 관리 3가지 전략

수잔 윌리스 조글리오는 갈등 해결을 위해 팀에서 할 수 있는 전략 3가지를 제안하였다. 즉 팀내 갈등과 관련된 기본 수칙을 정하고, 갈등 해결에 관한 수업을 마련하며, 갈등 해결 모델을 정하고 본보기로 삼는다는 전략이다(안진환 역, 2003).

가. 팀 내 갈등과 관련된 기본 수칙을 정한다.

팀 내 갈등에 적용 될 기본 수칙에 팀원은 전부 동의해야 한다. 그러한 수칙에는 시간에 대한 가이드라인이 들어갈 수도 있다(예 : 대립 국면에서 당사자들은 일주일 내에 이견을 타협하기 위한 날을 잡는다). 또한 예절에 대한 수칙도 포함될 수 있다(예: 이견 조율은 팀 회의에서 하지 않고, 개별적으로 한다). 아니면 갈등이 좀처럼 식지 않을 때 사용하는 전략도 있다(예 : 대립이 계속해서 해결되지 않으면, 다른 팀원들은 당사자들에게 신뢰할 만한 피드백을 해준다).

회의를 한두 번 열어서 갈등 해결 수칙을 만들 수도 있다. 회사에서 조정 중재인들을 전문적으로 교육시켰다면, 회의 진행을 의뢰하라. 그렇지 않으면 외부 고문을 고용하거나, 다른 회사에서 한 명을 '빌려 오거나', 다른 부서에서 조정자가 될 만한 중립적 위치의 사람을 불러 온다.

관련 수칙을 정할 때, 2가지 목표를 염두에 두라. 모두에게 발언권이 있고, 모두에게 결정권이 있다.

<u>모든 팀원에게 발언권을 준다</u>

수칙을 정할 때, 팀원이 100% 참여하도록 한다. 창의적인 기운이 넘치는 분위기에서 쉽게 결론짓도록 한다. 각자에게 포스트잇 쪽지에, 아니면 인덱스카드에 수칙을 한 가지씩 적도록 하고, 넘길 수 있는 플립 차트나 칠판으로 모아 온다. 아니면 롤링 페이퍼식으로 종이에 자신이 추천하는 수칙을 하나씩 적어 돌릴 수도 있다. 여기에서 도출된 생각들을 전지나 OHP나 화이트보드에 적어 보여 줄 수도 있다.

아무데나 잘 붙는 포스트잇과 OHP용 플라스틱 용지는 브레인스토밍 작업을 할 때나 의사 결정을 할 때 효과적으로 활용된다.

<u>모든 팀원에게 결정권을 준다</u>

모든 아이디어를 게재하고 나서 비슷한 수칙별로 모으고, 돈이 많이 들거나 불법이거나 현실적으로 불가능한 것은 제외시킨다. 만장일치를 기본으로 한다. 간추려진 리스트에 대한 여론을 수렴한다. 수

칙이 10개가 넘어 너무 길다면 3개에서 5개 정도로 간추리기 위해 거수 투표를 한다. 최저 항목은 제거하되, 강하게 반대하는 사람이 있는지 우선적으로 검토한다.

나. 갈등 해결에 관한 수업을 마련한다.

팀 내의 대립을 조정하기 위한 최상의 방법은 세미나를 열어 모범 사례를 검토, 채택해서 팀에 적용하는 것이다. 독립적인 컨설턴트, 전문 대학, 일반 대학, 회사 내에 교육 부서가 있는 경우에는 교육 부서에서 수업을 진행할 수도 있다. 회사에서 후원하는 프로그램이 있는지 회사의 인사부에 연락해 본다. 여건상 세미나가 불가능하면, 읽고 논의할 책을 선정한다. 비디오 테이프와 오디오 테이프 프로그램도 있다. 도서관에서 교육 참고 자료와 교육 프로그램 자료를 구할 수도 있다.

중요한 것은 팀에서 갈등을 해결하고, 참신한 윈윈 전략을 토대로 한 해결책을 모색하는 것이다. 그런 교육에는 대개 현재의 사고 방식을 평가하고, 개별 대립 조정 방식을 가늠하는 단계가 포함된다. 대립에 관한 사고 방식은 낙관적일 수도 있고, 비판적일 수도 있다.

부정적인 사고 방식은 다음과 같다.
'갈등은 안 좋아. 그런 것은 없어야 해.'
'갈등은 그리 중요하지 않아. 그냥 무시해 버려야 해.'
'갈등을 원만하게 해결하기란 불가능하므로, 그저 내버려둘래.'
'그 사람이 나를 들볶을 테니까, 내가 먼저 선수쳐야지.'

긍정적인 사고 방식은 다음과 같다.
'다양한 사람들이 존재하는 팀에서 갈등이나 대립이란 건전하고, 있을 수 있는 것이야.'
'우리가 전진하기 위해서는 갈등을 해결해야 해.'
'우리가 함께 노력하면 서로 만족하는 해결책을 도출할 수 있어.'

다. 갈등 해결 모델을 정하고 본보기로 삼는다.

윈윈 해결책에 도움이 되는 갈등 해결 방식에는 몇 가지 모델이 있다. 각각은 상호 대립적인 상황을 만족스럽게 해결하기 위해 밟아야 할 구체적인 단계를 설명해 주고 있다.

어떤 모델을 적용할지 미리 결정하는 것보다 팀 내에서 대립이 있을 때마다 적절하게 모델을 적용하는 것이 더 중요하다. 일단 이렇게 시작하면 대화를 시작하는 것에 대한 두려움이 별로 안 생기고, 상호 의견 교환에 있어 더 자신감이 붙는다. 동기 부여가 충분한 사람들도 주도권을 놓칠까 우려하거나, 어떻게 상호 절충안을 마련할지 감이 안 잡힐 경우, 갈등을 굳이 해결하려고 하지 않는다. 팀에서 특정한 모델을 사용하기로 동의하면, 사람들은 어떻게 상호 작용이 진행될지 예상할 수 있다. 이미 합의된 절차를 취하기로 한 것이기에, 생소함에서 오는 두려움은 줄어든다. 각 단계마다 발생하는 문제만 잘 처리하면 되는 것이다. 대립 당사자들은 지향점, 즉 상호 만족하는 해결책을 알고 있고, 각 단계 절차를 숙지하고 있다.

팀에서 특정한 갈등 해결 모델을 사용하는 데 서로가 동의할 때 팀 내의 갈등이 감소한다. 다음 페이지에 한 가지 모델에 대한 개요가 나와 있다. 자기 나름의 모델을 정립하는 데 기초가 될 수 있다.

하지만 당사자들이 원인 해결책을 모색하려 하지 않으면, 어떤 모델도 효과가 없다. 다시 말해서 대립을 조정할 수 있으면 효과를 본 것이고, 이전과 다름 없으면 헛수고인 셈이다. 팀 리더의 영향력과 좋은 의도를 가진 동료간의 압력은 협동 정신을 토대로 문제를 해결하는 데에 동기 부여가 될 수 있다.

지향해야 할 것은 장기간의 대인 관계에 해가 되지 않도록 하는 과정을 통해 상호적으로 만족할 만한 해결책을 모색하는 것이다. 그 과정에서 자신의 주장만 밀고 나간다면, 대립전에서 승자가 될진 모르지만 결국에는 패하게 된다. 자신의 관심사를 직시하고, 상대의 관심사를 경청할 용의가 있으며, 상호적으로 만족할 만한 해결책을 모색하려는 굳건한 자세가 윈윈 전략에 요구된다.

◆ 윈윈 전략에 의거한 갈등 해결 7단계

<u>1단계 : 충실한 사전 준비</u>

· 비관적인 패러다임은 무조건 전환한다.

(예: 상황에 대해서, 다른 당사자나 자신에 대해서)

· 자신의 위치, 관심사 확인

(예: 원하는 것이 무엇인가? 왜 그것을 원하는가?)

· 상대방이 피력한 입장과 드러내지 않은 관심사를 연구한다.

<u>2단계 : 긍정적인 접근 방식</u>

· 상대방이 필요로 하는 것에 대해 생각해 보았다는 점을 인정한다.

(예: "너에게 중요한 것이 무엇인지 생각해 봤어. 너는 이러이러한 것을 원하는 것 같은데, 맞지?")

· 자신의 누이 좋고 매부 좋게 하려는 '윈윈 의도'를 명시한다.

(예: "나는 우리 모두에게 만족스러운 해결책을 찾고싶어.")

· 윈윈 절차, 즉 협동적인 절차에 임할 자세가 되어 있는지 알아본다.

(예: "우리 모두에게 만족스러운 해결책을 찾기 위해 나와 노력할 의사가 있는가?")

3단계 : 두 사람의 입장을 명확히 한다.

· 어떤 부분이라도 동의하는 것이 있으면 인정한다.

(예: "우리가 동의하는 부분을 검토하자. 우리가 원하는 것은 이러이러한 것이지?")

· 기본적으로 다른 부분을 인정한다.

(예: "우리가 서로 다른 부분을 검토하자. 네가 바라는 것은 이렇고, 내가 바라는 것은 이렇다.")

· 자신이 이해한 바를 점검한다.

(예: "네 생각이 바로 이런 것이니?")

4단계 : 윈윈에 기초한 기준에 동의한다.

· 상대방에게 중요한 기준을 명확히 한다.

(예: "만약 합당한 개런티가 보장되고 작년 계약 비용의 10%가 넘지 않으면, 무리 없이 동의하고 2주 안에 실행할 수 있다는 말이지?")

· 자신에게 어떤 기준이 중요한지 말한다.

(예: "내가 중요시하는 것은 우리가 동의한 방법으로 빨리 실행하는 것과 현재의 요금 정책에 부합하게 하고, 그리고 내년 업무 체계에 부합할 수 있는 것이야.")

5단계 : 몇 가지 해결책을 생각해낸다.

· 평가하려고 하지 말고, 가능성을 만들어낸다고 생각하라.

· 해결책에 대해 함께 브레인스토밍 한다.

6단계 : 4단계에서 세운 기준을 바탕으로 5단계에서 생각해낸 몇 가지 해결책들을 평가한다.

7단계 : 최종 해결책을 선택하고, 실행하는 것에 동의한다.

3. 소통하는 회사만들기 : 360도 피드백

360도 피드백은 우리 기업들에서는 '다면평가'라는 이름으로 불린다. 그리고 '인사의 공정성과 객관성 확보를 위해 평가주체를 다양화하는 인사평가제도로 기존의 상사가 부하직원을 평가하는 일방적인 하향식(Top-down)방식에서 탈피해 상사, 동료, 부하, 고객 등이 전방위적으로 평가한 결과를 종합하는 제도' 정도로 정의하고 있다.

360도 피드백은 다른 사람과의 관계에서 자신은 미처 깨닫지 못한, 그런데 다른 사람들에게는 영향을 끼치는 태도와 행동들을 그들의 생생한 목소리로 전해 듣는 것이다. 커뮤니케이션 구성 항목 중 중요한 항목인 피드백을 제도 및 프로그램으로 실행하는 것이다. 커뮤니케이션 수준을 한 단계 높이고 넓히는데 필요한 조해리 창(Johari Window)에서의 맹인영역(Blind Area)을 파악하는 것이다.

360도 피드백의 평가 질문 영역은 크게 세 가지로 구분한다.

먼저 회사의 기본적인 역량에 대한 내용으로 기업문화에 대한 질문이다. 핵심가치에 근거한 태도와 행동으로 솔선수범하는지, 윤리의식은 있는지, 변화와 혁신은 하는지, 프로의식은, 고객지향과 자기개발 태도는 있는지 등등에 대해 묻는다.

두 번째는 직무 역량에 대한 내용으로 전문성을 가지고 있는지, 협업과 팀워크를 하는지, 원가 마인드는 있는지, 문제해결 능력은 있는지 등에 대한 질문이다.

세 번째는 리더십 역량으로 경영 마인드는 있는지, 업무 추진력, 조직 관리, 부하육성은 하는지, 회사가 추구하는 리더십 모델을 실행하는지를 질문한다.

설문지 설계에서 꼭 잊지 말고 넣어야 할 것은 응답자가 평가 대상자와 어떤 관계인지를 마킹하도록 하는 것이다. 설문 대상자의 상사인지, 동료인지, 고객인지, 부하인지를 기입하게 하는 것이다. 피드백을 설문 대상자를 둘러싼 이익관계자들의 그룹별로 구분하기 위함이다.

360 Degree Feedback Survey Summary Report

Section 1: Core Values

Scale	Rating	Definition
0	1	Not at all
25	2	To a little extent
50	3	To a moderate extent
75	4	To a great extent
100	5	To a very great extent
	n/a	Don't know

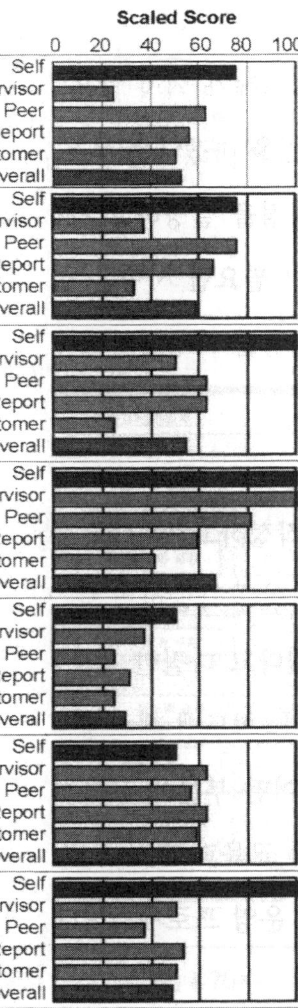

		Scaled Score	Rating Distribution 1	2	3	4	5	n/a
Integrity	Self	75.00				1		
	Supervisor	25.00		2				
	Peer	62.50			2	2		
	Direct Report	56.25		2	2	4		
	Customer	50.00		1	1	1		
	Overall	52.94		5	5	7		
Innovation	Self	75.00				1		
	Supervisor	37.50		1	1			
	Peer	75.00			1	2	1	
	Direct Report	65.63		1	2	4	1	
	Customer	33.33		2	1	0		
	Overall	58.82		4	5	6	2	
Customer Focus	Self	100.00					1	
	Supervisor	50.00			2			
	Peer	62.50			2	2		
	Direct Report	62.50		2	2	2	2	
	Customer	25.00		3				
	Overall	54.41		5	6	4	2	
Accountability	Self	100.00					1	
	Supervisor	100.00					2	
	Peer	82.25				3	1	
	Direct Report	59.38		1	3	4		
	Customer	41.67		1	2			
	Overall	66.18		2	5	7	3	
Recognition	Self	50.00			1			
	Supervisor	37.50		1	1			
	Peer	25.00		4				
	Direct Report	31.25		6	2			
	Customer	25.00		3				
	Overall	29.41		14	3			
Creativity	Self	100.00			1			
	Supervisor	62.50			1	1		
	Peer	56.25		1	1	2		
	Direct Report	62.50			4	4		
	Customer	58.33			2	1		
	Overall	60.29		1	8	8		
Teamwork	Self	100.00					1	
	Supervisor	50.00			2			
	Peer	37.30		2	2			
	Direct Report	53.13			7	1		
	Customer	50.00			3			
	Overall	48.53		2	14	1		

[그림 3-6] 360도 피드백 평가 결과 사례
출처 : 박기찬, 2011.p.257

생각을 확장하는 페이지 | 충돌의 두려움

패트릭 렌시오니는 팀이 빠지기 쉬운 함정이란 책에서 두 번째 함정으로 '충돌의 두려움'을 제시하였다.

모든 관계들은 성장을 위해 종종 생산적인 충돌을 요구한다. 불행하게도 우리는 그 충돌을 금기시 해왔다. 생산적인 이념의 충돌과 파괴적인 싸움은 구분해야 한다. 팀 내에서도 중요한 제안에 대해서도 솔직한 논쟁과 의견 충돌을 꺼려할 때 사람들은 대개 무대 뒤에서 벌어지는 인신 공격에 의지하게 된다 . 그것은 열띤 논쟁과 비교조차 할 수 없는 매우 불쾌하고 해로운 행동이다.

◆ 충돌을 두려워 하는 팀의 행동 방식

· 회의시간이 따분하다.

· 막후에서 정치적 알력과 인신공격이 난무하는 분위기가 조성된다.

· 팀의 성공에 열쇠가 되는 논쟁거리를 무시한다.

· 팀원 모두가 의견과 전망을 청취하는 데 실패한다.

· 겉모습을 치장하고 대인관계에서의 위험을 관리하는 데 시간과 에너지를 소비한다.

◆ 충돌에 뛰어드는 팀의 행동 방식

· 회의시간이 활기차고 흥미롭다.

· 팀 구성원 전체의 생각을 끄집어내 활용한다.

· 중요한 문젯거리를 신속하게 해결한다.

· 정치적 역학관계 문제를 최소화한다.

· 아슬아슬한 주제들을 과감하게 논의한다.

이러한 충돌을 피하는 가장 중요한 일은 생산적이라는 사실을 인정하는 것이다.

자료 : 서진영 역(2002). 팀이 빠지기 쉬운 5가지 함정(패트릭 렌시오니 저). 위즈덤하우스. pp.294-296 를 제구성함

5분 미팅 | 팀 계발 활동 TEAM BUILDING

◈ 의미
5분 미팅은 기존의 전형적인 미팅의 틀을 깨고 삼삼오오 모여 즐겁게 몰입하는 5분 정도의 미팅을 말한다. 미팅의 진행 장소는 팀원들이 근무하는 사무실 한켠이나 회의실 모두 무방하다.

◈ 목표
즐거운 소재로 시작하여 칭찬하고 참여하는 비공식적인 5분 모임을 통하여 팀장은 팀원들의 컨디션을 살피고 팀의 소통을 강화하여 팀 갈등을 사전에 차단하거나 갈등이 발생하여도 서로 이해하며 극복할 수 있는 팀의 활력을 복돋운다.

◈ 절차
1. 각자가 좋아하는 간단한 차나 음료수를 들고 정해진 곳으로 모인다.
2. 필기구나 볼펜을 가져오면 안된다.
3. 일부는 앉고, 일부는 서서 모임을 한다. 물론 팀장은 서서 모임을 진행한다.
4. 대화의 절차
   a. 비공식적인 내용으로 3분여 이야기를 시작한다. 주로 공통의 관심사인 야구 경기, 드라마, 연예 소식 등 공유될 수 있는 가십이면 좋다.
   b. 이제 팀원간의 칭찬할 시간을 갖는다.
   c. 회사의 중요한 소식을 공유한다.
   d. 오늘도 잘해보자는 팀 구호나 파이팅을 외치고 각자 자신의 자리로 돌아간다.

◈ 활동 토의
1. 이와 같은 5분 활동의 대화 내용은 무엇인가?
2. 5분 미팅 전후의 변화는 무엇인가?
3. 다시 5분 미팅을 하고 싶은가?

◈ 팀장을 위한 팁
팀장은 5분 미팅을 통하여 팀원의 컨디션을 살피는 일이 중요하다. 팀 구성원의 컨디션에 따라 업무를 조절하거나 휴식을 줄 수 있다.

학습 문제 | Quiz for Summary

◆ 객관식

1. 팀 리더가 갈등을 해결하는 태도로 올바르지 못한 것은?

① 불평을 기꺼이 받아들이기

② 긍정적으로 반응하기

③ 부정적 피드백을 활용하기

④ 문제를 직면하기

2. 다음 보기와 같이 팀의 특징이 발견될 때 취할 수 있는 전략은?

> 보기
> · 팀이 항상 팀 리더에게 동의하고 듣기를 좋아하는 말만 하는가?
> · 팀 구성원이 도움을 청하는 것과 실수를 두려워하는가?
> · 팀 구성원이 최선의 결정을 도달하기보다는 합의 도달에 더 집중하는가?
> · 팀 구성원이 목표 도달보다는 서로 잘 지내는 데 집중하는가?
> · 팀 구성원이 보다 질적인 결정에 도달하기보다는 다른 사람의 상처를 주지 않으려는 데에 강조를 두는가?
> · 팀 구성원이 작업 수행보다는 인기 유지에 강조를 두고 있는가?
> · 팀 구성원이 새로운 아이디어를 창출하는 것을 피하는가?

① 팀의 부정 극복

② 팀 갈등 자극

③ 팀 의사소통 강화

④ 팀 워크 강화

3. 갈등을 자극하는 기술로 적용될 수 없는 것은?

① 팀 내의 자유로운 아이디어의 흐름을 가능하도록 의사소통을 개선한다.

② 약속을 지킴으로써 신뢰를 유지한다.

③ 영향을 미치는 쟁점에 대한 의사결정 과정에 팀 구성원을 참여시킨다.

④ 팀 구성원이 나타내고자 하는 기대 행동이 무엇인지 확인한다

4. 팀 구성원의 화를 다루는 방법으로 적절하지 않은 것은?

① 화가 난 팀 구성원을 질책한다.

② 안정을 유지시킨다.

③ 실제적인 메시지를 위해 화를 간파한다.

④ 당신의 목소리와 몸짓에 신경을 쓴다.

5. win-win 협상과 거리가 먼 내용은?

① 긍정적 관계 세우기

② 상호 손해를 감수하기

③ 양쪽의 관심을 만족시키기

④ 서로의 문제를 해결하기

◆ 주관식

1. 다음 보기는 팀 리더가 팀 내에서 부정성을 확인한 경우, 그것을 제거하기 위한 절차이다. 괄호 속에 적절한 말은?

① 지속적이고 효과적인 [ ]을(를) 한다. ② [ ] 가(이) 명확하게 기대를 갖게 하고 알게 한다. ③ 팀 수행의 압박과 마감 등에 대한 근심의 분출구를 준비한다. ④ 팀 구성원을 가까이 참여시킨다.

2. 수잔 윌리스 조글리오가 제안한 갈등 해결을 위해 팀에서 할 수 있는 전략 3가지는 무엇인가?

객관식

1. [정답] ③
[해설] 긍정적 피드백을 활용해야 한다.

2. [정답] ②
[해설] 팀에서 너무 갈등이 없는 상황은 팀 구성원이 과도하게 안정적이거나 비평적 사고, 혁신, 창조를 억누르면서 관리할 때 일어난다. 이러한 상황이 지속되면 오히려 팀의 침체를 가져올 수 있다. 팀 리더는 긍정적인 팀 갈등이 일어나도록 자극할 필요가 있다.

3. [정답] ②
[해설] 약속을 지킴으로써 신뢰를 유지한다는 팀 갈등을 자극하는 것과는 무관하다.

4. [정답] ①
[해설] 화가 난 팀 구성원이 무례하다고 지적하는 것 - 화가 난 팀 구성원에 대하여 질책하는 것은 더욱 화나게 하는 행위이다. 이러한 상황에서는 사실이 명백히 밝혀지기는커녕 더욱 상황이 악화될 뿐이다.

5. [정답] ②
[해설] 상호 손해를 감수하기보다는 상호 이익을 추구하는 전략이 필요하다.

주관식

1. [정답] 의사소통, 팀 구성원

2. [정답]
   1) 팀내 갈등과 관련된 기본 수칙을 정한다.
   2) 갈등 해결에 관한 수업을 마련한다.
   3) 갈등 해결 모델을 정하고 본보기로 삼는다.

학습 내용 정리 | Mind Mapping

1. 포크라스는 팀 갈등 시 이를 해결하는 단계를 크게 6단계로 제시하였다.

단계 1: 불평을 기꺼이 받아들이기

단계 2: 긍정적으로 반응하기

단계 3: 동정을 활용하기

단계 4: 긍정적 피드백을 활용하기

단계 5: 문제를 직면하기

단계 6 : 함께 해결책을 협상하기

2. 갈등이 발생될 때 팀 리더는 적절한 방법으로 그 갈등을 풀어야 한다.
3. 팀 리더는 긍정적인 팀 갈등이 일어나도록 자극할 필요가 있다. 갈등 없이 팀이 살아 있고, 에너지가 넘치며, 발전적이고, 개선이 되는 팀은 가능할지도 모르지만 일반적으로 이러한 팀은 불가능하다. 혁신, 창조, 변화는 계속적으로 갈등을 발생시키는 것이 자연스러운 일이다.
4. 갈등을 자극하는 기술은 의사소통의 개선, 팀 구성원의 참여, 행동의 변화 등 세 가지로 설명될 수 있다.
5. 팀에서의 인간 갈등은 자연스러운 현상이고, 어떤 상황에서는 팀의 침체를 극복하는 수단이 된다는 사실을 확인하였다. 이 두 가지 상황에서 의사소통은 매우 중요한 역할을 한다.
7. 팀 리더는 화가 나 있는 팀 구성원에 대하여 성질적 대응, 자리를 떠나는 것, 화가 난 팀 구성원이 무례하다고 지적하는 것 등은 화가 난 팀 구성원에 대하여 더욱 화나게 하는 행위이다. 이러한 상황에서는 사실이 명백히 밝혀지기는커녕 더욱 상황이 악화될 뿐이다.
8. 화가 난 팀 구성원을 다루는 데 가장 중요한 두 가지는 (1) 안정을 유지시키고 (2) 화냄과는 상관없는 다른 문제에 집중하는 것이다. 이러한 접근은 말은 쉽지만 행동은 어렵다.

9. 부정성은 팀의 최적의 수행 결과에 거슬리는 작업을 하는 구성원의 행동이다. 부정성은 다음과 같이 범주화할 수 있다.
- 통제의 논쟁(누구 책임인가?)
- 의존/독립 논쟁(나는 필요하다, 나는 필요치 않다.)
- 관심의 필요/책임
- 권한 문제
- 충성도 논쟁

10. 팀 리더는 팀 내에서 부정성을 확인한 경우, 그것을 제거하기 위한 적절한 절차를 밟아야 한다.
- 지속적이고 효과적인 의사소통을 한다.
- 팀 구성원이 명확하게 기대를 갖게 하고 알게 한다.
- 팀 수행의 압박과 마감 등에 대한 근심의 분출구를 준비한다.
- 신뢰를 형성한다.
- 팀 구성원을 가까이 참여시킨다.

11. 수잔 윌리스 조글리오는 갈등 해결을 위해 팀에서 할 수 있는 전략 3가지를 제안하였다. 즉 팀내 갈등과 관련된 기본 수칙을 정하고, 갈등 해결에 관한 수업을 마련하며, 갈등 해결 모델을 정하고 본보기로 삼는다는 전략이다.

생각해 볼 문제 | Reflection & Discussion

1. 다음은 갈등의 유형을 설명한 것이다. 이러한 갈등에 대하여 팀리더는 어떻게 갈등에 대처해야 하는지 토의해 보자.

> 갈등은 사실 인지적 갈등과 정서적 갈등의 두 가지 형태로 온다. 인지적, 즉 실재적 갈등은 해결할 일과 관련지어 표출된다. 아이디어와 가정에 대한 의견 불일치, 앞으로 진행할 최선의 방법에 대한 의견차를 들 수 있다. 이러한 갈등은 활력을 주기 때문에 대화형 과정의 효율성을 높이는 데에 절대 필요하다. 사람들은 다른 의견을 스스럼없이 표현하고 기본 가정에도 의문을 제기하면서 새로운 아이디어를 도입한다. 반면에 정서적, 대인적 갈등은 그야말로 감정적으로 표출된다. 개인적 마찰, 경쟁 의식, 성격 차이를 들 수 있다. 이러한 갈등은 의사결정 과정이 진행되는 동안 사람들이 협력하고자 하는 마음을 약화시켜서 의사결정 과정의 효율성을 떨어뜨린다(더글러스 스미스 외, 이영진 역, 2009. p.129).
> 흔히 이러한 갈등은 학자에 따라 과업 갈등과 관계 갈등으로 구분하기로 한다.

참고문헌

박기찬(2011). 어떻게 소통할 것인가? 소통하는 팀-소통하는 회사 만들기. 네임북스.

박태현(2012). 팀으로 일하라. 시그마북스.

서진영 역(2002). 팀이 빠지기 쉬운 5가지 함정(패트릭 렌시오니 저). 위즈덤하우스.

안진환 역(2003). 팀 워크북(수산 윌리스 조글리오 저). 제우스.

정명진 역(2011). 팀워크 심리학(Group Dynamics for Team, 대니얼 레비 저). 부글북스.

최유현(2008). 공학기술과 팀워크. 지호.

Bagulary, P. (2003). Teams and Team-working. Chicago, Ill: MaGraw-Hill.

Eide, A. R., Jenison, R. D., Mashaw, L.H., and Northup, L.L. (2002). Introduction to Engineering Design & Problem Solving. Boston: McGraw-Hill.

Katzenbach, J. & Smith D. (1993). The wisdom of teams: Creating the high-performance organization. Cambridge, MA: Harvard Business School Press.

McNeill, B. Bellamy, L. and Foster, S. (1995). Introduction to engineering design. Tempe: Arizona State University.

Smith, K. A. (2004). Teamwork and Project Management. 2nd Ed. Boston: MaGraw-Hill.

Stewart, G. L., Manz, C. C. & Sims, Jr, H. P. (1999). Team Work and Group Dynamics. New York: John Wiley & Sons, INC.

Wellins, R. S., Byham, W. C. & Willson, J. M. (1991). Empowered Teams: Creating self-directed work groups that improve quality, productivity, and participation. San Francisco, CA: Jossy-Bass Inc.

Part 03 팀 리더십 개발하기

12 팀워크와 의사결정

| 주요 개념 | 의사결정, 의사결정 특성, 의사결정의 유형, 의사결정의 평가, 의사결정의 질, 문제와 의사결정, 팀 의사결정 과정, 팀 의사결정 모델

1. 의사결정의 이해
2. 팀을 위한 의사결정 과정
3. 팀을 위한 의사결정 모델

12 팀워크와 의사결정

□ **학습 목표**

① 의사결정, 의사결정 특성, 의사결정의 유형, 의사결정의 평가, 의사결정의 질, 문제와 의사결정 등의 의사결정의 기본적 이해를 탐구한다.

② 팀을 위한 의사결정과정 및 팀을 위한 의사결정 모델을 이해하고 적용할 수 있다.

□ **학습으로의 초대 _ 의사결정은 불확실한 미래의 도박**

직원을 채용할지, 신상품을 출시할지, 장비를 교체할지 등 거대한 것부터 자장면을 먹을지, 머리를 감을지, 우산을 가져갈지 등 사소한 것까지 의사결정할 것들 투성이다. 매일 수천 가지 결정을 하면서도 매번 오만 가지 생각이 꼬리를 문다. 매일 하면서도 매번 어렵다. 당연하다. 지금도 어떻게 돌아가는지 모르겠는데 미래를 예측하고 의사결정을 한다는 것은 쉽지 않다. 말은 맞는데 기분이 안 내키는 때도 있고, 근거가 마땅치 않은 때도 있다. 다른 사람에게 밀려서 어쩔 수 없이 해야 하는 경우도 있고, 다들 반대하는데 배짱으로 밀어붙이는 때도 있다. 지금 결정해야 하는지도 잘 모르겠고, 둘 중 하나만을 꼭 결정해야 하는지도 의문스럽고, 이 상황에 결정이 필요한지도 혼동스럽다.

의사결정은 불확실한 미래에 대한 도박이다. 그래서 어렵고 그래서 실수도 많다. 특히 '현실에 대해 정확한 정보를 수집하지 못했다', '대안이 명확하게 제시되지 않았다', '비용과 이익이 정확하게 고려되지 않았다' 등의 이유뿐만 아니라 '옳고 그름보다 좋고 싫음에 영향을 받았다'는 의사결정권자의 마음도 실수하는 이유다. 물리적 함정만이 아니라 심리적 함정도 올바른 의사결정을 방해한다. '내가 다 안다'는 식의 성공체험을 고수하는 리더, '원래 그렇게 하는 것'이라는 식의 고정관념에 의존하는 리더, '그동안 투자한 게 얼만데'라는 식의 매몰비용 때문에 밀어붙이는 리더, '네가 이기나 , 내가 이기나 한번 해보자'는 식의 기싸움을 하는 리더 등 머리와 마음이 따로 논다. 의사결정을 할 때 내가 어떤 오류에 빠지고 어떤 함정에 걸려드는지 되돌아보자. 올바른 결정으로 신속한 지름길을 찾기도 하지만 잘못된 결정 하나로 어려운 길을 택하기도 하고 아예 목적지를 잃기도 한다.

출처: ETNEWS 2009.10.20.
[지윤정의 성공파도] http://www.etnews.com/news/opinion/2176952_1545.html

1. 의사결정의 이해

가. 의사결정의 정의

사람들은 매일 의사결정을 한다. 어떤 것은 사소한 의사결정(무슨 옷을 입을까? 아침 메뉴는? 등)이고, 어떤 것은 중요한 의사결정(다른 회사로 옮겨볼까? 새로운 집을 살까? 등)이다. 의사결정은 중요성에 관계없이 다음과 같이 정의될 수 있다(Goetsch, 2004).

의사결정은 두 가지 이상의 대안 중에서 한 가지 대안을 선택하는 과정이다. 이상적으로 선택된 대안은 가장 좋은 것이거나 적어도 실행 가능한 최적의 대안이어야 한다(Goetsch, 2004).

의사결정(意思決定, decision making)은 여러 대안 중에서 하나의 행동을 고르는 일을 해내는 정신적 지각활동이다(위키백과사전)[1].

의사결정은 엔진의 연료로 비유할 수 있다. 의사결정은 팀(엔진)을 움직이게 한다. 대부분의 경우 의사결정이 이루어지기 전에는 일을 진척시킬 수 없다.

모든 의사결정의 과정은 하나의 최종적 선택을 가지게 되며 이 선택의 결과로 어떤 행동 또는 선택에 대한 의견이 나오게 된다. 정보처리 관점에서 의사결정은 정보와 반응 사이의 다 대 일 대응으로 나타난다고 볼 수 있다. 즉, 대개 많은 정보를 지각하고 평가하여 하나의 선택을 하는 것이다.

심리학적 관점에서는 개별 의사 결정들이 어떤 개인의 필요, 선호에 의해 가치를 갖는 상황 안에서 내려지게 되는지를 연구한다. 한편 인지심리학적 관점에서 의사결정과정은 환경과 계속적으로 상호작용을 일으키는 가운데에서 행해지는 연속적인 과정으로 보아야 한다. 그러나 다른 차원에서 의사결정은 만족할 만한 해결책이 나올 때까지 수행해야 할 문제 해결 활동으로 여겨진다. 그러므로 의사결정은 이성적이거나 비이성적일 수 있으며 어떤 분명한 혹은 불분명한 가정에 기반한 논리적 이유나 감성적 이유에 의해 내려지는 결정이다.

1 http://ko.wikipedia.org/wiki/%EC%9D%98%EC%82%AC_%EA%B2%B0%EC%A0%95

나. 의사결정의 특성

의사결정의 특성은 일반적으로 불확실성, 친숙성, 편향으로 논의된다.

불확실성

의사결정에 있어 가장 중요한 특성은 불확실성이다. 결정론(determinism)의 반대로 우리가 사는 세상이 확률적 성격을 가지고 있다는 세계관에서 하나의 선택은 어떤 한 결과를 야기할 수 있거나 다른 결과를 만들어 낼 수 있다. 의사결정에 의해 일어날 수 있는 어떤 결과가 선호되지 않거나 대가가 요구된다면 이러한 불확실한 결정은 위험을 포함하고 있다.

친숙성

친숙한 상황이나 선택에서 결정을 할 경우 이 선택은 신속하고 깊은 생각 없이 이루어질 수 있다. 전문가나 초보자가 정보를 처리하는 방식의 차이를 보면 친숙한 상황에서는 전문가가 더 빨리 처리한다. 그러나 늘 더 정확하지는 않다.

편향

편향은 사람들이 의사결정과정 중에 잠재적으로 가질 수 있는 지각적 간섭에 의해 결정을 향상 시키고자 하는 특성이다. 다음은 사람들이 보통 가지는 지각적 편향이다.

선택적 증거 채택 : 선호하는 결과를 얻기 위해 주관적으로 선택을 지지하는 증거는 채택하고 그렇지않는 증거는 무시하는 경향

관성 : 새로운 상황에 놓여져도 이전에 가진 사고의 패턴을 바꾸지 않으려는 편향

선택적 지각 : 중요하지 않다고 생각되는 것을 능동적으로 걸러내어 정보를 지각하는 경향

낙천적 소망 : 밝은 면만 보고자 하는 경향에서 지각과 사고를 편향하게 할 수 있음

선택 지지 : 선택한 것에 대한 기억을 왜곡하여 보다 매력적인 다른 선택을 거부하는 편향

최신 선호 : 가장 최근의 새로운 정보에 대한 관심이 기존의 정보를 대체. 반대로는 처음의 것을 선호하는 프라이머시 효과(Primacy effect)

반복 편향 : 가장 많이 논의 되거나 가장 많은 정보 원천을 가진 정보를 선호하는 편향

고정 편향 : 초기의 정보가 이후의 정보에 대한 관점을 형성하여 결정을 내리게 하는 편향

불확실성의 과소평가 : 어떤 상황이나 사실에 대해서 실제로 제어할 수 있는 능력이 없거나 약한데

도 불구하고 미래의 불확실성을 과소평가하고 자신이 이것을 제어할 수 있다고 믿으며, 결정에 따른 잠재적 문제를 최소화 할 수 있다고 믿는 것

다. 의사결정의 유형

구조적 의사 결정

구조적 의사 결정은 비구조적 의사결정과는 반대로 반복적이고, 일상적이며, 이를 다루기 위한 확실한 절차를 포함하므로 매번 새로운 것처럼 다루지 않아도 된다.

반구조적 의사 결정

반구조적 의사 결정은 문제의 일부만이 인정된 절차에서 제공된 확실한 답이 있다. 보통 구조적 의사결정은 낮은 조직 수준에서 좀 더 우세하며, 비구조적 의사결정은 기업의 높은 수준에서 좀 더 일반적이다.

비구조적 의사 결정

비구조적 의사 결정은 의사결정자가 문제를 풀기 위해 판단, 평가, 통찰을 제공해야만 하는 것을 말한다. 의사결정의 각각은 새롭고, 중요하고, 일상적이지 않으며, 의사결정을 위해 잘 이해되고 합의된 절차가 없다.

라. 의사결정의 평가

의사결정을 평가하는 방법은 크게 두 가지가 있다. 그 하나는 의사결정의 결과를 평가하는 것이다. 의사결정의 결과가 팀의 목표 달성을 이루었는지를 평가하는 것이다. 그러나 결과에 관계없이 의사결정의 과정을 평가할 수도 있다. 비록 결과가 성공적일지라도 과정에서의 잘못이나 개선점을 찾는 노력이 장기적으로 볼 때 필요하기 때문이다.

따라서 의사결정의 과정 평가는 결과의 성공과 실패와 관계없이 이루어져야 할 중요한 평가이다.

H. 존슨과 P. 존슨(1991)은 의사결정의 일곱 가지 방법을 제시하였다(in Smith, 2004).

① 토론 없이 권위로 결정하기

② 전문가의 의사결정

③ 팀 구성원의 평균적 의견에 기초한 의사결정

④ 토론 후에 권위에 의한 의사결정

⑤ 소수의 의견 청취

⑥ 다수의 의견 청취

⑦ 팀 구성원의 완전한 합의

또한 그들은 여기서 개인 결정, 소수 반영, 소수 수용, 다수 수용, 완전 합의의 다섯 가지 의사결정의 질적 수준과 시간 소요를 다음과 같은 그래프로 설명하였다(in Smith, 2004).

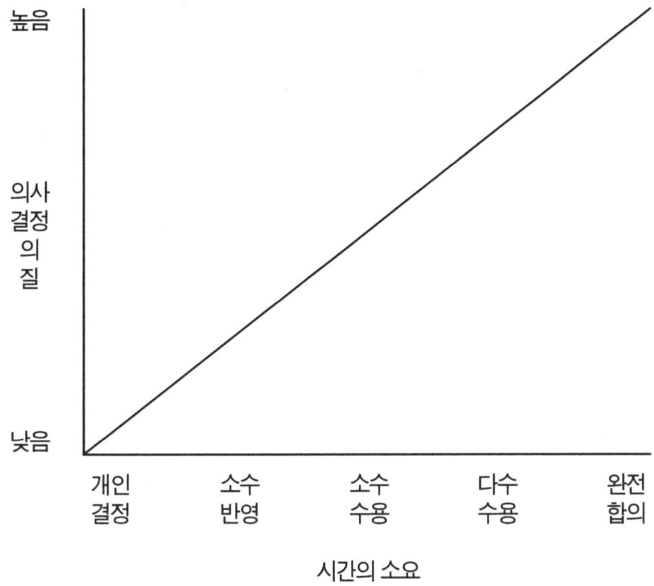

[그림 3-7] 의사결정의 방법과 질, 시간과의 관계

그래프에서와 같이 완전 합의의 경우 의사결정의 질은 가장 높지만 시간이 가장 많이 소요됨을 알 수 있다.

마. 문제와 의사결정

모든 사람은 집에서, 일터에서, 그리고 사람 관계에서, 삶의 전 장면에서 문제를 가지고 있다. 문제는 무엇으로 구성되어 있는가? 많은 사람들에게 그들에게 가장 큰 문제가 무엇이냐고 물어보면 당신은 많은 대답을 얻을 것이다.

- "나는 많은 돈을 벌 수 없다."
- "나는 체중이 너무 나간다."
- "나는 보다 많은 교육을 받고 싶어"
- "나는 내 직업을 싫어해"

이들의 많은 대답은 일반적으로 '기대하는 것'과 '가지고 있는 것'의 차이 때문에 발생된다. '문제'는 다음과 같이 정의될 수 있다(Goetsch, 2004).

문제(problem)는 '기대하는 것'과 '가지고 있는 것' 간의 불일치 혹은 잠재적 불일치가 존재하는 상황이다.

불일치가 명백하게 크면 클수록 문제는 커진다. 문제의 확대를 결정하는 핵심 요인은 문제를 해결하는 데 관련된 당사자의 능력이다. 기대하는 것과 가지고 있는 것의 불일치가 크게 나타날지라도 만약 불일치를 제거할 수 있는 능력을 가진 사람이 있다면 큰 문제가 되지 않는다. 반대로 불일치의 정도가 작을지라도 그것을 제거할 능력이 없는 사람에게는 큰 문제가 될 수도 있다.

문제의 특성

문제는 구조화, 조직 수준, 긴급성에 따라 분류될 수 있다. 문제의 구조는 아주 잘 구조화된 문제와 그렇지 않는 문제까지 다양하다. 아주 구조화가 잘 된 문제는 의사결정자가 문제와 동시에 해결방법을 이해했을 경우에 존재한다. 구조화가 잘 안 된 문제는 의사결정자가 대안과 해결방안이 확실하지 않을 때 존재한다. 따라서 문제는 구조화 정도에 따라 연속성을 띠고 매우 다양한 문제들이 존재한다.

구조화가 잘 된 문제는 의사결정이 예측가능하고 자동적이다. 예를 들어 복사기에 용지가 떨어지면 그 문제는 용지를 보급하면 되는 것과 같다.

구조화가 잘 안 된 문제는 예측 가능하지도 않고 자동적으로 해결되지 않는다. 예를 들어 작은 회사에서 전문적인 기술자가 중요한 군사상의 일로 차출되어 언제 돌아올지도 모르는 경우, 그 해결 방안의 의사결정은 매우 어렵다. 즉 다른 구성원을 연장근무시킬 것인지, 그가 돌아올 때까지 기다리든지, 아니면 임시 기술자를 고용할 것인지, 또는 계약자에게 연락하여 납품 기일을 연장할 것인지 등 매우 어려운 결정을 해야 한다. 이와 같이 구조화가 잘 안 된 복잡한 문제는 의사결정을 하기 전에 팀 리더가 그 문제의 대안들을 수집된 정보에 기초하여 매우 주의 깊게 검토할 필요가 있다.

문제는 또한 조직 수준에 따라 매우 다양하게 존재한다. 고위 관리자급의 의사결정자는 전략적 문제들을 다룬다. 팀 리더는 매일 매일 조직의 일에 영향을 미치는 업무 수행 수준 문제를 다룬다. 팀 리더는 그의 권한 범위 내에 있는 문제들은 고위 관리자와 상의 없이 다룰 수 있다. 전략적 수준의 문제들은 팀 리더의 권한 범위를 벗어난다.

문제는 긴박성의 정도에 따라 분류될 수도 있다. 즉 절박한 문제부터 보통의 절차적인 문제까지 다양하게 나타난다. 일을 기획하고 조직하는 관리 업무의 목적 중에 하나는 위기 문제의 발생 가능성을 최소화하는 것이다.

위기 문제는 즉각적인 주의와 의사결정의 대응이 강하게 요구된다. 반면 절차적인 문제는 문제의 상황, 대안 고려, 아이디어 창출 등을 연구할 시간이 주어진다. 팀 리더는 위기 문제를 최소화하기 위하여 계획-조직-학습의 세 단계 접근을 적용해야 한다.

주의 깊은 계획과 조직화는 위기 문제를 최소화시킨다. 그러나 최고의 계획과 조직은 완전히 위기 문제를 해결할 수 없다. 이는 학습의 단계가 너무 중요하기 때문이다. 팀 리더는 모든 위기 극복으로부터 배워야 한다.

위기를 사후에 주의 깊게 분석하면 두 가지 이점을 얻을 수 있다. 첫째는 미래 위기 문제를 더욱 최소화하는 계획과 조직 과정의 개선이며, 두 번째는 팀 리더가 유사한 위기를 앞으로는 보다 잘 대처할 수 있다는 것이다(Goetsch, 2004).

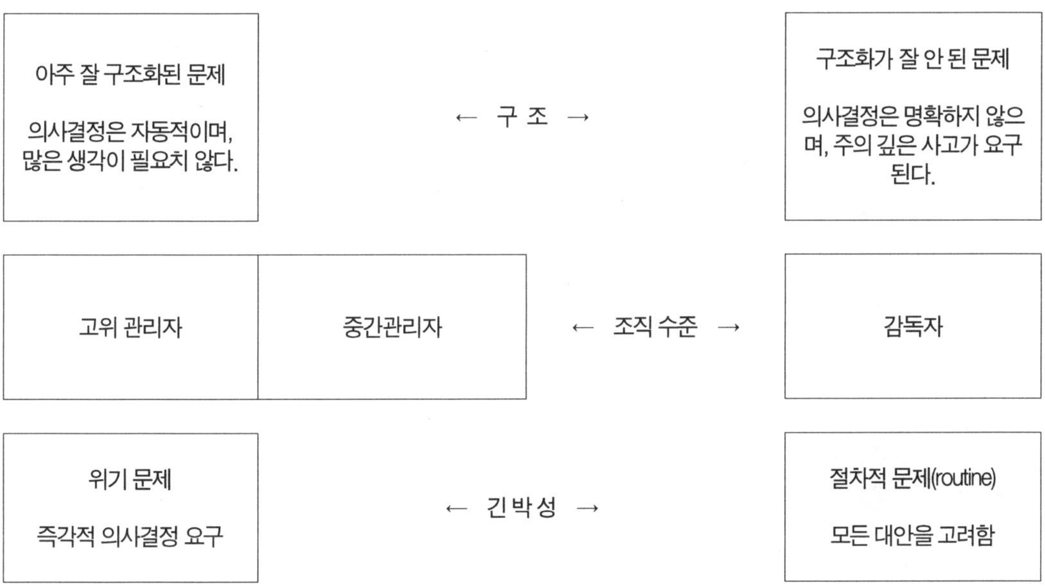

[그림 3-8] 의사결정을 위한 문제의 분류

2. 팀을 위한 의사결정 과정

의사결정은 일련의 과정을 가지고 있다. 이는 팀 체제에서 더욱 중요하다.

의사결정 과정은 결정이 이루어져가는 논리적으로 계열화된 활동이다.

여기에는 수많은 의사결정 모델이 있으며 문제의 단계에 따른 의사결정 과정은 크게 세 단계로 나누어진다(Goetsch, 2004).

① 문제를 확인/예측하기
② 대안들을 고려하기
③ 최적의 대안, 적용, 통제, 적응을 선택하기

<u>문제를 확인/예측하기</u>

만약 팀 리더가 문제를 예측할 수 있다면 문제를 막을 수 있는 능력을 가지고 있는 것이다. 예측된 문제는 마치 방어 운전과도 같다.

팀 리더가 겪는 문제는 시간, 자본, 재료, 사람, 장비 등의 자원과 밀접한 관련이 있다. 이러한 것들이 부족할 때 팀 리더는 문제를 직접적으로 다루어야 한다. [그림 3-9]은 팀 리더에 도움을 주는 표면 아래의 잠재되어 있는 인적 자원과 과정, 자원의 목록이다. 이것을 검토하면 시간과 에너지를 절약할 수 있을 것이다(Goetsch, 2004).

인적 자원과 과정

· 고위 관리 정책
· 자원인사
· 자원조달
· 고용원
· 훈련
· 구매
· 재고 자산
· 사내 배달
· 외부 배달
· 작업 과정
· 방법
· 일정

자원

· 시간
· 자본
· 자원 조달
· 장비/ 기술
· 재료

[그림 3-9] 잠재적 문제의 원인

대안들을 고려하기

대안을 고려하는 일은 두 단계가 있다. 첫 번째는 현재의 상황에 따라 이용가능한 모든 대안을 목록으로 만드는 것이다. 두 번째는 각 대안들을 평가하는 것이다. 첫 번째 단계에서의 제안된 수많은 대안들은 실행 가능성, 팀 리더의 해결 범위, 문제의 원인 등의 제한된 여러 가지 요인에 의하여 제한된 대안들만이 고려될 수 있을 것이다. 제안된 대안은 바람직한 결과를 위한 준거에 따라 각각 평가된다. 대안을 결정하는 데 준거 평가에 더하여 팀 리더의 경험, 판단, 직관도 함께 고려해야 한다.

최적의 대안, 적용, 통제, 적응을 선택하기

모든 대안을 충분히 검토한 후에는 오직 한 가지 대안만이 선택되고 적용된다. 팀 리더는 적용과 그 진행과정을 면밀히 지휘해야 한다. 즉 선택된 대안이 바람직한 효과를 보이는가? 그렇지 않다면 수정이 필요한가? 등을 점검해야 한다.

창의성
개방적 토론
주제 소개
아이디어 탐색

분석
아이디어 이해
항목 범주화
패턴 분석
영향 평가

결정
제거하기와 좁히기
우선순위 정하기
협상하기

[그림 3-10] 의사결정의 과정: 창의성-분석-결정

최적의 대안을 선택하는 것은 논리, 합리, 직관, 예측, 행운 등이 요구되는 부정확한 과정이다. 때때로 적용을 위하여 선택된 대안이 바람직한 결과를 가져오지 못하는 경우도 있다. 이러한 일이 발생되는 것은 비효율적이기 때문에 팀 리더는 희생을 감수하고 또 다른 대안을 선택해야 한다. 대안이 효과가 없다고 판단될 때 이미 선택한 대안에 집착하는 것은 목표 달성을 위하여 바람직하지 못하다. 이러한 경우 적절한 대안의 수정 혹은 또 다른 대안을 선택할 필요가 있다.

결과적으로 의사결정은 창의성-분석-결정의 순서로 확산적 사고와 수렴적 사고로 좁혀지면서 이루어진다(Pokras, 2002).

3. 팀을 위한 의사결정 모델

가. 객관적 의사결정과 주관적 의사결정

팀 리더가 이용할 수 있는 대부분의 의사결정 모델은 객관적 모델 또는 주관적 모델의 두 가지 중 하나이다. 그러나 실제로는 각 모델은 두 가지 특성을 다 갖는다고 볼 수 있다(Goetsch, 2004).

객관적 의사결정 모델

객관적 모델은 논리적이고 순서화된 모델이다. 이것은 절차가 순서적으로 진행되고, 팀 리더가 의사결정 과정을 체계적으로 따른다는 것을 가정하고 있다. 또한 완성되고 정확한 정보를 이용 가능하고, 팀 리더가 최적의 선택이라고 느끼는 것을 자유롭게 선택한다는 것을 가정하고 있다.

이러한 가정들은 실제로 존재하기 힘들기 때문에 완전한 객관적 의사결정 모델은 자주 사용되지 않는다.

주관적 의사결정 모델

객관적 의사결정 모델이 논리와 완성되고 정확한 정보에 기초한 반면, 주관적 의사결정 모델은 직관과 경험, 불완전한 정보에 의존한다. 이 접근법은 의사결정자가 업무 압력, 시간 부족, 제한된 정보 등의 환경에서 사용된다. 주관적 의사결정 모델의 목표는 이러한 상황 하에서 최적의 결정을 만들어 내는 것이다.

이러한 접근법을 활용할 때, 빈약한 정보에 기초하여 빠른 결정이 이루어지기 때문에 항상 결정에 대한 위험이 도사리고 있다.

나. 주장형 의사결정과 대화형 의사결정

의사결정 과정은 모두 똑같이 효율적이지 않다. 집단이 어떤 의사결정 과정을 통해 다양한 아이디어를 폭넓게 확인하고 고려하는지 그 정도를 보면 특히 그러하다. 연구를 통해 의사결정이 크게 대화형 과정과 주장형 과정으로 대별된다는 학자도 있다. 대체로 바람직하다고 여기는 대화형 과정은 다양한 대안을 만들어내고, 아이디어를 서로 교환하고, 검증이 잘된 해결책을 낼 수 있는 충분히 열려 있는 의사결정 과정이다.

주장형 집단은 아무리 개방적인 토의 분위기를 이끌고 일부러 경쟁을 피하려는 노력을 기울여도 경쟁적인 태도로 의사결정에 접근하게 된다. 가령 예산을 올리기 위해 서로 다투는 부서들처럼 어떤 분야에 각별한 관심과 명확한 태도를 지닌 집단은 특정한 입장을 주장할 수밖에 없다. 그들은 자신들이 선호하는 해결책에 대한 열의가 대단해서 반대 의견에 대한 입장이 너무 확고하다. 너무 열성적이다 보니 객관적인 태도를 취할 수 없게 되어 반대 의견에 관심을 기울일 여력도 없다. 또한 선택적으로 정보를 제시하고 상충되는 관련 데이터는 보류하는 식으로 자신들의 입장만 내세운다. 결국 그들의 목적은 공명정대한 견해를 전달하는 것이 아니라 강제성을 띠는 상황으로 몰고 가는 것이다. 예를 들어 자신들의 개선 프로그램을 밀고 있는 서로 다른 두 공장 관리자가 있다고 가정해 보자. 그들은 자기 프로그램의 잠재적인 약점이 드러나면 논쟁에서 지게 되어 필요한 자원을 얻게 되지 못할 것이므로 그것을 보고하려고 들지 않을 것이다.

반면에 대화형 집단은 다양한 선택 사항들을 신중하게 고려하면서 최상의 해결책을 찾아내기 위해 힘을 모은다. 사람들 각자의 이해를 포기시키지 않으면서 어떤 특정한 입장의 견해를 받아들이도록 사람들을 설득하지 않으며 최선의 행동 과정에 뜻을 모으려고 노력한다. 사람들은 가공되지 않은 상태의 정보를 서로에게 전달하는 것을 좋아하며 참가자들이 각자 자신의 결론을 제시하도록 이끈다. 반대 의견을 억누르기보다는 비판적인 사고를 독려하며, 모든 참가자들이 대안적 해결책을 제시하거나 이미 제기된 가능성에 대해서도 곤란한 질문을 하는 일에 스스럼없이 임한다.

대화형 과정의 참가자들은 자신들이 믿는 질문이나 가정을 가차 없이 제기하여 갈등을 심화시킬 수도 있다. 그러나 그것이 개인적인 성격을 띠는 경우는 드물다. 의견 대립이 벌어지는 이유는 확고한 입장 차이가 아닌 아이디어와 해석의 차이에서 비롯되기 때문에 대개 건전한 성격을 띠며 이성적으로 해결된다. 여기서 우리는 대립적인 입장이 아닌 경쟁하는 아이디어들 간에 힘을 겨루어 완전한 해결책이 나온다는 사실을 알 수 있다.

GE 경영권 승계 과정을 전해주고 있는 최근 보고에서 그러한 개방적인 접근을 추구한 이사회 구성원들을 만날 수 있다. GE 이사회 구성원 전원은 핵심 후보들의 장단점을 검토하기 위해 정기적으로 그들을 만나서 화합을 가졌는데, 거기에는 특별한 후보를 로비하려는 시도가 전혀 끼어들지 않은 상태였다(더구나 잭 웰치 회장도 거의 참석하지 않는 가운데 회합이 이루어졌다).

대화형의 특성을 많이 띤 과정은, 회사의 목표를 전진시킬 뿐 아니라 시기적절하고 효과적인 방식으로 시행할 수 있는 식의 높은 품질의 의사결정을 내는 경향이 있다. 따라서 우리는 조직의 의사결정

능력을 개선하고자 하는 리더는 가능한 한 빨리 주장형 과정에서 대화형 과정으로 옮겨간다는 유일한 목표를 품고 출발할 필요가 있다고 생각한다.

그러기 위해서는 훌륭한 의사결정을 위한 세 요소인 3C에 각별한 주의를 기울여야 한다. 바로 갈등(Conflict), 숙고(Consideration), 종결(Closure)이다. 각 요소에는 신중한 균형 잡기 행위가 수반된다(자세한 사항에 대해서는 〈표 3-4〉 '의사결정의 두 접근법' 참조)(이영진 역(더글러스 스미스 저), 2009, pp.126-129).

〈표 3-4〉 의사결정의 두 가지 접근법

	주장형 의사결정	대화형 의사결정
의사결정에 대한 인식	경쟁으로 바라봄	공동의 문제해결로 바라봄
회의의 목적	설득과 로비	시험과 평가
참가자의 역할	대변인	비판적 사고가
행동 패턴	다른 이들을 설득하기 위해 애씀 자신의 입장을 옹호함 약점을 경시함	균형 잡힌 주장을 제시함 대인들에 대해 열린 입장을 취함 건설적 비판
소수자 견해	좌절되거나 무시됨	키워지고 가치있게 대우받음
결과	승자와 패자로 나뉨	공동의 행동 조치로 나아감

TEAMWORK TIP

의사결정의 또 다른 두 가지 접근

	중재적 의사결정	탐구적 의사결정
의사결정의 개념	경쟁	협력적 문제해결
토의 목적	설득과 로비	검사와 평가
참여자 역할	다른 사람을 설득 지위에 의존 약점을 들추어냄	균형 잡힌 주장 대안의 개방적 토론 건설적 비평의 수용
소수 의견	사소하게 취급하거나 무시	계발되고 가치를 부여
결과	승자와 패자	공동 승리

Garvin & Roberto(2001) in Smith(2004)

생각을 확장하는 페이지 | 의사결정의 '함정' 을 돌파하라

인간은 직관적 사고체계와 이성적 사고체계를 동시에 갖추고 있다. 직관적 사고체계는 자연반사적인 사고체계를, 이성적 사고체계는 생각(thinking)을 동반하는 사고체계를 말한다. 그런데 의외로 중요한 의사결정에서 직관적 사고체계가 종종 활용된다. 현대의 경영 환경이 의사결정자들로 하여금 충분히 생각할 틈을 주지 않는 경우가 많기 때문이다. 즉, 체계적으로 분석할 시간이 별로 없고 분석에 필요한 정보도 빈약한 경우, 의사결정자는 종종 자신의 경험과 기억을 동원한 직관적인 방법에 의존해 중요한 의사결정을 내린다. 하지만 이러한 의사결정 행태는 여러 가지 판단 착오의 원인이 될 수 있다. 사람들이 흔히 빠지는 의사결정의 함정을 살펴보자.

정보편향의 함정 : 내 생각과 반대되는 의견 경청해야

정보 편향의 함정이란 동일한 출처, 동일한 내용의 정보를 중복해서 받아들임으로써 발생하는 자기합리화 및 객관화를 말한다.

사람들은 종종 자신의 생각이 사실임을 확인시켜 주는 정보를 찾고, 자신의 생각에 반하는 정보는 무시하는 경향이 있다. 그렇기 때문에 자신이 현재 갖고 있는 생각에 확신을 더해주는 정보(비록 그 정보가 중복된 것이라 하더라도)에 애착을 갖는다. 이처럼 중복된 정보를 바탕으로 사람들은 자신의 판단에 대해 확신을 갖지만, 그렇다고 해서 판단의 정확도가 높아지는 것은 아니다.

1986년 우주왕복선 챌린저호의 비극이 초래된 이유도 사실은 미항공우주국(NASA) 관리층의 특정 정보에 대한 편향된 시각 때문이라고 할 수 있다. 챌린저호는 역사상 가장 추운 날씨에 발사되었다. 사실, 추운 날씨가 고체 연료 추진 장치의 접합 부품인 오링(O-rings)에 문제를 일으킬 수 있다는 첩보가 발사 전 NASA에 입수되었다.

그리고 NASA는 추운 날씨와 오링간의 상관관계를 정확하게 분석할 수 있는 자료도 충분히 갖고 있었다. 하지만 NASA 관리층은 챌린저호를 제시간에 발사시켜야 한다는 중압감 때문에 단지 일부의 자료, 즉 오링에 문제가 있었던 일곱 번의 발사 사례만을 분석해서 두 변수 간에는 별 상관관계가 없다는 오판을 내렸다. 그 결과 우주인 7명 의 목숨을 빼앗는 비극을 초래했다.

챌린저호 폭발 장면

사고가 난 후, 뒤늦게 24번의 모든 발사 자료를 분석했더니 챌린저호가 발사된 날 오링에 문제가 일어날 확률은 99%를 넘었다. 온도와 오링 간의 정확한 상관관계를 분석하려면 추운 날 오링에 문제가 생겼던 사례, 추운 날 오링에 문제가 생기지 않은 사례, 춥지 않은 날 오링에 문제가 생겼던 사례, 춥지 않은 날 오링에 문제가 생기지 않은 사례 등 4가지 경우를 모두 조사해야만 했다. 그런데도 NASA에서는 오링에 문제가 있었던 일부 사례만을 조사하여 두 변수 간의 상관관계를 성급히 결론짓고 챌린저호를 발사시킨 것이다.

이러한 정보 편향의 덫에 걸려들지 않으려면, 가령 구조화된 브레인스토밍 과정(structured brainstorming process) 등을 도입해서 자신과는 다른 입장을 가진 사람들의 의견도 기꺼이 수용하는 자세를 갖추는 것이 필요하다.

어떤 생각이나 주장을 확인하기 위해서는 해당 주장을 지원하는 증거뿐만 아니라 이를 반박할 수 있는 증거도 모두 검토할 필요가 있다. 회의에서 대세에 편승하기보다는 반대 의견을 제시하는 사람(devil's advocate)의 역할이 중요한 것도 이 때문이다.

매몰비용의 함정 밑빠진 독에 물 붓기식 투자는 그만!

우리는 어떠한 의사결정을 할 때 이미 지불된 비용에 연연해하는 경우가 많다. 이른바 매몰비용(sunk cost, 이미 투자한 비용)이다. 하지만 이는 우리의 통제를 벗어난 것으로, 앞으로의 의사결정에는 정보로서의 가치를 지니지 않는다. 그런데도 많은 사람들은 매몰비용의 함정에서 벗어나지 못하고, 매몰비용에 근거해 그 후에도 잘못된 결정을 내리기도 한다.

예를 들어, 어떤 프로젝트가 더 이상 매력이 없는데도 불구하고 프로젝트에 이미 투자한 비용 때문에 계속 진행하는 잘못을 범한다. 이미 낸 돈이 아까워 상한 음식일 지라도 계속 먹겠다는 것과 마찬가지다.

매몰비용의 함정에 빠진 대표적인 사례가 초음속 여객기 콩코드(Concorde)이다. 영국과 프랑스가 1969년 함께 참여한 이 초음속 여객기 개발 프로젝트는 생산 비용이 높고, 비행기 구조상 좌석 수가 부족해 수입 창출에도 문제가 있으며, 마케팅 활동도 효과적이지 못해 항공사들이 별로 주문을 하지 않았던, 그래서 장래가 매우 불투명한 사업이었다. 그런데도 영국과 프랑스는 미련을 버리지 못하고 계속 밑 빠진 독에 물 붓기 식으로 투자하다가 결국 2003년에 문을 닫고 말았다.

매몰비용의 함정에 빠지는 이유는, 예전에 자신이 했던 판단이 잘못되었다는 것을 인정하기 싫어하는 인간의 습성, 그리고 자신의 판단 잘못으로 그 많은 자원을 낭비한 데 대한 자책감 때문일 것이다. 하지만 의사결정이란 미래에 관한 것이다. 현재를 기점으로, 앞으로 치러야 할 비용과 앞으로 누리게 될 혜택을 저울질함으로써 이루어져야 한다. 따라서 매몰비용의 함정에 빠져드는 것을 막을 방도를 궁리해야 한다.

워런 버핏(Buffet)은 우리에게 매몰비용의 함정에서 벗어날 수 있는 의미 있는 말을 던져주고 있다. "당신이 구덩이에 빠져 있음을 깨달았을 때, 할 수 있는 최선의 일은 삽질을 그만 멈추는 것이다."

팀의 가치와 의사결정 | 팀 계발 활동 TEAM BUILDING

◈목표
개인의 의사결정과 팀의 의사결정의 차이점을 확인한다.

◈준비물
참가자 각자에게 나눠줄 중요한 직업 요소를 복사한 자료

◈절차
1. 중요한 직업 요소 양식 사본을 각 참가자에게 나누어 준다.
2. 참가자들에게 10개의 항목 중 근로자가 현재 가지고 있는 직업을 결정하는 데 아주 중요한 이유로 작용했을 것으로 생각되는 정도에 따라 1~10 (1=가장 높은, 10=가장 낮은)까지의 순서를 정하도록 한다. 결과는 2번 행에 기입한다.
3. 순서를 정하는 작업을 팀에서 해본다. 팀 순위는 합의하도록 하고 그 결과를 4번 행에 기입한다.
4. 조사 통계 결과를 보여주고 팀원들이 3번 행에 순위를 입력한다.
   1) 2행에 있는 개인 순위와 3행에 있는 (표준)조사된 순위의 절대값의 산술 차이를 계산하여 (+,- 부호 없이) 그 결과를 1행에 적는다.
   2) 4행에 있는 팀 순위와 3행에 있는 (표준)조사된 순위의 절대값의 산술 차이를 계산하여(+,- 부호 없이) 그 결과를 5행에 적는다.
   3) 1행과 5행에 있는 절대 값 수를 합계하여 1행과 5행의 아래에 준비된 공간에 두 합계를 적는다.

다음의 토론에서 당신이 팀에서 다양한 관점의 혜택을 얻을 때, 혼자 행동할 때보다 일반적으로 더 나은 결정을 한다는 것을 나타내시오.

◈활동 토의
1. 개인과 팀 중 누가 더 잘 실행했는가?
2. 얼마나 많은 사람이 개인 순위와 실제 조사된 결과의 차이를 의외로 생각했는가?
3. 어떤 요소가 개인 순위와 실제 조사된 차이의 원인이 되었는가?
4. 당신이 개인으로서보다 팀으로서 등급 매김을 수행했을 때 당신의 순위는 얼마나 더 일치했는가?
5. 이러한 직무에 있어서 어떤 요소가 팀의 성공에 기여했나?

[자료] 중요한 직업 요소 결정하기

	항목				
	1	2	3	4	5
승진기회					
업무내용에 관한 관리					
유연한 작업일정					
급부(연금/휴가 등)					
고용보장					
작업의 특성					
자유로운 의사전달					
봉급/임금					
조직의 크기					
격려하는 작업					

조사 통계 결과 _ 중요한 직업요소

	Rank
승진기회	8
업무내용에 관한 관리	3
유연한 작업일정	7
급부(연금/휴가 등)	6
고용보장	4
작업의 특성	2
자유로운 의사전달	1
봉급/임금	9
조직의 크기	10
격려하는 작업	5

출처: WorkForce Study Finds Loyalty : Wall Street Journal, (1993. 9.3. p. B-1)

학습 문제 | Quiz for Summary

◆ 객관식

1. 의사결정의 특성으로 볼 수 없는 것은?

① 합리성

② 친숙성

③ 편향

④ 불확실성

2. 편향은 사람들이 의사결정과정 중에 잠재적으로 가질 수 있는 지각적 간섭에 의해 결정을 향상 시키고자 하는 특성이다. 그 편향의 특성을 잘못 제시한 것은?

① 선택적 증거 선택

② 낙천적 소망

③ 최신 선호

④ 반복 회피

3. 다음 그래프는 의사결정의 방법과 질, 시간과의 관계를 제시한 것이다. 올바르게 해석한 것은?

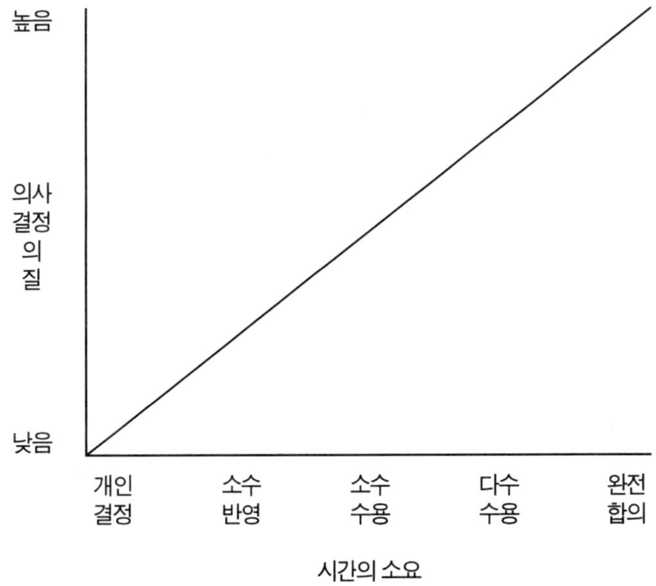

① 개인 결정이 바람직하다.
② 완전합의는 시간이 필요하지만 결정의 질은 낮다.
③ 소수 수용이 시간과 질에 있어서 가장 바람직하다.
④ 의사결정의 질과 시간은 비례한다.

4. 문제에 따른 의사결정에 대한 설명이 올바른 것은?
① 위기 문제는 즉각적인 주의와 의사결정의 대응이 강하게 요구된다.
② 절차적인 문제는 문제의 상황, 대안 고려, 아이디어 창출 등을 연구할 시간이 주어진다.
③ 구조화가 잘 안된 문제는 의사결정이 명확하다.
④ 팀 리더는 위기 문제를 최소화하기 위하여 계획-조직-학습의 세 단계 접근을 적용해야 한다.

5. 의사결정 방식을 분류하는 방식이 잘못된 것은?
① 객관적 의사결정과 주관적 의사결정
② 주장형 의사결정과 대화형 의사결정
③ 중재적 의사결정과 탐구적 의사결정
⑤ 합리적 의사결정과 편향적 의사결정

◆ [주관식]
1. 의사결정의 세 가지 유형을 제시하시오.

객관식

1. [정답] ①
[해설] 의사결정의 특성은 일반적으로 불확실성, 친숙성, 편향으로 논의된다.

2. [정답] ④
[해설] 반복 회피가 아니라 가장 많이 논의 되거나 가장 많은 정보 원천을 가진 정보를 선호하는 반복 편향을 띈다.

3. [정답] ④
   [해설] 그래프에서 의사결정의 질과 시간은 비례함으로 보여주고 시간이 소요되지만 완전 합의의 의사결정 질은 높음을 알 수 있다.

4. [정답] ③
   [해설] 아주 잘 구조화된 문제는 의사결정은 자동적이며, 많은 생각이 필요치 않다. 반면, 구조화가 잘 안 된 문제는 의사결정은 명확하지 않으며, 주의 깊은 사고가 요구된다.

5. [정답] ④
   [해설] 의사결정의 분류는 ① ② ③과 같이 분류한다.

주관식

1. [정답] 구조적 의사결정, 반구조적 의사결정, 비구조적 의사결정
   [해설]
   구조적 의사 결정
   구조적 의사 결정은 비구조적 의사결정과는 반대로 반복적이고, 일상적이며, 이를 다루기 위한 확실한 절차를 포함하므로 매번 새로운 것처럼 다루지 않아도 된다.
   반구조적 의사 결정
   반구조적 의사 결정은 문제의 일부만이 인정된 절차에서 제공된 확실한 답이 있다. 보통 구조적 의사결정은 낮은 조직 수준에서 좀더 우세하며, 비구조적 의사결정은 기업의 높은 수준에서 좀 더 일반적이다.
   비구조적 의사 결정
   비구조적 의사 결정은 의사결정자가 문제를 풀기 위해 판단, 평가, 통찰을 제공해야만 하는 것을 말한다. 의사결정의 각각은 새롭고, 중요하고, 일상적이지 않으며, 의사결정을 위해 잘 이해되고 합의된 절차가 없다.

학습 내용 정리 | Mind Mapping

1. 의사결정(意思決定, decision making)은 여러 대안 중에서 하나의 행동을 고르는 일을 해내는 정신적 지각활동이다. 의사결정은 엔진의 연료로 비유할 수 있다. 의사결정은 팀(엔진)을 움직이게 한다. 대부분의 경우 의사결정이 이루어지기 전에는 일을 진척시킬 수 없다.
2. 의사결정의 특성은 일반적으로 불확실성, 친숙성, 편향으로 논의된다.
3. 의사결정의 유형은 구조적 의사 결정, 반구조적 의사결정, 비구조적 의사결정으로 구분된다.
4. H. 존슨과 P. 존슨(1991)은 의사결정의 일곱 가지 방법을 제시하였다.

- ■ 토론 없이 권위로 결정하기
- ■ 전문가의 의사결정
- ■ 팀 구성원의 평균적 의견에 기초한 의사결정

- 토론 후에 권위에 의한 의사결정
- 소수의 의견 청취
- 다수의 의견 청취
- 팀 구성원의 완전한 합의

5. 개인 결정, 소수 반영, 소수 수용, 다수 수용, 완전 합의의 다섯 가지 의사결정의 질적 수준과 시간 소요는 비례한다. 즉 완전합의의 경우 의사결정의 질은 가장 높지만 시간이 가장 많이 소요된다.
6. 문제(problem)는 '기대하는 것'과 '가지고 있는 것' 간의 불일치 혹은 잠재적 불일치가 존재하는 상황이다. 따라서 팀 리더는 문제의 특성을 잘 알고 해결을 해야 한다.
7. 팀 리더는 위기 문제를 최소화하기 위하여 계획-조직-학습의 세 단계 접근을 적용해야 한다.
8. 문제의 단계에 따른 의사결정 과정은 문제를 확인/예측하기, 대안들을 고려하기, 최적의 대안, 적용, 통제, 적응을 선택하기로 이루어진다. 결과적으로 의사결정은 창의성-분석-결정의 순서로 확산적 사고와 수렴적 사고로 좁혀지면서 이루어진다.
9. 객관적 의사결정 모델은 논리적이고 순서화된 모델이다. 주관적 의사결정 모델은 직관과 경험, 불완전한 정보에 의존한다.
10. 주장형 집단의 의사결정은 경쟁적인 태도로 의사결정에 접근하게 된다. 반면에 대화형 집단은 다양한 선택 사항들을 신중하게 고려하면서 최상의 해결책을 찾아내기 위해 힘을 모은다.
11. 훌륭한 의사결정을 위한 세 요소는 갈등(Conflict), 숙고(Consideration), 종결(Closure)이다. 각 요소에는 신중한 균형 잡기 행위가 수반된다.

생각해 볼 문제 | Reflection & Discussion

1. 최적의 대안을 선택하는 것은 논리, 합리, 직관, 예측, 행운 등이 요구되는 부정확한 과정이다. 때때로 적용을 위하여 선택된 대안이 바람직한 결과를 가져오지 못하는 경우도 있다. 이러한 일이 발생되는 것은 비효율적이기 때문에 팀 리더는 희생을 감수하고 또 다른 대안을 선택해야 한다. 대안이 효과가 없다고 판단될 때 이미 선택한 대안에 집착하는 것은 목표 달성을 위하여 바람직하지 못하다. 이러한 경우 적절한 대안의 수정 혹은 또 다른 대안을 선택할 필요가 있다.
   이러한 의사결정의 과정에서 발현되는 사고를 제시하고, 왜 그런지를 토론해 보자.

참고문헌

박기찬(2011). 어떻게 소통할 것인가? 소통하는 팀-소통하는 회사 만들기. 네임북스.

박태현(2012). 팀으로 일하라. 시그마북스.

서진영 역(2002). 팀이 빠지기 쉬운 5가지 함정(패트릭 렌시오니 저). 위즈덤하우스.

안진환 역(2003). 팀 워크북(수산 윌리스 조글리오 저). 제우스.

이영진 역(2009). 팀 매니지먼트(더글러스 스미스 저). 21세기 북스.

정명진 역(2011). 팀워크 심리학(Group Dynamics for Team, 대니얼 레비 저). 부글북스.

최유현(2008). 공학기술과 팀워크. 지호.

Bagulary, P. (2003). Teams and Team-working. Chicago, Ill: MaGraw-Hill.

Eide, A. R., Jenison, R. D., Mashaw, L.H., and Northup, L.L. (2002). Introduction to Engineering Design & Problem Solving. Boston: McGraw-Hill.

Katzenbach, J. & Smith D. (1993). The wisdom of teams: Creating the high-performance organization. Cambridge, MA: Harvard Business School Press.

McNeill, B. Bellamy, L. and Foster, S. (1995). Introduction to engineering design. Tempe: Arizona State University.

Smith, K. A. (2004). Teamwork and Project Management. Boston: McGrawHill - Higher Education.

Stewart, G. L., Manz, C. C. & Sims, Jr, H. P. (1999). Team Work and Group Dynamics. New York: John Wiley & Sons, INC.

Wellins, R. S., Byham, W. C. & Willson, J. M. (1991). Empowered Teams: Creating self-directed work groups that improve quality, productivity, and participation. San Francisco, CA: Jossy-Bass Inc.

Part 03 팀 리더십 개발하기

13 의사결정 기술 개발하기

| 주요 개념 | 의사결정 과정 참여, 의사결정 과정, 창의성, 의사결정 기술, KT상황평가

1. 의사결정 과정의 참여를 통한 팀 구성원 강화
2. 의사결정 기술 적용해보기

13 의사결정 기술 개발하기

□ **학습 목표**

① 의사결정 과정의 참여를 통한 팀 구성원 강화, 의사결정 과정에서의 정보 및 창의성의 역할을 이해한다.

② 의사결정 기술을 이해하고 적용한다.

□ **학습으로의 초대 _ 인간은 합리적으로 의사결정을 하는가?**

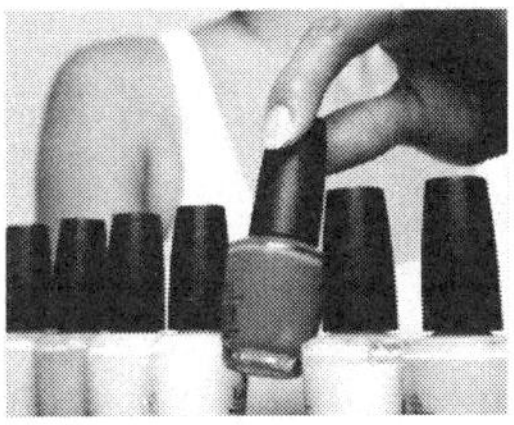

1978년 노벨 경제학상을 수상하기도 한 인지과학(Cognitive Science)의 거목 중 한 사람인 사이먼(Herbert A. Simon)은 일찍이 인간의 인지 능력이 지니는 한계점에 주목했다. 어떤 의사결정 상황이든 그 선택의 대상이 될 수 있는 대안의 수는 매우 많을 것이다. 그러다 그 대안들 모두를 일일이 평가한다는 것은 애초부터 인간의 인지능력 밖의 일이라는 것 역시 분명하다.

따라서 모든 부분을 빈틈없이 고려해서 최적의 대안을 선택하는 것은 인간에게 있어서 그다지 현실적이지 못한 방법이다. 그보다는 자신이 만족하는 순간이나 수준에서 판단을 확정하고 결정을 내린다는 것이다.

그리고 사이먼의 제한적 합리성 이론은 이후 그 유명한 아모스 트버스키(Amos Tversky)와 카너먼(Daniel Kahneman)의 프레임 효과(frame effect), 그리고 더 나아가 조망이론(prospect theory)을 탄생시키는 출발점이 된다. 또한 70년대 이후의 무수한 휴리스틱(heuristic) 연구들도 여기에 뿌리를 둔다고 할 수 있다. 이 모든 것들은 별도의 공간에서 다루어야 할 방대한 내용이지만 분명한 것은 인간이 합리적이지 못한 존재라기보다는 합리성 이외의 것을 더 중요하게 추구하는 존재일 가능성이 크다는 것이다. 어떤 사람은 최적의 것 보다는 '후회를 제일 덜 할만한 것'을 선택하면서 더 만족감을 느낄 것이다. 또한 어떤 사람은 '가장 정당화하기 쉬운 것'을 선택하면서 더 만족감을 가질 수 있을 것이다. 시대와 연령, 개인차 그리고 상황 등 다양한 요소들의 영향을 받거나 이들을 고려하면서 인간은 가장 만족스러운 것을 선택하기 원한다. 주위에 많은 사람들에게 '왜 사느냐' 고 물으면 대답은 대부분 '행복'을 위해 산다고 한다. 그리고 행복은 만족이라는 벽돌들로 지어진 하나의 집이다. 확률에 결과 값을 곱하여 계산되는 기대가치가 아무리 높다 하더라도 만족감을 주지 못하면 깡그리 무시되는 이유가 바로 여기에 있는 것이다.

어떤 사람은 선택을 할 때 최적의 것 보다는 '후회를 제일 덜할만한 것'을 선택하면서 더 만족감을 느낄 수 있다.

출처: 네이버 캐스트 생활 속의 심리학
http://navercast.naver.com/contents.nhn?contents_id=5775

1. 의사결정 과정의 참여를 통한 팀 구성원 강화

가. 의사결정 과정의 참여를 통한 팀 구성원 강화

스미스(2003)는 효과적인 의사결정의 다섯 가지 특성을 제시한다. 이러한 효과적인 의사결정이 이루어지기 위해서는 의사결정 과정에서 팀 구성원의 참여가 필수적이다.

① 팀 구성원의 자료와 요구가 잘 활용된다.
② 시간이 잘 사용된다.
③ 결정이 올바르고, 높은 수준이다.
④ 결정에 팀 구성원의 요구가 완전히 반영된다.
⑤ 팀의 문제해결활동이 강화된다.

함께 의사결정에 참여한 팀 구성원은 의사결정에 보다 소유의식과 책임을 갖고 그 결정을 수행하게 된다. 팀 구성원으로부터 요구를 받아들여 의사결정을 하는 것을 강화(empowerment)라고 한다. 여기에는 장점과 단점 두 가지 모두 존재한다(Goetsch, 2004).

<u>팀 구성원 참여를 통한 강화의 장점</u>

의사결정 과정에서 팀 구성원을 참여시키면 문제에 대한 보다 명확한 진단과 보다 종합적인 모든 대안이 나올 수 있다. 그리하여 팀 리더는 대안을 잘 평가하여 최적의 대안을 만들어낼 수 있다. 가장 좋은 이점은 의사결정 이후에 나타난다. 의사결정 과정에 참여한 팀 구성원은 의사결정 내용을 보다 잘 이해하고 수용하여 선택된 대안의 달성 가능성을 높일 수 있다.

<u>팀 구성원 참여를 통한 강화의 단점</u>

팀 구성원을 의사결정에 참여시키는 것은 시간이 필요하고 팀 리더에게 항상 시간이 주어지는 것은 아니다. 또한 의사결정 과정에 참여한 팀 구성원끼리 갈등을 빚을 수도 있다. 또 하나의 중요한 단점은 최적의 결정이 아닌 민주적 타협의 결정이 나올 수 있다는 것이다. 만약 팀 리더가 그룹의 충고를 무시한다면 불협화음을 초래할 것이다.

집단 참여의 효과를 높이기 위한 여러 가지 기법이 있다. 가장 잘 알려진 것이 브레인스토밍, NGT(Nominal-Group), Quality Circles이다.

(1) 브레인스토밍 기법

브레인스토밍을 이용할 때, 팀 리더는 팀 구성원들이 아이디어를 낼 수 있도록 촉진자 역할을 해야 한다. 팀 구성원의 어떠한 아이디어도 격려해야 하고 비판적인 평가를 해서는 안 된다. 일반적으로 팀 구성원 중에서 한 사람의 기록자를 두어 모든 아이디어를 다양한 펜과 보드, 또는 프로젝트에 기록하여 팀 구성원들이 계속적으로 그것들을 검토하도록 한다.

모든 아이디어가 제안된 후에 참여자는 한 번에 한 아이디어씩 검토를 요구하고 상대적 가중치를 부여한다. 이러한 과정은 아이디어를 좁혀나가고 구체화하는 과정이 된다. 예를 들어 팀 리더는 많은 아이디어 중에서 3개로 줄여서 검토할 수 도 있다.

(2) NGT

NGT는 브레인스토밍을 보다 정교화한 것이다.

① 문제를 진술한다.
② 팀 구성원은 자기의 아이디어를 조용히 기록한다.
③ 각 구성원의 아이디어를 기록하고 공개한다.
④ 아이디어를 명료화한다.
⑤ 아이디어를 투표한다.

첫 번째 단계에서 팀 리더는 해결하여야 할 문제를 정확하고 구체적으로 제시한다. 이 때 문제의 명료화를 위하여 팀 구성원과 토의를 해도 좋다. 두 번째 단계는 팀 구성원 모두가 자기의 아이디어를 각자 기록하게 한다. 이때는 팀 구성원간의 토의를 하지 않는다. 이 기법은 아이디어를 비판하거나 동료의 압력이 있거나 하지 않고, 자신의 아이디어를 자유롭고도 개방적인 사고로 낼 수 있도록 촉진시킨다.

세 번째 단계에서는 각 팀 구성원은 자기의 아이디어를 프로젝트나 보드에 기록하여 공개하고 공유한다. 그리고 각자의 아이디어에 번호를 매긴다. 이 단계에서도 팀 토의는 허락되지 않는다. 네 번째 단계에서는 이해되지 않는 아이디어를 명료화한다. 그리고 마지막 과정에서 아이디어를 투표할 때, 다섯 색상의 카드를 활용하여 우선순위대로 색깔별로 아이디어를 쓰도록 하여 투표할 수도 있다.

(3) Quality Circles 기법

Quality Circles은 직무와 관련된 문제를 해결하기 위한 팀 구성원들이 결성하는 모임을 말한다. Quality Circles의 가장 중요한 원리는 관련되어 있는 문제의 직무를 가장 잘 알고 있는 사람들의 모임이라는 것이다. 브레인스토밍과 이 기법의 가장 기본적인 차이점은 Quality Circles 기법의 구성원은 팀 리더가 지명하지 않고 자원한다는 것이다. 또한 문제가 발생할 때까지 기다리지 않고 모임을 갖는데, 정기적으로 그들의 일을 협의하고 문제를 예측하고, 생산성을 개선시키는 방법을 찾는다는 것이다. Quality Circles 기법은 반드시 팀 리더가 아닌 촉진자로서 수행할 사람이 있어야 한다. 이는 각 모임에서 다른 사람이 될 수도 있다.

<u>집단 의사결정의 잠재적 문제</u>

팀 리더는 집단 의사결정에서 집단사고와 집단전이에 대한 개념을 알고 있어야 한다.

집단사고는 올바른 의사결정보다 집단의 합의 도달에 관심을 둘 때 일어난다. 이는 지나친 처방적 리더십, 조화를 원하는 동료의 압박, 집단 분리, 집단 의사결정 기술의 부족 등의 요인에 의하여 발생된다. 이를 피하기 위한 전략은 다음과 같다.

- 비판을 독려한다.
- 여러 가지 대안의 개발을 격려한다. 결정을 서두르지 않도록 한다.
- 한 명 이상씩 악마의 변호(devil's advocate) 역할을 맡긴다.
- 쟁점에 익숙하지 않는 사람을 참여시킨다.
- 마지막 회의라는 생각을 유지한다. 한 가지 결정에 도달했을 경우 면밀히 그것을 검토하게 하고, 마지막 회의니 다시 한번 검토하도록 요구한다.

집단전이는 팀 구성원의 처음의 아이디어가 너무 과장되어 매우 위험해져서 보수적으로 이동하는 현상이다. 팀 리더는 초기 아이디어의 비판을 강화하고, 팀 구성원 중에서 악마의 변호를 하는 역할을 부여함으로써 이를 방지해야 한다.

나. 의사결정 과정에서의 정보의 역할

정보는 의사결정에 매우 중요한 역할을 한다. 비록 정확하고, 최신의 것이고, 종합적인 정보라 할지라도 올바른 결정을 한다는 보장은 없지만 정보의 부족은 틀림없이 나쁜 결정을 가져온다. 오래된 말이지만 의사결정에서 "지식은 힘"이며 특히 경쟁상황에서는 더욱 그러하다.

'정보'는 의사결정 과정에서 데이터가 이용 가능한 형태로 전환된 것으로 정의된다. 의사소통에서 송신자, 매체, 수신자를 요구하고, 이 과정에서 정보는 송신자가 보내서, 매체로 전달되고, 수신자가 받아들인다.

기술의 진보로 많은 정보를 빠르게 수집할 수 있다. 물론 정보의 질은 기술적인 시스템에 들어가는 데이터의 정확성과 계속적인 데이터의 업데이트에 의존한다(Goetsch, 2004).

데이터와 정보

어떤 사람을 위한 데이터는 다른 사람에게 정보가 될 수 있다. 차이점은 개인의 요구에 달려 있다. 팀 리더의 요구는 그가 처리하고자 하는 의사결정의 유형에 따라 결정된다. 다음은 팀 리더가 정보의 유형을 결정하는 데 필요한 질문이다.

- 나의 책임이 무엇인가?
- 나의 조직(회사 또는 부서)의 목표는 무엇인가?
- 이러한 책임과 목표와 관련되어 의사결정하는 유형은 무엇인가?

정보의 가치

정보는 유용한 상품이다. 정보는 사람들의 요구를 돕고 확장시키는 가치 있는 것이다. 정보는 또한 비용이다. 수집, 저장, 처리, 지속적 업데이트, 필요한 형태로의 변환을 위하여 비용이 지출된다. 그러므로 팀 리더는 필요한 정보의 가치를 따질 필요가 있다. 10만 원의 의사결정 가치에 100만 원의 정보비 지출은 비상식적이다.

정보의 양

우리는 흔히 "너무 많은 정보 때문에 정보를 얻을 수가 없다"고 하소연한다. 정보기술의 진보와 더불어 이러 현상을 정보 과잉이라고 부르기도 한다. 정보 과잉은 다음과 같은 문제를 일으킬 수 있다.

- 혼란
- 좌절
- 중요하지 않은 문제에 과도한 관심

- 중요하지 않은 문제에 비효율적인 관여
- 의사결정의 비생산적인 지연

이러한 정보 과잉을 피하기 위해서는 팀 리더는 다음과 같은 전략을 적용할 필요가 있다.

- 가능한 곳부터 매일 보고를 주간 보고로 바꾼다.
- 가능한 곳부터 주간 보고를 월간 보고로 바꾼다.
- 정규적인 기초가 마련된 모든 보고서를 조사하여 불필요한 부분을 제거한다.
- "reporting by exception" 기법을 활용한다.
- 효과적인 보고 양식 및 그래픽 등을 개발한다.
- 온라인과 주문형 정보를 활용한다.

다. 의사결정 과정에서의 창의성의 역할

경쟁이 지배하는 시장에서 조직의 융통성, 혁신성, 창의성은 의사결정 과정에서 매우 중요하다. 불확실한 경쟁에서 살아남고 빠른 시장의 변화에 적응하기 위해서 조직과 팀의 모든 수준에서 창의성이 요구된다(Goetsch, 2004).

<u>창의성의 정의</u>

리더십과 창의성에 대한 정의는 매우 많이 있다. 그리고 창의적 사람이 태어나는지 만들어지는지에 대한 관점도 다양하다. 글로벌 조직의 목적을 위한 유용한 창의성의 정의는 다음과 같다.

창의성은 어떠한 경쟁 상황에 영향을 주는 문제를 다루는 데 있어서 새롭고, 차별적이고, 상상적이고, 혁신적인 관점을 개발하는 과정이다.

이러한 관점을 개발하기 위해서 의사결정하는 사람에게는 지식과 경험이 필요하다.

<u>창의적 과정</u>

창의적 과정은 조사, 부화, 명료화의 세 단계로 진행된다.

- 조사 - 조사는 주어진 영역에 대하여 학습, 경험 획득, 정보 수집과 저장을 포함한다. 창의적 의사결정은 조사와 연구를 통하여 사려 깊게 준비되어야 한다.

- 부화 - 부화는 개발, 변화, 성장, 견고화를 하기 위하여 주어진 아이디어를 창출하는 시간이다. 의사결정하는 사람은 운전하면서, 휴식을 위하면서, 잠들면서, 생각에 잠기면서 아이디어를 부화시킨다. 부화에는 의사결정하는 사람이 관련된 쟁점을 떠나 생각할 여유가 필요하다. 부화는 흔히 잠재의식적 마음에서 이루어진다.
- 명료화 - 명료화는 부화 다음에 진행되는 잠재적 해결방안이 명료해지는 단계이다. 부화 단계에서 착상된 아이디어를 구체적으로 발전시키는 단계이다.

창의성을 저해하는 요인

다음 요인들은 창의성을 저해하는 경향이 있다.

- 한 가지 답만을 찾는 것 - 어떤 문제에 대한 올바른 해결방안이 한 가지뿐일 경우는 드물다.
- 너무 논리적인 시도를 하는 것 - 창의적 해결 방안은 때때로 논리와 보편적 지혜를 거부한다.
- 너무 규칙을 준수하는 것 - 때때로 가장 최적의 해결방안은 경계선 밖에 존재하며, 규칙에 의하여 지배받는 제한을 뛰어넘을 때 나오는 경우가 있다.
- 모호성을 피하기 - 모호성은 창의적 과정에서 정상적인 현상이다. 이는 왜 부화의 단계가 중요한지를 설명해준다.
- 위험 피하기 - 팀 어떤 문제에 대하여 해결방안을 찾지 못한 경우, 이는 흔히 의사결정자가 창의적 결정에 대한 기회를 갖기를 꺼려하는 것을 의미한다.
- 놀이 방법을 잊어버린 것 - 성인은 때때로 놀이 방법을 잊어버릴 정도로 너무 진지하다. 놀이 활동은 창의적 아이디어를 자극한다.
- 반대의 두려움과 어리석은 생각이라고 여기는 것 - 자신의 아이디어가 혹시 거부되거나 어리석은 아이디어라고 놀림을 당할 두려움을 느끼는 경우 창의적인 사고를 할 수 없다.
- "나는 창의력이 없어"라고 말하는 경우 - 자신이 창의적인 사람이 아니라고 단정하는 사람은 창의적인 사고를 할 수 없다. 어떤 사람은 자신이 창의적인 사람이라고 믿기 때문에 더 많은 창의적인 아이디어를 창출한다.

TEAMWORK TIP

밴드왜건 효과와 스노브효과

밴드왜건 효과

서커스나 퍼레이드 행렬의 맨앞에 선 밴드들이 탄 마차를 밴드왜건이라고 한다. 밴드왜건을 뒤 따라서 긴 행렬이 이어진다. 밴드왜건이 사람들의 관심을 끄는 데 성공하자 그 이후 많은 정치가들이 밴드왜건에 올라타기 시작했다. 그 이후 1900년의 브라이언(William J. Bryan) 후보의 대통령 선거운동에서 밴드왜건은 기본이 되었다.

정치학에서는 선거운동에서 우세를 보이는 후보 쪽으로 투표자가 가담하는 현상을 '밴드왜건 효과(bandwagon effect)'라고 한다. 처음에는 지지하지 않았던 후보나 무관심했던 후보가 우세를 보이면 자신이 지지했던 후보를 포기하고 대세를 잡은 후보 쪽으로 돌아서는 현상이다. 일종의 편승효과이다. 이러한 효과가 발생하는 것은 자신의 생각보다 다른 사람의 생각에 크게 의존하기 때문이다. 설령 내 의견이 옳다고 생각해도 주위 사람들의 다른 생각과 충돌하면서 사는 것이 마음 편하지 않으므로 다른 사람의 생각을 확인하고 이에 따르기 때문이다.

밴드왜건과 상반되는 스노브효과

밴드왜건 효과는 스노브효과(snob effect)와는 상반되는 효과이다. 스노브효과는 다른 사람들이 소비하면 그 상품에 대한 수요량이 오히려 감소한다. 즉 스노브효과는 한 개인이 타인과 거리를 두면서 배타적이고 차별적인 소비를 추구하는 '난 달라' 족에게서 발생하는 효과인 데 반해 밴드왜건 효과는 다른 사람과 함께 비슷하게 지내기 위해 다른 사람에 편승하는 데서 발생하는 효과이다. 베블런 효과는 과시적 소비를 나타내므로 값이 싸면 수요가 없고 오히려 값이 비싸야만 수요가 발생하는 경우이다. 라이벤스타인(Leibenstein) 교수는 굳이 베블렌 효과와 스노브효과를 구별한다면 후자는 타인의 수요량의 함수인 데 반해서 전자는 가격의 함수로 정의할 수 있다고 했다.

참고문헌 : J. Cassidy, [How Markets Fail], (FXG Books, 2009); H. Leibenstein, "Bandwagon, Snob, and Veblen Effects in the Theory of Consumers' Demand," [Quarterly Journal of Economics], 1950, 183-207; R. H. Thaler and C. R. Sunstein, [Nudge], (Penguin, 2008)
네이버 케스트에서 재인용
http://navercast.naver.com/contents.nhn?contents_id=3879

2. 의사결정 기술 적용해보기

의사결정은 결코 쉬운 일은 아니다. '신속하고 적절한' 의사결정을 내릴 수 있는 능력은 팀에서도 가장 널리 요구되는 자질이다. 물론 어떤 결정들은 본능적으로 하게 되는 경우가 많으며, 특별한 노력이 필요하지 않지만, 집을 산다거나 직업을 바꾼다거나 하는 중요한 결정들의 경우 가능한 많은 변수를 고려하여 결정을 내리는 것이 좋다. 좋은 의사결정을 내리기 위한 기법으로는 다음과 같다.

가. 선형적 방법

이 방법은 각 단계가 명확하게 구분되어 있으며, 합리적이고 선형적이며 이분법적이다. 기법들 사이에 다소 차이가 있지만, 기본 원리는 다음과 같 절차를 따른다.

① 문제 정의하기
② 기준을 파악하고 각 기준들 간에 균형 맞추기
③ 의사결정 모형 만들기
④ 대안 찾기
⑤ 대안을 기준에 맞추어 보고 선택하기
⑥ 그리고 마지막으로 결정이 논리적으로 타당한지 검토하기

대표적인 방법으로는 의사결정구조, 케프터-트리고(Kepner-Tregoe), 엑렉트라 II(Electre II), AHP (Analytic Hierachy Process) 등이 있다.

위의 방법들의 장점은 사용자들이 의사결정을 할 때, 정해진 틀 안에서 한 걸음 한 걸음 따라 갈 수 있도록 안내해 준다는 것이다. 이 기법들은 정형화되어 있고 체계적이어서 정보처리 도구로 활용될 수 있다. 반면에 가장 큰 단점으로는 지나친 경직성을 들 수 있다.

나. 우회적 접근 방법

이 접근 방법은 좀 더 창의적이고 우회적인 방법이다.

① 유추 : 주어진 문제와 이미 해결된 문제에서 유사점을 찾아내어 의사결정에 응용하는 방법으로 정보처리 전문가들이 주로 사용하는 '디자인 패턴(Design Pattern)' 기술을 예로 들 수 있다.
② 비유 : 잘 알려진 모델, 혹은 상상의 모델에 맞추어 문제를 다시 생각해보는 방법
③ 상식을 벗어난 추론 : 기존의 틀을 벗어나 참조 대상을 바꾸어보는 방법

이러한 방법들의 장점은 우리의 일상적 사고방식에서 한 발짝 물러나, 우리의 상상력과 연상적 사고를 이용한다는 것이다. 단점으로는 방법을 제대로 이해하지 못할 수 있다는 점과 때때로 엉뚱하다고 생각될 수 있다는 점이다.

다. KT 상황 평가

Kepner Tregoe의 의사 결정은 정보를 수집하고 우선 순위를 평가하기 위한 구조화 된 방법으로 1960년대에 찰스 H. Kepner와 벤자민 B. Tregoe에 의해 개발되었다.

이 모델은 경영과 관련된 의사결정에 합리적인 모델이다. Kepner Tregoe의 의사 결정의 중요한 요소는 평가 및 우선 순위가 위험 요소(risk)라는 것이다. 그래서 이 모델은 실제로 완벽한 해결책 보다는 최소한의 부정적인 결과와 함께 결과를 가진 최선의 선택을 찾는다.

이 모델은 Kepner Tregoe 의사결정 매트릭스를 활용하는 네 가지 기본 단계가 있다.

- 상황평가(Situation appraisal) : 상황을 명확히 개요하고, 이는 우려와 방향을 선택하는 데 사용된다.
- 문제분석(Problem analysis) : 이 단계는 문제가 분석되고 그 원인이 결정된다.
- 의사결정 분석(Decision analysis) : 대안들이 확인되고 각각의 수행에서 위험을 확인한다.
- 잠재적 문제 분석(Potential problem analysis) : 최적의 대안이 잠재적인 문제와 부정적인 결과와 행동의 위험을 최소화하기 위해 잠재적 문제를 분석한다.

문제를 정의한 후, 동시에 여러 가지 문제에 직면했을 때 도움이 되는 K.T. 상황평가를 시작으로 K.T. 접근으로 이동한다. 상황평가 동안 우리는 두 가지 일을 한다.

- 중요성과 우선순위(기술할 여러 가지 기준에 근거하여)를 결정할 직면한 문제를 분석한다.
- 해결책을 위하여 요구되는 방침의 형태에 기초하여 각 문제를 분류한다.

우선순위 결정

다양한 상황에서 다수의 문제들이 동시에 발생할 수 있다. 어떤 경우는 이러한 문제들이 서로 연관되어 있고 다른 경우는 서로 완전히 무관하다. 이런 상황이 발생했을 때, K.T. 상황평가는 어떤 문제가 최고의 우선순위를 받아야 하는지 결정하는 데 매우 유용할 수 있다.

이 기법으로 첫째로 모든 문제의 목록을 만들고 집단에서 어떤 문제가 초기에 관심을 받아야 하는지 결정하도록 하라. 각 문제는 다음 기준에 대하여 측정된다: 시간적 제한, 문제의 잠재성, 문제의 영향력, 이러한 기준들은 최고의 관심(H), 보통의 관심(M), 낮은 관심(L)의 보증으로 구분된다.

검증 기준

시간적 제한 : 문제가 얼마나 시급한가? 시간적 제한과 관계되어 있는가? 당분간 아무런 조치도 취하지 않는다면 어떤 일이 일어날 것인가? 예를 들어, 제과점에 있는 다섯 개의 오븐 중 하나가 고장 나서 다른 네 개가 초과 용량을 다룰 수 있다면 이 문제에 관해서는 조금 기다리면서 더 시급한 문제에 착수하면 되는 것이다. 그러므로 이 문제는 타이밍에 있어서 L로 분류된다. 그러나 다른 네 개의 오븐

들을 최대로 작동시켜서 주요 주문량이 그날 저녁까지 꼭 완료되어야 한다면 타이밍에 관한 평가급수는 H가 된다. 왜냐하면 이 문제는 지금 당장 해결되어야 하기 때문이다.

문제의 잠재성 : 성장을 위한 문제의 잠재성에는 무엇이 있을까? 위의 제과점 예에서, 고장난 오븐이 과열되어 점점 더 뜨거워지고 있으며 도저히 끌 수 없는 상황이라고 가정해 보자. 결과적으로, 상황은 더 악화되고 있으며 불이 날 확률에 관한 관심도는 H가 된다. 또한 고객의 주문량을 채우는 것이 어렵게 될수록 상황은 점점 더 악화된다. 만약 그 오븐을 끄고 나서 나머지 네 개로 주문량을 채울 수 있다면 경향에 관심도는 L로 평가되는 것이다.

문제의 영향력 : 문제가 얼마나 심각한가? 사람, 제품, 조직, 정책에 대한 영향은 무엇일까? 위의 제과점 예에서, 주요 고객의 주문량을 채우는 데 필요한 시간 내에 오븐을 고칠 수 없다고 가정해 보자. 그 결과 주요 고객을 잃게 된다면 이에 따른 영향은 H가 된다. 주문량을 향후 며칠 이내에 채울 수 있는 방법을 찾을 수 있다면 고장 난 오븐에 의한 영향은 M으로 조정될 수 있다.

<u>행동방침 결정</u>

K.T. 상황평가의 두 번째 부분에서, 우리가 취해야 하는 행동을 결정하기 위하여 다음 질문들을 던진다.

- 우리는 문제의 원인을 알 필요가 있는가? 이 문제는 우리가 문제분석(PA)을 하도록 한다. PA 기법에서 문제 또는 실수의 원인이 알려지지 않았지만 우리는 그것을 찾아내야 한다. 현재 문제를 야기하는 것이 과거에는 어떠하였는가?
  문제가 일단 파악되면 문제에 대하여 무엇을 할 것인지 결정해야 하며, 따라서 결정분석으로 이동한다.
- 가능한 대안들 중에서 결정할 필요가 있는가? 이 질문을 위해서 우리는 결정분석(DA)을 사용한다. DA 기법에서 문제의 원인이 발견되고 이젠 그것에 대하여 무엇을 할 것인가를 결정해야 한다. 현 상태에서 결정은 문제를 어떻게 올바로 할 것인가이다.
  결정이 일단 이루어지면 잠재적 문제분석으로 이동하고, 여기서 결정이 성공하도록 확실한 단계들을 취해야 한다.
- 해결책의 대안들로부터 발생할 수 있는 잠재적 문제를 분석할 필요가 있는가? 우리의 해결책의 성공을 보증하기 위하여 불의의 사고에 대한 계획을 만들 필요가 있는가? 이 문제에 대응하기 위하여 잠재적 문제분석(PPA)을 이용할 것이다. PPA 기법에서 우리는 결정의 성공을 확신하길 원하고 미래에 발생할 문제점들을 예측하고 방지하고자 한다.

이제 우리는 문제의 우선순위를 정할 때 사용하는 K.T. 접근법을 설명하는 데 도움을 줄 두 개의 다른 예와 해결책을 고려하고자 한다(김정현 역, 2008, 창의적 문제해결 전략(Fogler & LeBlanc 저, pp.156-159).

K.T. 상황평가 : 이런, 정말로 재수 없는 날이군...

우선, 아래 그림에 있는 남자에 관한 문제를 고려하자. 여기서 한 남자는 매우 중요한 서류를 담은 가방을 가지고 있으며 개는 그의 바지를 물고 있고, 집은 불타고 있다. 차는 고장 나 있고 먼 곳에서부터 토네이도가 오고 있다.

[그림 3-11] K.T. 상황평가의 예

상황평가표를 작성할 때 다섯 가지 문제가 있음을 알 수 있다.

〈표 3-5〉 상황평가표 작성의 예

문제	타이밍 (H, M, L)	경향 (H, M, L)	영향 (H, M, L)	다음 과정 (PA, DA, PPA)
1. 개를 떼어내기				
2. 차 고치기				
3. 불 끄기				
4. 가방의 서류 보호하기				
5. 토네이도 대비하기				

각 문제에 대해 토론하고 각각의 기준을 검증하라.

① 개를 당장 다리에서 떼어놓는 것이 필요하다(H). 개가 문 상처가 심각해지기 때문에 경향이 악화된다(H); 영향은 개가 다리를 놓을 때까지(H) 당신은 아무것도 할 수 없다는 것이다. 과정은 다리에서 개를 어떻게 떼어놓을지를 결정하는 것이다(DA).

② 차를 수리하는 것은 미룰 수 있으며(L) 이 문제는 악화되지 않는다(L). 그러나 차를 조만간 고치지 않으면, 고객을 만나는 일(M)에 영향이 있을 것이다. 문제는 차가 무엇이 잘못되었는지 찾아내는 것이다(PA).

③ 불을 끄는 것은 위의 세 가지 상황에서 모두 높은 우선순위를 가졌다. 문제는 그것을 어떻게 할지 결정하는 것(DA)이다: 호스나 소화기를 가져올 것인가; 소방서에 연락할 것인가; 집에 사람이 있는지 확인할 것인가.

④ 만약 당신이 위 목록에 있는 다른 일들을 마치고 나면 가방 안에 있는 서류를 포함해서 수개월 동안 해온 일이 안전한지를 확인할 필요가 있다. 이 PPA 공정은 서명한 서류가 안전한 장소에 보관되어 있는지를 확인하는 단계이다.

⑤ 토네이도가 그림에서는 가까이 있는 것처럼 보이지만, 그것은 토네이도가 그 지역 내에 있다는 것을 표현하기 위한 것이고, 단지 토네이도에 대한 경고일 뿐이다. 다음과 같은 DA/PPA 과정을 사용할 가치가 있다.

〈표 3-6〉 상황평가표의 예

문제	타이밍 (H, M, L)	경향 (H, M, L)	영향 (H, M, L)	다음 과정 (PA, DA, PPA)
1. 개를 떼어내기	H	H	H	DA
2. 차 고치기	L	L	M	PA
3. 불 끄기	H	H	H	DA
4. 가방의 서류 보호하기	M	M	H	PPA
5. 토네이도 대비하기	M	H	H	DA/PPA

모든 범주에서 H로 분류된 두 개의 문제가 있다; 이제 우리는 어떤 것부터 먼저 다룰지를 결정해야 한다. 그렇게 하기 위하여 우리는 각 범주에서 두 문제를 쌍으로 비교한다. 타이밍 범주에서 사람은

개로 인하여 실질적으로 불을 끄거나 소방서에 전화할 수 없다; 따라서 개를 제거하는 것이 타이밍 범주에서 우선권을 가진다. 영향의 관점에서 개의 이빨이 점점 더 깊이 들어가고 고통은 다른 어떤 것을 생각할 수 없을 만큼 크다; 그러므로 이 범주에서도 역시 개는 최고의 중요도를 가진다. 또한 개는 영향 범주에서 사람이 어떤 것을 하기 위해 움직일 수 없게 하기 때문에 최고의 중요도를 가진다. 명확하게 첫 번째 임무는 다리로부터 어떻게 개를 떼어놓느냐로 결정하였다.

생각을 확장하는 페이지 | '양자택일의 함정'에서 벗어나라…답은 엉뚱한 곳에 있다.

'실적이 다소 나빠지더라도 마케팅비를 늘려 시장 점유율을 높여야 한다.' vs '비용을 줄이고 핵심 사업에 집중하는 게 불경기 경영의 정석이다.'

글로벌 불황으로 인해 기업 CEO(최고경영자)들의 머릿 속이 한층 복잡해졌다. 순간적인 의사결정이 회사의 운명을 좌우할 수도 있게 돼서다. '공격적으로 갈 것이냐,수비적으로 임할 것이냐'가 대표적인 고민거리다.

'공격이냐,수비냐'의 갈림길 중 어느 한쪽을 선택했다고 해도 양자택일의 딜레마는 끝나지 않는다. 공격을 택했을 경우 기존 고객층과 신규 고객층 중 누구를 목표로 할 것이냐를 정해야 한다. 전통 매체와 뉴미디어 중 어디를 활용할 것인지도 선택해야 한다.

◆ 경영에는 '도식'이 없다

글로벌 컨설팅 업체인 모니터그룹은 지난달 내놓은 '동요의 시기,어떻게 할 것인가'라는 보고서를 통해 두 가지 중 하나를 고르는 방식에서 탈피해야 위기를 재도약의 기회로 삼을 수 있다고 지적했다. 불경기를 맞아 딜레마에 빠진 기업들의 의사결정 패턴을 분석한 결과 대다수 경영자들이 A안과 B안 중 한 가지를 골라야 한다는 양자택일의 함정에 빠져 있다는 게 보고서의 분석이다. 이런 함정에서 벗어나면 타협안인 C안뿐 아니라 A안과 B안의 부작용을 없앤 새로운 최적안인 D안도 존재한다는 점을 발견할 수 있다고 모니터그룹은 설명했다.

모니터그룹은 '품질'과 '원가'라는 전통적인 양자택일의 딜레마를 극복한 1970년대 일본 기업들을 예로 들었다. 당시 일본 기업들은 기업조직 전반을 효율화하는 방법으로 품질도 높이고 원가도 줄이는 전략을 구사했다. 그 결과는 놀라웠다. 품질이 좋아지자 재고 손실이 줄었다. 중복 업무로 지출되는 인건비와 불량품 리콜 비용 등도 감소하면서 원가도 더 감소했다. 결국 두 마리 토끼를 한꺼번에 잡은 셈이 됐다.

◆ 유연하게 생각하고 신속하게 행동하라

양자택일의 딜레마에서 벗어나 새로운 대안을 찾기 위해 기업은 무엇을 해야 할까. 가장 선행돼야 하는 것은 세계 경제의 흐름을 정확하게 이해하는 것이다. 변화의 방향을 알아야 적절한 대응 방안을 마련할 수 있기 때문이다. 현재 위기는 수요와 공급의 불일치에서 비롯됐던 과거와 다르다. 금융부실과 이에 따른 시스템 붕괴라는 구조적 문제를 내포하고 있다. 따라서 최근 위기는 새로운 환경으로 가는 관문이 될 게 분명하다. 이 위기가 마무리되면 전략, 관계, 역량 등 모든 측면에서 기업은 종전과는 다른 것들을 요구받을 것으로 보인다.

이에 대비하려면 경쟁자, 소비자, 협력업체 등과 관련된 고정관념에서 탈피해야 한다. 불경기에는 경쟁자를 어떻게 이길 수 있는지를 고민하기 보다 경쟁자들과 협력방안을 모색하는 것이 유리하다. 글로벌 1~2위 이동통신사인 영국 보다폰과 스페인 텔레포니카가 통신망 경쟁을 멈추고 기지국과 네트워크 설비를 공유하기로 합의한 것이 경쟁에 대한 인식을 바꾼 대표적인 예다.

고객이나 부품업체들의 역할도 넓게 봐야 한다. 소비자들은 활용하기에 따라 품질 향상을 도와주는 멘토가 될 수도 있다. 기업이 생각해 내지 못한 혁신이 부품업체에서 일어날 수도 있다. 신속한 행동도 필요하다. 각각의 대안에 대한 시나리오를 만들어 시뮬레이션을 해 보고 효과가 있다고 판단되면 곧바로 현실에 적용해야 한다.

출처: 한국경제 2009. 3. 31

http://www.hankyung.com/news/app/newsview.php?aid=2009033184201

달에서 길을 잃다. | 팀 계발 활동 TEAM BUILDING

◈ 목표

만장일치를 통하여 팀 구성원들이 존중과 논리로서 의사결정을 할 수 있다.

◈ 준비물

의사결정 활동지

◈ 활동 유의점

모든 구성원이 다수결로 하기로 합의를 했다면 그것 역시 만장일치제로 볼 수 있다. 팀마다 다양한 방식으로 토의 · 토론을 진행이 가능하다. 팀의 합의 결과보다 어느 개인의 결정이 옳았을 때도 있지만 개인이나 팀 전체에게 많은 것을 생각하게 하는 좋은 경험이 될 수 있다.

◈ 문제 상황

여러분은 달 표면에서 모선과 접촉하기로 되어 있는 우주선에 있다. 그런데 기술적인 오류로 인해 접촉지점으로부터 200마일 떨어진 곳에 불시착하게 되었다. 그 결과 장비의 대부분이 손상을 입었다. 생존은 모선에 도착할 수 있느냐, 없느냐에 달려 있기 때문에 가장 중요한 항목은 물론 200마일의 여행을 위한 것이어야 한다.

◈ 도전 과제

아래에 15개 항목이 있다. 여러분의 과제는 접촉지점에 도착하기 위해 여러분의 팀구성원과 함께 어떤 항목이 가장 중요한지 순위를 메기는 것이다.

· 1단계 : 개인적으로 순위 정하기

각 팀구성원은 각 항목을 개인적으로 순위를 매겨본다. 개인적으로 순위 정하기를 끝내지 않았으면 상황이나 문제에 대해 토론해서는 안 된다. 일단 토의가 시작되면 개인적으로 정했던 순위를 바꿀 수는 없다.

· 2단계 : 팀 순위 정하기

개인적 순위 정하기가 끝났으면 모둠 차원에서 15개 항목의 순위를 논리와 존중을 통하여 정한다.

· 3단계 : 순위 예측을 비교해보기

각 항목에 대하여 자신의 순위와 미 항공우주국(NASA)의 순위 사이의 차이를 구하라. 그리고 그 순위차를 더하라. 그 차이가 적을수록 당신은 전문가에 가깝다. 팀의 순위도 똑같은 방법으로 알아보자. 그리고 개인의 예측과 팀의 예측을 비교해보라.

예 :	당신의 순위	나사의 순위	차이
성냥갑	8	15	7
신호탄	14	10	4

◆ 달에서 길을 잃다. [의사결정 활동지]

물품	A. 개인 순위	B. 팀 순위	C. NASA 순위	A-C [절대값]	B-C [절대값]
성냥갑					
농축 식량					
50피트의 나일론줄기					
낙하산					
휴대용 열기구					
권총 두 자루					
분유 한 통					
100파운드 산소통 2개					
별자리 지도					
구명 뗏목					
나침반					
물 25리터					
신호탄					
주사바늘이 들어있는 구급상자					
FM 전파 송수신					
차이 합계					

▶최우수 전문가(A-C 차이 점수의 합계가 제일 적은 사람) :

▶최우수 팀 (B-C 차이 점수의 합계가 제일 적은 팀) :

▶활동의 느낀점 :

미 항공우주국(NASA)의 순위 _ 개인과 팀의 순위 예측 전에는 보지 말 것

1. 100파운드 산소통 2개	2. 물 25리터	3. 별자리 지도
4. 농축식량	5. FM전파 수송기	6. 50피트의 나일론줄
7. 주사바늘이 들어 있는 구급상자	8. 낙하산	9. 구명 뗏목
10. 신호탄	11. 권총 두 자루	12. 분유 한 통
13. 휴대용 열기구	14. 나침반	15. 성냥갑

순위 결정 배경

이 답들은 육체적인 생존과 만남의 지점(랑데뷰)에 가기 위한 과정에 따른 것이다.

가장 중요한 두 가지 요소는 생존에 가장 필요한 공기와 물이다. 그 다음 것은 위치를 알아내고 만남의 지점 위치를 생각해낼 수 있는 지도다. 여정을 위해 힘을 제공하는 음식은 그 다음 순위가 될 것이다. 그러나 공기와 물처럼 생존을 위해 반드시 필요한 것은 아니다. FM전파 송수신기는 지구와 접촉을 유지하기 위해 필요하다. 전리층이 없는 진공 상태에서도 라디오 송신은 단지 선을 통해서만 가능하고, 달 안에서 대략 10마일 안에서만 가능하다. 지구의 강력한 수신기는 모선에서 중계한 메시지를 잡아낼 수 있다.

그 다음에는 달의 산에 오르고 갈라진 깊은 틈을 여행하기 위해 필요한 로프다. 그 다음 순위는 상처를 치료할 수 있는 구급상자다. 낙하산 천은 햇빛과 열로부터 훌륭한 보호막이 되어 줄 것이다. 구명 뗏목은 모든 물품을 운반시킬 수 있는 도구이며(달의 중력 덕분에 무거운 짐도 운반이 가능하다.) 은신처가 될 수도 있다. 환자를 운반하는 들것으로도 쓸 수 있다. 또한 우주의 먼지로부터 보호해준다.

신호탄은 진공 상태에서 타지는 않으나 총은 작동이 된다. 신호탄과 총은 장애물을 넘을 수 있는 훌륭한 추신 장치가 될 수 있다. 반면에 우유는 무겁고 상대적으로 가치가 적은 편이다. 달은 과열이 문제지 춥지는 않다. 그러므로 난방 장치는 필요하지 않다. 나침반 역시 달의 자기장에서는 아무 소용이 없다. 성냥갑 역시 거의 아무 소용이 없다.

학습 문제 Quiz for Summary

◆ 객관식

1. 스미스(2003)가 제시한 효과적인 의사결정의 특성이 잘못 진술된 것은?

① 팀 구성원의 자료와 요구가 잘 활용된다.

② 시간이 잘 사용된다.

③ 결정이 올바르고, 높은 수준이다.

④ 결정에 팀 구성원의 요구가 부분적으로 반영된다.

2. 집단사고는 올바른 의사결정보다 집단의 합의 도달에 관심을 둘 때 일어나는데, 이를 피하기 위한 전략으로 올바르지 못한 것은?

① 비판을 독려한다.

② 결정을 서두른다.

③ 한 명 이상씩 악마의 변호(devil's advocate) 역할을 맡긴다.

④ 마지막 회의라는 생각을 유지한다.

3. 정보 과잉을 피하기 위해서는 팀 리더가 취할 수 있는 올바른 전략은?

① 가능한 곳부터 주간 보고를 매일 보고로 바꾼다.

② 가능한 곳부터 월간 보고를 주간 보고로 바꾼다.

③ 정규적인 기초가 마련된 모든 보고서를 조사하여 불필요한 부분을 제거한다.

④ 온라인과 주문형 정보를 배제한다.

4. 창의성을 저해하는 요인으로 볼 수 없는 것을 모두 고르시오.

① 여러 가지 해결책을 찾는 것

② 너무 논리적인 시도를 하는 것

③ 너무 규칙을 준수하는 것

④ 모호성 피하기

⑤ 위험 감수하기

⑥ 놀이 방법을 잊어버린 것

⑦ 반대의 두려움과 어리석은 생각이라고 여기는 것

⑧ "나는 창의력이 있다"라고 자신하는 경우

5. K.T. 의사결정에 기법에 대한 설명이 잘못된 것은?

① Kepner Tregoe의 의사 결정은 정보를 수집하고 우선 순위를 평가하기 위한 구조화 된 방법이다.

② 유추, 비유, 상식을 벗어난 추론에 바탕을 둔다.

③ 이 모델은 실제로 완벽한 해결책 보다는 최소한의 부정적인 결과와 함께 결과를 가진 최선의 선택을 찾는다.

④ Kepner Tregoe의 의사 결정의 중요한 요소는 평가 및 우선 순위가 위험 요소(risk)라는 것이다.

◆ 주관식

1. 창의적 과정은 다음 세 단계로 진행된다. 괄호 속에 공통으로 들어가는 단어는?

- 조사 - 조사는 주어진 영역에 대하여 학습, 경험 획득, 정보 수집과 저장을 포함한다. 창의적 의사결정은 조사와 연구를 통하여 사려 깊게 준비되어야 한다.
- [ ] - [ ]는 개발, 변화, 성장, 견고화를 하기 위하여 주어진 아이디어를 창출하는 시간이다. 의사결정을 하는 사람은 운전하면서, 휴식을 위하면서, 잠들면서, 생각에 잠기면서 아이디어를 [ ]시킨다. [ ]는 의사결정하는 사람이 관련된 쟁점을 떠나 생각할 여유가 필요하다. [ ]는 흔히 잠재의식적 마음에서 이루어진다.
- 명료화 - 명료화는 부화 다음에 진행되는 잠재적 해결방안이 명료해지는 단계이다. 부화 단계에서 착상된 아이디어를 구체적으로 발전시키는 단계이다.

2. KT 상황평가의 검증 기준 3가지는?

객관식

1. [정답] ④
   [해설] 결정에 팀 구성원의 요구가 잘 반영되는 특성을 갖는다.

2. [정답] ②
   [해설] 여러 가지 대안의 개발을 격려한다. 결정을 서두르지 않도록 한다.

3. [정답] ③

[해설] 정보 과잉을 피하기 위한 전략
- 가능한 곳부터 매일 보고를 주간 보고로 바꾼다.
- 가능한 곳부터 주간 보고를 월간 보고로 바꾼다.
- 정규적인 기초가 마련된 모든 보고서를 조사하여 불필요한 부분을 제거한다.
- "reporting by exception" 기법을 활용한다.
- 효과적으로 보고 양식 및 그래픽 등을 개발한다.
- 온라인과 주문형 정보를 활용한다.

4. [정답] ①⑤⑧
[해설] 창의력을 저해하는 것
- 한 가지 답만을 찾는 것 - 어떤 문제에 대한 올바른 해결방안이 한 가지뿐일 경우는 드물다.
- 위험 피하기 - 팀 어떤 문제에 대하여 해결방안을 찾지 못한 경우, 이는 흔히 의사결정자가 창의적 결정에 대한 기회를 갖기를 꺼려하는 것을 의미한다.
- "나는 창의력이 없어"라고 말하는 경우 - 자신이 창의적인 사람이 아니라고 단정하는 사람은 창의적인 사고를 할 수 없다. 어떤 사람은 자신이 창의적인 사람이라고 믿기 때문에 더 많은 창의적인 아이디어를 창출한다.

5. [정답] ②
[해설] 유추, 비유, 상식을 벗어난 추론에 바탕을 두는 전략은 우회적인 전략으로 KT 의사결정과 관련이 없다.

주관식

1. [정답] 부화(incubation)

2. [정답]
1) 시간적 제한. 문제가 얼마나 시급한가?
2) 문제의 잠재성. 성장을 위한 문제의 잠재성에는 무엇이 있을까?
3) 문제의 영향력. 문제가 얼마나 심각한가?

학습 내용 정리 | Mind Mapping

1. 스미스(2003)의 효과적인 의사결정의 다섯 가지 특성
- 팀 구성원의 자료와 요구가 잘 활용된다.
- 시간이 잘 사용된다.
- 결정이 올바르고, 높은 수준이다.
- 결정에 팀 구성원의 요구가 완전히 반영된다.
- 팀의 문제해결활동이 강화된다.

2. 의사결정 과정에서 팀 구성원을 참여시키면 문제에 대한 보다 명확한 진단과 보다 종합적인 모든 대안이 나오는 반면, 팀 구성원을 의사결정에 참여시키는 것은 시간이 필요하고, 팀 갈등이 초래되고, 최적의 결정이 아닌 민주적 타협의 결정이 나올 수 있다는 단점이 있다.
3. 집단 참여의 효과를 높이기 위한 여러 가지 기법이 있다. 가장 잘 알려진 것이 브레인스토밍, NGT(Nominal-Group), Quality Circles이다. NGT의 단계는 다음과 같다.

1) 문제를 진술한다.
2) 팀 구성원은 자기의 아이디어를 조용히 기록한다.
3) 각 구성원의 아이디어를 기록하고 공개한다.
4) 아이디어를 명료화한다.
5) 아이디어를 투표한다.

4. 집단사고는 올바른 의사결정보다 집단의 합의 도달에 관심을 둘 때 일어난다. 이는 지나친 처방적 리더십, 조화를 원하는 동료의 압박, 집단 분리, 집단 의사결정 기술의 부족 등의 요인에 의하여 발생된다. 이를 피하기 위한 전략은 다음과 같다.

- 비판을 독려한다.
- 여러 가지 대안의 개발을 격려한다. 결정을 서두르지 않도록 한다.
- 한 명 이상씩 악마의 변호(devil's advocate) 역할을 맡긴다.
- 쟁점에 익숙하지 않는 사람을 참여시킨다.
- 마지막 회의라는 생각을 유지한다. 한 가지 결정에 도달했을 경우 면밀히 그것을 검토하게 하고, 마지막 회의니 다시한번 검토하도록 요구한다.

5. 정보는 의사결정에 매우 중요한 역할을 한다. 비록 정확하고, 최신의 것이고, 종합적인 정보라 할지라도 올바른 결정을 한다는 보장은 없지만 정보의 부족은 나쁜 결정을 틀림없이 가져온다.
6. 정보는 유용한 상품이다. 정보는 사람들의 요구를 돕고 확장시키는 가치 있는 것이다. 정보는 또한 비용이다. 수집, 저장, 처리, 지속적 업데이트, 필요한 형태로의 변환을 위하여 비용이 지출된다.
7. 정보 과잉의 문제는 혼란, 좌절, 중요하지 않은 문제에 과도한 관심, 중요하지 않은 문제에 비효율적인 관여, 의사결정의 비생산적인 지연 등이 있다.
8. 경쟁이 지배하는 시장에서 조직의 융통성, 혁신성, 창의성은 의사결정 과정에서 매우 중요하다. 불확실한 경쟁에서 살아남고 빠른 시장의 변화에 적응하기 위해서 조직과 팀의 모든 수준에서 창의성이 요구된다.
9. 창의적 과정은 조사, 부화, 명료화의 세 단계로 진행된다.
10. 의사결정을 하는 방법은 선형적 방법으로 의사결정구조, 케프터-트리고(Kepner-Tregoe), 엑렉트

라 II(Electre II), AHP(Analytic Hierachy Process) 등이 있다. 그리고 우회적인 방법으로 유추, 비유, 상식을 벗어난 추론 등이 있다.

11. Kepner Tregoe의 의사 결정의 중요한 요소는 평가 및 우선 순위가 위험 요소(risk)라는 것이다. 그래서 이 모델은 실제로 완벽한 해결책 보다는 최소한의 부정적인 결과와 함께 결과를 가진 최선의 선택을 찾는다.

12. K.T. 상황평가는 어떤 문제가 최고의 우선순위를 받아야 하는지 결정하는 데 매우 유용할 수 있다. 모든 문제의 목록을 만들고 집단에서 어떤 문제가 초기에 관심을 받아야 하는지 결정하도록 했을 때, 각 문제는 다음 기준에 대하여 측정된다: 시간적 제한, 문제의 잠재성, 문제의 영향력, 이러한 기준들은 최고의 관심(H), 보통의 관심(M), 낮은 관심(L)의 보증으로 구분된다.

생각해 볼 문제 | Reflection & Discussion

1. 다음은 밴드왜건 효과를 설명한 것이다.

> 서커스나 퍼레이드 행렬의 맨 앞에 선 밴드들이 탄 마차를 밴드왜건이라고 한다. 밴드왜건을 뒤 따라서 긴 행렬이 이어진다. 밴드왜건이 사람들의 관심을 끄는 데 성공하자 그 이후 많은 정치가들이 밴드왜건에 올라타기 시작했다. 그 이후 1900년의 브라이언(William J. Bryan) 후보의 대통령 선거운동에서 밴드왜건은 기본이 되었다. 정치학에서는 선거운동에서 우세를 보이는 후보 쪽으로 투표자가 가담하는 현상을 '밴드왜건 효과(bandwagon effect)'라고 한다. 처음에는 지지하지 않았던 후보나 무관심했던 후보가 우세를 보이면 자신이 지지했던 후보를 포기하고 대세를 잡은 후보 쪽으로 돌아서는 현상이다. 일종의 편승효과이다. 이러한 효과가 발생하는 것은 자신의 생각보다 다른 사람의 생각에 크게 의존하기 때문이다. 설령 내 의견이 옳다고 생각해도 주위 사람들의 다른 생각과 충돌하면서 사는 것이 마음 편하지 않으므로 다른 사람의 생각을 확인하고 이에 따르기 때문이다.

밴드왜건 효과가 의사결정을 방해하는 예를 들어 토의해 보자.

참고문헌

김정현 역(2008). 창의적 문제해결 전략(Fogler & LeBlanc 저). 진샘미디어.

박기찬(2011). 어떻게 소통할 것인가? 소통하는 팀-소통하는 회사 만들기. 네임북스.

박태현(2012). 팀으로 일하라. 시그마북스.

서진영 역(2002). 팀이 바지기 쉬운 5가지 함정(패트릭 렌시오니 저). 위즈덤하우스.

안진환 역(2003). 팀 워크북(수산 윌리스 조글리오 저). 제우스.

정명진 역(2011). 팀워크 심리학(Group Dynamics for Team, 대니얼 레비 저). 부글북스.

최유현(2008). 공학기술과 팀워크. 지호.

최유현 · 정문성(2011). 공학 교수자를 위한 토의 · 토론 수업 모형. 국고.

Bagulary, P. (2003). Teams and Team-working. Chicago, Ill: MaGraw-Hill.

Eide, A. R., Jenison, R. D., Mashaw, L.H., and Northup, L.L. (2002). Introduction to Engineering Design & Problem Solving. Boston: McGraw-Hill.

Katzenbach, J. & Smith D. (1993). The wisdom of teams: Creating the high-performance organization. Cambridge, MA: Harvard Business School Press.

McNeill, B. Bellamy, L. and Foster, S. (1995). Introduction to engineering design. Tempe: Arizona State University.

Smith, K. A. (2004). Teamwork and Project Management. 2nd Ed. Boston: MaGraw-Hill.

Stewart, G. L., Manz, C. C. & Sims, Jr, H. P. (1999). Team Work and Group Dynamics. New York: John Wiley & Sons, INC.

Wellins, R. S., Byham, W. C. & Willson, J. M. (1991). Empowered Teams: Creating self-directed work groups that improve quality, productivity, and participation. San Francisco, CA: Jossy-Bass Inc.

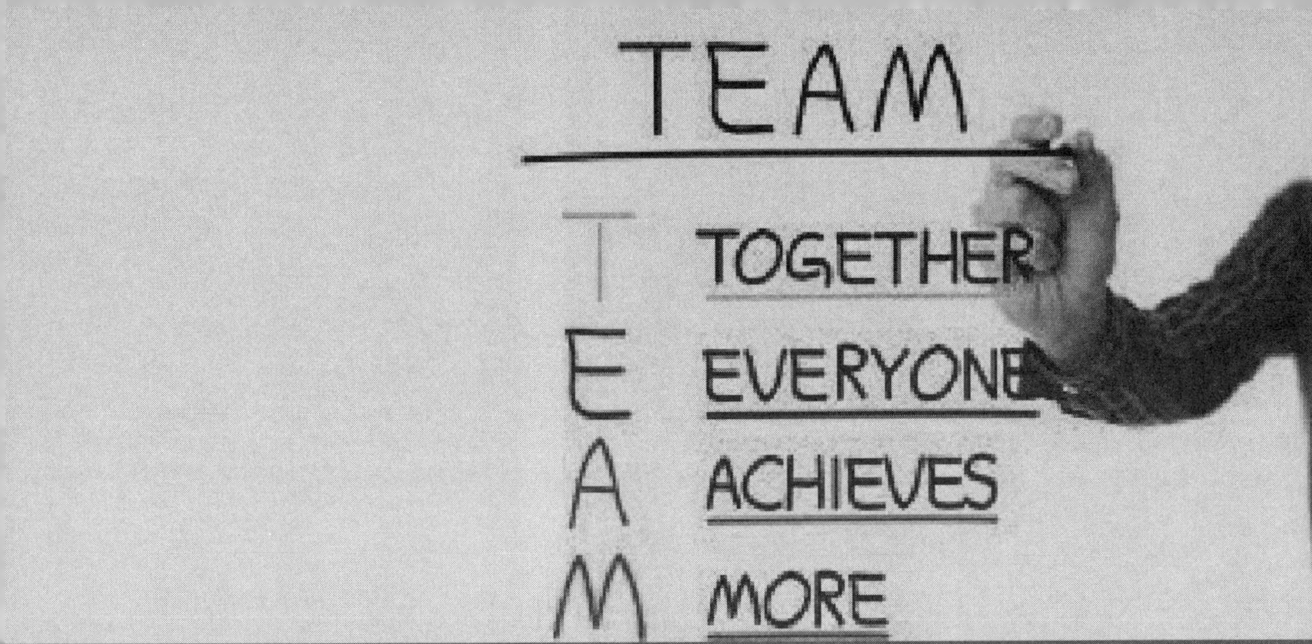

● 팀워크 리더십 Teamwork Leadership ●

Part 04 팀 문제해결과 프로젝트 관리

Part 04 팀 문제해결과 프로젝트 관리

14 팀 문제해결 프로젝트 관리

| 주요 개념 | 팀 프로젝트, 프로젝트 관리 모델, 프로젝트 라이프사이클, 팀 문제해결, 창의적 문제해결 팀, 문제해결 행동유형, VIEW 검사

1. 팀 프로젝트
2. 팀 프로젝트와 문제해결
3. 문제해결 행동 유형과 팀워크

14 팀 문제해결 프로젝트 관리

ㅁ 학습 목표

① 팀 프로젝트의 의미와 사이클에 따른 자원, 비용, 능력의 함수관계를 이해한다.
② 팀 프로젝트가 왜 문제해결 접근으로 수행되는지, 그리고 창의적 프로젝트 팀의 특성을 설명한다.
③ 사람들이 그들의 문제해결을 하는데 있어서 특징지을 수 있는 행동 유형을 설명한다.

ㅁ 학습으로의 초대_ 창의적 문제해결과 패러다임 변환(paradigm shift)

이 세상은 끊임없이 변화한다. 생활양식, 사고방식, 가치관, 판단 기준 등 모든 것이 시대의 변천에 따라 바뀌게 마련이다. 우리 주변의 모든 것은 생물이 탄생, 성장, 성숙, 노쇠, 사망의 순환과정을 겪는 것과 유사한 과정으로 나타나서 전성기를 구사하다가 어느새 우리들의 관심 밖으로 사라지고 있다. 이렇게 높은 가치 평가를 받던 사상이나 제도 또는 기술, 그리고 가장 선호 대상이었던 물품 등이 그 평가와 선호도가 바뀌어 수명을 다하고 새로운 사상, 제도, 기술 또는 물품으로 대체되는 것을 패러다임 변환이라고 부른다. 이러한 패러다임 변환에는 철학적 사고의 변화, 미적 기준의 변천, 기술 발전에 따르는 새로운 문물의 출현을 포함해서 모든 문화, 문물의 발전 현상이 포함된다. 문명과 문화의 발전은 이러한 패러다임 변환을 통하여 일어난다고 할 수 있다. 이러한 패러다임 변환 과정은 항상 창의적 문제해결에 의해 이루어진다. 다음 그림은 대표적인 패러다임 변환의 예를 볼 수 있다.

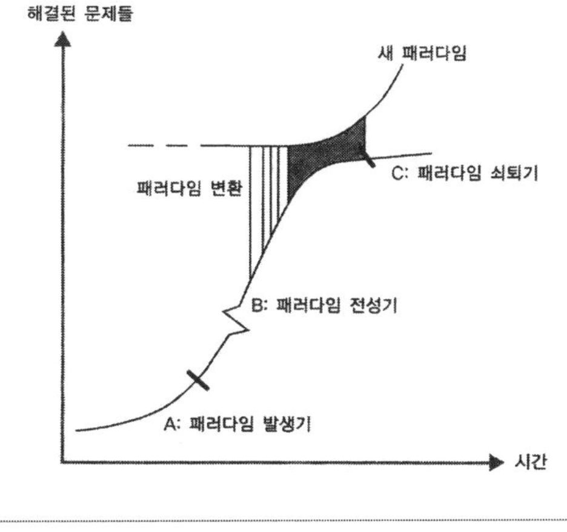

패러다임 변환의 특성은 그림에서와 같이 패러다임 변환 주기 곡선으로 설명된다. 그림에서 A 부분은 패러다임 초기단계로서 하나의 문제에 대한 해결책으로서 소수의 선구자들이 이 패러다임을 이용하고 있는 단계이다. 이 패러다임이 문제해결로서 가치가 인정되면 많은 사람들이 이 패러다임을 이용하게 되어 이 패러다임은 성숙 단계인 B 부분에 이르게 된다. B 부분은 이 패러다임의 전성기에 해당하지만 잠재적으로 또 다른 문제가 나타나는 시기이기도 하다. 이러한 잠재적 문제와 더 나은 것에 대한 인간의 욕구 때문에 현재의 패러다임이 더 이상 만족스러운 문제해결책이 될 수 없게 된다. 패러다임 쇠퇴기인 C 부분에 이르기 전에 이러한 잠재적 문제를 해결할 또 하나의 새로운 패러다임의 출현이 요구되며 쇠퇴기 C 부분에 도달하기 전에 새로운 패러다임으로 옮기는 패러다임 변환을 수행해야만 경쟁에서 낙오되지 않게 된다. 적기에 이러한 새로운 패러다임으로 패러다임 변환이 자연스럽게 일어나야 한다. 기존 패러다임에 고착된 사회나 조직은 발전 과정에서 낙오하게 된다(박강 외, 2005, 창의공학, pp.7-9).
즉 팀 문제해결은 한편으로는 새로운 패러다임을 만들고, 그 쇠퇴기에서 다시 혁신적인 패러다임 변화를 추구해야 한다.

1. 팀 프로젝트

팀에게 주어진 과제는 일종의 프로젝트이다. 프로젝트 관리의 사전적 정의(Cleland & Kerzner, 1985)는 '구체적 목적을 성취하기 위하여 일시적인 조직 내에서 함께 반영된 인적 및 비인적 자원의 조화이다'로 되어 있다. 한편 스니드와 와이코프 (Snead and Wycoff, 1997)는 프로젝트를 '목표를 향한 의도된 일련의 비절차적 과정'이라고 정의하였다. 따라서 프로젝트의 성공은 프로젝트를 효과적으로 마무리하는 능력에 의존하게 된다.

프로젝트 또는 프로젝트 관리의 쟁점들은 수많은 연구와 저서에서 논의되어 왔다. 그 과정에서 프로젝트 관리는 기술과 조직의 환경에 따라 그 패러다임이 변화되어 왔다. 라우퍼 등(Laufer, 1996)은 프로젝트 관리 모델의 진보의 핵심개념은 다음과 같이 발표하였다(in Smith, 2004).

〈표 4-1〉 프로젝트 관리 모델의 진보

핵심개념	모델의 강조 시기	지배적 프로젝트 특성	주요 신념	은유	수단
스케줄링 (통제)	1960년대	단순, 확실성	활동의 조정	항공 회사에서 지역비행 일정	정보기술, 계획 전문가
팀워크 (통합)	1970년대	복잡, 확실성	참여자의 협력	심포니오케스트라 지휘	조직, 정의, 역할의 과정
불확실성 감소 (융통성)	1980년대	복잡, 불확실성	안정적 결정	미지의 나라 탐색	선택적 정보의 탐색
임기응변 (역동성)	1990년대	복잡, 불확실성, 빠른 변화	다양한 요구의 조화	청중의 피드백 요구에 따른 서커스 프로그램의 방향 설정	경험, 책임, 적응력

이 〈표 4-1〉에 의하면 프로젝트는 보다 복잡해지고, 수행 시간의 단축, 즉흥적인 관리가 필요함을 알 수 있다. 이러한 성과 불확실성의 증가, 그리고 빠르게 변화하는 환경에서 팀 프로젝트는 창의적 전략과 문제해결이 더욱 필요하게 되었다.

한편, 프로젝트는 탐색 프로젝트와 활용(exploiting) 프로젝트로 구분하여 설명할 수 있다. 활용 프로젝트가 '옛것을 보다 좋게 하는' 것이라면, 탐색 프로젝트는 '새로운 일을 추구'하는 것으로 보고 있다.

〈표 4-2〉 전통적 방법의 활용 프로젝트와 새로운 방법의 탐색 프로젝트

전통적 방법의 활용: 일상적 작업을 조직	새로운 방법의 탐색: 혁신적인 작업을 조직
· 변이를 추구 · 전통적 방법으로 전통적 일을 바라봄 · 과거를 답습함 · 목표: 지금 돈 버는 일	· 변이를 강화 · 새로운 방법으로 전통적 일을 바라봄 · 과거를 탈피함 · 목표: 미래에 돈 버는 일

전통적으로 프로젝트 성공은 세 가지 기준, 즉 비용, 시간, 수행에 따라 측정되어 왔다. 그러나 최근에 와서 과연 이 세 가지 기준이 프로젝트의 성공의 요인으로 적용될 수 있는가라는 의문이 제기되고 있다. 최근의 프로젝트는 '고객의 수용 가능성'이 매우 중요하게 다루어지고 있다. 특히 보잉 777과 관련된 프로젝트는 처음과 전 과정에서 '고객'이 중요한 요인으로 고려되었다.

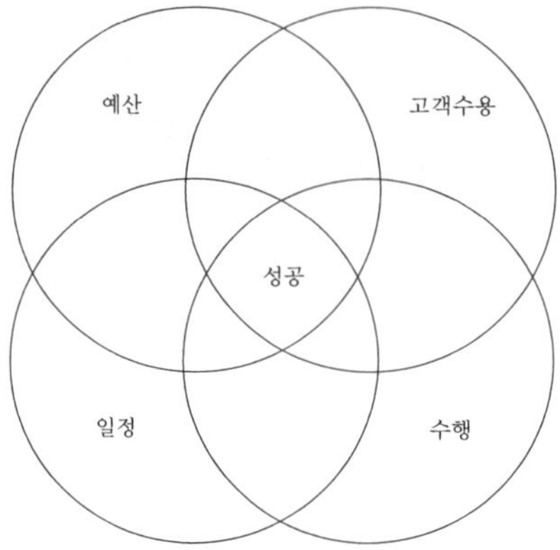

[그림 4-1] 프로젝트 성공의 네 가지 요인

특히 이러한 고객 요인은 다음 팀 프로젝트 문제해결 단계에서 첫 단계인 '문제의 정의와 인식 단계'에서 고려되어진다(Smith, 2004).

① 프로젝트의 정의와 인식
② 프로젝트 계획하기
③ 계획안 실행하기
④ 프로젝트 완성과 평가
⑤ 프로젝트 운영과 유지

이러한 단계에 따라 프로젝트 라이프 사이클을 그릴 수 있다. 프로젝트 단계에 따른 투입되는 자원과의 프로젝트 라이프 사이클은 [그림 4-2]에서 제시하였고, 단계에 따른 능력 요인, 비용 요인의 프로젝트 라이프 사이클은 [그림 4-3]에서 제시하였다. 그림의 결과를 종합하면, 프로젝트 라이프 사이클에 따라 자원은 계획 이후 급격히 증가하다가 완성단계에서 현격하게 떨어짐을 알 수 있다. 또한 프로젝트 라이프 사이클 과정에 따라 프로젝트 질, 비용, 일정에 영향을 주는 능력은 사이클이 진행됨에 따라 감소하고, 프로젝트 질, 비용, 일정에 영향을 주는 비용은 사이클이 진행됨에 따라 증가함을 알 수 있다.

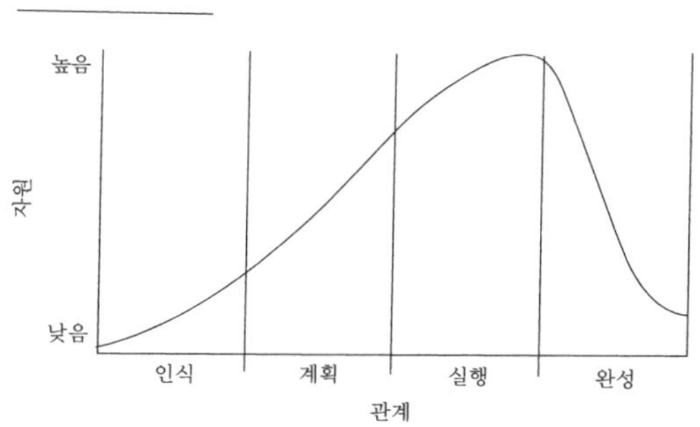

[그림 4-2] 프로젝트 라이프 사이클에 따른 투입되는 자원

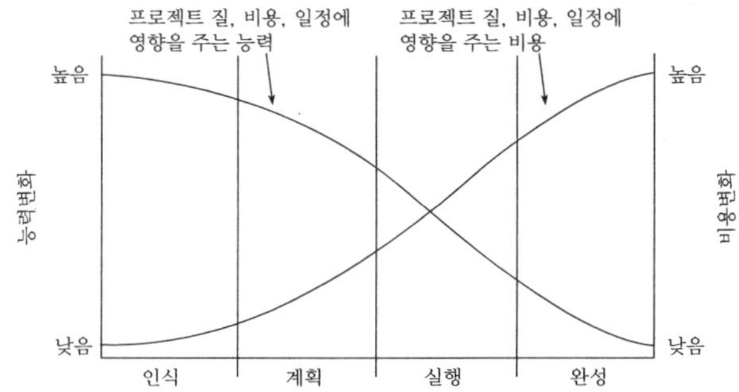

[그림 4-3] 프로젝트 라이프 사이클에 따른 능력 요인, 비용 요인

실제로 많은 팀에서 공학적 관점에 맞는지를 무시한 채 '앞으로 전진'에만 몰두하여 주의 깊게 초기의 계획을 살피는 과정을 경시하는 경향이 있다.

프로젝트는 전형적으로 고객요구가 반영된 작업 명세서(SOW: Statement Of Work)로부터 시작한다. SOW는 프로젝트를 수행하는 데 매우 협소한 진술이다(공학교육에서 SOW는 교수로부터 주어진다).

SOW와 함께 프로젝트 계획은 시작된다. 이 과정은 매우 구체적이며, 그 예는 만텔 등이 제시한 것을 참고할 필요가 있다(in Smith, 2004).

- 프로젝트 개요 : 개요 기술, 기대 이익과 경쟁사 이익, 상부 관리자의 의도
- 프로젝트 목표 : 구체적 목표, 프로젝트 임무 진술
- 일반적 접근 : 기술적, 관리적 접근 방법, 다른 프로젝트와의 관계
- 계약 상황 : 고객과의 약속, 보고서 요구조건, 기술적 설명, 프로젝트 검토 데이터
- 일정 : 모든 일정의 기한의 진술
- 자원 활용 : 평가된 프로젝트 비용, 간접경비, 직접경비

- 인적 자원 : 특별 기술 요건, 요구되는 훈련, 법적 요구조건
- 평가 방법 : 평가 절차와 기준, 프로젝트 수행의 정보의 모니터링, 보관
- 잠재적 문제 : 잠재 문제의 나

2. 팀 프로젝트와 문제해결

팀워크는 각 단계에서 창의적인 문제를 해결하는 데 아주 유용하고, 특히 아이디어 발상보다 더욱 그러하다. 브레인스토밍은 혼자서 할 수도 있지만, 가장 좋은 결과를 얻기 위해서는 팀의 활동으로 해야 한다.

모든 개인은 창의성이 있고, 정신적 장벽을 극복함으로써 창의성을 더욱 개발시킬 수 있다. 그러나 팀을 통하여 종합적, 분석적 관점에서 창의력이 발휘되고 개발된다면 더 나은 팀 프로젝트를 수행할 수 있을 것이다.

레오나르도 다빈치는 높은 창의성은 물론, 화가, 공학자, 의학자로서 뛰어난 사람이었다. 엘리 휘트니가 조면기를 발명하고, 알렉산더 그레이엄 벨이 전화를 발명하고, 조나스 솔크가 척수성 소아마비의 백신을 발명했다는 사실을 잘 알고 있다. 하지만 보잉 747 비행기의 발명가는 왜 거론되지 않고 있는가? 그 이유 중 하나는 바로, 보잉 747은 공학자들의 팀에 의해 개발되었기 때문이다. 또한, 발명 특허의 90퍼센트 이상이 완전히 새로운 제품(발명)에 대한 것이 아니라, 현재의 특허 개발혁신을 위한 것이기 때문이다. 대부분의 공학기술과 관련된 발명가는 혼자서 작업하지 않는다. 그들은 다른 사람들의 아이디어를 함께한다. 목화 증류주의 발명이 그 한 예이다. 조면기의 첫 아이디어는 휘트니의 이 개발 프로젝트를 재정적으로 지원해준 캐서린 리틀필드 그린으로부터 나온 것이다. 또한 그녀는 그 시제품을 향상시켰고, 그 특허에 대한 로열티를 나누었다.

오늘날의 지식 폭발과 기술로 볼 때, 한 개인이 하나의 문제와 연결되어 있는 정보와 자료를 모두 아는 것은 더 이상 불가능하다. 즉, 문제해결을 위해서는 팀의 역할이 필요하다는 것이다. 각 개인은 환경과 경험이 다르기 때문에 다른 아이디어와 특정적인 과제와 문제에 대해 생각하는 경향뿐만 아니라 배경 지식도 다르다.

다음 [그림 4-4]는 개인의 아이디어와 배경(A+D, B, C)의 문제해결과 그 아이디어와 배경이 팀이란 체제에서 문제를 해결할 때의 결과(가장 오른쪽 그림)를 비교해주고 있다. 세 사람이 함께 작업할 때, 팀 W는 아주 큰 배경을 지니게 된다. 왜냐하면 팀은 가용할 수 있는 더욱 확장된 배경을 갖고, 그 가능성은 새롭게 증가되며, 아디이어의 창의적인 결합이 발생하기 때문이다. 이는 한 사람에 의해 만들어

진 아이디어와 제의가 다른 팀 구성원의 상상력을 자극할 수 있기 때문이다. 또한, 그들은 더욱 좋은 판단에 이르기 위한 자신들의 사고방식을 보충하게 된다.

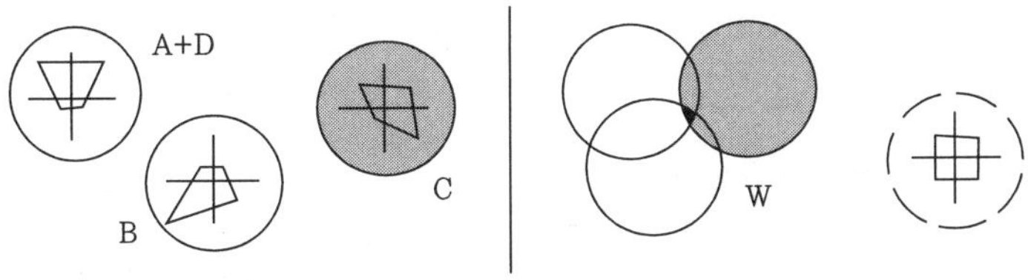

[그림 4-4] 개인과 팀의 문제해결 비교

이와 같은 이유로 팀이 창의적인 문제해결 절차를 사용하게 되면 다음과 같은 이점을 갖게 된다.

① 팀의 더욱 많은 정보와 지식은 문제를 해결하는데 많은 도움이 된다. 다른 경험과 사고의 기술을 가지고 있는 사람들은 더 많은 정보와 지식을 집단으로부터 얻을 수 있다. 이 결과는 외부의 전문가를 고용하는 것 이상의 비용효과를 볼 수 있다.

② 탐구생들은 다른 사람들과 서로 보완적인 활동이 가능하다. 아이디어는 더욱 창의적이고 더욱 좋은 해결책을 제시하는 발판으로 사용된다. 이 절차를 실행할 때, 생산성은 증가하며 우리는 부분의 합보다 더 큰 전체라는 경험을 갖게 된다.

③ 특정의 문제에 대해 최선의 해결방법이 있다면, 팀은 이를 찾아낼 수 있는 훌륭한 기회가 될 것이다. 팀은 동일한 기회와 더 큰 위험부담에 있어서 좀 더 유리하다. 따라서 혁신적인 기회를 증대시킬 수 있는 것이다.

④ 문제해결과 의사결정 과정에 참여하는 사람들은 일반적으로, 개인 또는 권위적인 방식에 의해 강요된 해결책을 수용하는 것보다 그 해결책을 수용함에 있어서 더욱 적극적이다.

⑤ 팀의 구성원들은 서로에게 배우며, 리더십의 기술을 개발할 수 있는 고무적인 환경을 제공한다.

반면, 문제해결에서 팀을 활용할 때의 단점도 있다.

① 문제해결에서뿐만 아니라 팀의 개발을 위해서 더 많은 노력과 전체 구성원의 투자시간이 필요하다.

② 일반적으로 팀의 작업은 능률이 낮다. 많은 아이디어들이 산출될 수는 있지만, 이 아이디어들 중 불과 몇 개만이 유용하고 좋은 해결책이 될 수 있다.

③ 집단이나 팀을 구성하는 사람들은 다른 사람들과 갈등을 일으킬 수도 있다. 여기에서 혼란과 갈등이 생길 때, 팀으로부터 도출되는 창의적인 아이디어는 부정적인 감정으로 인해서 오히려 감소될 수 있다.

④ 팀은 팀 사고가 아닌 '군중 심리(집단 사고)'로 인해 위태로울 수 있다. 이러한 현상이 생기게 되면, 집단은 극단적인 조화와 압력을 느낀다. 즉, 독립적인 아디이어들이 허용되기보다는 책임자 혹은 소수의 영향력 있는 사람들에게 압박받을 수 있다.

이러한 팀 문제해결의 부정적 측면은 팀 문제해결을 회피하는 수단이 아니라 팀 문제해결 시에 고려하거나 유의해야 할 사항으로 받아들여야 할 것이다. 팀의 능률은 팀워크 개발 기술, 창의적인 사고력 훈련, 그리고 적합한 관리에 의해 향상될 수 있으므로 이러한 측면에서 준비가 필요하다.

3. 문제해결 행동 유형과 팀워크

가. 창의적 문제해결 행동 유형[1]

창의적인 문제해결을 위해서는 두 가지 측면에서 학습이 진행될 수 있다. 하나는 '창의력의 수준/능력'을 개발하는 것이고, 다른 하나는 자신, 팀, 조직이 가지고 있는 창의와 혁신의 '일 처리 스타일'을 확인하고 그것을 최대로 활용하는 것이다.

이와 같이 창의적이고 혁신적인 사람에 대해서도 두 가지 측면에서 설명할 수 있다. 창의력의 수준을 말하는 "얼마만큼 창의적인가?"와 창의력의 유형을 말하는 "어떻게 창의적인가?"이다.

(창의력의) 수준 - 나는 얼마만큼 창의적인가? ↕

(창의력의) 유형 - 나는 어떻게 창의적인가? ↔

[그림 4-5] 창의력의 수준과 유형(김영채, 2006)

1 이 부분은 이창훈 · 김기수(2005), 『창의공학설계(한티미디어)』의 내용을 다시 정리한 것임.

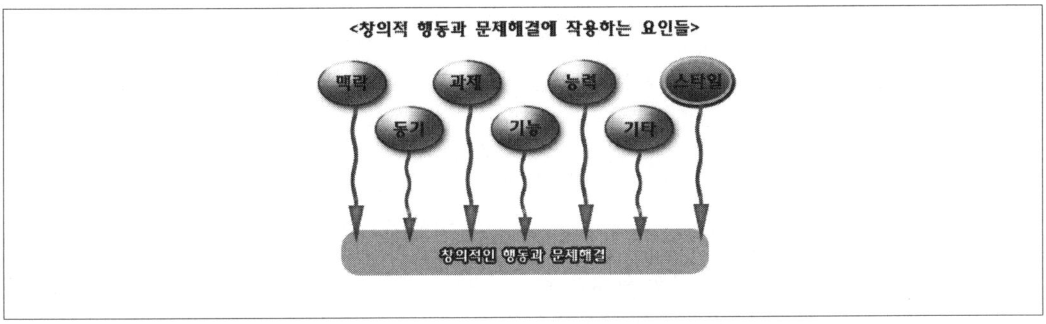

[그림 4-6] 창의적 행동과 문제해결에 작용하는 요인들(http://www.fpsp.or.kr/)

오스본(Osborn)의 창의적 문제해결(Creative Problem Solving: CPS)을 셀비, 트레핑거, 이사크센 박사(Center for Creative Learning, USA)는 3개의 차원으로 분류하여 6개의 행동 유형으로 구분하였다.

이러한 창의적 문제해결 행동 유형은 개인, 팀워크 및 조직 프로젝트의 효율성과 생산성을 크게 결정한다. 창의적 문제해결 행동 유형이란 도전적인 문제를 해결하거나 새로운 변화에 접근할 때 당신이 보다 더 좋아하는 접근 방식을 말한다. 개인들은 문제를 정의하고, 아이디어를 생성하고 그리고 의사결정하는 방식이 서로 많이 다를 수 있다. 행동 스타일의 개인차는 개인뿐만 아니라 팀워크나 조직 프로젝트의 효율성과 생산성을 결정하는 중요한 변수이다.

이 장에서는 "어떻게 창의적인가"에 대한 대답인 창의력의 유형, 즉 창의적 문제해결 스타일에 대해 살펴보고자 한다. 이 장의 학습 내용을 통하여, 자신의 창의적 문제해결 스타일을 알고 그러한 스타일이 왜 중요한지를 이해하며, 변화에 대처하고 문제를 해결할 때 사람들이 서로 다를 수 있는 3가지의 주요 영역과 각 스타일 차원별로 서로 대조되는 두 개의 행동 스타일을 확인할 수 있다. 또 이 장의 내용은 당신이 더 선호하는 창의적 문제해결 스타일을 알고 해석하게 하며, 당신이 창의적인 노력을 할 때 문제해결 스타일이 어떤 의미를 가지는지를 생각해보게 하며, 그리고 사람들 간의 스타일 개인차를 존중하고, 나아가 최대로 생산적인 팀과 조직을 만드는 데 그것을 활용할 수 있게 한다.

나. 창의적 문제해결 행동 유형

사람은 '변화'가 요구되거나 '창의적인 아이디어'가 필요한 상황에서 자신이 선호하는(자연스러워하는) 일 처리의 스타일을 지니고 있다. 일 처리의 과정에는 다음과 같은 3개의 과정 요소가 포함될 수 있다.

첫째, 문제를 발견/확인하는 단계로서, 문제, 과제, 프로젝트, 이슈를 찾아낸다.

둘째, 문제해결을 위한 아이디어의 생성 단계로서, 문제해결을 위한 아이디어를 생성해낸다.

셋째, 문제해결에 대한 행위 계획을 개발하는 단계로서, 아이디어를 해결책으로 개발하고 실천계획을 세운다.

셀비, 트레핑거, 이사크센은 위의 과정에서 일어나는 창의적 문제해결 행동 유형을 3개의 차원으로 구분하여 6개의 스타일로 구분하였다. 3개의 차원으로는 변화에 대한 지향(OC), 일 처리의 방식(MP), 의사결정의 중심(WD)이며, 6개의 행동 유형은 혁신 스타일, 개량 스타일, 외적처리 스타일, 내적처리 스타일, 사람중심 스타일, 과제중심 스타일이다.

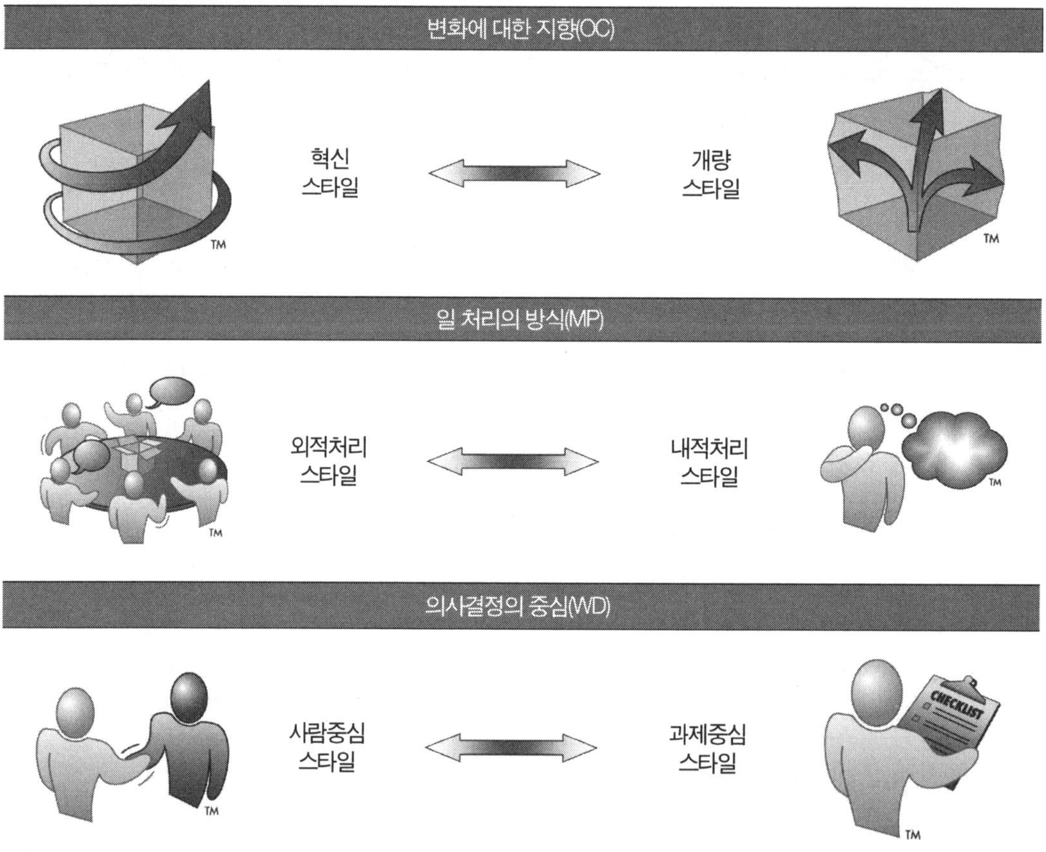

[그림 4-7] 창의적 문제해결 행동 유형(http://www.fpsp.or.kr/)

(1) 혁신 스타일과 개량 스타일

이 스타일은 '변화에 대한 지향(OC)'의 차원에서 구분된 것으로 문제를 해결해 가거나 변화에 대처할 때 어떤 방식을 더 선호하는지를 나타낸다.

다음과 같은 질문에 대해 생각해봄으로써 자신이 변화에 대한 지향이 혁신 스타일인지 개량 스타일인지를 구분할 수 있다.

- 나는 권위, 질서 및 규범을 어떻게 다루기를 더 좋아하는가?
- 나는 제도, 조직 및 구조에 대하여 어떤 기분으로 반응하는가?
- 나는 새로운 도전이나 변화에 대하여 어떻게 반응하기를 선호하는가?

이 차원은 당신이 문제해결하거나 변화에 대처할 때 "구조, 권위 및 새로운 것"에 어떻게 반응하고 접근하기를 더 좋아하는지를 보여준다. 여기에는 '혁신 스타일(E, Explorer)'과 '개량 스타일(D, Developer)'의 두 가지 대조적인 스타일이 있다.

혁신 스타일은 선구자적인 방향으로 탐색하기를 선호하고 세부사항, 질서와 효율성 같은 데는 별로 관심이 없다. 그리고 현실의 실제적인 한계를 뛰어넘는 많은 새로운 아이디어를 생성해내기를 좋아하고 대안의 생성이 자유분방하며 남들이 수용하거나 사용하기 어려운 도전적이고 독창적인 아이디어를 생각해낸다.

반면에 개량 스타일은 아이디어를 수렴하고 정리하는 활동에 강하고 현실의 문제를 해결해갈 때 자세하고 체계적인 접근을 더 좋아한다. 실제 장면에서 실현가능한 몇 가지의 해결책을 찾으려고 애쓰며 그리고 남들이 쉽게 수용할 수 있고 실천하기 쉬운 대안을 더 선호한다.

〈표 4-3〉 혁신 스타일과 개량 스타일의 특징 및 강점과 약점(김영채, 2006을 재구성)

구분	혁신 스타일	개량 스타일
특징	· 일을 색다르게 하려고 함 · 구조(조직)는 자신을 위축/구속시키는 것으로 여김 · 주어져 있는 문제의 정의에 도전 · 권위에 도전하고, 규칙을 가볍게 생각 · 예리하고 자유분방한 사람으로 보임 · 독창적이고 독특한 것을 강조	· 일을 '더 낫게' 하려고 애씀 · 조직이 가지고 있는 장점과 잠재력을 찾아냄 · 주어져 있는 데로 문제의 정의를 수용 · 주어져 있는 규칙 속에서 일함 · 더 낫게 개선하는 것과 유용성을 강조 · 정확하고, 철저하고, 믿을 수 있는 사람으로 보임
강점	· 하던 대로의 전통에서 벗어날 수 있게 함 · 획기적인 대안을 생각해보게 함 · 예상하지 못했던 접근이나 새로운 방식을 제시 · '큰 그림'을 그리며 남들이 그것을 이해토록 함 · '왜'라는 질문을 자주 함 · 새롭고 신선한 기회를 가질 수 있게 함	· 안정, 질서 및 연속성을 가질 수 있게 함 · 이해하고 실천하기 쉬운 대안을 생성 · 단계적인 접근을 취함으로써 하는 일을 이해하고, 실천하고, 그리고 협력하기 쉽도록 함 · 대안과 계획이 정확, 엄밀 및 철저함을 가지게 함 · '어떻게'라는 질문을 자주 함 · 위험부담이 큰 것에 대해서도 안전기반을 가질 수 있게 함
약점 (한계)	· 개량 스타일의 눈에는 건전하지 못하고, 비현실적이고, 말썽꾼으로 보임 · 현실을 인식하고 그것을 제대로 다루지 못함 · 세부적인 내용을 살펴보고 작업하도록 시도할 필요가 있음 · 권위와 전통이 가지고 있는 가치를 제대로 고려하지도 않고 거기에 도전 · 사용할 수 있을 것 같지도 아니한 대안을 너무 많이 생산해내서 사람들을 압도할 수 있음	· 혁신 스타일의 눈에는 고지식하고, 겁이 많고, 경직되어 있고, 융통성이 없는 것으로 보임 · 바라는 미래를 내다보고 그것을 고려하기가 어려움 · 현실을 넘어서서 가치 있는 아이디어를 찾는 시도를 할 필요가 있음 · 구조, 권위 및 규칙은 어디까지나 방법인데도 그것을 목적으로 생각하기가 쉬움 · 별로 새롭지도 않고 해오던 것과 크게 다른 것 같지 않은 대안을 생산하는 데 집중함

(2) 외적처리 스타일과 내적처리 스타일

이 스타일은 '일 처리의 방식(MP)'의 차원에서 구분된 것으로 문제를 해결하거나 변화에 대처할 때 어떤 방식을 선호하는지를 나타낸다.

다음과 같은 질문에 대해 생각해봄으로써 자신이 일 처리의 방식이 외적처리 스타일인지 내적처리 스타일인지를 구분할 수 있다.

- 나는 정보를 어떻게 관리하기를 더 좋아하는가?
- 나는 언제 내 생각을 남들에게 이야기하는가?
- 나는 남들과 토론하고 상호작용하기를 원하는가?

이 차원은 자신이나 남들의 내적인 에너지, 인적자원 및 환경을 언제, 어떻게 사용하기를 더 좋아하는지를 다룬다. 아울러 변화에 대처하거나 문제를 해결할 때 정보를 어떤 방식으로 처리하기를 좋아하는지를 보여준다. 당신은 '외적처리 스타일(E, External)'을 더 좋아할 수도 있고, 반대로 '내적처리 스타일(I, Internal)'을 더 좋아할 수도 있다.

외적처리 스타일은 다른 사람들과 상호작용하면서, 가능성을 토론하고, 다른 사람의 생각을 들으면서 자신의 생각을 다듬어가는 것을 좋아한다. 그리고 아이디어를 곧바로 행위로 옮기고 싶어 한다.

반면에 내적처리 스타일은 조용히 생각하는 시간을 즐기고 아이디어를 면밀하게 검토해본 다음에 비로소 남에게 이야기하거나 행위하고 싶어 한다.

〈표 4-4〉 외적처리 스타일과 내적처리 스타일의 특징 및 강점과 약점(김영채, 2006을 재구성)

구분	외적처리 스타일	내적처리 스타일
특징	· 여러 가지의 과제와 토론에 관여 · 남들과 상호작용하면 생기를 느낌 · 다양한 사람들과 자유롭게 대안을 이야기 · 종결하기 전에 사람들의 다양한 의견을 들으려고 애씀 · 때로는 깊이 생각하지도 않고 서둘러 행동	· 조용한 시간을 가지고 집중하는 것을 좋아함 · 깊이 생각하고 반성할 때 생기를 느낌 · 대안을 철저하게 생각해본 다음에 남들에게 이야기 · 신뢰할 수 있는 사람에게만 대안을 이야기 · 행위하기 전에 생각하며, 때로는 생각만 하고 행위는 하지 않을 수도 있음
강점	· 외부 집단 등의 맥락을 살펴보고 거기에서 다양한 견해와 정보를 찾음 · 일이 굴러갈 수 있도록 사회적인 접촉을 함 · 빠르게 행위하고 반응 · 남들과 같이 일하는 것을 즐김 · 남들에게 먼저 접촉을 시작 · 내적 스타일 사람의 말문을 열도록 하는 데 도움	· 집단이 집중하고 있는 과제를 깊게 들여다봄 · 남에게 이야기하기 전에 새로운 아이디어를 다듬고 완성 · 깊이 생각하고 숙고 · 혼자 또는 신뢰하는 소수의 사람과 같이 일하는 것을 즐김 · 외적인 압력에서 벗어나려고 애씀 · 외적 스타일 사람이 자세한 내용을 경청토록 하는 데 도움
약점 (한계)	· 내적 처리자의 눈에는 '익지도 않은 빵'을 너무 서둘러 나누려는 사람으로 보임 · 행위하기 전에 숙고하는 것이 어려움 · 남들의 아이디어나 의견을 조심스럽게 경청해볼 필요가 있음 · 주위에서 돌아가고 있는 일에 몰두하여 과제 내적으로 중요한 것을 잊어버리기 쉬움	· 외적 처리자의 눈에는 속내를 잘 들어 내지 않고, 비사교적이고, 차갑고 냉담한 사람으로 보임 · 깊게 생각할 수 있는 시간을 넉넉히 가지기 전에는 행위하기가 어려움 · '마무리 되지 않은' 아이디어나 생각이라도 남들과 나누어볼 필요가 있음 · 과제나 내부에서 벌어지고 있는 일에 몰두하여 주변에서 돌아가고 있는 것을 간과해버리기 쉬움

(3) 사람중심 스타일과 과제중심 스타일

이 스타일은 '의사결정의 중심(WD)'의 차원에서 구분된 것으로 생각을 집중하여 어떤 결정을 내리거나 행위하려고 할 때 어떤 부분을 강조하는지를 나타낸다.

다음과 같은 질문에 대해 생각해봄으로써 자신이 의사결정에서 사람중심 스타일인지 과제중심 스타일인지를 구분할 수 있다.

- 나는 판단하거나 의사결정할 때 어떤 요인들을 우선하여 고려하는가?
- 나는 일차적으로 중요시하는 것이 '과제'인가? '사람'인가?

이 차원은 문제해결을 위하여 의사결정/판단을 하거나 생각을 수렴할 때 처리해야 하는 과제와 인간적 요구 가운데 어떤 것을 일차적으로 강조하는지를 나타낸다. 의사결정 할 때 당신이 선호하여 강조하는 것은 '사람중심 스타일(P, Person)' 아니면 '과제중심 스타일(T, Task)'이다.

사람중심 스타일은 대안을 선택하거나 의사결정할 때 다른 사람들이 느낄 수 있는 반응과 인간관계에 미치는 영향에 가장 큰 무게를 둔다.

반면에 과제중심 스타일은 논리적이고, 객관적으로 정당화할 수 있는 기준과 질적 수준을 강조하며 의사결정에서 따라올 성과에 가장 큰 무게를 둔다.

〈표 4-5〉 사람중심 스타일과 과제중심 스타일의 특징 및 강점과 약점(김영채, 2006을 재구성)

구분	사람중심 스타일	과제중심 스타일
특징	· 조화와 긍정적인 인간관계를 중요시 · 인간적이고, 감정에 민감 · 보다 주관적인 준거(기준)를 사용 · 결정이 개인들에게 미칠 수 있는 효과나 반응을 고려 · 대안이 어떤 점에서 좋고, 매력적이고 또는 즐거운 것인지를 찾아냄 · 관여하고 있는 모든 사람들이 수용할 수 있는 대안이나 결정을 찾으려고 애씀 · 성과나 결과의 질보다는 사람들이 느끼는 감정을 더 강조	· 논리적이고 합리적인 것에 초점을 둠 · 권위적이고, 확인 가능하고, 보다 객관적인 준거(기준)를 사용 · 표준, 엄정, 또는 질적인 수준을 강조 · 대안에서 무엇이 잘못이며, 무엇이 부족하며 또는 필요한 것은 무엇인지를 발견 · 최선의 해결책 또는 성과를 추구 · 사람들이 느끼는 감정보다도 성과와 결과의 질적 수준을 더 강조
강점	· 관련되어 있는 사람들의 요구에 집단이 민감토록 함 · 의사결정이 사람들의 감정과 정서에 미치는 효과를 이해하도록 도와줌 · 결정을 내리기에 앞서 사람들이 편안한 감정을 가지도록 노력 · 집단의 갈등과 긴장 관계를 완화시켜 줌, · 의사결정 할 때 보다 주관적이고, 부드러운 준거를 강조 · 새로운 사고를 보다 긍정적으로 고려하는 것 같이 보이며, 긍정적인 피드백을 잘함	· 집단이 합리적이고 분명한 사고를 하도록 함 · 의사결정이 미칠 의미와 성과를 논리적이고 합리적으로 이해하도록 도와줌 · 해야 할 과제를 성취할 수 있도록 집단을 이끌어 감 · 꺼내기 어려운 이슈라도 공개적으로 제기 · 의사결정을 할 때 보다 객관적이고, 엄밀한 준거를 강조 · 새로운 사고에서 개선해야 할 필요가 있는 영역에 집중토록 하며, 주로 단점(약점)을 피드백
약점 (한계)	· 자신의(그리고 남들의) 개인적인 선호도가 선택에 영향을 미침 · 사람에 너무 집중해서, 결과를 성취코자 하는 요구를 무시해버릴 수 있음 · 새로운 아이디어가 가지고 있는 부정적인 측면을 살펴보거나, 그것을 같이 걱정하는 일을 회피 · 자기 자신과 과제를 분리할 줄 모르는 사람으로 비칠 수 있음	· 사람에 무관심하거나 사람들이 느끼는 감정에 둔감한 것 같이 보임 · 과제의 결과에 너무 집착해서, 사람과 과정의 이슈를 무시해버릴 수 있음 · 새로운 아이디어를 낸 사람의 의욕을 꺾어버릴 정도로 비판적인 분석을 함 · 결정에 대한 인간적인 배려가 부족해서 남들이 자신의 열성을 몰라 볼 수 있음

다. VIEW 스타일 검사

'VIEW 스타일 검사'는 창의적 문제해결 행동 유형을 진단하기 위한 도구로서, 오스본의 CPS를 대표하는 Center for Creative Learning(USA)의 셀비, 트레핑거, 이사크센 박사가 개발하였다. 2002년에 영어판으로 첫 출판되었으며, 현재는 영어판 이외에도 불어판, 네덜란드판, 중국판, 한국어판 등이 보급되어 있고, 일본판, 홍콩판, 대만판 및 인도판 등이 개발 중이다.

이 도구는 사내 연수, 팀 빌딩 및 팀 선발 등의 목적으로 IBM, 마이크로소프트, 모토로라, 3M 등 미주와 유럽의 수많은 기업 및 정부조직 등에서 광범위하게 활용되고 있다.

VIEW의 목적은 일을 처리하고 문제를 해결하는 스타일을 진단하고, 자신의 창의적인 강점과 약점을 확인하고 이해하며 동시에 남들의 스타일을 존중하며, 새로운 창의와 혁신을 다룰 때 스타일의 시너지 효과를 최대화하기 위함이다.

도전적인 문제를 해결하거나 변화에 대처할 때 당신이 선호하는 행동스타일을 3개 차원에 따라 진단하는 VIEW 검사의 결과는 개인적으로뿐만 아니라 팀/조직의 효율성과 생산성 향상을 위한 필수적인 정보로 활용할 수 있다. 문제해결의 스타일이 다르면 문제해결을 위한 '과정'이 다를 수 있으며, 또한 생산해내는 '결과'나 효과적으로 일할 수 있는 '환경'이 다를 수 있기 때문이다.

VIEW 검사 결과의 개인적인 활용에 대해 살펴보면, 자신이 좋아하여 자연스럽게 사용하고 있는 문제해결 스타일을 자각하고 해석할 수 있으며, 자신이 가지고 있는 창의적 강점을 활용하고 어떻게 하면 약점을 보완할 수 있는지를 알 수 있으며, 그리고 다른 사람들의 행동 스타일을 존중할 줄 알고 아울러 협동의 방식을 배우게 된다. 또한, 당신이 소속한 팀/조직의 활용에 대해 살펴보면, 팀/조직 성원들이 서로의 개인차와 다양성을 이해하고 존중하게 되고, 모든 팀/조직 성원들이 팀/조직의 과제에 적절하게 공헌할 수 있으며, 팀/조직의 강점은 물론이고, '맹점'이 무엇인지를 확인할 수 있고, 팀 빌딩(team building)에 유용한 정보를 제공해주고 나아가 창의력 발휘에 적합한 체제나 구조를 설계할 수 있으며, 효과적인 문제해결 전략을 수립하거나 혁신경영을 뒷받침할 수 있는 훈련을 의도적으로 계획할 수 있으며, 그리고 인적자원을 융통성 있게 그리고 효과적으로 사용하는 데 활용할 수 있다.

VIEW검사는 창의력의 '수준'을 측정하는 것이 아니라 창의력의 '스타일'을 측정한다. VIEW 검사는 '나는 어떻게 창의적인가?'라는 물음에 대답한다. "사람들은 다르다"란 말은 새로운 것도 아니고 뉴스감도 아니다. 그러나 우리는 개인차의 진리를 멈추어 생각해보는 일이 별로 없다. 창의적 사고를 요구하는 과제/프로젝트일수록, 특히 팀워크나 조직 프로젝트에서는, 문제해결 스타일의 개인차를 활용하는 것은 매우 중요할 수밖에 없다. 창의력의 '수준'이 비슷해도 '스타일'이 다르면 문제해결은 아주 다른 모습일 수 있다.

VIEW 검사는 매우 간단하고 실제적이며 사용하기 쉽게 구성되어 있다. 이 검사에는 34개의 문항이 있으며, 각 문항은 대조적인 스타일을 표현하는 두 개의 진술로 이루어져 있다. 더 좋아하는 접근방식, 즉 스타일이란 당신이 문제를 해결할 때 일반적으로 취하고 있는 생각과 일처리의 방식을 말한다. 그것은 아마도 당신에게 가장 편안하고 자연스러운 행동방식일 것이다. 문제해결 스타일의 측정은 3개 차원으로 이루어져 있고 각기의 차원은 다시 대조적인 두 개의 스타일로 구성되어 있다. 또한, VIEW 검사 결과에는 각 차원에서의 혁신, 개량, 외적처리, 내적처리, 사람중심, 과제중심 스타일 외에

'온건한 스타일'이란 것이 있다. 온건한(약한) 스타일이란 각 차원에서 평균점수를 중심으로 좌우로 약 64%에 해당하는 것이다. 이런 범위에 속하는 사람은 대조적인 스타일들을 비교적 쉽게 이해한다. 그러나 과제나 사회적 역할에 따라 실제 행동이 달라질 수 있으며 그래서 실제의 행동은 반드시 '중립적인' 것이 아닐 수 있다.

VIEW 검사는 온라인으로만 실시하며 한국에서 이 검사의 판권은 김영채 교수(계명대학교, 창의력 한국 FPSP)가 가지고 있다. VIEW 검사의 실시와 해석에 관해서는 인터넷 사이트 http://www.fpsp.or.kr/(창의력 한국 FPSP)와 http://viewstyle.net/(VIEW 검사 사이트)를 참고하기 바란다.

생각을 확장하는 페이지 | 창의적 문제해결 팀의 개인적 특성

우리가 문제해결을 위한 팀을 구성할 때, 살펴보아야 하는 개인적 특성은 무엇인가? 다음은 그 특성을 제시한 것이다. 팀의 모든 구성원이 모두 같은 특성을 갖지는 않을 것이다. 가능하다면 보다 다양한 특성을 가진 구성원이 많을수록 팀 성공도를 더 높일 수 있을 것이다.

· 지능 · 문제영역 또는 관련분야에 대한 전문지식 · 분석적, 논리적 사고력 · 독립적인 판단능력 · 테스트에 대한 적극적인 자세 · 자신감 · 자아 존중감 · 전념 · 낙관주의 · 열정 · 언어의 유창성 · 자기 수양 · 인내력 · 집중	· 새로운 아이디어에 대한 개방성 · 독창성 · 유연성 · 아이디어 조작 분석노력 · 호기심 · 상상력 · 유머 · 위험을 감수할 수 있는 능력 · 확산적 사고기술 · 깔끔한 마무리 능력 · 전체적인 조망능력 · 추진력 · 직관

그러나 현실적으로 이러한 특성을 이상적으로 모두 소유하는 팀의 구성은 불가능하다. 따라서 팀의 구성원들은 원활한 의사소통, 청취 태도, 질문 태도, 다른 사람으로부터 배우고자 하는 태도, 타인에 대한 배려와 예의, 인내와 겸손한 정신, 서로를 돕고 헌신적이며 아이디어를 공유할 수 있는 태도와 더불어 창의적인 문제해결을 위한 훈련을 필요로 한다. 연구에 의하면 12명 정도의 사람들이 함께 모여서 효율적이고, 생산적이며, 원활한 기능을 수행하는 팀이 되기 위해서는 2년 정도의 긴 실제적 경험

과 훈련 시간이 필요하다고 한다.

'나'가 없는 대화 | 팀 계발 활동 TEAM BUILDING

◈ 목표
팀 구성원들의 현재 도전과제와 문제들을 위해 할 수 있는 다양한 해결책과 방안을 제안하는 데 도움을 준다.

◈ 준비물
종이, 메모지, 펜

◈ 절차
1. 팀원은 테이블 주위로 또는 둥글게 자리를 배치한다.
2. 현재의 직무 관련 문제 또는 관심사에 대하여 생각하도록 한다.
3. 각자는 종이 또는 메모지에 문제점을 적는다. 예를 들면, "어떻게 하면 팀 활동에 좀 더 많이 참여할까?" 또는 "어떻게 하면 팀원들이 시간을 좀 더 잘 지키게 할 수 있을까?" 같은 것들이다. 생각하고 쓸 시간으로 몇 분을 준다.
4. 각자의 기록지를 오른쪽으로 돌리도록 한다.
5. 다음 사람은 문제를 읽고 떠오르는 생각을 간단히 메모한다. 30초 정도의 여유를 준다.
6. 이러한 매 순환 과정마다 30초씩을 반복해서 준다. 각자가 자신의 종이를 받을 때까지 반복한다.
7. 시간이 된다면, 그들이 받은 실용적인 해결책에 대하여 토론할 수 있다.

◈ 활동 토의
1. 이전에 생각지 못한 해결책을 발견했는가?
2. 이러한 제안을 위한 노력 속에 가치를 발견할 수 있는가?

학습 문제 | Quiz for Summary

◆ 객관식

1. 최근의 프로젝트에서 매우 중요하게 다루어지는 성공 요인은?

① 비용

② 시간

③ 수행

④ 고객 수용 가능성

2. 프로젝트의 고객 요인은 팀 프로젝트 문제해결 단계 중에서 어디에서 고려되어지는가?

① 프로젝트의 정의와 인식

② 프로젝트 계획하기

③ 계획안 실행하기

④ 프로젝트 완성과 평가

3. 다음 보기의 프로젝트 라이프 사이클에 따른 설명이 올바른 것을 모두 고르면?

> 보기
> 가. 자원은 계획 이후 급격히 증가하다가 완성단계에서 현격하게 떨어짐을 알 수 있다.
> 나. 프로젝트 라이프 사이클 과정에 따라 프로젝트 질, 비용, 일정에 영향을 주는 능력은 사이클이 진행됨에 따라 감소한다.
> 다. 프로젝트 질, 비용, 일정에 영향을 주는 비용은 사이클이 진행됨에 따라 증가함을 알 수 있다.

① 가 ② 나, 다

③ 가, 다 ④ 가, 나, 다

4. 팀이 창의적인 문제해결 절차를 사용할 때, 이점이 아닌 것은?

① 팀의 더욱 많은 정보와 지식은 문제를 해결하는데 많은 도움이 된다.

② 특정의 문제에 대해 최선의 해결방법이 있다면, 팀은 이를 찾아낼 수 있는 훌륭한 기회가 될 것이다.

③ 팀 갈등을 자극하여 팀 갈등 문제가 해결된다.

④ 팀의 구성원들은 서로에게 배우며, 리더십의 기술을 개발할 수 있는 고무적인 환경을 제공한다.

5. 창의적 행동과 문제해결에 작용하는 요인들로 볼 수 없는 것은?

① 동기

② 가치관

③ 능력

④ 스타일

6. 다음 그림은 창의적 문제해결 활동 유형이다. (가), (나), (다)에 적합한 3개의 차원은?

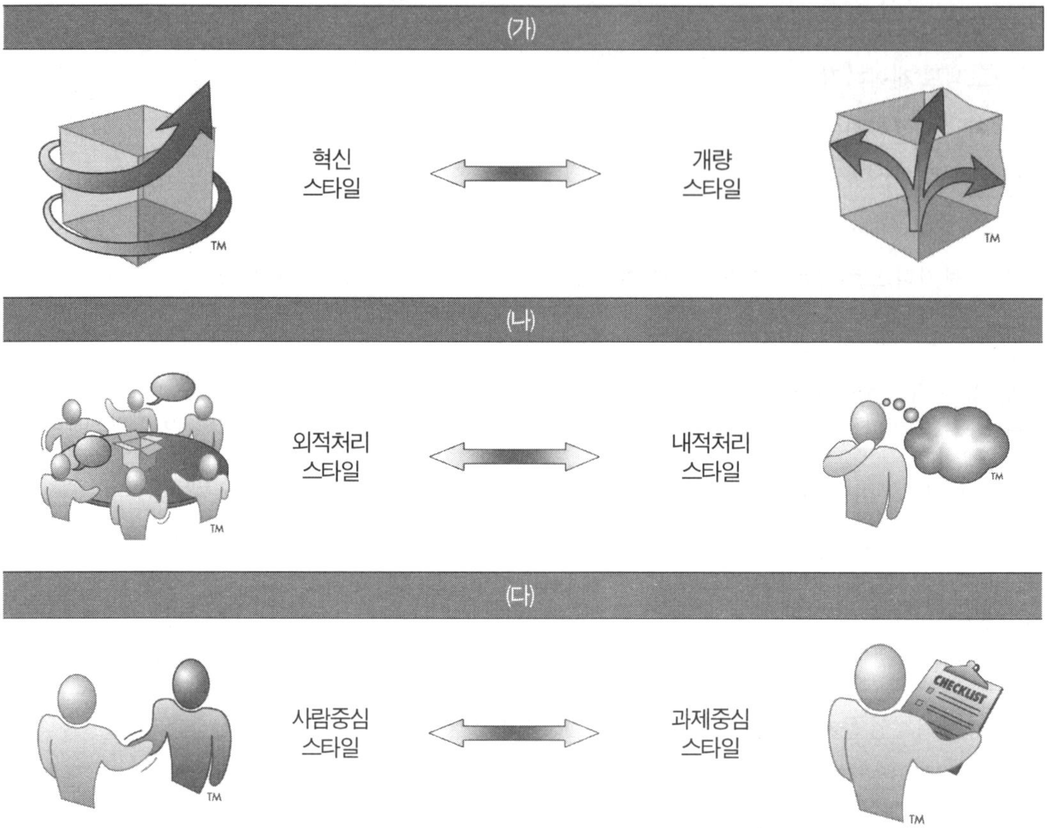

	(가)	(나)	(다)
①	변화에 저항	일 처리의 방식	의사결정의 중심
②	일 처리의 방식	의사결정의 중심	변화에 저항
③	의사결정의 중심	변화에 저항	일 처리의 방식
④	변화에 저항	의사결정의 중심	일 처리의 방식

◆ 주관식

1. 창의적 문제해결 행동 유형을 진단하기 위한 도구로서, 오스본의 CPS를 대표하는 Center for Creative Learning(USA)의 셀비, 트레핑거, 이사크센 박사가 개발한 것은?

객관식

1. [정답] ④
[해설] 최근에 와서 과연 이 세 가지 기준(비용, 시간, 수행)이 프로젝트의 성공의 요인으로 적용될 수 있는가라는 의문이 제기되고 있다. 최근의 프로젝트는 '고객 수용 가능성'이 매우 중요하게 다루어지고 있다.

2. [정답] ①
[해설] 고객 요인은 다음 팀 프로젝트 문제해결 단계에서 첫 단계인 '문제의 정의와 인식 단계'에서 고려되어진다.

3. [정답] ④
[해설] 모두 올바른 내용이다.

4. [정답] ③
[해설] 팀 갈등을 자극하여 팀 갈등 문제가 해결된다는 내용은 창의적 팀 문제해결 절차의 이점이 아니다.

5. [정답] ②
[해설] 맥락, 과제, 능력, 동기, 기능, 스타일이 주된 요인이다.

6. [정답] ①
[해설] 셀비, 트레핑거, 이사크센은 위의 과정에서 일어나는 창의적 문제해결 행동 유형을 3개의 차원으로 구분하여 6개의 스타일로 구분하였다. 3개의 차원으로는 변화에 대한 지향(OC), 일 처리의 방식(MP), 의사결정의 중심(WD)이며, 6개의 행동 유형은 혁신 스타일, 개량 스타일, 외적처리 스타일, 내적처리 스타일, 사람중심 스타일, 과제중심 스타일이다.

주관식

1. [정답] VIEW 스타일 검사
[해설] VIEW 검사 결과에는 각 차원에서의 혁신, 개량, 외적처리, 내적처리, 사람중심, 과제중심 스타일 외에 '온건한 스타일'이란 것이 있다. 온건한(약한) 스타일이란 각 차원에서 평균점수를 중심으로 좌우로 약 64%에 해당하는 것이다. 이런 범위에 속하는 사람은 대조적인 스타일들을 비교적 쉽게 이해한다. 그러나 과제나 사회적 역할에 따라 실제 행동이 달라질 수 있으며 그래서 실제의 행동은 반드시 '중립적인' 것이 아닐 수 있다.
VIEW 검사는 온라인으로만 실시하며 한국에서 이 검사의 판권은 김영채 교수(계명대학교, 창의력 한국 FPSP)가 가지고 있다. VIEW 검사의 실시와 해석에 관해서는 인터넷 사이트 http://www.fpsp.or.kr/(창의력 한국 FPSP)와 http://viewstyle.net/(VIEW 검사 사이트)를 참고하기 바란다.

학습 내용 정리 | Mind Mapping

1. 팀에게 주어진 과제는 일종의 프로젝트이다. 프로젝트 관리의 사전적 정의(Cleland & Kerzner, 1985)는 '구체적 목적을 성취하기 위하여 일시적인 조직 내에서 함께 반영된 인적 및 비인적 자원의 조화이다'로 되어 있다. 한편 스니드와 와이코프 (Snead and Wycoff, 1997)는 프로젝트를 '목표를 향한 의도된 일련의 비절차적 과정'이라고 정의하였다.
2. 프로젝트는 보다 복잡해지고, 수행 시간의 단축, 즉흥적인 관리가 필요함을 알 수 있다. 성과 불확실성의 증가, 그리고 빠르게 변화하는 환경에서 팀 프로젝트는 창의적 전략과 문제해결이 더욱 필요하게 되었다.
3. 프로젝트는 탐색 프로젝트와 활용(exploiting) 프로젝트로 구분하여 설명할 수 있다. 활용 프로젝트가 '옛것을 보다 낫게 하는' 것이라면, 탐색 프로젝트는 '새로운 일을 추구'하는 것으로 보고 있다.
4. 전통적으로 프로젝트 성공은 세 가지 기준, 즉 비용, 시간, 수행에 따라 측정되어 왔다. 최근의 프로젝트는 '고객의 수용 가능성'이 매우 중요하게 다루어지고 있다.
5. 고객 요인은 다음 팀 프로젝트 문제해결 단계에서 첫 단계인 '문제의 정의와 인식 단계'에서 고려되어진다(Smith, 2004).
6. 프로젝트 라이프 사이클에 따라 자원은 계획 이후 급격히 증가하다가 완성단계에서 현격하게 떨어짐을 알 수 있다. 또한 프로젝트 라이프 사이클 과정에 따라 프로젝트 질, 비용, 일정에 영향을 주는 능력은 사이클이 진행됨에 따라 감소하고, 프로젝트 질, 비용, 일정에 영향을 주는 비용은 사이클이 진행됨에 따라 증가함을 알 수 있다.
7. 팀워크는 각 단계에서 창의적인 문제를 해결하는 데 아주 유용하다.
8. 팀이 창의적인 문제해결 절차를 사용할 때 다음과 같은 이점을 갖는다.

1) 팀의 더욱 많은 정보와 지식은 문제를 해결하는데 많은 도움이 된다.
2) 팀 구성원들은 다른 사람들과 서로 보완적인 활동이 가능하다.
3) 특정의 문제에 대해 최선의 해결방법이 있다면, 팀은 이를 찾아낼 수 있는 훌륭한 기회가 될 것이다.
4) 문제해결과 의사결정 과정에 참여하는 사람들은 일반적으로, 개인 또는 권위적인 방식에 의해 강요된 해결책을 수용하는 것보다, 그 해결책을 수용함에 있어서 더욱 적극적이다.
5) 팀의 구성원들은 서로에게 배우며, 리더십의 기술을 개발할 수 있는 고무적인 환경을 제공한다.

9. 창의적인 문제해결을 위해서는 두 가지 측면에서 학습이 진행될 수 있다. 하나는 '창의력의 수준/능력'을 개발하는 것이고, 다른 하나는 자신, 팀, 조직이 가지고 있는 창의와 혁신의 '일 처리 스타일'을 확인하고 그것을 최대로 활용하는 것이다.

10. 셀비, 트레핑거, 이사크센은 창의적 문제해결 행동 유형을 3개의 차원으로 구분하여 6개의 스타일로 구분하였다. 3개의 차원으로는 변화에 대한 지향(OC), 일 처리의 방식(MP), 의사결정의 중심(WD)이며, 6개의 행동 유형은 혁신 스타일, 개량 스타일, 외적처리 스타일, 내적처리 스타일, 사람중심 스타일, 과제중심 스타일이다.
11. 'VIEW 스타일 검사'는 창의적 문제해결 행동 유형을 진단하기 위한 도구로서, 오스본의 CPS를 대표하는 Center for Creative Learning(USA)의 셀비, 트레핑거, 이사크센 박사가 개발하였다. VIEW의 목적은 일을 처리하고 문제를 해결하는 스타일을 진단하고, 자신의 창의적인 강점과 약점을 확인하고 이해하며 동시에 남들의 스타일을 존중하며, 새로운 창의와 혁신을 다룰 때 스타일의 시너지 효과를 최대화하기 위함이다.

생각해 볼 문제 | Reflection & Discussion

1. 프로젝트는 탐색 프로젝트와 활용(exploiting) 프로젝트로 구분하여 설명할 수 있다. 활용 프로젝트가 '옛것을 보다 낫게 하는' 것이라면, 탐색 프로젝트는 '새로운 일을 추구'하는 것으로 보고 있다. 다음 표는 전통적 방법의 활용 프로젝트와 새로운 방법의 탐색 프로젝트를 비교한 것이다.

전통적 방법의 활용: 일상적 작업을 조직	새로운 방법의 탐색: 혁신적인 작업을 조직
· 변이를 추구 · 전통적 방법으로 전통적 일을 바라봄 · 과거를 답습함 · 목표 : 지금 돈 버는 일	· 변이를 강화 · 새로운 방법으로 전통적 일을 바라봄 · 과거를 탈피함 · 목표 : 미래에 돈 버는 일

새로운 방법의 탐색 프로젝트가 가지는 이점을 토의 해보자.

참고문헌

다카하시 마코토 편저, 조경덕 옮김(2003). 창조력 사전The Bible of Creativity. 매일경제신문사.

박강 외(2005). 창의공학. 인터비전.

사토 인이치, 이봉노 옮김(2005). 문제해결의 기술. 새로운 제안.

이창훈 · 김기수(2005). 창의공학설계. 한티미디어.

제임스 하긴스 지음, 박수규 옮김(2003). 필요할 때 꺼내 쓰는 결정적 아이디어 101. 비즈니스북스.

최유현(2008). 공학기술과 팀워크. 지호.

최유현(2010). 기술교과 학습의 탐구. 형설출판사.

Bagulary, P. (2003), Teams and Team-working, Chicago, Ill: MaGraw-Hill.

Eide, A. R., Jenison, R. D., Mashaw, L.H., and Northup, L.L. (2002), Introduction to Engineering Design & Problem Solving, Boston: McGraw-Hill.

Goetsch, D. (2004), Effective Teamwork: Ten Steps for Technical Professions. Net Effect Series, Columbus, Ohio, Pearson Prentice Hall.

Katzenbach & D. Smith(1993), The Wisdon of Treams: Creating the High-Performance Organization, Cambridge, M.A: Harvard Business School Press.McNeill, B. Bellamy, L. and Foster, S. (1995), Introduction to engineering design, Tempe: Arizona State University.

Rees, F. (1997), Teamwork form start to finish: 10 steps to results, An Imprint of Jossey-Bass Inc., Publishers.

Scholtes, P. P. (1996), The Team Handbook, Madison, WI: Joiner Association.

Smith, K. A. (2004), Teamwork and Project Management, 2nd Ed. Boston: MaGraw-Hill.

Stewart, G. L., Manz, C. C. & Sims, Jr, H. P. (1999), Team Work and Group Dynamics, New York: John Wiley & Sons, INC.

Wellins, R. S., Byham, W. C. & Willson, J. M. (1991), Empowered Teams: Creating self-directed work groups that improve quality, productivity, and participation, San Francisco, CA: Jossy-Bass Inc.

West, M. A. & Markiewicz, L. (2004), Building Team-Based Working: Practical Guide to Organizational Transforming. BPS Blackwell.

http://www.12manage.com/methods_mind_mapping_ko.html

● 팀워크 리더십 Teamwork Leadership ●

팀 문제해결과 프로젝트 관리

15 팀 문제해결 과정과 '문제' 탐구

| 주요 개념 | 팀 문제해결, 문제, 문제해결 과정, 발생형 문제, 탐색형 문제, 설정형 문제, 문제확인 기법, 특성요인도, 압축-확장 기법, Why-Why 기법, Duncker 도표

1. 문제와 문제해결 과정
2. 문제의 확인 기법

15 팀 문제해결 과정과 '문제' 탐구

□ **학습 목표**
① 팀 문제해결에서의 문제의 개념과 문제해결 과정은 어떻게 제시될 수 있는가?
② 팀 문제해결 과정에서 전략적으로 필요한 몇 가지 문제확인 기법의 절차를 이해하고 실제로 적용할 수 있다.

□ **학습으로의 초대_문제 정의에 따라서 해결책의 질이 달라진다?**
자신의 문제를 인식했다고 하더라도 문제를 여러 가지로 정의할 수 있다. 문제를 어떻게 정의하는 가에 따라서 전혀 다른 해결책이 나올 수 있다. 문제의 정의에서 하나의 방법으로 현재 상태(상태A)와 향후 개선된 상태(상태B)를 올바로 정의하는 일이다.

사례 : 큰 고래가 어떤 잠수부를 삼켰다고 상상해보자. 그 잠수부는 고래의 배속에서 자신에게 닥친 문제를 인식하고 여러 가지로 문제를 정의할 수 있을 것이다.
(상태A : 고래의 뱃속에 있는 잠수부)

문제 정의 1 : 어떤 방법으로 여기서 빠져 나갈 수 있을까?
(상태B : 고래 밖에 있는 잠수부)
문제 정의 2 : 이 안에서 살아남을 방안은?
(상태B : 고래 안에 살아남은 잠수부)
문제 정의 3 : 어떻게 하면 마지막 유언을 가족들에게 보낼 수 있을까?
(상태B : 유언을 들은 가족)

문제 정의 4 : 기왕이면 멋있게 죽는 방법은 무엇일까?
(상태B : 멋있게 죽은 잠수부)

문제를 "멋있게 죽는 방법은 무엇인가"로 정하고 굉장히 멋있게 죽는 방법을 찾아내는 것 보다 "어떤 방법으로 여기서 빠져나갈 수 있을까"로 문제를 정의하고 졸렬한 해결책이지만 겨우겨우 살아나가는 해결책을 찾아내는 것이 더 나은 해결책이다. 즉 문제를 어떻게 정의하는 가에 따라서 해결책의 가치가 결정되는 것이다.
출처 : 박강 외, 2005, 창의공학, p.19.

1. 문제와 문제해결 과정

팀 프로젝트 문제해결은 대체로 다음과 같은 일반적 절차를 제시할 수 있다.

① 팀 프로젝트 문제를 확인하고 정의하기 : 문제확인 및 분석 기법
② 해결책 창안하기 : 확산적 사고 기법
③ 최적의 해결책을 위한 아이디어 평가하기 : 수렴적 사고 기법
④ 최적의 대안에 기초한 구체적 계획을 세우기
⑤ 계획안대로 실행하기
⑥ 프로젝트 과정과 결과의 평가
⑦ 프로젝트의 적용

외국의 격언 중에 '무엇이 문제인지 알 수만 있다면 문제의 절반은 해결된 것과 같다'라는 말이 있다. 그만큼 문제를 발견하는 것이 쉬운 일이 아님을 알 수 있다(사토 인이치, 이봉노 옮김, 2005).

문제는 눈에 보이는 문제와 눈에 보이지 않는 문제가 있다. 누구에게나 확실하게 보이는 현상이 있는가 하면, 어떤 사람에게는 문제로 보여도 다른 사람에게는 그렇지 않은 경우도 있기 마련이다. 예컨대 공사 현장에서 인부가 떨어져 사고를 당했다고 하자. 사고가 난 것은 보이는 문제이다. 그렇다면 보이지 않은 문제는 무엇일까? 사고원인을 따져보자. 인부는 왜 공사 현장에서 떨어졌을까? 인부의 부주의 때문일까? 구조물이 무너져 내렸는가? 구조물이 왜 무너져 내렸는가? 일하는 사람은 안전장치를 제대로 확보하였는가? 이것은 보이지 않는 문제이다. 문제를 발견한다는 것은 이처럼 보이지 않은 문제를 간파한다는 것이다. 인부를 위한 안전 기준 지침을 미리 확인했더라면, 구조물의 기준 지침을 마련했더라면 사고를 막을 수 있을 것이다. 문제 발견의 중요성은 여기에 있다(사토 인이치, 이봉노 옮김, 2005).

TEAMWORK TIP

문제 - 위기와 기회

대부분의 문제는 정도의 차이는 있지만 어려움과 기회의 두 얼굴을 가지고 있다. 우리는 대부분 위험한 상황에 놓이게 되면 위기라는 측면은 쉽게 발견하지만, 기회라는 측면은 놓쳐버리기 쉽다. 하지만 위기가 닥쳤을 때 우리는 지속적인 노력을 통해 새로운 혁신으로 기회를 포착할 수 있다. 이와 마찬가지로 문제를 다룰 때도 상반되는 면, 전혀 다른 면에 대한 마음가짐을 잊지 말아야 한다.

문제는 여러 가지로 정의하고 있다. 혹자는 현 수준과 희망하는 수준의 차이가 문제라고 한다. 다음 그림에서 문제의 정의를 보면 이를 잘 확인할 수 있다(Balguley, 2002).

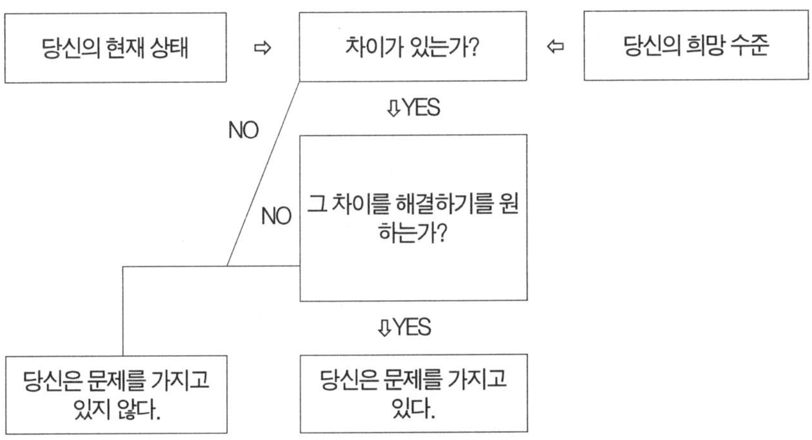

[그림 4-8] 문제의 정의

한편, 잭슨은 문제를 목적과 장애를 합한 개념으로 보고 있다. 즉 문제로 성립되기 위해서는 문제를 해결하려는 목적이 존재해야 하는 동시에 장애가 있어야 한다는 것이다.

한편 문제의 유형은 여러 가지로 분류된다. 사토 인이치는 문제를 발생형 문제(이미 일어난 문제), 탐색형 문제(앞으로 개선하고자 하는 문제), 설정형 문제(앞으로 어떻게 할 것인가 하는 문제)로 구분하였다. 여기서 이미 일어난 발생형 문제는 현 상황과 목표와의 갭이다. 그리고 설정형 문제는 새로운 사업 또는 과제를 개발하는 개발 문제와 미래의 다양한 위험을 예상해 준비해두는 회피 문제로 나누고, 탐색형 문제는 강화 문제와 개선 문제로 구분된다(사토인이치, 이봉노 옮김, 2005).

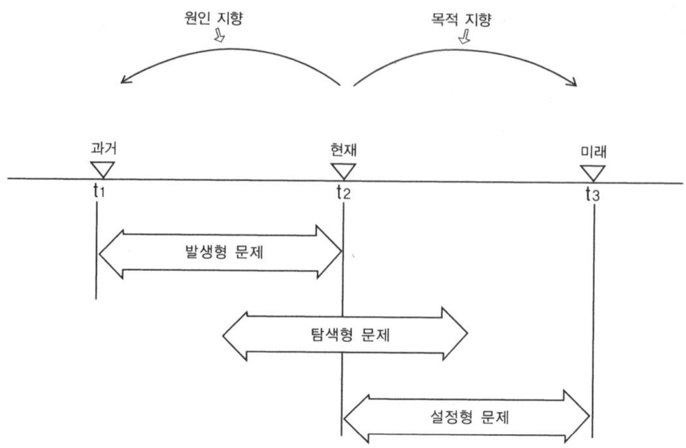

[그림 4-9] 문제의 유형

세 가지 문제를 원인 지향과 목적 지향의 관점에서 살펴보면, 발생형 문제는 원인지향이고, 설정형 문제는 목적 지향이며, 탐색형 문제는 원인과 목적이 모두 해당된다.

문제를 해결하는 과정이나 모형은 많은 학자들에 의하여 수많은 모형이 제시되었다. 팀과 팀워크의 저자인 베이글리는 다음 [그림 4-10]과 같이 8단계의 상호작용 문제해결 모형을 제시하였다.

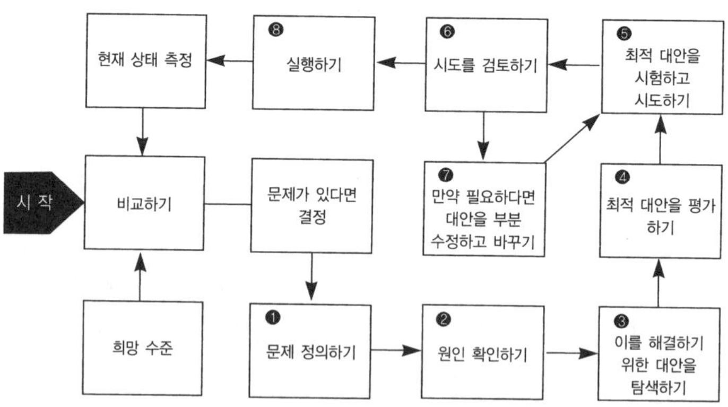

[그림 4-10] 상호작용 문제해결 모형

이 문제해결 과정이 끝나면 다시 시작하는 단계로 돌아온다. 이 과정은 현재의 수준과 원하는 수준을 비교하여 차이가 인지되면 다시 문제를 해결하는 순환적 과정이 특징이다.

2. 문제의 확인 기법

문제를 잘 해결하는 데 있어 중요한 것은 무엇일까? 다소 이견이 있을 수 있겠으나, 무엇보다 가장 중요한 단계는 문제를 확인하는 단계일 것이다. 문제가 무엇인지 제대로 파악해야 문제를 제대로 해결할 수 있게 되는 것은 너무나도 자명한 일이다.

문제는 양면성이 있기 때문에 탐정적, 탐험가적 사고방식을 요한다고 한다. 탐정적 사고는 문제 정의의 위기나 분석적인 부분을 다루고, 탐험가적 사고 문제의 상황과 기회적인 면을 다룬다.

〈표 4-6〉 문제 정의 과정 : 탐정과 탐험가

탐정	중점	탐험가
문제를 부여받음, 위기	문제 유형	발견 혹은 혼돈의 주체, 문제를 밝힘, 기회
알고 있는 사실을 목록화, 필요한 자료를 결정	사실	상황적으로 봄, 목표 설정, 상상
강제적 한계 결정 : 시간, 예산, 직원 등	한계	마음속으로 한계를 정함 : 한계 극복을 추구
상황에서 걱정되는 점은?	감정	무엇을 하면 더 좋아질까?
자동적 명령계통 : 누구 책임인가? 누가 전문가인가?	의사소통	협동적 팀워크 : 문제에 대해 너무 폐쇄적이지 않은 사람, 전문가가 아닌 관련분야에 있는 사람
기존 도구 방법 사용, 분석적이고 순차적 사고	문제해결 패러다임	새로운 패러다임, 경향, 대안, 확산적사고 사용, 직관적, 감각적, 유연한 사고
원인과 실마리를 찾음, 자료 수집과 분석	업무	상황과 경향을 추구 : 연관성을 봄. 미래를 내다봄
문제 : 자전거가 도둑맞음 실험 : 쇠톱과 볼트절단기로 체인/케이블을 시험 고객에게 조사지를 돌림 결론 : 더 좋은 열쇠 필요	예	분실 자전거를 상황적 관점에서 봄 - 자전거 보안의 시스템 문제. 자전거 설계, 자전거 주차, 자전거 등기, 다른 안전시스템의 사용 등의 변경을 고려
좁은 범위 - 업무에 중점 해결될 것 같은 일만 선택 해결되면 종료	범위	우선 넓은 범위로 목표와 가장 중요 요인에 집중 - 변화를 위해 반대를 조사. 문제 정의를 작성함
해결책이 없으면 탐험적 사고로 전환하고 상황적 문제정의를 계속함.	행동	해결이 분명치 않음. 잠복기를 지킴. 창의적 문제해결과정을 지속함

유의할 사항은 우선 문제가 있음을 동의하고 수용하고, 문제 정의를 확실히 할 필요가 있다는 것이다. 드러난 문제가 실제 문제가 아닐 수도 있다. 예를 들어 학교에 가기 싫어하는 아이의 진짜 문제가 '아침에 일어나기 싫어하는 것'인데 '학교에서 괴롭힘 당함'이라고 잘못 정의할 경우도 있다.

자료 수집은 문제와 관련된 많은 정보를 수집해야 하고, 중요하지 않거나 이미 알고 있다고 판단되는 자료라도 수집하는 것이 좋다. 그리고 어떤 것이 중요한지 아닌지 너무 일찍 판단하는 것은 좋지 않다.

〈표 4-7〉 자료 수집 단계에서 긴 질문 목록 활용

질문 목록	
· 문제의 크기는 어떠한가? · 문제에 있어 주목할 만한 것은 무엇인가? · 이 문제를 일으킨 것은 무엇인가? · 이 문제는 다른 문제와 어떻게 다른가? · 이 문제를 일으킨 사건은 무엇인가? · 얼마나 오래되었는가? · 문제에 어떤 이유가 있나? · 문제가 어떻게 시작되었는가? · 누가, 무슨 방법으로, 왜 일으켰나? · 위치는 어디인가? · 문제와 관계될 수 있는 무슨 변화(물건, 시설, 절차, 인원)가 있는가?	· 문제의 특별한 이유는 무엇인가? · 문제가 사람, 기관, 사회에 위협적인가? 그런 위협은 무엇인가? · 문제가 개인, 사회, 환경에 얼마 동안 어떻게 영향을 미칠 것인가? · 문제의 정황은 어떠한가? · 다른 영역과 어떤 관련이 있는가? · 다른 문제와 연관되어 있는가? 이유는 무엇인가? · 요인들은 분리하여 다룰 수 있는가? 이것은 전체 문제에 어떻게영향을 미치는가?

많은 사람들은 문제에 대한 확산적 사고 기법인 브레인스토밍과 수렴적 사고 기법의 일종인 PMI 등의 기법에는 익숙하나, 문제 확인 기법에는 생소한 경우가 많다. 앞에서도 언급하였듯 문제를 제대로 풀기 위한 첫 단계이자 가장 중요한 단계는 무엇보다도 문제를 정확하게 확인하는 것이다.

이와 관련된 기법들 중 가장 대표적인 방법인 특성요인도(Fishbone Diagram)과 Why-Why 다이어그램(Why-Why Diagram) 그리고 압축과 확장 기법(Squeeze and Stretch)이 있다. 문제를 정확하게 확인하는 단계는 문제를 좀 더 정확하게 정의하는데 도움을 주며 나아가 창의적인 문제해결의 단초를 제공한다.

가. 특성요인도

특성요인도(Fishbone Diagram)는 물고기 뼈 다이어그램이라고도 불리며 도쿄대학의 카오루 이시카와(Kaoru Ishikawa) 교수가 개발하여 이시카와 다이어그램(Ishikawa Diagram)이라고도 부른다. 이 방법은 문제를 인식하는 것과 함께 문제의 원인이 되는 모든 요인들을 손으로 그려보면서 나열하는 데 그 목적이 있다.

특성요인도가 문제를 확인하는 데 좋은 이유는 다음과 같다.

〈표 4-8〉 특성요인도의 장점

- 문제를 해결하려는 사람에게 의사결정에 앞서 문제의 모든 면에 대해 세밀히 조사하는 것을 도와준다.
- 원인들 사이의 관련된 중요함과 원인들 사이에 관련성을 볼 수 있도록 도와준다.
- 문제를 해결하려는 사람들이 문제에 초점을 맞출 수 있기 때문에 창의적인 프로세스를 시작하는 것을 도와준다.
- 문제해결을 위한 논리적인 절차를 시작하도록 돕는다.
- 지엽적인 부분에 초점을 맞추는 것을 막아주고 전체적인 문제를 볼 수 있도록 도와준다.
- 문제의 범위를 감소시키고, 간단한 문제를 해결하는 것보다 복잡한 문제를 해결하는 방법을 제공한다.
- 실제적인 문제에 초점을 맞추기 보다는 사고방식이나 행동을 새롭게 바꾸는 것을 도와준다.

특성요인도를 처음 그릴 때는 곧바로 정의할 수 있는 간단한 문제를 표현하는 것부터 시작하는 것이 좋다. 어느 정도 연습이 된 후에는 좀 더 복잡한 문제로 옮겨하면 되는데, 다음과 같은 순서를 따라서 그리면 된다.

〈표 4-9〉 특성요인도의 절차

- 종이의 오른쪽 면에 원을 그리고 그 안에 문제를 써라.
- 문제에서 직선을 왼쪽으로 긋는다. 이것이 '물고기 등뼈(backbone)'이다.
- 물고기 등뼈로부터 45도의 각도를 이루는 가시들을 그려라.
- 각 가시들의 끝에 문제의 모든 원인들을 브레인스토밍하여 배열하라.
- 하위 가시가 필요하다면 추가적인 줄기를 그려라.
- 물고기의 꼬리부분에 더 복잡한 원인을 적고 덜 복잡한 원인은 물고기의 머리 부분에 적는다.

특성요인도는 매우 강력한 도구이며, 또한 잘 분석된 경우에는 효과적인 문제해결에 도움을 준다.

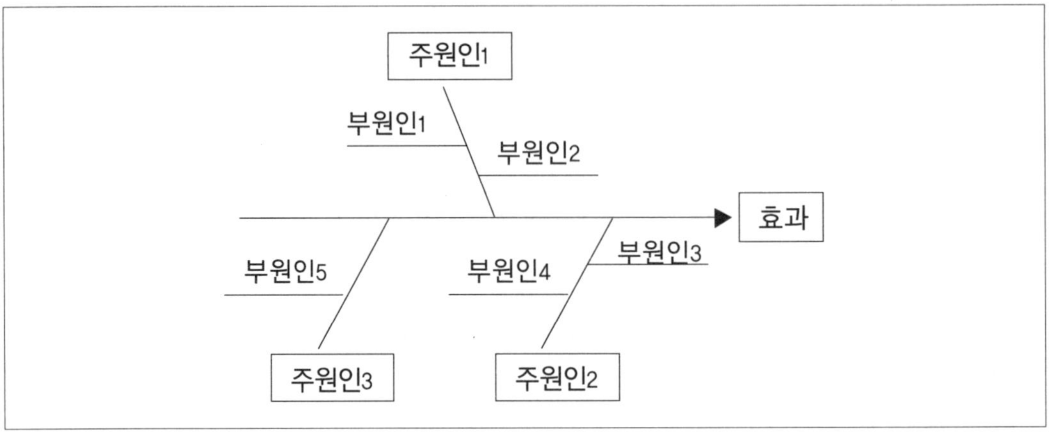

[그림 4-11] 특성요인도

나. 압축 및 확장 기법

문제해결과정에서 사용할 수 있는 기법 중 '압축 및 확장 기법'은 문제를 좀 더 분석해 보는 것을 도와주는 기법이다. 그 중 압축 기법은 문제의 기본적인 구성요소를 발견하는 것을 도와준다. 나머지 하나인 확장 기법은 문제의 범위에 대해서 살펴보는 것을 도와주는 기법이다. 또한 확장 기법은 문제와 관련되어 있는 사실들이 무엇인지를 볼 수 있도록 도와준다.

압축 기법은 연쇄적으로 계속해서 질문을 해나가는 방식을 취하고 있는데 이 때 '왜(why)'라는 단어로 질문을 시작한다. 문제를 충분히 깊이 있게 이해할 수 있을 때까지 이런 과정을 계속해나가면 된다.

압축 기법은 문제에 대해 '왜'로 시작하는 질문을 연쇄적으로 해나가는 기법이다.
확장 기법은 문제에 대해 '무엇을'로 시작하는 질문을 연쇄적으로 해나가는 기법이다.

다. Why-Why 다이어그램

Why-Why 다이어그램은 물고기 뼈 다이어그램의 방법에 약간의 변화를 준 기법이다. 때문에 물고기 뼈 다이어그램과 마찬가지로 문제의 원인을 분석하는 데 사용하는 체계적인 방법이다. 이 기법은 왼쪽에서부터 오른쪽으로 옮겨가면서 문제를 진술해나간다. Why-Why 다이어그램은 전통적인 의사결정의 나무를 왼쪽으로 돌려놓은 형태를 띠고 있는데, 왼쪽에서 오른쪽으로 마치 나무를 그리듯이 완성해나가면 된다. '왜?'라는 질문에 대한 답을 하면서 가지를 확장시키는 것이다.

예를 들면, 사진이 더러워지는 이유에서 시작하여 '왜?'라는 질문에 답하며 오른쪽으로 가지를 추가해가는 것이다. 운송의 문제, 종이의 문제, 잉크의 문제를 '왜?'에 대한 답으로 선택했고, 각각의 답변에 다시 '왜?'라는 의문을 던지고 계속해서 답을 해나가는 방법을 반복하면 된다.

이 기법은 물고기 뼈 다이어그램과 같이 가치 있는 많은 응답을 제공한다. Why-Why 다이어그램은 하나의 문제에 초점을 맞추기보다 문제를 넘어 관련된 더 많은 원인들을 찾아보는 것을 도와준다.

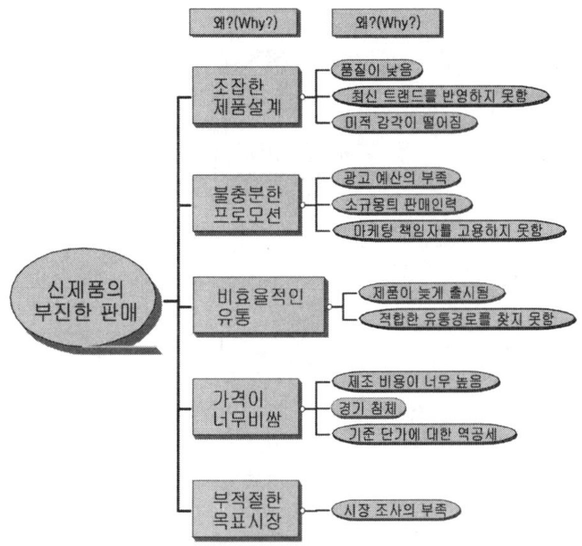

[그림 4-12] Why-Why 다이어그램의 응용 사례

Why-Why 다이어그램을 완성해가는 단계를 요약하면 다음과 같다.

〈표 4-10〉 why-why 다이어그램의 절차

· 종이의 왼쪽에 문제를 진술하라. · 가능한 요인들의 각각과 문제들을 고려하여 '왜'라는 질문을 반복하며 오른쪽으로 그 원인들을 그려나간다. · 충분할 만큼의 답을 얻을 때까지 이 과정을 반복한다.

라. Duncker 도표 활용하기

현재 상태/희망상태 기법은 당신이 어디에 위치하는지 현재 상태를 기술하고 어떤 방향으로 나아가고 싶은지 희망상태를 기술하여 실제 문제를 파악하는 하나의 수단이다(Scott Folgler & Steven LeBlanc, 2008).

Duncker 도표는 현재 상태/희망상태 진술을 만족하는 해결책을 얻도록 도와준다. Duncker 도표의 고유한 특징은 현재 상태(문제진술)에서 희망상태(수용할 만한 문제해결책)로 진행하는 두 개의 주요 경로(일반해법)를 포함한다.

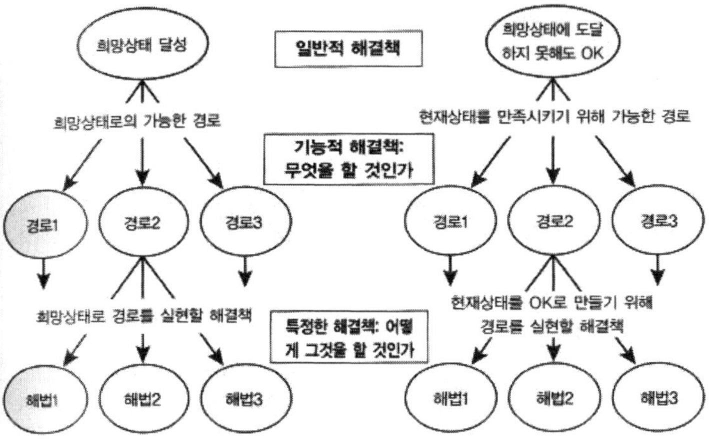

[그림 4-13] Duncker 도표의 예
출처 : 김정현(역)(2008). 창의적 문제해결 전략(Scott Folgler & Steven LeBlanc 저). 진샘미디어. p. 61.

① 위 표의 왼쪽 일반 해결책은 현재 상태에서 희망상태를 이루기 위하여 어떻게 이동할 것인지를 보여준다.

② 위 표의 오른쪽 일반 해결책은 어떻게 희망상태를 이루지 않아도 괜찮은지를 보여준다(이 개념은 반대되는 것처럼 보이지만 잠시 후 명확하게 될 것이다).

각 경로는 두 개의 단계를 포함한다. 먼저 기능적 해결책을 정하고 나서 특정 해결책을 정한다. 기능적 해결책은 현재 상태로부터 희망상태에 달성할 수 있을지 없을지의 방향으로 진행하기 위하여 할 수 있는 것을 말해준다. 여러 가지의 기능적 해결책을 도출한 후, 각각의 기능적 해결책을 위한 특정 해결책을 도출한다. 특정 해결책은 기능적 해결책을 어떻게 실행할 것인가를 말해준다.

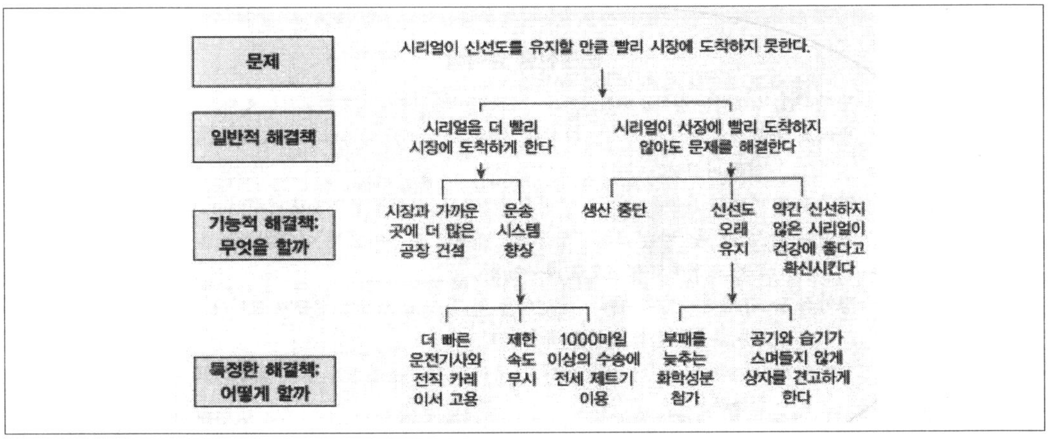

[그림 4-14] Duncker 도표 활용 예
출처 : 김정현(역)(2008). 창의적 문제해결 전략(Scott Folgler & Steven LeBlanc 저). 진샘미디어. p. 63.

위 그림의 도표에서 문제를 분석한 과정을 통하여, 실제 문제는 시리얼이 충분히 빠르게 도착하지 않는 것이 아니라 시리얼이 충분한 시간 동안 신선도를 유지하지 못하는 것임을 알 수 있다. 개선된 포장(공기와 습기 방지)과 부패 속도를 늦추는 첨가물의 사용으로 신선도를 오랫동안 유지하는데 성공하게 되었다.

새로운 문제 진술은 "시리얼을 오랫동안 신선하게 유지하기 위한 포장 기술을 어떻게 향상시킬 것인지 찾아라" 이다.

생각을 확장하는 페이지 | 팀내 권력 거리 지수를 낮추라!

전문가들도 다음 예에서 볼 수 있는 것과 같이 창의적 해결책의 충분한 자료를 가지고 있지 않다.

"제트기 조종사는 백미러를 사용하지 않는다." 라는 그의 테이프에서 Joel Weldon은 수년 전 어떤 고급 호텔에서 직면한 문제를 설명했다. 그 호텔은 매우 인기 있는 곳이었기 때문에 엘리베이터는 항상 모든 층과 로비의 사람들로 가득 찼다. 지배인과 부지배인은 이 문제에 대해 한탄하던 어느 날, 어떻게 엘리베이터의 용량을 늘릴 수 있을까에 대해 여러 가지 생각을 하게 되었다. 추가 엘리베이터를 설치하는 것은 객실수를 많이 줄여야 하고 수입의 큰 손실을 요하는 일이었다. 그들의 대화를 우연히 들은 경비원은 내부의 시설을 부수지 않으려면 건물 밖에 엘리베이터를 설치해야 하는데 그렇게 하지 못하니 안타깝다고 지나가는 말을 하였다. 훌륭한 생각이었다! 이는 경비원이 생각해낸 아이디어였는데 그가 많은 시간을 건물 밖에서 지냈기 때문에 떠오른 아이디어였다. 그러나 경비원의 창의력만으로는 문제를 해결하기에 충분하지 않음을 알아야 한다. 그의 아이디어를 실현시키기 위해서는 설계기술에 대한 정보가 필요했다. 새로운 외부 엘리베이터는 이렇게 해서 생겨났고 이것이 그 유래다. 이후 외부 엘리베이터는 이 고급 호텔에서 매우 인기 있는 것이 되었다. 정보, 좋은 아이디어, 문제를 바라보는 다른 관점들은 조직체의 각계각층의 사람들로부터 생겨날 수 있다(Chemtech, 13, 9, p.517, 1983. 김정현(역)(2008). 창의적 문제해결 전략(Scott Folgler & Steven LeBlanc 저). 진샘미디어. p.45-46. 재인용함)

Fishbone Diagram으로 문제 확인하기	팀 계발 활동 TEAM BUILDING

◈ 목표

우리 회사 또는 팀의 문제를 찾아내는 기법으로 특성요인도를 활용해 보자. 이 기법의 활용법을 익히며, 나아가 회사와 팀의 문제를 범주별로 확인한다.

◈ 준비물

필기도구와 백지(또는 화이트보드, 칠판)

◈ 절차

- 종이의 오른쪽 면에 원을 그리고 그 안에 문제를 써라.
- 문제에서 직선을 왼쪽으로 긋는다. 이것이 '물고기 등뼈(backbone)'이다.
- 물고기 등뼈로부터 45도의 각도를 이루는 가시들을 그려라.
  (가시는 문제를 범주별로 나눈 것이다)
- 각 가시들의 끝에 문제의 모든 원인들을 브레인스토밍하여 배열하라.
- 하위 가시가 필요하다면 추가적인 줄기를 그려라.
- 물고기의 꼬리부분에 더 복잡한 원인을 적고 덜 복잡한 원인은 물고기의 머리 부분에 적는다.

특성요인도는 매우 강력한 도구이며, 또한 잘 분석된 경우에는 효과적인 문제해결에 도움을 준다.

◈ 활동 토의

1. 팀 토의를 통하여 발견된 새로운 문제들이 있는가?
2. 범주별로 문제들이 도출되었는가?
3. 도출된 문제의 해결책을 토의해 보자(이 부분은 문제 확인이 중요한 과제이므로 가볍게 하도록 한다).

학습 문제 | Quiz for Summary

◆ 객관식

1. 다음은 일반적인 팀 문제해결 절차이다. 이 절차에서 문제 확인 기법이 적용되는 단계는?

> 1) 팀 프로젝트 문제를 확인하고 정의하기
> 2) 해결책 창안하기
> 3) 최적의 해결책을 위한 아이디어 평가하기
> 4) 최적의 대안에 기초한 구체적 계획을 세우기
> 5) 계획안대로 실행하기
> 6) 프로젝트 과정과 결과의 평가
> 7) 프로젝트의 적용

① 1)

② 3)

③ 4)

④ 6)

2. 일반적으로 '문제'에 대한 의미 또는 유형에 대한 진술이 잘못된 것은?

① 현 수준과 희망하는 수준의 차이가 문제이다.

② 문제는 목적과 장애 중 한 가지 이상이 있으면 문제이다.

③ 문제를 발생형 문제(이미 일어난 문제), 탐색형 문제(앞으로 개선하고자 하는 문제), 설정형 문제(앞으로 어떻게 할 것인가 하는 문제)로 구분된다.

④ 설정형 문제는 새로운 사업 또는 과제를 개발하는 개발 문제와 미래의 다양한 위험을 예상해 준비해두는 회피 문제로 나누고, 탐색형 문제는 강화 문제와 개선 문제로 구분된다,

3. 문제확인 기법으로 볼 수 없는 것은?

① 특성요인도(Fishbone Diagram)

② Why-Why 다이어그램

③ 압축과 확장 기법(Squeeze and Stretch)

④ PCA 기법

4. 다음 보기의 특징을 가진 문제확인 기법은?

> 보기
> · 문제를 해결하려는 사람에게 의사결정에 앞서 문제의 모든 면에 대해 세밀히 조사하는 것을 도와준다.
> · 원인들 사이의 관련된 중요함과 원인들 사이에 관련성을 볼 수 있도록 도와준다.
> · 문제를 해결하려는 사람들이 문제에 초점을 맞출 수 있기 때문에 창의적인 프로세스를 시작하는 것을 도와준다.
> · 문제해결을 위한 논리적인 절차를 시작하도록 돕는다.
> · 지엽적인 부분에 초점을 맞추는 것을 막아주고 전체적인 문제를 볼 수 있도록 도와준다.
> · 문제의 범위를 감소시키고, 간단한 문제를 해결하는 것보다 복잡한 문제를 해결하는 방법을 제공한다.
> · 실제적인 문제에 초점을 맞추기 보다는 사고방식이나 행동을 새롭게 바꾸는 것을 도와준다.

① 특성요인도(Fishbone Diagram)

② Why-Why 다이어그램

③ 압축과 확장 기법(Squeeze and Stretch)

④ Duncker 도표

5. 사진이 더러워지는 이유에서 시작하여 '왜?'라는 질문에 답하며 오른쪽으로 가지를 추가해가는 것이다. 운송의 문제, 종이의 문제, 잉크의 문제를 '왜?'에 대한 답으로 선택했고, 각각의 답변에 다시 '왜?'라는 의문을 던지고 계속해서 답을 해나가는 방법을 반복하는 문제확인 기법은?

① 특성요인도(Fishbone Diagram)

② Why-Why 다이어그램

③ 압축과 확장 기법(Squeeze and Stretch)

④ Duncker 도표

6. 당신이 어디에 위치하는지 현재 상태를 기술하고 어떤 방향으로 나아가고 싶은지 희망상태를 기술하여 실제 문제를 파악하는 문제확인 기법은?

① 특성요인도(Fishbone Diagram)

② Why-Why 다이어그램

③ 압축과 확장 기법(Squeeze and Stretch)

④ Duncker 도표

◆ 주관식

1. 사토 인이치는 문제를 발생형 문제(이미 일어난 문제), 탐색형 문제(앞으로 개선하고자 하는 문제), 설정형 문제(앞으로 어떻게 할 것인가 하는 문제)로 구분하였다. 아래 그림에서 지향의 관점에서 괄

호 가, 나 안에 적당한 말은?

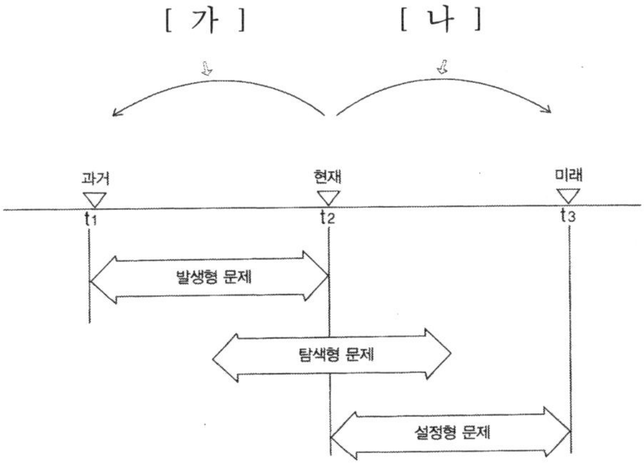

객관식

1. [정답] ①
   [해설] 문제확인 기법은 문제를 확인하고 정의하는 첫 번째 단계에서 필요하다.

2. [정답] ②
   [해설] 잭슨이 정의한 문제는 목적과 장애가 동시에 있어야 문제로 성립된다고 보고 있다.

3. [정답] ④
   [해설] PCA 기법은 쌍 비교 분석법으로 아이디어를 평가하는 수렴적 사고 기법이다.

4. [정답] ①
   [해설] 특성요인도의 특징 설명한 것이다.

5. [정답] ②
   [해설] Why-Why 다이어그램을 설명한 것이다.

6. [정답] ④
   [해설] Duncker 도표는 현재 상태/희망상태 진술을 만족하는 해결책을 얻도록 도와준다. Duncker 도표의 고유한 특징은 현재 상태(문제진술)에서 희망상태(수용할 만한 문제해결책)로 진행하는 두 개의 주요 경로(일반해법)를 포함한다.

주관식

1. [정답] 가 : 원인 지향, 나 : 목적 지향
   [해설] 발생형 문제는 주로 과거의 원인을 지향하고, 설정형 문제는 주로 미래의 목적을 지향하게 된다.

학습 내용 정리 | Mind Mapping

1. 팀 프로젝트 문제해결은 대체로 다음과 같은 일반적 절차를 제시할 수 있다.

1) 팀 프로젝트 문제를 확인하고 정의하기 : 문제확인 및 분석 기법

2) 해결책 창안하기 : 확산적 사고 기법

3) 최적의 해결책을 위한 아이디어 평가하기 : 수렴적 사고 기법

4) 최적의 대안에 기초한 구체적 계획을 세우기

5) 계획안대로 실행하기

6) 프로젝트 과정과 결과의 평가

2. 문제는 여러 가지로 정의된다. 혹자는 현 수준과 희망하는 수준의 차이가 문제라고 한다. 한편, 잭슨은 문제를 목적과 장애를 합한 개념으로 보고 있다. 즉 문제로 성립되기 위해서는 문제를 해결하려는 목적이 존재해야 하는 동시에 장애가 있어야 한다는 것이다.

3. 사토 인이치는 문제를 발생형 문제(이미 일어난 문제), 탐색형 문제(앞으로 개선하고자 하는 문제), 설정형 문제(앞으로 어떻게 할 것인가 하는 문제)로 구분하였다. 세 가지 문제를 원인 지향과 목적 지향의 관점에서 살펴보면, 발생형 문제는 원인지향이고, 설정형 문제는 목적 지향이며, 탐색형 문제는 원인과 목적이 모두 해당된다.

4. 팀과 팀워크의 저자인 베이글리는 8단계의 상호작용 문제해결 모형을 제시하였다.

5. 문제는 양면성이 있기 때문에 탐정적, 탐험가적 사고방식을 요한다고 한다. 탐정적 사고는 문제 정의의 위기나 분석적인 부분을 다루고, 탐험가적 사고는 문제의 상황과 기회적인 면을 다룬다.

6. 문제확인 기법은 특성요인도(Fishbone Diagram)와 Why-Why 다이어그램(Why-Why Diagram) 그리고 압축과 확장 기법(Squeeze and Stretch), Duncker 도표 등이 있다.

7. 특성요인도(Fishbone Diagram)는 물고기 뼈 다이어그램이라고도 불리며 도쿄대학의 카오루 이시카와(Kaoru Ishikawa) 교수가 개발하여 이시카와 다이어그램(Ishikawa Diagram)이라고도 부른다. 이 방법은 문제를 인식하는 것과 함께 문제의 원인이 되는 모든 요인들을 손으로 그려보면서 나열하는 데 그 목적이 있다.

8. 문제해결 과정에서 사용할 수 있는 기법 중 '압축 및 확장 기법'은 문제를 좀 더 분석해 보는 것을 도와주는 기법이다. 그 중 압축 기법은 문제의 기본적인 구성요소를 발견하는 것을 도와준다. 나머지 하나인 확장 기법은 문제의 범위에 대해서 살펴보는 것을 도와주는 기법이다. 또한 확장 기법은 문제와 관련되어 있는 사실들이 무엇인지를 볼 수 있도록 도와준다.

9. Why-Why 다이어그램은 물고기 뼈 다이어그램의 방법에 약간의 변화를 준 기법이다. 때문에 물고기 뼈 다이어그램과 마찬가지로 문제의 원인을 분석하는 데 사용하는 체계적인 방법이다. 이 기법은 왼쪽에서부터 오른쪽으로 옮겨가면서 문제를 진술해나간다. Why-Why 다이어그램은 전통적인 의사결정의 나무를 왼쪽으로 돌려놓은 형태를 띠고 있는데, 왼쪽에서 오른쪽으로 마치 나무를 그리듯이 완성해나가면 된다. '왜?'라는 질문에 대한 답을 하면서 가지를 확장시키는 것이다.
10. 현재 상태/희망상태 기법은 당신이 어디에 위치하는지 현재 상태를 기술하고 어떤 방향으로 나아가고 싶은지 희망상태를 기술하여 실제 문제를 파악하는 하나의 수단이다. Duncker 도표는 현재 상태/희망상태 진술을 만족하는 해결책을 얻도록 도와준다. Duncker 도표의 고유한 특징은 현재 상태(문제진술)에서 희망상태(수용할 만한 문제해결책)로 진행하는 두 개의 주요 경로(일반해법)를 포함한다.

생각해 볼 문제 | Reflection & Discussion

1. 다음 그림의 문제 정의로 당신이 문제라고 생각하는 것을 3가지 제시하고, 실제로 그것이 문제인지를 앞의 순서도를 보고 확인해보자.

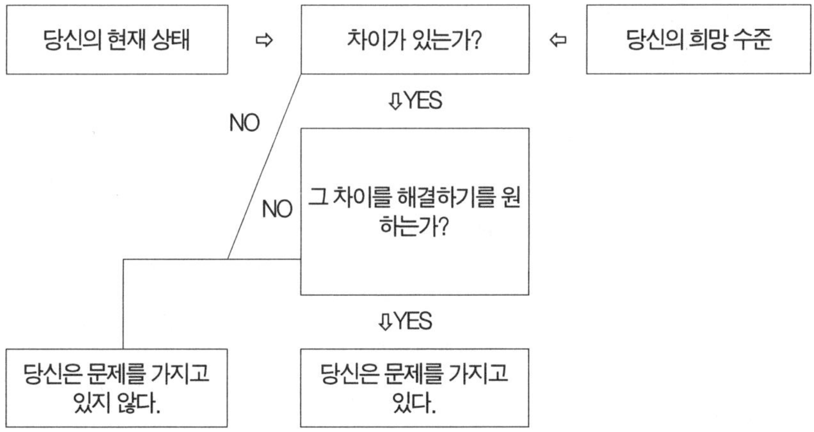

참고문헌

김정현 역(2008). 창의적 문제해결 전략(Scott Folgler & Steven LeBlanc 저). 진샘미디어.

다카하시 마코토 편저, 조경덕 옮김(2003). 창조력 사전The Bible of Creativity. 매일경제신문사.

박강 외(2005). 창의공학. 인터비전.

사토 인이치, 이봉노 옮김(2005). 문제해결의 기술. 새로운 제안.

이창훈 · 김기수(2005). 창의공학설계. 한티미디어.

제임스 하긴스 지음, 박수규 옮김(2003). 필요할 때 꺼내 쓰는 결정적 아이디어 101, 비즈니스북스.

최유현(2008). 공학기술과 팀워크. 지호.

최유현(2010). 기술교과 학습의 탐구. 형설출판사.

Bagulary, P. (2003). Teams and Team-working, Chicago, Ill: MaGraw-Hill.

Eide, A. R., Jenison, R. D., Mashaw, L.H., and Northup, L.L. (2002). Introduction to Engineering Design & Problem Solving, Boston: McGraw-Hill.

Goetsch, D. (2004). Effective Teamwork: Ten Steps for Technical Professions. Net Effect Series, Columbus, Ohio, Pearson Prentice Hall.

Katzenbach & D. Smith(1993). The Wisdon of Treams: Creating the High-Performance Organization, Cambridge, M.A: Harvard Business School Press.McNeill, B. Bellamy, L. and Foster, S. (1995), Introduction to engineering design, Tempe: Arizona State University.

Rees, F. (1997). Teamwork form start to finish: 10 steps to results, An Imprint of Jossey-Bass Inc., Publishers.

Scholtes, P. P. (1996). The Team Handbook, Madison, WI: Joiner Association.

Smith, K. A. (2004). Teamwork and Project Management, 2nd Ed. Boston: MaGraw-Hill.

Stewart, G. L., Manz, C. C. & Sims, Jr, H. P. (1999). Team Work and Group Dynamics, New York: John Wiley & Sons, INC.

Wellins, R. S., Byham, W. C. & Willson, J. M. (1991). Empowered Teams: Creating self-directed work groups that improve quality, productivity, and participation, San Francisco, CA: Jossy-Bass Inc.

West, M. A. & Markiewicz, L. (2004). Building Team-Based Working: Practical Guide to Organizational Transforming. BPS Blackwell.

http://www.12manage.com/methods_mind_mapping_ko.html

● 팀워크 리더십 Teamwork Leadership ●

팀 문제해결과 프로젝트 관리

16
팀 문제해결을 위한 대안 창출과 평가 기법

| 주요 개념 | 창의적 문제해결의 정신적 장애물, 확산적 사고기법, 아이디어 다듬기, 수렴적 사고 기법

1. 창의적 문제해결의 정신적 장애물
2. 해결방안 도출을 위한 확산적 사고 기법
3. 해결책 평가를 위한 수렴적 사고 기법

16 팀 문제해결을 위한 대안 창출과 평가 기법

□ **학습 목표**

① 창의적 문제해결을 방해하는 정신적 장애물을 이해하고 이를 극복할 수 있다.
② 팀 문제해결 과정에서 해결책을 창출하기 위한 확산적 사고 기법(창의적 사고 기법)을 이해하고 적용할 수 있다.
③ 창출된 해결책의 아이디어를 다듬고, 평가하는 수렴적 사고 기법(평가 기법 또는 의사결정 기법)을 이해하고 적용할 수 있다.

□ **학습으로의 초대_ 문제해결 방안의 평가 오류와 사고 사례**

창의적 문제해결의 단계 중 이번 단계에서는, 이전 단계에서 얻어진 "좀 더 나은" 아이디어 가운데 본래 문제를 최상으로 해결할 수 있는 아이디어 또는 해를 고른다. 아이디어를 고르는 도중에 우리는 어떤 것이 최상인지 결정해서는 안되며 그 이전에 평가 기준을 세운 후 그 기준에 따라 아이디어와 해결방안의 순위를 정하고 가려내야 한다.
'American Scientist' 잡지의 1992년 11~12월호에 갈릴레오의 이야기가 실려 있다. 나무 기둥의 양쪽 끝이 통나무로 받쳐져 수평으로 놓여 있었다. 자체 무게에 의하여 기둥의 가운데가 부러질 수도 있을 것 같아 어떤 사람이 중앙에 제 3의 지지대를 받칠 것을 건의하였다. 의견을 들은 모든 사람들이 그렇게 하면 기둥의 안정성이 개선될 것이라 인정하여 이 아이디어는 실행되었다. 그러나 몇 달 후 다리는 가운데가 두 동강나 부러지고 말았다. 원인은 양 끝 지지대와 중앙에 새로 설치된 지지대가 동일한 속도로 침하하지 않았기 때문이었다. 즉, 양 끝에서 하중을 더 이상 받쳐주지 못하자 기둥은 부러지고 만 것이다. 이 이야기는 무엇을 시사해 주는가? 이는 해결책에 대한 평가에 오류가 있을 경우 문제에 대한 해결방안이 실패의 직접적인 원인이 될 수도 있다는 점을 나타내고 있다.

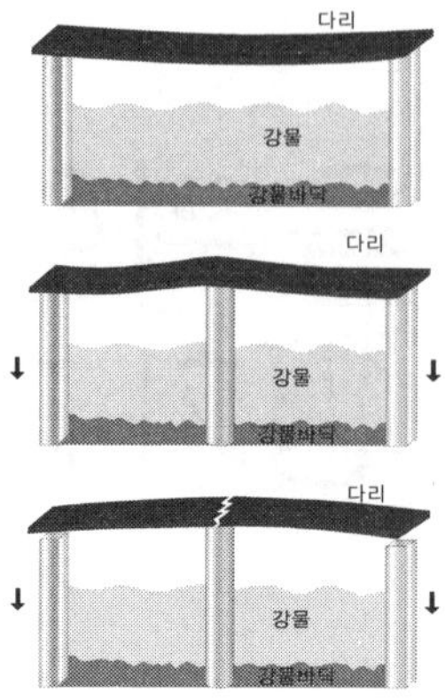

평가자의 역할은 새로운 대안들을 개발하거나 아이디어들을 변형시키거나 또는 그것들에 어떤 작업을 행하기보다는 비판을 하기가 쉽다. 팀 모두가 모든 시간을 "평가자"처럼 생각하며 보낸다면, 많은 것을 성취하지 못할 것이다. "평가자"로서 팀의 역할은 완벽한 아이디어가 나올 때까지 기다리는 것이 아니라 최선의 아이디어를 찾아내는 것이다. "평가자"로서, 팀은 실패가 가져다주는 교훈과 개선시켜야 할 점을 볼 수 있어야 한다. 실패는 시작점이 될 수 있으며, 도약의 계기가 될 수 있다. 따라서 아이디어를 최종적으로 평가할 때 모든 실패의 경우를 고려하지 않으면 잘못된 평가가 될 수 있다.

1. 창의적 문제해결의 정신적 장애물

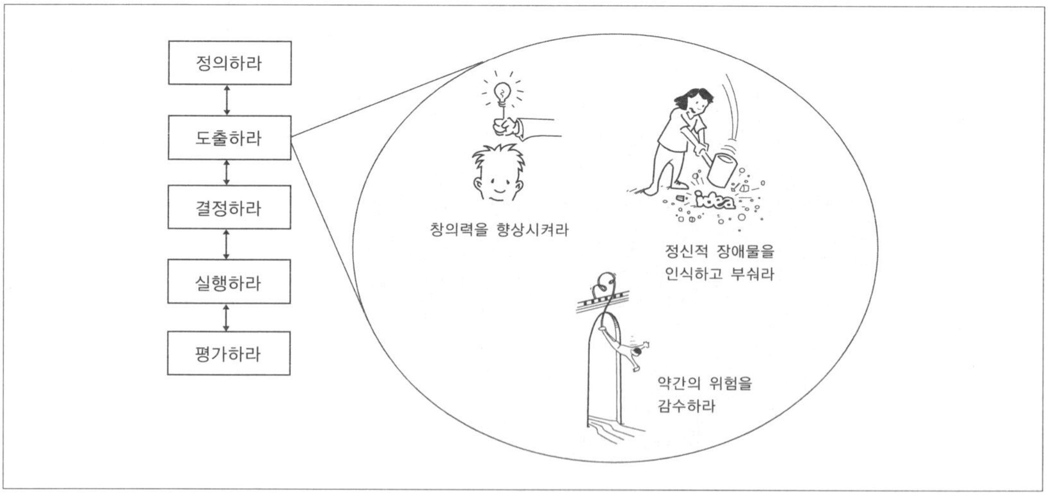

[그림 4-15] 창의적 문제해결의 정신적 장애물

일단 문제를 정의했으면, 당신은 최선의 해결책을 도출하도록 확신하고자 한다. 때때로 문제들은 해결되지 않을 것처럼 보인다; 또 다른 때, 이상적인 해결책에 못 미치는 오직 하나의 해결책을 가지는 것처럼 보일 수 있다. 이런 상황에서 이 장에서 기술된 아이디어 도출 기법을 사용하여 당신을 최선의 해결책으로 안내한다. 인내력은 아마도 성공적인 문제해결자의 가장 주목할 만한 특성이며, 해결책이 바로 보이지 않을 때 좌절하지 않는 것이다. 매번 정신적 장애물이 하나의 해결책으로 향하는 당신의 진도를 방해할 수 있다. 이러한 장애물을 극복하는 첫 번째 단계는 그것을 인식하는 것이다. 그러고 나서 당신은 최선의 해결책을 향하여 전진하는 블록버스팅 기법을 사용할 수 있다.

이러한 정신적 장애의 특성은 무엇이고 무엇이 그러한 것을 만드는가? 장애의 몇 가지 일반적인 원인은 Higgins 등에 의하여 요약되어 왔다(김정현(역), 2008).

정신적 장애물의 일반적인 원인

- 문제를 너무 협의적으로 정의한다.
- 실제 문제보다는 징조에 도전한다.
- 오직 하나의 해답만 있다고 가정한다.
- 처음으로 마음에 떠오르는 해결책에 사로잡힌다.
- 실질적으로는 아니더라도 가능한 하나의 해결책에 사로잡힌다.
- 엉뚱한 정보에 현혹된다.
- 미흡한 성공으로 좌절된다.
- 너무 걱정하여 마무리하지 못한다.
- 문제를 모호하게 정의한다.

하나의 문제를 다루는 데 사람들이 소모한 시간과 그들이 도출할 수 있는 해결책의 다양성에는 직접적인 상관관계가 있다. 문제를 다루는 것을 두려워하지 말라.

가. 개념적 장애물

하나의 문제에 대하여 개념적 장애물을 가지는 것이 얼마나 쉬운지 한번 살펴보자. 다음 페이지에 있는 해법을 읽기 전에 이 연습문제를 풀어보라.

페이지를 넘기기 전에 종이에서 연필을 떼지 말고 네 개 혹은 그보다 적은 선을 이용하여 아홉 개의 점을 모두 연결해 보아라. 그 다음, 그 모든 점을 통하도록 세 개의 선을 그려라.

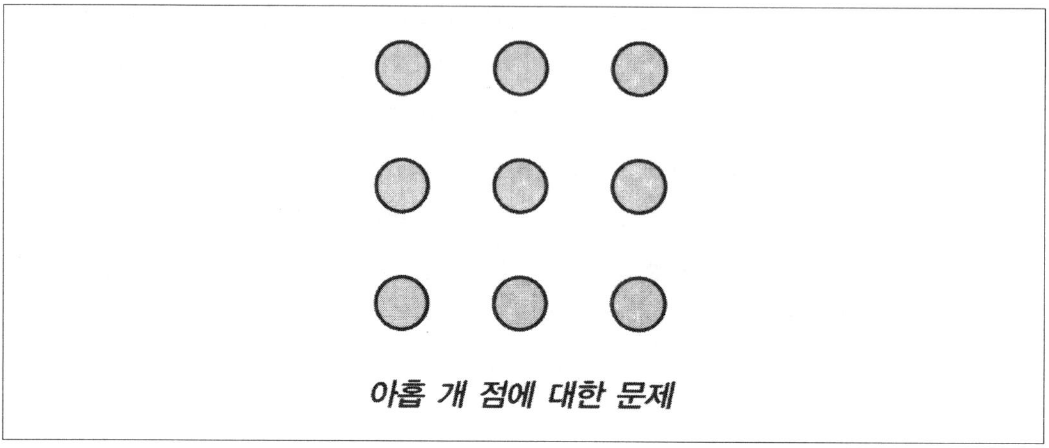

[그림 4-16] 아홉개 점에 대한 문제

이 수수께끼는 여덟 개의 바깥쪽 점에 의하여 만들어진 상상의 경계를 넘지 않는다면 해결하기가 매우 어렵다. 문제진술에 들어있지 않은 다른 일반적인 가정은 모든 선들은 점의 중심점을 통과해야만 한다는 것이다. 가능한 해결방안들이 다음 페이지에 제공된다.

개념적 블록버스팅은 아이디어 도출과 문제해결 능력의 배양에 집중한다. 더 나은 문제해결자가 되기 위한 첫 번째 단계는 개념적 장애물이 무엇이고 어떻게 그것들이 문제해결을 방해하는지를 이해하는 것이다. 개념적 장애물은 하나의 문제를 정확하게 인식하거나 그것의 해결책을 생각해 내는 것을 못하게 하는 하나의 정신적 벽이다. 가장 자주 발생하는 정신적 장애물은 지각적 장애물, 인지적 장애물, 감성적 장애물, 문화적 장애물, 환경적 장애물, 지적 장애물, 표현적 장애물이다.

나. 인지적 장애물

인지적 장애물은 문제해결자가 문제 자체나 그것을 해결하기 위해 필요한 정보를 명확하게 인지하는 것을 방해하는 장애물이다. 인지적 장애물의 몇 가지 형태를 다음에 기술하였다.

- 고정관념. 서바이벌 게임은 사람들이 인생을 위협하는 상황에 처했을 때 그들이 활용할 수 있는 모든 것을 사용하도록 가르친다. 예를 들어, 당신이 소형 비행기로 사막에 추락한 후 오도가도 못한다면, 생존하고 구조받기 위해 당신이 활용 가능한 모든 자원을 창의적으로 이용하여야 한다.

당신의 기구함에 있는 손전등을 생각하라. 그것의 용도에 대한 고정관념은 신호 보내기, 어두운 곳에서 물건 찾기 등일 것이다. 하지만 배터리에 불을 지피거나, 사막의 선인장으로부터 물을 보관하는 통으로 사용하거나, 낮에 신호를 보내는 거울의 반사판으로 사용하는 것은 어떠한가?

- 문제를 불필요하게 제한함. 아홉 개의 점에 관한 문제는 문제를 불필요하게 제한하는 하나의 예제이다. 당신이 최선의 해결책을 찾길 원한다면 문제의 경계에 대하여 탐험하고 도전해야 한다.
- 포화 또는 정보의 과부하. 너무 많은 정보는 충분하지 않은 정보를 가지고 있는 것처럼 큰 문제일 수 있다. 당신은 너무 많은 자세한 사항들로 인해 과부하에 걸릴 수 있고 문제의 중요한 관점을 정리하지 못할 수 있다. 항공교통 관제관은 이러한 인지적 장애물을 극복하는 것을 배웠다. 그들은 일에서 정기적으로 이러한 정보의 홍수에 접하는데, 특히 악천후 동안에 그렇다. 그들은 매일 수천 개 항공기의 안전한 착륙과 이륙을 확실히 하기 위하여 필수적인 정보를 솎아내는 데 숙련되어 있다.

다. 감성적 장애물

감성적 장애물은 다양한 방법으로 문제를 해결하는 능력을 방해한다. 그것은 아이디어들을 조사하고 처리하는 자유도를 줄이고, 융통성 있고 유연하게 아이디어화하는 능력을 방해한다. 또한 감성적 장애물은 당신이 다른 사람들과 아이디어들을 소통하는 것을 방해한다. 감성적 장애물의 몇 가지 형태가 다음에 기술되어 있다.

- 위험 감수의 두려움. 이 장애물은 보통 어린 시절에 기인한다. 대부분의 사람은 문제를 바르게 풀면 칭찬 받고 잘못 풀면 벌을 받으면서 자랐다. 하나의 창의적 아이디어를 실현하는 것은 하나의 위험을 취하는 것과 같다. 당신은 실수할 것 같은 위험을 취하고, 바보처럼 보이며, 당신의 일자리를 잃거나 (학생이라면) 용납할 수 없는 학점을 받는다. 위험을 감수하는 두려움을 극복하기 위한 아이디어들은 이 장의 뒤쪽에 기술될 것이다.
- 혼란스러움에 대한 의욕 부족. 문제해결자들은 혼란스러움과 살아가는 것을 배워야 한다. 예를 들어, 최고의 해결책을 위한 조건은 반대로 보일 수도 있다. 개인을 위한 최고의 해결책은 조직을 위해서는 최고의 해결책이 아닐 수도 있다.

개념적 블록버스팅 : 아홉 개 점 문제에 관한 두 가지 해결책

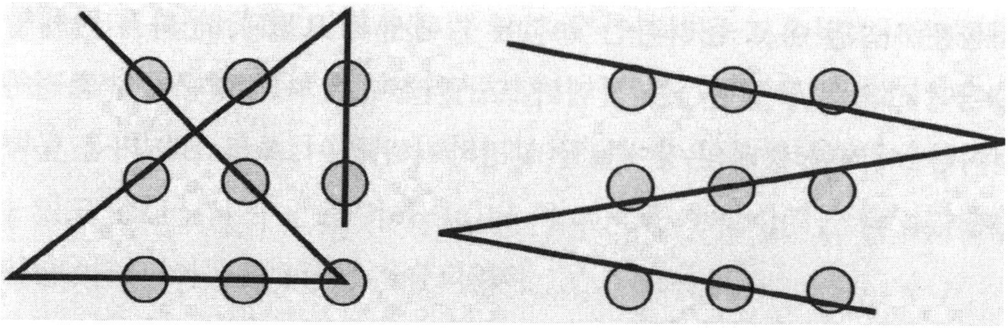

아홉 개 점 문제에 대한 여러 가지의 창의적 해결책이 존재한다. 종이를 원통형으로 말아 하나의 선이 아홉 개의 점을 모두 지나가도록 하거나, 그림을 축소하여 점들을 한 선으로 이을 수 있는 두꺼운 펜을 사용하는 것 등이다. 또 다른 제안으로는 종이를 구겨서 펜으로 찌르는 것이다(이것은 모든 점을 찍기 위해 한 번 이상의 시도가 필요하다는 통계적 접근에 의한 것이다).

이 예제의 목적은 너무 많은 제약사항은 의식적이든 무의식적이든 문제의 가능한 해결책의 범위를 좁게 한다는 것을 보여주는 것이다. 일반적으로, 미숙한 문제해결자들은 무의식적으로 인식된 제한사항의 한계를, 비록 문제의 진술에 나타나있지 않지만, 벗어나지 못한다. 당신이 문제에 직면할 때마다 제한사항에 도전하는 당신 자신을 일깨워주는 아홉 개 점 문제를 기억하도록 하라.

- 개념의 도출보다는 심판. 이 장애물은 문제에 대하여 부정적인 태도로 접근할 때 생길 수 있다. 매우 성급한 아이디어의 심판은 심지어 가장 창의적인 문제해결자들을 좌절시킬 수 있다. 서투른 아이디어들은 때때로 혁신적 해결책으로 이끄는 유용한 아이디어의 시발점이 되기도 한다. 이 장애물은 문제에 긍정적 태도로 접근하면 피할 수 있다.
- 도전 부족. 때때로 문제해결자들은 문제가 너무 시시하고 쉽게 풀릴 수 있다고 인지하기 때문에 시작하고자 하지 않는다. 그들은 그들의 노력이 가치 없다고 믿는다.
- 숙고하지 못함. 방금 당신의 마음에 도달한 문제를 해결하기를 서두르는 것은 장애물을 만들 수 있다.

라. 그 외의 창의적 장애물[1]

문화적 장애물은 주어진 일련의 문화적 형태에 노출되어 얻어지며, 반면에 환경적 장애물은 사회적이고 물리적인 환경에 의해서 강요된다. 문화적 장애물의 한 형태는 어떤 사회의 구성원들을 불쾌하

1 (김정현(역), 2008)

고 구역질나게 하는 행동들을 고려하지 못하는 것이다.

환경적 장애물은 깊고 심오한 집중을 방해하는 전화나 끼어들기와 같은 주의 산만한 것들이다. 상쾌하고 격려하는 분위기에서 일하는 것은 종종 문제해결자의 생산성을 증가시킨다. 역으로, 개념을 도출하기 위한 감정적, 물리적, 경제적, 또는 조직적인 지지가 부족한 조건하에서 작업하는 것은 문제해결자에게 부정적인 효과가 있고 생산성의 수준을 저하시킨다.

지적 장애물은 문제해결 전략을 경직되거나 불충분하게 사용한 결과로 발생할 수 있다. 문제를 해결하기 위한 지적 기술력의 부족은 문제를 해결하기에 필요한 정보의 부족처럼 확실히 하나의 장애일 수 있다.

표현적 장애물, 즉 말이나 글로 당신의 아이디어들을 다른 사람과 의사소통하는 능력의 부족은 또한 당신의 진행을 방해할 수 있다.

2. 해결방안 도출을 위한 확산적 사고 기법

팀에게 주어진 문제가 명확하게 확인되고 구체적으로 분석이 되면 그 문제를 해결하기 위한 아이디어를 탐색하는 작업이 필요하다. 여기에서는 확산적 사고 기법 중에서 몇 가지를 살펴본다.

가. 브레인라이팅(Brainwriting) 기법

아이디어를 탐색하는 단계에서 가장 대표적인 방법은 브레인스토밍 기법이다. 이 기법은 사용 방법이 간편하고 많은 아이디어를 창출할 수 있는 장점이 있는 반면, 다소 소극적이거나 아이디어를 내는 데 쑥스러워하는 경우에 그 대안으로 브레인라이팅 기법이 대안으로 제시된다. 이 기법은 12명 이상의 팀원으로 구성되어 있거나, 다른 사람들 앞에서 발표하는 일에 쑥스러움을 타는 사람들이 있는 경우 활용할 수 있다. 이러한 브레인라이팅은 직접 대면한 상태에서의 언어적 상호작용이 결여되기 때문에 아이디어의 수가 줄어들 수 있는 단점이 있다.

① 갤러리 방법

· 준비물 : 칠판과 차트

· 절차

▶ 문제가 진술된 뒤, 각 팀의 구성원들은 제한된 시간(약 20분) 동안 그들의 아이디어를 각자의 차

트에 기록한다.

▶ 정해진 시간이 흐른 뒤, 팀의 구성원들은 다른 사람들의 차트를 조용히 둘러본다.

▶ 이렇게 둘러본 뒤 구성원들은 자신들의 위치로 다시 돌아와서, 자신의 차트에 적었던 아이디어를 수정하고 또 다른 아이디어를 추가한다. 즉, 다른 사람들의 아이디어로부터 얻은 내용을 자신의 아이디어에 첨가하는 작업을 하는 것이다.

▶ 마지막으로 이렇게 만들어진 노트와 아이디어를 모아서 다른 팀이 평가하도록 한다.

② 명목집단 기법(Nominal Group Technique)

· 준비물 : 필기구

· 절차

▶ 문제가 제시되고, 각 구성원들은 주어진 5~10분의 시간 동안 자신들의 아이디어를 조용히 적는다.

▶ 이렇게 나온 아이디어를 가지고 서로 공유하고 토의하며, 또한 투표를 통해서 5가지에서 9가지 아이디어의 순서를 정한다.

▶ 특징 : 이러한 방법은 규칙 같은 것에 따르도록 하는 압력이 줄어든다는 장점이 있지만, 이와는 반대로 아이디어를 만들어내는 과정에서 구성원 간 상호작용이 적기 때문에 정말 독특한 아이디어를 만들 수 있는 기회가 줄어든다는 단점이 있다.

또한 주의해야 할 것은, 이 방법은 하나의 과정에서 아이디어를 만들어내고 동시에 평가가 같이 이루어진다는 것이다. 결국, 이 방법은 시간이 부족하거나 대다수로부터 일치된 문제해결책이 신속히 도출되어야 할 때 유용할 것이다.

③ 노트 수집 방법

각 구성원들은 이미 논의되었던 문제의 요약본을 받고 몇 주 이상의 기간 동안 브레인스토밍을 하고 나서, 문제를 어떻게 해결할 것인가에 대한 아이디어 기록을 한다. 진행자는 이 노트를 수집하고 팀이 좀 더 평가해서 선택한 아이디어와 함께 그 결과에 대한 자료를 준비한다.

▶ 특징: 명목집단 기법과 같이, 이 방법은 구성원들 간의 상호작용을 저해한다. 그렇지만 팀에 속해 있는 것을 불편해하거나 주어진 과제에 많은 시간을 들여 깊이 생각하고자 하는 사람들에게는 유용할 수 있다.

④ 크로포드 쪽지 쓰기(Crawford Slip Writing)

이 방법은 큰 그룹의 사람들이 아이디어를 만들어내는 과정에서 아이디어를 창출할 때 유용하다.

· 절차

▶ 문제를 제시한 후, 각 참가자들은 하나하나의 쪽지에 총 20개에서 30개의 아이디어를 적는다.

▶ 이 쪽지는 적힌 아이디어가 수정되거나 지워지기 전에 신속하게 수집한다.

▶ 이 아이디어들을 범주화하고 실행 가능한 실제의 해결책을 얻기 위해서 평가의 절차를 거친다.

▶ 특징 : 이 방법은 대규모의 조직에서 사용되어질 수 있는 방법이다.

⑤ 'Ringii' process

이 방법은 면대면 상호작용이 극히 적은 또 다른 흥미로운 방법으로 일본 발음으로 'Ringii'라고 한다.

이 방법에서는 하나의 아이디어를 조직 내 다른 사람에게 종이에 적어 보낸다. 이 아이디어를 받은 사람들은 그 아이디어에 무언가를 추가하거나 수정할 수 있다. 처음 이 아이디어를 제출한 사람은 이렇게 수정되거나 변경된 아이디어를 활용할 수 있고, 또는 종합된 해결책이 독립된 전문 위원단에 의해 실행에 옮겨질 수 있다.

이러한 방법은, 크거나 작은 조직에서 의사소통이나 계획의 조정에 문제가 발생했을 때 유용하게 사용할 수 있다. 이 방법을 통해서 어떠한 적대감 없이 편안한 시간과 장소에서 아이디어를 적어서 보일 수 있고, 다른 사람들은 그들의 아이디어를 추가할 수도 있다.

결국, 다른 사람들의 아이디어에 대해 생각해볼 수 있으며 또한 자신들의 처음 아이디어를 재수정하여 작업할 수 있다. 몇 번에 걸쳐서 이러한 방법을 사용하게 되면, 모든 사람들이 만족할 수 있는 아이디어나 문제의 해결책을 제시할 수 있게 된다.

⑥ 6-3-5 방법

이 방법은 1970년에 처음으로 제시된 브레인라이팅 기법이다. 이 방법은 광고 제작과 같은 아주 다양한 개념이 필요한 부분에서 아이디어를 도출할 때 유용하다.

· 절차

▶ 6명의 사람이 5분 안에 해당 문제에 대한 아이디어 3가지를 제시해야 한다.

▶ 생각해본 아이디어를 주어진 종이의 세 개 칸에 적는다(하나의 칸에 하나의 아이디어를 적는다).

▶ 이 종이를 옆의 사람에게 전달하고, 처음의 아이디어와 관련된 새로운 아이디어를 두 번째 줄에 적는다.

▶ 이렇게 하게 되면, 30분 안에 108가지의 아이디어(6 3 6)가 도출되며, 이중 대략 절반의 아이디어를 유용하게 사용할 수 있다.

⑦ 브레인라이팅 풀

이 방법의 장점은 사람들이 그들 자신의 능력대로 작업을 할 수 있다는 것이다.

· 절차

▶ 주어진 문제에 대한 아이디어를 종이에 적는다(하나의 종이에 하나의 아이디어).

▶ 이렇게 적은 네 장의 종이를 테이블의 중앙에 수영장과 같은 모양으로 위가 보이도록 놓는다.

▶ 팀의 구성원들이 아이디어를 내놓게 되면, 이들은 테이블의 중앙에 있는 종이 한 장을 자신의 것과 바꾸고, 바꾼 그 종이에 있는 아이디어를 변경하는 작업을 한다.

▶ 이러한 과정을 30분 정도 계속 반복한다.

⑧ 전자 브레인스토밍

이는 첨단 기술을 이용한 접근방법으로, 마이크로소프트의 빌 게이츠가 고안했다.

· 절차

▶ 사람들은 전자 메일로 연결된다.

▶ 어떤 사람이 어떤 아이디어를 내고 이메일로 다른 사람에게 전송한다.

▶ 이렇게 해서 즉각적인 피드백과 무언가 추가된 다른 아이디어를 얻게 된다.

⑨ 게시판 기법

이 기법은 게시판을 활용하는 방법으로 어린이들에게 아주 유용하게 사용될 수 있는 방법이다.

· 절차

▶ 문제의 배경 등에 대해 간단하게 정리된 것을 눈에 잘 띄는 장소에 몇 주 동안 게시한다.

▶ 사람들은 이 게시판을 보고 새로운 아이디어를 적을 수 있고, 또한 그 아이디어에 새로운 아이디어를 추가할 수 있다.

▶ 이렇게 모아진 아이디어들은 팀에 의해 평가가 이루어지게 된다.

⑩ 델파이 방법

이 방법은 브레인라이팅과 함께 시작되는 방법으로써, 최선의 아이디어를 얻을 때까지 계속되는 과정이다. 이는 큰 규모의 집단에서 의사소통을 위한 도구로써 사용된다.

· 절차

▶ 참가자들은 자신의 이름을 남기지 않는다.

▶ 아이디어의 수집은 질문조사서나 온라인상의 컴퓨터에 의해 이루어기 때문에 직접적인 상호작

용은 일어나지 않는다.

▶ 처음 수집된 아이디어들이 평가되고, 분류되고, 그리고 중요도에 따라 순위가 매겨진 뒤 이 목록은 또 다른 순위 매김과 토론을 위해서 그 집단의 구성원들에게 보내진다.

▶ 이러한 과정은 각 구성원들의 합의가 나올 때까지 반복된다.

이 방법의 장점은 다양한 관점들로부터 어떤 합의를 볼 수 있는 영역으로 초점을 맞출 수 있다는 것이다. 이러한 방법은 특히 조직이 나아가야 할 미래의 방향을 계획하는 데 유용하게 사용되며, 전문적인 연구 방법에서도 활용한다.

나. 상호작용 브레인스토밍

이 방법은 언어적 브레인스토밍과 브레인라이팅의 각각의 장점들은 통합해놓은 방법으로 아이디어의 양과 질적인 면에 있어서 많은 아이디어를 얻을 수 있다. 20명 이상의 집단에서 활용할 수 있으며, 구두로서 아이디어를 공유하는 것과 함께 필기를 함으로써 아이디어를 내놓을 수 있는 방법이다.

① 아이디어 방아쇠 기법

· 절차

▶ 이 방법은 구성원들인 짧은 시간 동안 일람표의 형식으로 되어 있는 노트 패드에 자신들의 아이디어를 적는 것으로 시작된다.

▶ 각 구성원들은 테이블의 한쪽 방향으로 돌아가면서 자신들의 아이디어에 새로운 아이디어를 덧붙이고 아이디어 목록을 복사해서 교체하면서 아이디어를 간단하게 진술한다.

▶ 두 번째 단계에서는 구두 표현으로 아이디어를 공유하는데, 이때는 반대방향으로 돌아간다.

▶ 때로는 언어적 및 기술(記述)적 브레인스토밍은 더 이상 아이디어가 나오지 않을 때까지 수행하는데 아주 신속하게 교차되며 진행될 수도 있다(각각 3분에서 5분 정도).

▶ 마지막으로 창출된 아이디어들은 평가를 위해서 수집한다.

② 전문위원 형식(panel format)

이 방법은 대규모의 팀(대략 20명에서 30명이라 할 때)에서 소규모 팀으로 구분하는 것이 불가능할 때 사용할 수 있는 방법이다.

· 절차

▶ 우선, 7명의 지원자를 그 집단에서 선출하고, 이들을 전문위원단으로 구성한다.

▶ 당면문제가 모든 구성원들에게 전달되고, 그 전문위원들은 그 문제에 대해서 15분 내지 20분가량 동안 언어적 브레인스토밍을 실시한다.

▶ 다른 구성원들은 패널들의 아이디어를 듣고 종합하려 시도하거나 아이디어에 새로운 것을 추가하면서, 처음의 아이디어 또는 추가된 아이디어를 적는다.

▶ 패널에 의해 게시된 아이디어는 청중으로 있던 다른 구성원들이 적은 아이디어와 함께, 추후 평가를 위해서 수집된다.

③ 통합적 문제해결 기법

이 방법은 아주 단순하거나 복잡한 문제 상황 모두에 활용될 수 있다. 즉, 너무 많은 아이디어와 해결책을 필요로 하지 않는 문제에 활용될 수 있다.

· 절차

▶ 아이디어는 언어적 또는 기술적(記述的) 브레인스토밍을 통해서 신속하게 수집된다.

▶ 이렇게 수집된 아이디어들 중 차이가 있는 두 개의 아이디어를 집단에 제시하고, 이렇게 제시된 두 개 아이디어의 통합에 대한 토의가 진행된다.

▶ 세 번째 아이디어가 그 토의에 추가되고, 이전에 통합된 아이디어와 함께 다시 통합된다.

▶ 이런 과정으로 모든 아이디어가 관련되고 사용될 때까지 계속 이어진다.

④ 스토리보드 기법

스토리보딩은 브레인스토밍에 바탕을 둔 아이디어 발상법이다. 탄력적일 뿐만 아니라 수정이 용이하다. 문제해결 단계와 대안을 창출하는 데 매우 강력하다. 브레인스토밍에 비해 복잡한 문제를 다루는 데 적합하다.

또한 스토리보딩은 여러 가지 계획의 전개를 정리하는 데도 사용되지만, 강연과 문장의 구성 · 초안 작성 등에도 적합하다. 생각을 정리하기에는 매우 편리한 기법이다.

이 기법을 전개하기 위해서는 카드(2.5~7.5센티미터의 포스트잇 등) 100매 정도와 B4용지를 10매 정도를 준비하면 된다. 그리고 다음과 같은 단계로 진행한다.

〈표 4-11〉 스토리보드 기법의 절차

① 데이터와 아이디어를 카드에 기입한다. =〉 한 카드에 한 개씩 생각나는 대로 아이디어를 적는다. ② 카드를 펼치고 용지를 준비한다. =〉 카드를 책상 위에 펼치고, 그 왼쪽에 B4 사이즈의 용지를 세로로 놓는다. 용지는 세로로 3등분해 자르고, 상부에 '주요 행동', '내용과 사례', '보충과 상세 설명'이라고 연필로 기입한다. ③ 카드를 용지에 배열한다. =〉 모든 카드를 보고, 계획을 흐름으로 정리해간다. 우선, 카드군에서 주된 행동의 흐름을 생각해 왼쪽의 '주요 행동' 칸에 카드를 위에서 아래로 놓는다. 각 행동의 주된 내용과 구체적인 예에 대한 카드는 중앙의 칸에, 내용의 보충과 상세한 설명 카드는 오른쪽 칸에 나열한다. ④ 추가 카드를 작성한다. =〉 이 단계에서 새롭게 발상한 카드를 추가한다. 여기에서는 맨 처음의 카드를 모두 사용할 필요는 없다. 오히려 정리할 때 추가 카드를 늘리도록 노력한다. ⑤ 전체 제목 기호 기입을 한다. =〉 전체 제목을 생각해서 용지의 맨 위에 기입한다. 또한 '스토리 흐름'은 (→), '병행 작업'은 (=), '관련 있음'은 (-) 등의 기호로 기입한다.

스토리보드 기법을 실시할 때 주의해야 할 점을 살펴보면 다음과 같다.

〈표 4-12〉 스토리보드 기법 수행시 주의할 점

① 어디까지나 흐름으로 정리한다. ② 최초에 펼친 카드를 잘 보고 꼼꼼히 구상을 한다. ③ 추가 카드를 늘리고, 충실을 기한다. ④ 최초에 내놓은 카드를 모두 사용할 필요는 없다.

⑤ 마인드맵(Mind Mapping)

마인드맵은 아이디어들과 그 상호 연결 상태를 시각적으로 보여주는 인기 있는 브레인스토밍 도구이며 학습기법이다. 마인드맵은 어떠한 중심 개념 또는 문제점과 다른 개념 또는 문제점과의 연결 상태를 기억하기 쉬운 수형도와 같은 그래픽으로 보여줄 수 있다. 마인드맵은 복잡한 아이디어와 정보 그리고 자료를 이해하기 쉽고 쌍방향적인 시각자료로 만들고 구성하며 커뮤니케이션할 수 있게 해준다.

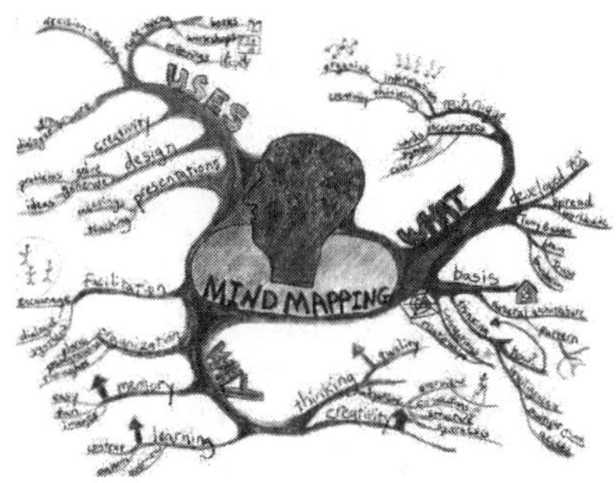

[그림 4-17] 마인드 맵의 예

마인드맵은 항상 어떠한 문제 또는 개념을 중심에 위치시킨 뒤 시작한다. 일반적으로 마인드맵은 중심 문제와 선으로 연결된 단어, 짧은 어구, 그림 등을 포함한다.

대부분의 사람들은 시각 지향적이다. 마인드맵은 개념을 드러나게 해주는 구조, 단어, 컬러, 이미지 그리고 하이퍼링크를 사용하여 중심 개념이나 문제를 관련된 개념 또는 문제와 연결한다. 좌우 두뇌사고를 연결해서(아마도 학교에서 학습한) 단선적인 사고방식과는 달리, 마인드매핑은 상상력과 창의성을 자극한다. 따라서 완전히 분석적이고 창조적인 기술을 사용하는 것으로 여겨지고 있다.

방사형 그림은 이미 수세기 동안 모든 종류의 문제를 분석하는 데 사용되어 왔다. 3세기경에 신플라톤주의 사상가 포에피리가 아리스토텔레스의 분류를 시각적으로 나타낸 것이 오래된 예이다. 영국 심리학자 및 비즈니스 창의성의 대가인 토니 보잔은 학습과 기억을 도와주기 위해 종이위에 아이디어를 정리하는 시각적이고 신속한 방법을 찾고 있었다. 그는 1960년대에 현대적인 마인드맵을 대중화시켰다.

〈표 4-13〉 마인드 맵의 관계 요약

마인드맵의 단계 요약
① 먼저 백지 한 장을 준비하라. 그런 다음 종이 한가운데 원을 그리고 그 안에 생각해야 할 목표나 문제(핵심 주제)를 적어라. ② 목표 또는 문제의 주요한 측면을 브레인스토밍하고, 도시 중심에서 도로가 뻗어나가듯 핵심 주제가 적힌 원을 중심으로 선을 그려나가면서 생각을 단계적으로 배열하라. ③ 필요한 대로 그 선 위에 가지를 추가하라. ④ 보다 효과적으로 이용하려면 여러 가지 시각적 기법을 사용하라. 예를 들면 주요한 아이디어를 나타내는 선은 다른 색깔로 표시하거나 한 번 이상 나타난 단어나 생각에는 원을 그려 강조하거나 유사한 생각들끼리는 선으로 연결하라. ⑤ 배열한 아이디어들 간에 어떤 상호 관련성이 있는지, 그리고 어떤 해결책을 암시하는지 알아내기 위해 마인드맵을 검토하라.

디지털 툴을 활용하면 마인드맵을 좀더 쉽게 그릴 수 있다. 다양한 소프트웨어가 출시되어 활용되고 있다. 다음은 빌게이츠가 칭찬한 소프트웨어인 마인드매퍼(Mindmapper)라는 소프트웨어의 국내 및 국외 홈페이지 화면이다.

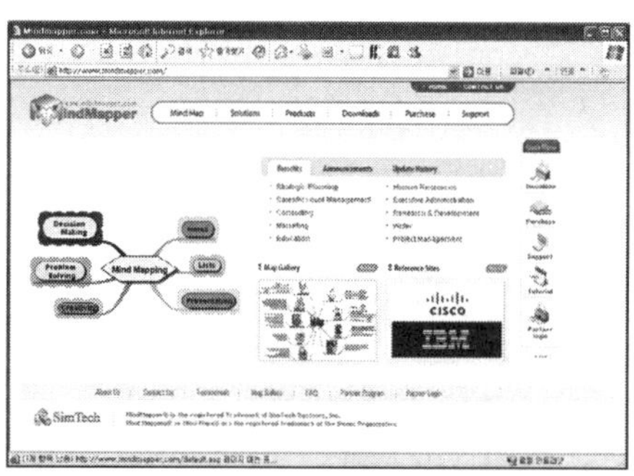

www.mindmapper.com

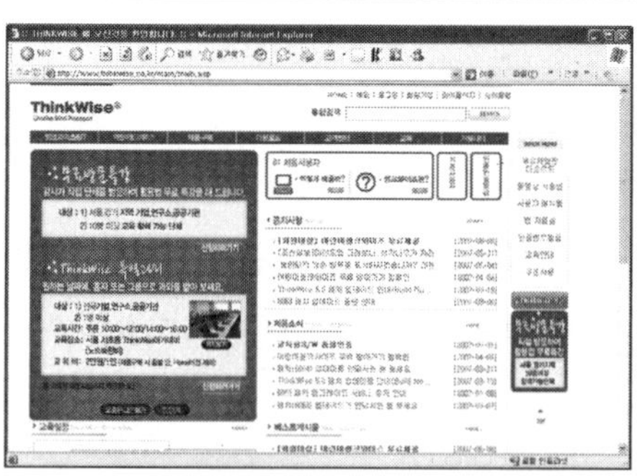

www.thinkwise.co.kr

[그림 4-18] 마인드 매퍼(Mindmapper) 홈페이지

다. 강제 결합 기법

이 기법은 집단 구성원들이 꼼짝하지 않고 그대로 있을 때와 창의적인 아이디어가 도출되지 않을 때 유용한 방법이다. 이 방법은 아이디어를 강제로 끌어낼 수 있는 방법으로 발명적 수준의 전혀 생각지 못한 아이디어가 생성될 수 있다는 강점이 있다.

① 기회의 원

미국의 전문 창의성 컨설턴트인 미캘코는 1991년에 임의성을 이용해서 문제의 속성들을 선택하고, 선택된 속성들을 결합하여 자유 연상함으로써 아이디어를 얻는 '기회의 원' 기법을 개발했다. 이 기법은 소요 시간은 긴 편이지만 뜻밖의 많은 아이디어를 낼 수 있는 장점이 있다.

이 기법을 활용할 때는 먼저 해결하고자 하는 문제를 기술한다. 문제를 기술하고 나면 원을 그려 원 안에 시계처럼 1부터 12까지 숫자를 써 넣는다.

그리고 문제 특유의 속성 12개 혹은 일반적인 속성 12개를 열거한다. 문제 특유의 속성들을 열거할 때는 문제의 주요 특징을 생각한다. 예컨대, 비행기 광고 캠페인 특유의 속성은 사람들, 비용, 여행, 공항 등이다. 일반적 속성은 많은 문제들에 있어서 공통된 것으로서 재료, 구조, 색상, 형태, 감촉, 소리, 맛, 냄새, 밀도, 제조, 기능, 홍보, 판매 등이다. 12개의 속성을 번호 옆에 1개씩 적는다.

속성을 모두 적고 나면, 주사위 한 개를 던져 해당 번호의 속성을 선택하고, 그 다음에는 한 쌍의 주사위를 던져 두 수의 합에 해당하는 다른 속성을 선택한다.

먼저 각각의 속성에 대해 자유 연상하고 나서 두 속성을 결합하여 다시 자유 연상한다. 자유 연상이 끝나면, 그 결과와 문제 간에 어떤 연관성이 있는지 생각하면서 아이디어나 해결책을 찾는다.

예컨대, 서류 가방을 개선하는 문제가 있다고 하자. 먼저 원을 그리고 12가지 속성을 적는다.

그 다음, 주사위를 한 개 던져 5번(안전)이 나오고, 두 개를 던져 10번(재료)이 나온다. 이 속성들을 자유 연상한 결과 플라스틱, 숨김, 방탄조끼, 경보음, 움직임 감지기, 비디오카메라가 나온다. 그리고 이 연상들로부터 다음과 같은 아이디어가 떠오른다.

〈표 4-14〉 서류 가방 개선 아이디어의 예 ①

- 서류 가방 안에 보안 주머니를 숨겨놓는다. - 방탄 재료로 가방을 만든다. - 다른 사람이 만지면 경보음과 움직임 감지기가 작동되게 된다.

주사위 한 개를 다시 던져 6번(덧대기)이 나오고, 두 개를 던져 9번(색상)이 나온다. 이것들을 자유

연상함으로써 부드럽다, 스펀지, 주머니, 무지개를 얻는다. 그리고 이 연상들로부터 다음과 같은 아이디어들을 얻는다.

〈표 4-15〉 서류 가방 개선 아이디어의 예 ②

- 여러 가지 색상의 서류 가방 - 확장 파일 주머니의 파일별 색상 구분 - 보색으로 덧댄 손잡이 - 노트북 컴퓨터를 휴대할 때 사용하도록 보색으로 덧댄 구획, 컴퓨터를 휴대하지 않을 때는 이 구획을 제거하여 공간을 확보한다.

기회의 원 기법은 다양한 문제에서 적용될 수 있고 뜻밖의 아이디어를 얻을 수 있다. 개인이 사용할 수도 있지만 방법이 재미있어 여러 명이 집단으로 아이디어를 낼 때 활용하면 더욱 효과적이다.

〈표 4-16〉 기회의 원 단계

기회의 원 단계
1. 문제를 정의한다(신제품 개발, 기존의 제품 개선 등). 2. 원을 그리고 시계처럼 숫자를 1부터 12까지 적는다. 3. 문제의 속성 중 12개를 골라 원 바깥쪽 숫자 옆에 1개씩 적는다. 4. 주사위 한 개를 던져 해당 번호의 속성을 선택한다. 5. 한 쌍의 주사위를 던져 두 수의 합에 해당하는 다른 속성을 선택한다. 6. 각각의 속성에 대해 자유 연상 하고 나서 두 속성을 결합하여 다시 자유 연상 한다. 7. 연상의 결과가 문제 간에 어떤 연관성이 있는지 생각하면서 아이디어를 찾는다.

② 자연현상 기법

창의적인 생각을 하는 데 있어서 아주 단순한 기법이다. 이 기법은 자연현상이나 살아있는 기관의 분석을 이용한다. 즉, 자연계에서는 이 문제를 어떻게 해결하는가? 라는 질문이 그것인 것이다.

자연계의 현상과 유사한 문제가 있는가? 예를 들면 사막을 걷는 낙타의 발에서 압력의 배분이 어떻게 되는가를 보고 사막용 운반차량의 타이어를 설계한다.

그리고 강한 바람 속에서도 안정적인 조종이 가능한 비행체를 만들기 위해 바다 갈매기의 날개를 연구함으로써 비행체의 날개를 설계한다.

또 어떤 과학자들은 광학 디스크 저장 체제를 개발을 위해서 나방의 눈 구조를 활용하기도 한다.

③ 강제결합게임 기법

창의적인 사고를 하기 위한 준비로 활용할 수 있다.

• 절차 :

▶ 우선 두 개의 팀으로 나누고, 진술된 문제를 제시한다.

▶ 팀 1은 문제와 전혀 연관되지 않는 하나의 아이디어를 제시한다.

▶ 팀 2는 본래의 문제를 해결할 수 있는 실질적인 아이디어로 팀 1의 아이디어를 바꾼다.

▶ 만약 팀 2가 아이디어를 바꾸는 데 성공하면, 두 번째 팀은 점수를 획득하게 된다.

▶ 만약 팀 2가 실패했다면, 이 점수는 팀 1에게 돌아가게 된다.

▶ 이 두 팀은 기괴한 질문으로 당황스러워하고 또, 좋은 적용 예를 찾는 과정을 교대로 하게 된다.

▶ 이때 모든 아이디어와 해결책들은 기록된다.

이 게임은 연관성 없는 아이디어를 발생시키는 동안 풍부한 상상력과 재치 있는 아이디어를 통합시키며, 또한 이러한 과정에서 창의적인 사고를 유발할 수 있도록 한다. 특히, 젊은 사람들은 이 게임이 팀의 경쟁과 관계되기 때문에, 더욱 즐겁게 게임을 할 수 있다.

예)

문제 : 더 좋은 성적을 거두기 위해 길러야 할 습관은 무엇인가?

팀 1 : 학습 습관을 향상시키기 위해서는 아이스크림을 많이 먹어야 한다.

팀 2 : 한 시간 학습할 때마다, 아이스크림을 크게 한 번 떠먹는다.

점수 : 팀 2는 팀 1이 제시한 아이디어를 정확하게 문제와 연결시켰기 때문에 점수를 획득한다.

팀 2가 도전 : 학습 습관을 향상시키기 위해서는, 자줏빛의 부츠를 신어라.

팀 1의 논박 : 더불어서 자기 얼굴에도 같은 색의 페인트를 칠해라.

점수 : 팀 1은 점수를 얻지 못한다. 왜냐하면, 그 답은 본래 문제에 대해 타당성 있는 대답이 아니기 때문이다. 결국, 점수는 다시 팀 2에게 돌아간다.

이 게임은 이러한 과정을 통해, 처음보다는 답이 쉽게 나올 때 까지 계속된다. 그리고 나면, 브레인스토밍이 시작되는 것이다.

④ 제품 개선 체크리스트

제품에 관한 새로운 아이디어 생성을 돕고자 미국 오클라호마 대학의 밴건디(VanGundy) 교수는 제품 개선 체크리스트(PICL)를 개발했다. 이 체크리스트는 오스본의 동사 체크리스트와 유사한 기능을 하며, 새로운 사고 패턴을 제공해 준다. PICL에는 다음과 같은 예들을 포함하여 총 576개의 아이디어 자극 단어가 네 영역으로 구분되어 있다.

시도하다 팽창시키다 비틀다 그리다 꿰매다 걸다 수축시키다 기체화하다	만들다 투명하게 부드럽게 딱딱하게 얇게 두껍게 깨지지 않게 삼각형으로
생각하다 시한폭탄 텔레비전 개미 4계절 박테리아 랜슬롯 경	제거/첨가하다 기대 깔때기 흠 알코올 힘 접착천

[그림 4-19] 제품 개선 체크리스트의 예

PICL을 이용하여 아이디어를 얻고자 할 때는 먼저 개선하고자 하는 제품이나 서비스를 확인한 후, 위의 네 영역 중 한 영역을 골라 열거된 단어들을 훑어본 다음 단어 한 개를 고른다. 그리고 선택한 단어를 이용해 자신의 문제해결에 도움이 될 만한 아이디어를 생각하고 떠오르는 아이디어를 모두 기록한다. 위와 같은 과정을 실행 가능한 아이디어가 나올 때까지 계속 반복하여 가장 좋은 아이디어를 선택한다.

예컨대, 문제가 "어떻게 하면 손전등을 개선할 수 있을까?"라고 하자. 먼저, 체크리스트 중 한 가지 영역을 골라 단어들을 훑어본 다음 단어를 한 개 선택한다.

예)

- 투명 전화기처럼 손전등을 통해 건너편 물체가 잘 보이게 만든다('투명하게 만들다'로부터).
- 일정 시간이 지나면 자동으로 꺼지도록 타이머를 부착한다('시한 폭탄을 생각하다'로부터).
- 스위치에 손이 닿기 바로 전에 불이 켜지게 만든다('기대를 제거 또는 첨가하다'로부터).

PICL은 최근에 개발되었으나 이미 많은 사람들이 사용하고 있다. 역시 밴건디 교수가 개발한 것으로서 PICL의 다른 형태인 '창의성의 원(Cirlces of Creativity)'이라는 것도 있다. 창의성의 원이란 동심원에 수백 개의 단어가 '~를 시도하다', '~를 만들다', '~를 생각하다', '~를 상상하다', '~를 첨가하거나 제거하다' 와 같은 영역으로 구분되어 있다. 원을 돌리고 부착되어 있는 화살표들을 이용하면 단어 결합이 몇 가지 나오게 되고, 이 결합들로부터 기존의 제품이나 서비스에 관한 개선 방법을 얻을 수 있다.

PICL은 신제품 개발 외에도 마케팅이나 고객 서비스와 같은 다소 추상적인 문제에 대한 아이디어 생성에도 유용하다는 것이 입증되었다.

〈표 4-17〉 제품 개선 체크리스트의 절차

제품 개선 체크리스트 단계 요약
① 먼저 개선하고자 하는 제품이나 서비스를 정확히 파악하라. ② 제품 개선 체크리스트에 수록된 단어를 선택하고, 이것을 제품이나 서비스에 응용해보라. 그리고 그 결과를 기록하라 ③ 잠재적인 대안들 중에서 어느 것이 가장 실행 가능성이 높은지를 결정하라.

3. 해결책 평가를 위한 수렴적 사고 기법

가. 아이디어 다듬기 과정

창의적 아이디어 다듬기는 3 단계로 이루어진다. 이것은 브레인스토밍과 마찬가지로 정답이 없는 활동이며, 체계화된 접근방법을 따르더라도 결과는 완전히 예측 불가능하다. [그림 4-20]은 아이디어 다듬기 과정을 도식적으로 설명한 그림이다. 그림의 첫줄에 팀 활동에 의해서 만들어진 12개의 아이디어가 서로 다른 기호로 표시되었다. 아이디어 다듬기의 첫째 단계는 유사한 것끼리 분류하는 것이며, 두 번째 단계는 각 범주내에서 아이디어를 조합하여 다양한 아이디어를 도출하는 과정이며, 세 번째 단계는 범주마다 도출된 아이디어들을 억지로 끼워 맞춰 최종의 아이디어를 만드는 과정이다.

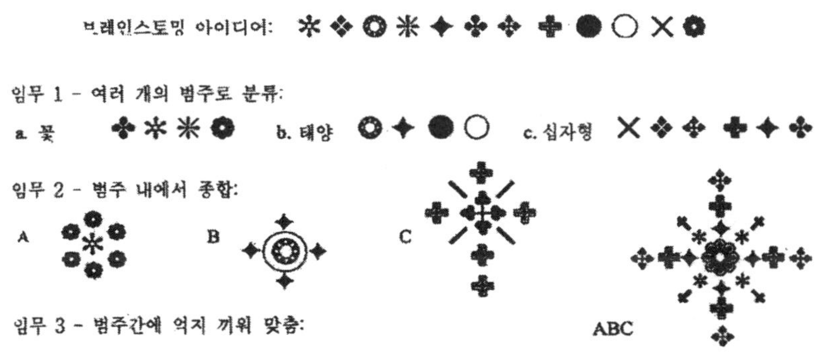

[그림 4-20] 아이디어 다듬기 과정

단계 1. 아이디어들을 연관된 여러 개의 범주로 분류한다.

① 아이디어 카드들을 테이블 위에 아무렇게나 펼쳐 놓는다.

② 팀은 테이블 주위에 모여 앉아 몇 분간 조용히 아이디어를 깊이 생각하며, 잠재의식 속으로 아이디어가 침잠되도록 한다.

③ 카드들의 유사점을 찾은 후 여러 범주로 분류한다. 이 때, 이러한 범주들은 너무 광범위하지 않도록 하며, 공통점이 많지 않은 아이디어들은 따로 모은다.

④ 어떤 것이든 새로이 떠오른 아이디어를 새로운 카드 위에 적고, 이런 아이디어들을 모은다.

⑤ 범주가 7개 이상이면 2개 또는 그 이상의 하위범주들을 새로운 상위범주로 조합하는 과정을 반복한다.

단계 2. 범주마다 아이디어 추가, 개선, 종합을 통하여 양질의 아이디어를 도출해낸다.

① 각 팀은 한 번에 한 범주씩 작업을 해야 한다.

② 범주내의 많은 아이디어와 단편적인 아이디어를 조율하여 소수의 선별된 양질의 실용적인 아이디어로 좀 더 완벽하게 발전시킨다.

③ 세부적인 것을 추가할 수 있으며, 수정을 가하거나, 아이디어에 편승하거나, 아이디어를 끼워 맞추고 조합할 수 있다. 아이디어 종합(몇 가지 개념들과 아이디어를 새로운 하나로 조합하는 것)은 특히 권장한다.

④ 하나의 아이디어로 합해진 카드들을 서로 묶기 위해 페이퍼 클립을 사용하고, 가장 개선되고 종합된 아이디어를 묶음의 제일 위에 놓는다.

⑤ "엉뚱한" 또는 적합해 보이지 않은 아이디어를 서둘러 버리지 않는다.

⑥ 모든 아이디어에 대한 다듬기가 끝나면, 각 범주의 개선된 아이디어를 커다란 종이에 쓰고 흑판이나 벽에 붙여 다음 단계로 넘어갈 준비를 한다.

단계 3. 범주 간에 관련이 없는 아이디어를 억지로 끼워 맞춰 본다.

① 최상의 해결방안을 도출하기 위해 모든 범주들로부터 가장 개선된 아이디어들을 조합하고자 한다.

② 최종 아이디어들의 다양한 조합을 머리 속에서 시도하여라(단순하거나 충실, 또는 어려운 아이디어일지라도). 이 과정에서 완전히 새롭고 흥미로운 아이디어가 생성될 수 있다. 다시 개선된 최종 아이디어들을 게시하라.

③ 아이디어를 검토하고 토의하는 과정을 통해, 팀은 아이디어의 논리, 의미, 그리고 목적을 이해하게 된다. 이로써 팀은 최선의 해답을 찾을 수 있게 된다.

④ 아이디어 다듬기는 서두르지 않는다.

⑤ 이 활동은 진행자가 그룹을 나눠 여러 팀으로 세분화된 경우에도 브레인스토밍만 지속된다면 쉽게 2~3차례 실시할 수 있다. 아주 종종 문제해결의 가장 좋은 아이디어가 이때 만들어지기도 한다.

확산적 사고 기법에 의하여 창출된 아이디어는 수렴적 사고 기법을 통하여 아이디어를 합리적으로 평가하는 절차를 거치게 된다. 결국 수렴적 사고 기법은 아이디어에 대한 의사결정 기법이다.

나. ALU(Advantage, Limitation and Unique Qualities)

ALU기법은 강점(Advantage), 약점(Limitation) 그리고 독특한 특징(Unique Qualities)의 첫 단어로 만든 기본적인 수렴적 사고도구이다.

ALU기법은 한개 또는 몇 개의 대안을 가지고 있는데, 이들 모두가 가능해서 좀 더 깊이 있게 분석, 발전시킬 필요가 있을 때에 활용하기에 적합한 수렴기법이다.

〈표 4-18〉 ALU 기법

강점	새로운 아이디어가 가지고 있는 강점, 긍정적인 측면은 무엇인가?
약점	새로운 아이디어가 가지고 있는 약점, 문제점은 무엇인가?
독특한 특징	새로운 아이디어가 가지고 있는 독특한 특성이나 기능성은 무엇인가?

다음과 같은 절차를 통해 적용하여 활용하면 된다.

〈표 4-19〉 ALU의 절차

- 1단계 : 강점, 이점, 장점을 고려
  대안의 강점을 먼저 분석
  대안을 분석하는 일에 적극적으로 관여할 수 있게 도와줌
  습관적인 회피현상을 방지할 수 있음
- 2단계 : 제한, 개선이 필요한 영역을 찾아냄
  완벽한 대안이란 오히려 드뭄
  각 대안이 가지는 제한, 약점 또는 문제점들을 신중하게 고려
- 3단계 : 독특한 특성을 확인
  각 대안들이 가지고 있는 새롭고 독특한 요소들을 의식적으로 고려

다. 평가 행렬법

평가행렬법은 제안된 아이디어들을 미리 정해놓은 준거에 따라 체계적으로 평가하기 위한 것이다. 평가하려는 아이디어들을 세로축에 나열하고 평가 준거를 가로축에 적어 행렬표를 만든 후, 각 준거를 기초로 모든 아이디어를 판정한다. 체계적인 만큼 시간과 노력이 소요되는 단점이 있다. 평가 행렬법은 다음과 같은 순서로 진행한다.

〈표 4-20〉 평가행렬법의 절차

① 행렬표를 준비한다.
- 아이디어나 준거의 순서 없이 아이디어는 왼쪽에, 준거는 윗부분에 나열한다.

평가준거 / 대안	C (비용)	A (수용 가능성)	R (자원)	T (시간)	S (공간)
1					
2					
3					
4					

② 행렬표를 완성한다.
- 평점척도에 따라 점수를 부여한다.
- 평점척도 예) 15점 / 수 가 / -1, 0, +1

③ 결과를 해석한다.
- 행렬표의 결과는 아이디어의 강점과 약점을 확인하는 데에만 이용한다.
- 어떤 준거에서는 점수가 낮은데 어떤 준거에서는 높은 점수로 평가되었다면 그 아이디어를 다듬어 발전시킬 방도를 연구하고 궁리해봐야 한다.

라. 쌍비교 분석법(PCA : Pair Comparative Analysis)

이 기법은 힘이 들고 시간이 많이 걸리나, 아이디어들이 모두 중요해서 우선순위를 매기기 힘들 때 적절하게 사용할 수 있다. 이 기법은 다음과 같이 4단계의 절차를 따라서 진행하면 된다.

〈표 4-21〉 쌍비교 분석법의 절차

① PCA에 아이디어를 기입한다.
② 아이디어들의 각 쌍을 비교한다.
③ 점수를 더한다.
④ 결과를 해석한다.

다음은 쌍비교 분석법을 활용하여 아이디어를 평가한 예시이다.

아이디어									
	B	C	D	E	F	G	H	I	점수계
A	A2	A2	A2	E1	F1	G2	H1	I1	A=6
	B	C1	B1	E2	F2	G3	H1	I2	B=1
		C	C1	E2	F1	G2	H1	I1	C=2
			D	E3	F1	G2	H1	I1	D=0
				E	E3	E1	E2	I1	E=14
척 도					F	G1	F1	F1	F=7
1. 약간 더 중요						G	G2	G1	G=13
2. 상당히 더 중요							H	H1	H=5
3. 아주 더 중요								I	I=6

· 결과해석 : 아이디어 E가 우선 순위가 가장 높은 것으로 나타났다.

[그림 4-21] 쌍비교 분석법을 활용한 이이디어 평가의 예

마. 스크리닝 매트릭스(Screening Matrix)

스크리닝 매트릭스는 다양한 아이디어들을 아이디어의 질에 따라 분류하여 우선순위를 정하고 선택하여 활용하고자 할 때 사용하면 좋은 체계적인 수렴기법의 일종이다. 다음은 여러 가지의 프로그램 중에서 우수한 자료들을 선정하기 위해서 만든 스크리닝 매트릭스이다.

가로축은 아이디어의 참신성, 세로축은 아이디어의 실현성을 기준으로 상, 중, 하로 평가한다. 이러한 기준은 평가 대상에 따라 적절히 바꾸어 사용할 수 있다.

이렇게 하여 자료를 A, B, C, D의 네 수준으로 나누어 취사선택하여 활용하고자 할 때 활용할 수 있는 수렴기법이며 매우 체계적이며 훌륭한 방법이다. 특히 이 수렴적 사고 기법은 아이디어의 수가 많을 경우 편리한 평가 기법이다.

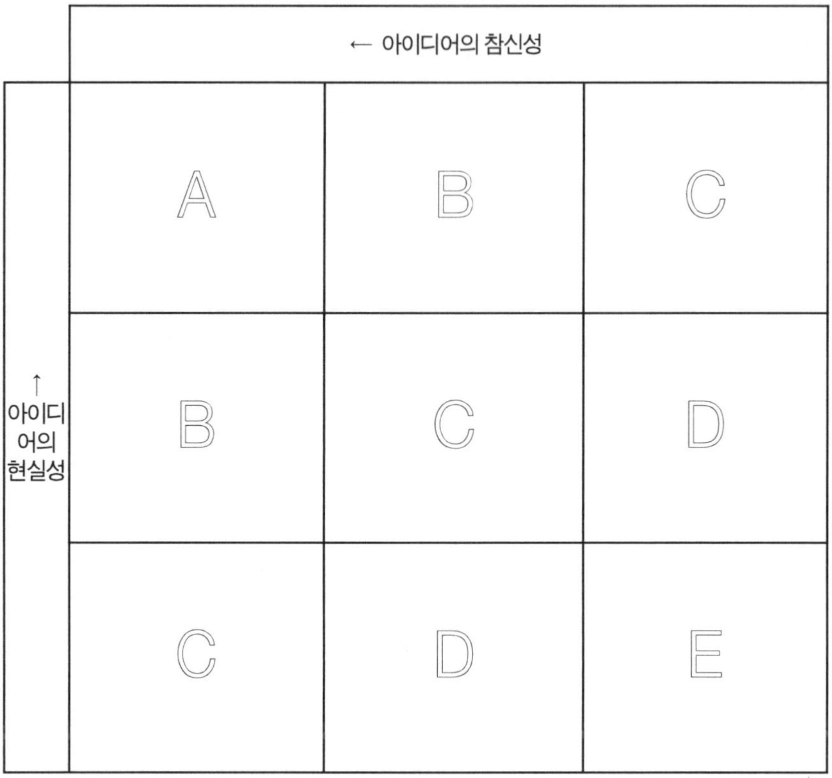

A : 최고의 아이디어 B : 차선의 아이디어 C : 의심스러운 아이디어 D : 형편없는 아이디어 E : 최악의 아이디어

[그림 4-22] 스크리닝 매트릭스의 예

생각을 확장하는 페이지 | 블록버스팅

다양한 구조적 기법들이 앞서 진술한 정신적 장애물을 헤쳐 나가기 위하여 활용 가능하며, 이 기법들은 총괄하여 블록버스팅 기법으로 언급된다. Goman은 창의성의 여러 가지 장애물들을 식별하였고 이러한 장애물들을 어떻게 극복하여야 하는지 몇 가지를 제안하였다. 다음 표에 이러한 장애물과 블록버스터를 요약하였다.

장애물	블록버스터
1. 부정적 태도 문제의 부정적인 면과 불만족스러운 결과에 집중하는 것은 창의성을 저하시킨다.	1. 태도 적응 문제의 긍정적인 결과와 관점을 기록하라. 모든 문제는 실패할 위험도 성공할 기회도 있음을 기억하라.
2. 실패에 대한 두려움 창의력을 가로막는 가장 큰 이유 중 하나는 실패에 대한 두려움과 위험을 모면하려는 것이다.	2. 위험 감수 위험이 무엇인지, 왜 중요한지, 최악의 결과는 무엇인지, 그것에 대한 선택은 무엇인지, 실패에 어떻게 대면할지에 대한 윤곽을 그려라.
3. 규칙 따르기 빨간불에 멈춰 서는 것과 같은 규칙이 필요하다. 가장 효과적이거나 첩경이라 여기며 친숙한 경로를 따라가는 것은 혁신을 방해한다.	3. 규칙 깨기 해법의 요구사항들로 인한 불필요한 제약사항들을 제거하라.
4. 논리에 관한 의존 한 단계씩 나아가는 방법은 배경에 대한 상상을 저하시킬 수 있다.	4. 창의적 내면 분위기 상황을 상상력, 감정, 유머로 풀어라. 통찰력과 가능성을 가지고 참가하라.
5. 당신이 비창의적이라는 믿음 창의적이지 않다고 믿는 것은 창의적인 답을 생각해 내는데 큰 방해가 된다. 어ㄸ 것들을 할 수 없다고 믿는 것은 혼자하는 예언과 같다.	5. 창의적이라는 믿음 은유와 유추를 만들고 몽상을 하며 "이러면 어떨까?"라는 질문에 의하여 당신의 창의성을 격려하라. 창의성을 표현할 다른 방법을 시도하라.

출처: 김정현(역)(2008). 창의적 문제해결 전략(Scott Folgler & Steven LeBlanc 저). 진샘미디어. p.104.

Goman의 다섯 번째 블록버스터에서 새로운 태도, 가치, 문제에 접근하는 방법, 문제를 해결하려는 방법을 배움으로써 창의력을 증가시킬 수 있는 명확한 방법들이 있다.

창의적 팀 환경 확립하기 | 팀 계발 활동 TEAM BUILDING

◈ 목표

창의적 팀 환경의 전략을 이해하고, 우리 팀의 창의적 문제해결을 위한 지침을 개발하고 적용한다.

◈ 준비물

창의적 팀 환경 읽기 자료, 화이트보드 또는 칠판

◈ 절차

1. 창의적 팀 환경을 읽으면서 이해를 위한 토의를 한다.
2. 우리 팀에서 가장 잘하고 있는 환경과 가장 우선적으로 개선해야할 환경을 찾아본다.
3. 이를 개선하기 위한 구체적인 지침을 만들어보자.

◈ 활동 토의

1. 창의적 팀 환경에서 새롭게 발견한 사실들은 무엇인가?
2. 이러한 환경에 비추어 우리팀의 창의적 환경에 제약을 확인했는가?
3. 만들어진 지침을 어떻게 실행할 수 있는가?

[읽기 자료] 창의적 팀 환경 확립하기

	팀원들에게 목적을 주지 말고 방향을 주어라 (즉, 개략적 방향).
	반대의 사고를 격려하라. 반대 의견은 토론을 향상시키고 다른 사람의 주의 깊은 관찰을 유도한다. 결국, 더 나은 결론에 영향을 미친다.
	단순히 사람들의 열망뿐만이 아니고 감성적인 것들을 확대하기 위한 잘 짜인 환경을 구축하라. 당신은 창의성을 살 수는 없으나 불어넣을 수는 있다. 창의적인 사람은 비표준적 방법의 생각으로 분위기를 유도하는 것이 필요하다. 작업 환경은 비형식적이고 여유로울 필요가 있다.
	환경에 감성적 접근이 필요하다. 수동적인 것은 열정으로 채워진 창의적 작업의 독이다. 수동적인 것인 것을 줄이는 하나의 방법은 문제를 찾아내거나 해결하는 것을 격려하는 것이다. 세상은 문제들이 항상 새로 창의도고 있듯이 매우 빨리 변화한다. 그러한 문제를 발견할 수 있는 사람은 창의적 관찰의 위대한 능력을 소유하고 있다.

	상황을 안전하게 만들면 만들수록 더 높은 도전이 가능하다. 작업 장소는 안전해야 하고, 작업자들은 위험을 감수하거나 실수를 하는 것에 두려워하지 않으며 기준을 높게 정해야 한다.
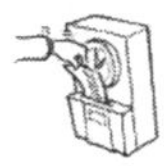	단순 책임감보다는 책무감을 격려하라. 9시부터 5시까지 일하는 단순 책임감은 창의성을 방해할 수 있다. 대신에, 자기들 일의 결과에 대하여 책무감을 가져야 한다.

학습 문제 | Quiz for Summary

◆ 객관식

1. 다음 그림의 문제의 장애 유형은?

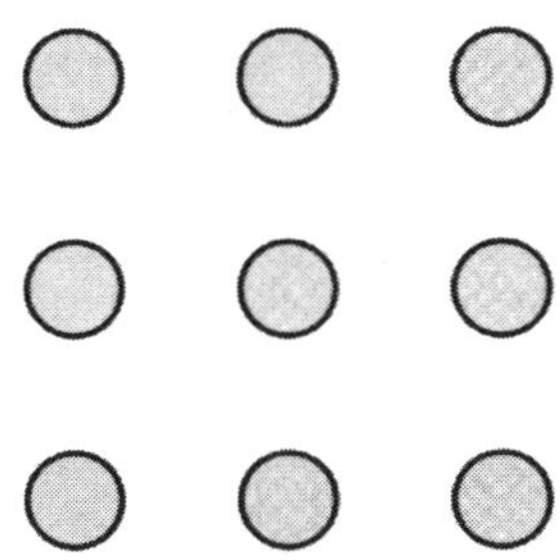

아홉 개 점에 대한 문제

페이지를 넘기기 전에 종이에서 연필을 떼지 말고 네 개 혹은 그보다 적은 선을 이용하여 아홉 개의 점을 모두 연결해 보아라. 그 다음, 그 모든 점을 통하도록 세 개의 선을 그려라.

① 개념적 장애물

② 문화적 장애물

③ 환경적 장애물

④ 물리적 장애물

2. 인지적 장애물은 문제해결자가 문제 자체나 그것을 해결하기 위해 필요한 정보를 명확하게 인지하는 것을 방해하는 장애물이다. 그 유형이 아닌 것은?

① 고정관념

② 문제를 불필요하게 제한함

③ 포화 또는 정보의 과부하

④ 문화적 지식

3. 브레인 라이팅 기법의 유형이 아닌 것은?

① 갤러리 방법

② 스토리보드 기법

③ 노트 수집 방법

④ 크로포드 쪽지 쓰기(Crawford Slip Writing)

4. 다음 보기와 같은 절차로 진행되는 확산적 사고 기법은?

보기
1. 문제를 정의한다(신제품 개발, 기존의 제품 개선 등). 2. 원을 그리고 시계처럼 숫자를 1부터 12까지 적는다. 3. 문제의 속성 중 12개를 골라 원 바깥쪽 숫자 옆에 1개씩 적는다. 4. 주사위 한 개를 던져 해당 번호의 속성을 선택한다. 5. 한 쌍의 주사위를 던져 두 수의 합에 해당하는 다른 속성을 선택한다. 6. 각각의 속성에 대해 자유 연상 하고 나서 두 속성을 결합하여 다시 자유 연상 한다. 7. 연상의 결과가 문제 간에 어떤 연관성이 있는지 생각하면서 아이디어를 찾는다.

① 기회의 원

② 마인드맵

③ 스크린 매트릭스

④ 제품 개선 체크리스트

5. 다음 그림에서 설명하는 수렴적 사고 기법은?

강점	새로운 아이디어가 가지고 있는 강점, 긍정적인 측면은 무엇인가?
약점	새로운 아이디어가 가지고 있는 약점, 문제점은 무엇인가?
독특한 특징	새로운 아이디어가 가지고 있는 독특한 특성이나 기능성은 무엇인가?

① ALU 기법

② PCA 기법

③ 스크린 매트릭스 기법

④ 평가 행렬법

◆ 주관식

1. 이 기법은 다양한 아이디어들을 아이디어의 질에 따라 분류하여 우선순위를 정하고 선택하여 활용하고자 할 때 사용하면 좋은 체계적인 수렴기법의 일종이다. 예를 들어 가로축은 아이디어의 참신성, 세로축은 아이디어의 실현성을 기준으로 상, 중, 하로 평가한다. 이러한 기준은 평가 대상에 따라 적절히 바꾸어 사용할 수 있다. 이렇게 하여 자료를 A, B, C, D의 네 수준으로 나누어 취사선택하여 활용하고자 할 때 활용할 수 있는 수렴기법이며 매우 체계적이며 훌륭한 방법이다.

객관식

1. [정답] ①
[해설] 이 수수께끼는 여덟 개의 바깥쪽 점에 의하여 만들어진 상상의 경계를 넘지 않는다면 해결하기가 매우 어렵다. 즉 개념적 장애물의 사례이다.

2. [정답] ④
[해설] 인지적 장애물은 고정관념, 문제를 불필요하게 제한함, 포화 또는 정보의 과부하 등이다.

3. [정답] ②
[해설] 브레인스토밍 기법은 사용 방법이 간편하고 많은 아이디어를 창출할 수 있는 장점이 있는 반면, 다소 소극적이거나 아이디어를 내는 데 쑥스러워하는 경우에 그 대안으로 브레인라이팅 기법을 제시할 수 있다. 브레인 라이팅 기법은 갤러리 방법, 명목집단 기법(Nominal Group Technique), 노트 수집 방법, 크로포드 쪽지 쓰기(Crawford Slip Writing), 'Ringii' process, 6-3-5 방법, 브레인라이팅 풀, 전자 브레인스토밍, 게시판 기법, 델파이 방법 등이 있다. 스토리보드 기법은 브레인스토밍 기법이다.

4. [정답] ①
[해설] 기회의 원은 강제 결합의 확산 사고 기법이다.

5. [정답] ①
[해설] ALU기법은 강점(Advantage), 약점(Limitation) 그리고 독특한 특징(Unique Qualities)의 첫 단어로 만든 기본적인 수렴적 사고도구이다.

주관식

1. [정답] 스크린 매트릭스
[해설] 이 기법은 수렴적 사고 기법으로 아이디어의 수가 많을 경우 편리한 평가 기법이다.

학습 내용 정리 | Mind Mapping

1. 가장 자주 발생하는 정신적 장애물은 개념적 장애물, 인지적 장애물, 감성적 장애물, 문화적 장애물, 환경적 장애물, 지적 장애물, 표현적 장애물이다.
2. 개념적 장애물은 하나의 문제를 정확하게 인식하거나 그것의 해결책을 생각해 내는 것을 못하게 하는 하나의 정신적 벽이다.
3. 인지적 장애물은 문제해결자가 문제 자체나 그것을 해결하기 위해 필요한 정보를 명확하게 인지하는 것을 방해하는 장애물이다.
4. 감성적 장애물은 다양한 방법으로 문제를 해결하는 능력을 방해한다. 그것은 아이디어들을 조사하고 처리하는 자유도를 줄이고, 융통성 있고 유연하게 아이디어화하는 능력을 방해한다. 또한 감성적 장애물은 당신이 다른 사람들과 아이디어들을 소통하는 것을 방해한다. 즉 위험 감수의 두려움, 혼란스러움에 대한 의욕 부족 등이다.
5. 아이디어를 탐색하는 단계에서 가장 대표적인 방법은 브레인스토밍 기법이다. 이 기법은 사용 방법이 간편하고 많은 아이디어를 창출할 수 있는 장점이 있는 반면, 다소 소극적이거나 아이디어를 내는 데 쑥스러워하는 경우에 그 대안으로 브레인라이팅 기법이 대안으로 제시된다. 이 기법은 12명 이상의 팀원으로 구성되어 있거나, 다른 사람들 앞에서 발표하는 일에 쑥스러움을 타는 사람들이 있는 경우 활용할 수 있다. 이러한 브레인라이팅은 직접 대면한 상태에서의 언어적 상호작용이 결여되기 때문에 아이디어의 수가 줄어들 수 있는 단점이 있다.
6. 브레인 라이팅 기법은 갤러리 방법, 명목집단 기법(Nominal Group Technique), 노트 수집 방법, 크로포드 쪽지 쓰기(Crawford Slip Writing), 'Ringii' process, 6-3-5 방법, 브레인라이팅 풀, 전자 브레인스토밍, 게시판 기법, 델파이 방법 등이 있다.
7. 상호작용 브레인스토밍은 언어적 브레인스토밍과 브레인라이팅의 각각의 장점들은 통합해놓은 방법으로 아이디어의 양과 질적인 면에 있어서 많은 아이디어를 얻을 수 있다. 20명 이상의 집단에서 활용할 수 있으며, 구두로서 아이디어를 공유하는 것과 함께 필기를 함으로써 아이디어를 내놓을 수 있는 방법이다.
8. 상호작용 브레인스토밍 기법은 아이디어 방아쇠 기법, 전문위원 형식(panel format), 통합적 문제해결 기법, 스토리보드 기법, 마인드맵(Mind Mapping) 등이 있다.
9. 아이디어를 강제로 결합하게 하는 기법은 보다 창의적인 아이디어를 창출하게 도움을 준다. 기회의 원, 자연현상 기법, 강제결합게임 기법, 제품 개선 체크리스트 등이 있다.
10. 창의적 아이디어 다듬기는 다음의 3 단계로 이루어진다.

단계 1. 아이디어들을 연관된 여러 개의 범주로 분류한다.

단계 2. 범주마다 아이디어 추가, 개선, 종합을 통하여 양질의 아이디어를 도출해낸다.

단계 3. 범주 간에 관련이 없는 아이디어를 억지로 끼워 맞춰 본다.

11. ALU기법은 강점(Advantage), 약점(Limitation) 그리고 독특한 특징(Unique Qualities)의 첫 단어로 만든 기본적인 수렴적 사고도구이다. ALU기법은 한개 또는 몇 개의 대안을 가지고 있을때, 이 대안들을 좀 더 깊이 있게 분석, 발전시키기 위해 활용하기에 적합한 수렴기법이다.

12. 평가 행렬법은 제안된 아이디어들을 미리 정해놓은 준거에 따라 체계적으로 평가하기 위한 것이다. 평가하려는 아이디어들을 세로축에 나열하고 평가 준거를 가로축에 적어 행렬표를 만든 후, 각 준거를 기초로 모든 아이디어를 판정한다. 체계적인 만큼 시간과 노력이 소요되는 단점이 있다.

13. 쌍비교 분석법(PCA : Pair Comparative Analysis)은 힘이 들고 시간이 많이 걸리나, 아이디어들이 모두 중요해서 우선순위를 매기기 힘들 때 적절하게 사용할 수 있다.

14. 스크리닝 매트릭스는 다양한 아이디어들을 아이디어의 질에 따라 분류하여 우선순위를 정하고 선택하여 활용하고자 할 때 사용하면 좋은 체계적인 수렴기법의 일종이다.

생각해 볼 문제 | Reflection & Discussion

1. Goman은 창의성의 여러 가지 장애물들을 식별하였고 이러한 장애물들을 어떻게 극복하여야 하는지 다음과 같이 몇 가지를 제안하였다.

장애물	블록버스터
1. 부정적 태도 문제의 부정적인 면과 불만족스러운 결과에 집중하는 것은 창의성을 저하시킨다.	1. 태도 적응 문제의 긍정적인 결과와 관점을 기록하라. 모든 문제는 실패할 위험도 성공할 기회도 있음을 기억하라.
2. 실패에 대한 두려움 창의력을 가로막는 가장 큰 이유 중 하나는 실패에 대한 두려움과 위험을 모면하려는 것이다.	2. 위험 감수 위험이 무엇인지, 왜 중요한지, 최악의 결과는 무엇인지, 그것에 대한 선택은 무엇인지, 실패에 어떻게 대면할지에 대한 윤곽을 그려라.
3. 규칙 따르기 빠간불에 멈춰 서는 것과 같은 규칙이 필요하다. 가장 효과적이거나 첩경이라 여기며 친숙한 경로를 따라가는 것은 혁신을 방해한다.	3. 규칙 깨기 해법의 요구사항들로 인한 불필요한 제약사항들을 제거하라.
4. 논리에 관한 의존 한 단계씩 나아가는 방법은 배경에 대한 상상을 저하시킬 수 있다.	4. 창의적 내면 분위기 상황을 상상력, 감정, 유머로 풀어라. 통찰력과 가능성을 가지고 참가하라.
5. 당신이 비창의적이라는 믿음 창의적이지 않다고 믿는 것은 창의적인 답을 생각해 내는데 큰 방해가 된다. 어ㄸ 것들을 할 수 없다고 믿는 것은 혼자하는 예언과 같다.	5. 창의적이라는 믿음 은유와 유추를 만들고 몽상을 하며 "이러면 어떨까?"라는 질문에 의하여 당신의 창의성을 격려하라. 창의성을 표현할 다른 방법을 시도하라.

여기에서 당신이 적용하고픈 블록버스터 2 가지를 선정하고 구체적으로 적용할 수 있는 방안을 제시해 보자.

참고문헌

김정현 역(2008). 창의적 문제해결 전략(Scott Folgler & Steven LeBlanc 저). 진샘미디어.

다카하시 마코토 편저, 조경덕 옮김(2003). 창조력 사전The Bible of Creativity. 매일경제신문사.

박강 외(2005). 창의공학. 인터비전.

사토 인이치, 이봉노 옮김(2005). 문제해결의 기술. 새로운 제안.

이창훈 · 김기수(2005). 창의공학설계. 한티미디어.

제임스 하긴스 지음, 박수규 옮김(2003). 필요할 때 꺼내 쓰는 결정적 아이디어 101. 비즈니스북스.

최유현(2008). 공학기술과 팀워크. 지호.

최유현(2010). 기술교과 학습의 탐구. 형설출판사.

Bagulary, P. (2003). Teams and Team-working, Chicago, Ill: MaGraw-Hill.

Eide, A. R., Jenison, R. D., Mashaw, L.H., and Northup, L.L. (2002). Introduction to Engineering Design & Problem Solving, Boston: McGraw-Hill.

Goetsch, D. (2004). Effective Teamwork: Ten Steps for Technical Professions. Net Effect Series, Columbus, Ohio, Pearson Prentice Hall.

Katzenbach & D. Smith(1993). The Wisdon of Treams: Creating the High-Performance Organization, Cambridge, M.A: Harvard Business School Press.McNeill, B. Bellamy, L. and Foster, S. (1995), Introduction to engineering design, Tempe: Arizona State University.

Rees, F. (1997). Teamwork form start to finish: 10 steps to results, An Imprint of Jossey-Bass Inc., Publishers.

Scholtes, P. P. (1996). The Team Handbook, Madison, WI: Joiner Association.

Smith, K. A. (2004). Teamwork and Project Management, 2nd Ed. Boston: MaGraw-Hill.

Stewart, G. L., Manz, C. C. & Sims, Jr, H. P. (1999). Team Work and Group Dynamics, New York: John Wiley & Sons, INC.

Wellins, R. S., Byham, W. C. & Willson, J. M. (1991). Empowered Teams: Creating self-directed work groups that improve quality, productivity, and participation, San Francisco, CA: Jossy-Bass Inc.

West, M. A. & Markiewicz, L. (2004). Building Team-Based Working: Practical Guide to Organizational Transforming. BPS Blackwell.

http://www.12manage.com/methods_mind_mapping_ko.html

17 팀 프로젝트 모니터링과 평가

| 주요 개념 | 팀 미팅, 팀 모니터링, 팀 동료평가, 팀 평가, 팀 보상

1. 모니터링을 통한 팀 프로젝트 관리
2. 팀 프로젝트 평가와 보상

17 팀 프로젝트 모니터링과 평가

□ **학습 목표**
① 팀 미팅과 모니터링을 통한 팀 프로젝트 관리를 이해하고 실천한다.
② 팀 프로젝트 평가와 보상의 기본적인 전략을 이해하고 실천한다.

□ **학습으로의 초대_ 성공하는 팀의 5가지 기준과 팀 모니터링**

팀이 성공을 거두도록 만드는 요인들은 무엇일까? 몇몇 연구원들이 이 물음에 대한 대답을 내놓으려고 노력했다. 그 연구원들의 전형적인 접근법은 성공적인 팀들의 예를 찾아내어 인터뷰를 하고 조사를 하여 그 팀들이 성공하게 만든 요인들을 결정하는 식이다. 연구 방식이 비슷함에도 불구하고, 연구원들이 연구 대상으로 삼은 팀의 유형은 서로 다르다. 게다가 팀을 조사하는 데 쓰인 설문의 유형도 연구원의 지적 또는 사회적 배경에 따라 달랐다. 그럼에도 불구하고 성공적인 팀의 특성을 가려내려는 접근법들은 그런 팀들에 몇 가지 공통점이 있음을 보여주고 있다.

해크먼은 '직무설계'가 전문인 조직심리학자이다. 그는 직장과 실험실에서 다양한 유형의 팀을 조사했다. 그 결과 팀의 성공적인 발달에 필요한 요인 5가지를 제시하고 있다(정명진 역, 2011).

1. 뚜렷한 방향과 목표 : 팀이 노력을 한곳으로 모으도록 하고 또 수행을 평가하기 위해서는 목표가 필요하다.
2. 훌륭한 리더십 : 팀의 내부 및 외부 관계를 처리하고 팀이 목표를 향하여 움직이도록 만들기 위해서는 리더가 필요하다.
3. 팀워크에 적절한 과업: 과업은 복잡하고, 중요하고, 도전적이고, 팀원들의 단합된 노력을 요구하는 것이어야 한다. 개인들이 독립적으로 수행할 수 있는 과업이어서는 안 된다.
4. 과업 수행에 필요한 자원들 : 물질적, 인적 자원만 아니라 훈련의 기회까지도 주어져야 한다.
5. 서로 응원하는 조직 분위기 : 조직은 팀원들이 결정을 내리고 실천에 옮길 수 있도록 충분한 권력과 권한을 넘겨줘야 한다.

즉 위의 다섯 가지 요인은 성공적인 팀의 기준이기도 하며, 팀을 모니터링하고 평가하는 일에서 이들 기준의 관점에서 전체적인 증거 수집과 조망, 성찰이 요구된다고 볼 수 있다.

1. 모니터링을 통한 팀 프로젝트 관리

팀 프로젝트 관리에 있어서 가장 중요한 두 가지는 모니터링을 통한 프로젝트 초기부터 과정을 관리하는 것과 프로젝트가 종료되는 시점에서 평가를 통하여 프로젝트를 검토하는 것이다. 이러한 방법은 여러 가지 알려진 형식적, 비형식적 수단들이 많이 있다. 1:1 만남, 이메일, 전화통화 등은 일반적으로 잘 알려진 방법이지만, 팩스, 음성메시지, 필기 노트 등도 단순한 모니터링 수단이 된다. 최근에 정보통신기술의 발달로 네트워킹을 통한 인터넷, PDA, 전화를 통한 즉시적 메시지와 e-프로젝트와 같은 웹기반 프로젝트 토의 시스템, 공식적 보고서, 정기적 모임, 정기 발표회 등도 중요한 수단이 되고 있다(Smith, 2004).

이들 각각의 방법은 이점과 단점을 동시에 가지고 있다. 따라서 모니터링이나 평가의 목적에 맞게 적절히 타당한 방법을 선택하여 활용할 수 있고, 이 외에도 팀의 독창적인 방법을 찾는 것도 바람직할 것이다.

효과적인 프로젝트 관리자는 항상 팀원 간의 접촉과 만남을 유지한다. 피터스(Peters, 1999)는 "모든 일은 프로젝트이다"라고 정의하고 프로젝트 작업에서 개개인이 의미를 갖고 프로젝트에 참여해야 한다고 주장한다(in Smith, 2004).

가. 팀 미팅

비록 팀 미팅이 팀 문제해결에서 중요한 모임이지만 다음과 같은 모임에 대하여 팀 구성원은 불만을 토로한다(Dressler, cited in Smith, 2004).

- 팀 모임의 목적이 명확하지 않다.
- 참여자들이 준비되어 있지 않다.
- 핵심 인사가 결석하거나 무시되었다.
- 회의 중 대화가 쟁점을 벗어난다.
- 참여자들이 쟁점에 대하여 토의하지 않고, 자기주장만 하거나 독선적인 말이 지배적이다.
- 중요한 의사결정이 회의 중 논의 결과와 다르다.

리핀코트(Lippincott, 1994)는 팀 미팅에서 가장 일반적인 문제를 완화시키는 중요한 다섯 가지 지침을 제시하였다(in Smith, 2004).

1) 팀 미팅에서 성취하고자 하는 구체적인 목표를 두세 가지 문장으로 진술한다.
2) 이 목표를 성취하는 데 팀 미팅이 가장 좋은 방법이라면, 적어도 2일 전에 회의의 핵심 내용을 알려준다.
3) 팀 미칭 중에 집중과 존중, 질서를 유지하기 위한 회의 지침을 마련한다.
4) 팀 미팅의 결과에 대한 책임을 지도록 한다.
5) 만약 팀 미팅이 제대로 수행되지 않을 경우 브레인스토밍과 같은 다른 도구와 기법을 활용한다.

한편, 보다 구체적으로 숄테스 등(1996)은 책에서 팀 미팅을 회의 전, 중, 후의 세 단계로 구분하여 그 전략을 제시하였다(in Smith, 2004).

팀 미팅 전

- 계획하기
- 회의 목적과 결과를 명료히 하기
- 팀 미팅 참여자를 확인하기
- 팀 미팅 목적을 달성하기 위한 회의 방법을 선택하기
- 핵심 회의 내용을 개발하고 알려주기
- 회의실을 마련하기

팀 미팅 중

- 시작하기 : 출석 확인, 회의 내용 소개, 회의 규칙 확정, 역할 명료화
- 회의하기 : 한 번에 한 쟁점씩, 토의를 관리, 주제와 진도를 관리
- 정리하기 : 결정의 요약 정리, 실천 항목의 검토, 다음 회의 내용 공지, 다음 회의 시간과 장소 검토, 팀 미팅의 평가, 참여자에게 감사

팀 회의 후

- 회의결정 따르기 : 즉시 회의 결과와 자료 전달하기
- 효과적인 미팅을 위한 "팀 미팅 잘하는 방법" 등과 같은 정보를 마련한다.

다음은 "팀 미팅 잘하는 방법"의 예이다.

〈표 4-22〉 팀 미팅 잘하는 방법의 예

팀 미팅 잘하는 방법
팀 미팅 계획하기 · 회의의 목표를 명료히 하라. · 회의가 왜 필요한지 명료히 하라. · 다루어질 주제를 목록화하라.
공지하기 · 회의 내용, 회의 목적과 얻고자 하는 바를 참여자 모두 알도록 하라. · 참여자에게 회의의 중요성을 인지시키고 필요한 정보를 안내하라.
준비하기 · 회의 내용의 논리적 순서대로 준비하라. · 긴급성이 아닌 중요성에 기초하여 시간을 할당하다.
회의 진행 : 구조화와 관리 · 해석이나 실천 전에 모든 증거를 마련하라. · 회의 중 지나간 내용을 다시 꺼내는 행위를 중지케 하고 지나간 내용을 다루지 않도록 한다.
요약과 회고 · 모든 결정과 기록을 요약하고 각 실천에 개인적 책임을 부여한다.
자료 : Cleese, 1993, cited in Smith, 2004

나. 팀 효과성 모니터링

팀 작업의 효과성을 모니터링하는 가장 일반적 방법은 보잉사에 적용한 플러스/델타 처리 접근이다. 이 방법은 모니터링 목록에 잘 수행되는 항목에 플러스(+)로 표시하고, 그 다음으로 수행된 항목에 델타(△)로 표시를 하는 방법이다.

또 다른 방법은 다음과 같은 '개인별 성찰자료'를 활용한다. 팀 구성원은 각자 주어진 성찰표를 완성하고, 다른 동료와 점수와 질적 기술 내용에 대하여 토의한다.

〈표 4-23〉 개인 성찰 도구

긍정적 행동	점수	질적 기술
안전		
몰입		
자유로운 상호작용		
상호의존성의 수준		
협력		
신뢰		
갈등 해결		
영향력		
성취도		
성장		

점수 1 : 전혀 증거가 없음 2 : 아주 부족함 3 : 부족함 4 : 훌륭함 5 : 아주 훌륭함
자료 : Uhlfedler, 1997, cited in Smith(2004)

이 외에도 팀에서 개인적 참여에 관한 데이터를 수집하는 좀 더 복잡한 모니터링 방법이 있다. 다음 표는 스미스가 그의 강의에서 적용하는 방법으로 주요한 팀 행동인 팀 과제(아이디어들의 기여자), 팀 유지(격려자들) 측면에서 팀 구성원이 관찰하고 작성하는 것이다.

〈표 4-24〉 팀 관찰표

관찰의 범주	이름	전체 학생수
팀 과제 기여한 아이디어들		
팀 유지 격려한 사람		
전체		

기타 관찰 내용

이것은 팀 구성원들이 작성하게 하여, 팀 관리자는 구체적이고, 기술적이며, 즉각적이고 긍정적인 피드백을 한다. 그러나 개인이 희망한다면 개인적으로 부정적인 피드백을 하며, 그 개인은 흔쾌히 청취할 준비를 한다.

다음은 숄테스(Scholtes, 1988)가 제시한 건설적인 피드백을 위한 지침이다(Smith, 2004)

- 피드백의 요청에 감사를 표한다.
- 긍정적 피드백을 준다(부정적 피드백은 요청이 있는 경우만 한다).
- 맥락을 이해시킨다.
- 피드백 줄 때를 알게 한다.
- 피드백을 어떻게 주는지 알게 한다.
- 설명한다.
- 라벨을 사용하지 않는다.
- 판단하지 않는다.
- 피드백 받는 사람에 대하여 말하고, 다른 사람은 말하지 않는다.
- 질문이 아니라 진술과 같은 쟁점을 열거한다.
- 관찰한 내용에 대해서만 피드백한다.
- 긍정적 피드백을 할 때 칭찬한다.

한편, 상호작용 기술을 관찰하는 도구는 제록스 회사에서 적용하였는데 다음 표와 같은 코딩 양식과 각 행동을 정의하고 예시까지 제시하였다(Xerox Corporation, 1986, in Smith, 2004).

〈표 4-25〉 제록스의 팀 상호작용 기술 코딩 용지

행동						전체 사례	%
시작							
제안							
발전							
반응							
지지							
반대							
변호/공격							
명료화							
이해력 시험							
요약화							
정보 탐색							
정보 제공							
전체 사례							
과정							
참여 훼방							
참여 요구							

다. 팀 대화 분석

도넬론(Donnellon, 1996)은 모든 그룹이 모두가 팀이 되는 것은 아니라고 전제하면서, 보다 정교화된 팀 수행능력을 분석하는 접근법을 개발하였다. 그는 팀을 평가하기 위한 6가지 차원으로 정체성, 상호의존성, 힘의 집중도, 사회적 거리감, 갈등관리 행동, 협상전략을 제시하였다. 그는 기본적으로 팀의 바람직한 행동은 상호의존성, 가까운 사회적 거리(신뢰 있는 관계), 건설적인 갈등관리 전략, Win-Win 전략 등이라고 강조하였다.

〈표 4-26〉 보통의 그룹과 훌륭한 팀

차원	보통 그룹	훌륭한 팀
정체성	조직상의 그룹	팀
상호의존성	독립	상호의존
힘의 집중도	높다	낮다
사회적 거리감	멀다	가깝다
갈등관리 행동	강요, 동조, 회피	직면, 협력
협상 전략	승자와 패자	모두 승자

〈표 4-27〉 6가지 차원으로 본 팀의 특성

정체성	상호 의존성	힘의 집중도	사회적 거리감	협상 전략	갈등관리 행동	프로파일
팀	높음	낮음	가깝다	모두 승자	협력	협력적
팀	보통	낮음	가깝다	모두 승자	강요-회피	대체로 협력적
팀	보통	높음	가깝다			Emergent
팀과 조직	높음	높음	멀다	승자 패자	강요-회피	Adversarial
팀과 조직	낮음	높음	멀다	승자 패자	강요-회피	Adversarial
조직	낮음	낮음	멀다			Nominal
조직	낮음	높음	멀다	승자 패자	강요-회피	Doomed

앞에서 제시한 팀 모니터링과 과정 관찰 양식은 보다 체계적으로 팀 수행의 작업과 과제 모두를 성찰할 수 있게 한다. 즉 이러한 모니터링은 팀 목표 달성에 기여하고 팀 구성원의 작업 능력을 돕는다. 그렇지만 전형적으로 팀의 수행과정에 대한 시간 투자와 칭찬에 동기를 갖기가 어렵다. 팀의 효과성과 작업 환경의 놀라운 차이를 만드는 데 팀이 어떻게 작동하는가를 탐구할 시간적 투자가 적다.

라. 팀 동료평가

보통은 익명으로 이루어지는 동료평가는 공학기술 팀에서 점점 일반적인 경향이 되고 있다. 맥거티와 드뫼즈(McGourty and De Meuse, 2001)는 네 가지 팀 효과성 차원(의사소통, 의사결정, 협력, 자기관리)에서 각 구성원이 팀의 다른 동료를 평정하는 컴퓨터 기반의 동료평가 시스템(5단계 평가)를 개발하였다. 그들은 팀 문제해결과 개선에 도움을 주는 정보를 제공하는 데 중점을 두어야 한다고 하였다(in Smith, 2004).

효과성 팀 개발은 개선을 촉진하는 분위기의 결과이다. 동료평가는 이러한 분위기를 개선하는 데 도움이 되지만, 실제적인 관리에는 필요하지 않을 수 있다.

2. 팀 프로젝트 평가와 보상

가. 팀 프로젝트 평가

프로젝트의 마무리는 매우 중요하며, 평가가 이루어진다. 일반적으로 프로젝트 평가 문항은 이 과정에서 지침이 된다. 하이네스(Haynes, 1989)는 전형적인 팀 평가 질문을 다음과 같이 제시하였다(in Smith, 2004).

① 계획된 과제 완성 일정을 실제로 얼마나 충족했는가?
② 일정에 관하여 우리가 배운 사실 중 다음 프로젝트에 도움이 될 만한 것은 무엇인가?
③ 최종 프로젝트 비용이 예산과 얼마나 맞아떨어지는가?
④ 예산에 관하여 우리가 배운 사실 중 다음 프로젝트에 도움이 될 만한 것은 무엇인가?
⑤ 프로젝트 완성과 관련하여, 추가적인 작업 없이 고객이 요구한 명세서를 얼마나 충족하였는가?
⑥ 추가적인 작업이 요구된다면, 그 내용을 기술하시오.
⑦ 고객 명세서에 대하여 우리가 배운 사실 중 다음 프로젝트에 도움이 될 만한 것은 무엇인가?
⑧ 지원조직에 대하여 우리가 배운 사실 중 다음 프로젝트에 도움이 될 만한 것은 무엇인가?
⑨ 프로젝트 수행 모니터링에 대하여 우리가 배운 사실 중 다음 프로젝트에 도움이 될 만한 것은 무엇인가?
⑩ '올바른 실천'에 대하여 우리가 배운 사실 중 다음 프로젝트에 도움이 될 만한 것은 무엇인가?

⑪ 우리가 창출한 기술적인 진보가 이루어졌는가?
⑫ 다음 프로젝트에 도움이 될 수 있는 개발된 도구와 기법은 무엇인가?
⑬ 미래 연구와 개발에 대하여 제안점은 무엇인가?
⑭ 서비스 조직과 외부조직에 대하여 시사점은 무엇인가?
⑮ 만약 프로젝트가 수행할 기회가 생긴다면, 서로 다르게 수행할 전략은 무엇인가?

프로젝트 평가는 꼭 프로젝트 마지막에 수행되는 것은 아니다. 평가는 프로젝트의 일환으로 통합되어야 한다. 경우에 따라 프로젝트가 지연되거나 과도하게 초과 달성되었을 때를 위해서도 지속적인 평가 시스템이 확립될 필요가 있다.

평가와 지속적인 개선은 프로젝트와 화사의 문화로서 계속되는 일이다. 회사나 조직의 문화적 측면은 보통 질적인 동기로 기술된다. 〈표 4-28〉은 프로젝트 질에 대한 고전적 사고와 혁신적 사고를 비교한 것이다.

〈표 4-28〉 질 관리에서의 고전적 사고와 혁신적 사고

고전적 사고	혁신적 사고
경쟁이 더 나은 작업을 위한 동기	협력이 효과적인 작업을 하도록 격려
승자가 있으면 패자가 있음	모든 개인이 승자
보스를 위하여	고객을 위하여
분절되고 산발적 문제	시스템을 개선
개인적 과정의 개선에 중점	전체 시스템의 목적과 어떻게 과정이 더욱 개선될 수 있는지에 중점
문제 자체의 원인과 해결책을 찾음	우선 모든 일과 사람의 변수들을 인지하고, 문제를 시스템 안팎에서 바라봄
명세서가 충족되면 일이 끝남	지속적 개선이 끊임없는 여행이다.
검사와 측정이 질을 개선한다.	가능성의 과정, 비전과 목표의 공유, 훌륭한 리더십, 훈련이 창의적 질 관리에서 핵심이 된다.

위험과 실수는 나쁘다.	지속적인 개선을 할 때, 약간의 위험과 실수는 허용된다.
종국적인 교육이 있다.	계속적인 학습자이다.
보스는 명령하고 통제한다.	보스는 작업자를 돕고 개선을 촉진한다.
보스는 모든 일을 알아야 한다.	훌륭한 리더와 함께 일하는 팀은 더 나은 일을 알고 할 수 있다.
단기 이익이 최고다.	복잡한 세계에서 의미 있는 성취가 시간을 번다.
기본적인 신뢰를 가지기 힘들다.	팀 구성원은 항상 신뢰하고 지속시킨다.
당장 실행한다.	먼저 생각하고 다음에 행동한다.

팀 조직에서 질적인 동기를 창출하는데 돕도록 요구된다. 이러한 질 관리는 CQI(Continuous Quality Improvement)와 TQI(Total Quality Improvement), Six 시그마 등의 전략들이 있다. Six 시그마의 핵심 주제는 다음과 같다.

· 고객을 중점으로 두기
· 자료와 사실에 기초한 관리
· 성장과 성공 엔진으로서의 과정 중심, 관리와 개선
· 앞을 내다보는 관리
· 경계 없는 협력
· 완전을 추구하되 실패를 인내

Six 시그마를 개선한 DMAIC(Define, Measure, Analyze, Improve, Control) 모델도 새롭게 제시되고 있다.

우리는 흔히 목표의 성취와 과제의 완성을 평가하지만, 우리 주위에서 일어나는 현상과 환경에 대하여 주의를 기울이는 것을 잊어버린다. 성공적인 프로젝트 관리자는 주위 깊게 기술들을 세련되게 하고 성찰한다.

나. 팀 보상

팀에 대한 보상 시스템은 개인과 팀 모두에게 수행되어야 한다. 효과적인 보상 시스템은 보상의 적절한 두 유향의 균형을 갖추어야 한다. 그러나 한 회사의 사례가 다른 회사에 그대로 적용되는 것은 아니다. 바람직한 보상 시스템은 대체로 다음 4가지를 충족해야 한다(Goetsch, 2004).

· 개인적 보상
· 개인에 대한 인정
· 팀 보상
· 팀에 대한 인정

개인과 팀에 대한 보상은 성과급이나 경제적 보상의 방법으로 이루어진다. 개인적 보상은 회사에서 회사원의 일의 의욕을 높이기 위한 성과 시스템의 차원에서 월급으로 보상하는 것이 일반적이다. 그러나 더 큰 동기를 위하여 경제적 보상보다도 그 성과를 인정해주는 보상 시스템이 더욱 중요하다고 한다. 다음 〈표 4-29〉는 개인적 인정을 위한 보상 전략이다(Goetsch, 2004).

〈표 4-29〉 개인 및 팀의 인정 전략 체크리스트

체크	인정 전략
	CEO의 편지
	개인이나 팀에게 한 달간 주차 공간 제공
	휴가, 반차, 금요일 휴가 등
	개인이나 팀을 위한 전문 잡지 구독권
	뉴스레터에 공지하고, 상패 수여
	CEO와 중식 만찬
	상품권
	이벤트 티켓
	전문 회의, 워크숍, 세미나 참석 보장
	훈련지도자 기회

	회사 출판물과 게시판에 프로파일
	헬스클럽, CC 회원권
	팀 성취를 기념하는 모자, 셔츠, 재킷
	골프 라운딩 또는 볼링 티켓
	리무진 탑승 기회
	일정 기간 동안 회사 차량 활용

개인적 보상이 팀 보상보다 더 큰 영향력을 줄 때는 팀의 상호의존성을 약화시키거나 팀의 협력을 해치는 요인이 될 수 있다는 점을 유념해야 한다.

공학기술 분야에서 무엇보다도 큰 보상은 다음과 같은 잠재적 팀의 이점을 창출할 수 있다는 것이다.

- 소비자들의 만족과 지지
- 생산제품의 질 개선
- 서비스 질 개선
- 고용인의 도덕성 강화
- 조직관리의 융통성 증대
- 문제해결의 개선
- 보다 큰 혁신 창조

생각을 확장하는 페이지 | 팀 평가를 위한 코칭

코칭이란, 팀원들이 성과목표를 실행함에 있어서 팀장이 보기에 효율적인 것과 비효율적인 것, 그리고 팀원들이 실행과정에서 애로사항을 느끼는 것들을 놓고 허심탄회하게 대화하는 과정이다.

그러나 코칭에서는 항상 팀장이 아니라 팀원들이 중심이 되어야 한다. '실행'은 팀장이 아니라 팀원들이 해야 할 것이기 때문이다. 따라서 '팀원 중심의 코칭'은 매우 중요하다.

코칭의 절차

코칭에는 여러 절차가 있지만, 국내에 소개되고 있는 여러 서적들이나 방법론들을 종합해 보면 대개 '관찰 · 기록 · 말하기 · 경청 · 피드백'의 5단계 절차로 구성되는 것을 알 수 있다.

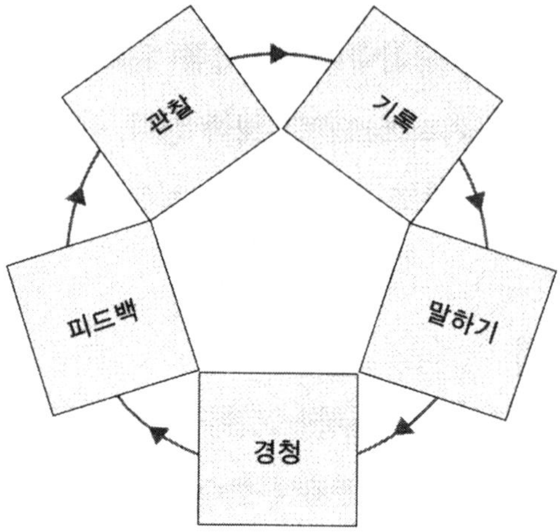

① 관찰 : 팀원이 업무수행과정에서 보여주는 행위를 구체적으로 관찰.

② 기록 : 팀원이 업무수행과정에서 보여주는 주요 행위를 기록.

③ 말하기 : 관찰하여 기록한 결과를 팀원에게 전달.

④ 경청 : 팀원이 말하는 내용을 통해 정보파악.

⑤ 피드백 : 팀원이 자신의 행위를 돌이켜볼 수 있도록 알려줌.

출처 : 류랑도(2007). 하이퍼포머 팀장 매뉴얼. 쌤앤 파커스. pp.305-308.

팀 구성원으로서의 개인 역할과 성찰과 팀 관찰하기 | 팀 계발 활동 TEAM BUILDING

◈ 목표
개인 성찰과 팀 관찰의 평가 활동을 통하여 팀에서의 구성원의 역할 차원에서 장단점을 알게 하고 나아가 또 다른 팀 활동의 개선과 성찰 과제로 삼는다.

◈ 준비물
개인성찰 평가표 및 팀 관찰표

◈ 절차
1. 팀 구성원 각 자는 2가지 양식의 표를 완성한다.
2. 개인이 작성한 팀 구성으로서의 역할의 개인적 프로파일(강점, 약점)을 말하고 조언과 칭찬을 듣는다.
3. 팀 관찰 양식을 작성하고 팀 리더가 종합한 결과를 정리하여 팀의 장단점을 말하고, 특별히 개인적으로 건설적인 피드백을 한다.

◈ 활동 토의의 주요 과제
이러한 개인 성찰과 팀 관찰의 평가가 자칫 한 개인의 책망과 책무를 따지는 활동보다는 팀에서의 구성원의 역할 차원에서 장단점을 알게하고 나아가 또 다른 팀 활동의 개선과 성찰 과제로 삼는 것이 중요하다.

[활동 자료]

1. 팀 구성으로서의 나의 성찰
'개인별 성찰자료'를 활용한다. 각자 주어진 성찰표를 완성하고, 다른 동료와 점수 및 질적 기술 내용에 대하여 토의한다.

긍정적 행동	평정 척도					주요 증거들 (질적 기술)
	1. 전혀 증거가 없음	2. 아주 부족함	3. 부족함	4. 훌륭함	5. 아주 훌륭함	
안전						
몰입						
자유로운 상호작용						
상호의존성의 수준						
협력						
신뢰						
갈등 해결						
영향력						
성취도						
성장						

2. 팀 구성원으로서의 팀의 관찰
팀 과제(아이디어들의 기여자), 팀 유지(격려자들) 측면에서 팀 구성원이 관찰하고 작성하게 하고 팀 리더가 종합하여 건설적인 피드백을 하는 것이다.

팀 관찰표

관찰의 범주	이름	전체 학생수
팀 과제 기여한 아이디어들		
팀 유지 격려한 사람		
전체		

기타 관찰 내용

건설적인 피드백을 위한 지침
· 피드백의 요청에 감사를 표한다.
· 긍정적 피드백을 준다(부정적 피드백은 요청이 있는 경우만 한다)
· 맥락을 이해시킨다.
· 피드백을 어떻게 주는지 알게 한다.
· 판단하지 않는다.
· 피드백 받는 사람에 대하여 말하고, 다른 사람은 말하지 않는다.
· 관찰한 내용에 대해서만 피드백한다.
· 긍정적 피드백을 할 때 칭찬한다.

학습 문제 | Quiz for Summary

◆ 객관식

1. 리핀코트(Lippincott, 1994)의 팀 미팅에서 가장 일반적인 문제를 완화시키는 중요한 다섯 가지 지침을 잘못 설명한 것은?

① 팀 미팅에서 성취하고자 하는 구체적인 목표를 두 세 가지 문장으로 진술한다.

② 팀 미팅은 가능하면 회의의 핵심 내용을 회의 당일에 알려준다.

③ 팀 미칭 중에 집중과 존중, 질서를 유지하기 위한 회의 지침을 마련한다.

④ 만약 팀 미팅이 제대로 수행되지 않을 경우 브레인스토밍과 같은 다른 도구와 기법을 활용한다.

2. 팀 모니터링에서 팀 관리자는 구체적이고, 기술적이며, 즉각적이고 긍정적인 피드백을 한다. 숄테스(Scholtes, 1988)가 제시한 건설적인 피드백을 위한 지침이 잘못 진술된 것은?

① 피드백의 요청에 감사를 표한다.

② 긍정적 피드백을 준다(부정적 피드백은 요청이 있는 경우만 한다).

③ 피드백에 대하여 판단한다.

④ 관찰한 내용에 대해서만 피드백한다.

3. 평가와 지속적인 개선은 프로젝트와 회사의 문화로서 계속되는 일이다. 회사나 조직의 문화적 측면은 보통 질적인 동기로 기술된다. 다음 중 프로젝트 질에 대한 혁신적 사고로 볼 수 없는 것은?

① 경쟁이 더 나은 작업을 위한 동기

② 모든 개인이 승자

③ 전체 시스템의 목적과 어떻게 과정이 더욱 개선될 수 있는지에 중점

④ 우선 모든 일과 사람의 변수들을 인지하고, 문제를 시스템 안팎에서 바라봄

4. 팀 조직에서 질 관리를 위한 Six 시그마의 핵심 주제와 다소 거리가 먼 내용은?

① 고객을 중점으로 두기

② 성장과 성공 엔진으로서의 과정 중심, 관리와 개선

③ 뒤를 돌아보는 관리

④ 완전을 추구하되 실패를 인내

5. 팀 보상이 가져다주는 잠재적 팀의 이점으로 거리가 먼 내용은?

① 소비자들의 만족과 지지

② 생산제품의 질 개선

③ 조직 관리의 표준화 증대

④ 문제해결의 개선

◆ 주관식

1. 도넬론(Donnellon, 1996)은 모든 그룹이 모두가 팀이 되는 것은 아니라고 전제하면서, 보다 정교화된 팀 수행능력을 분석하는 접근법을 개발하였다. 그는 팀을 평가하기 위한 6가지 차원으로 정체성, 상호의존성, 힘의 집중도, 사회적 거리감, 갈등관리 행동, 협상전략을 제시하였다. 다음 표에서 괄호 안에 적당한 말은?

보통의 그룹과 훌륭한 팀

차원	보통 그룹	훌륭한 팀
정체성	조직상의 그룹	(가)
상호의존성	독립	상호의존
힘의 집중도	높다	낮다
사회적 거리감	멀다	가깝다
갈등관리 행동	강요, 동조, 회피	직면, 협력
협상 전략	승자와 패자	(나)

객관식

1. [정답] ②
[해설] 이 목표를 성취하는 데 팀 미팅이 가장 좋은 방법이라면, 적어도 2일 전에 회의의 핵심 내용을 알려준다.

2. [정답] ③
[해설] 피드백에 대하여 판단을 하지 않고 긍정적으로 성찰한다.

3. [정답] ①
[해설] 경쟁이 더 나은 작업을 위한 동기는 고전적 사고이고, 혁신적 사고는 협력이 효과적인 작업을 하도록 격려이다.

4. [정답] ③
[해설] Six 시그마의 핵심 주제는
· 고객을 중점으로 두기
· 자료와 사실에 기초한 관리
· 성장과 성공 엔진으로서의 과정 중심, 관리와 개선
· 앞을 내다보는 관리

· 경계 없는 협력
· 완전을 추구하되 실패를 인내

5. [정답] ③
[해설] 팀 보상은 조직 관리의 융통성을 증대시킨다.

주관식

1. [정답] (가) : 팀, (나) : 모두 승자
[해설] 훌륭한 팀은 정체성 차원에서 그룹이 아닌 팀이고, 협상 전략은 모두 승자를 추구한다.

학습 내용 정리 | Mind Mapping

1. 프로젝트 관리에 있어서 가장 중요한 두 가지는 모니터링을 통한 프로젝트 초기부터 과정을 관리하는 것과 프로젝트가 종료되는 시점에서 평가를 통하여 프로젝트를 검토하는 것이다.
2. 프로젝트 관리는 1:1 만남, 이메일, 전화통화 등은 일반적으로 잘 알려진 방법이지만, 팩스, 음성메시지, 필기 노트 등도 단순한 모니터링 수단이 된다. 최근에 정보통신기술의 발달로 네트워킹을 통한 인터넷, PDA, 전화를 통한 즉시적 메시지와 e-프로젝트와 같은 웹기반 프로젝트 토의 시스템, 공식적 보고서, 정기적 모임, 정기 발표회 등도 중요한 수단이 된다.
3. 팀 미팅에 대한 팀 구성원의 불만은 다음과 같다.
· 팀 모임의 목적이 명확하지 않다.
· 참여자들이 준비되어 있지 않다.
· 핵심 인사가 결석하거나 무시되었다.
· 회의 중 대화가 쟁점을 벗어난다.
· 참여자들이 쟁점에 대하여 토의하지 않고, 자기주장만 하거나 독선적인 말이 지배적이다.
· 중요한 의사결정이 회의 중 논의 결과와 다르다.
4. 팀 미팅에서 가장 일반적인 문제를 완화시키는 중요한 다섯 가지 지침
· 팀 미팅에서 성취하고자 하는 구체적인 목표를 두세 가지 문장으로 진술한다.
· 이 목표를 성취하는 데 팀 미팅이 가장 좋은 방법이라면, 적어도 2일 전에 회의의 핵심 내용을 알려준다.
· 팀 미칭 중에 집중과 존중, 질서를 유지하기 위한 회의 지침을 마련한다.

· 팀 미팅의 결과에 대한 책임을 지도록 한다.

· 만약 팀 미팅이 제대로 수행되지 않을 경우 브레인스토밍과 같은 다른 도구와 기법을 활용한다.

5. 팀 미팅을 회의 전, 중, 후의 세 단계로 구분하여 수행하고, "팀 미팅 잘하는 방법"은 팀 미팅 계획하기, 공지하기, 준비하기, 회의 진행: 구조화와 관리, 요약과 회고 등의 단계로 구분하여 접근한다.

6. 팀 작업의 효과성을 모니터링하는 가장 일반적 방법은 보잉사에 적용한 플러스/델타 처리 접근이다. 이 방법은 모니터링 목록에 잘 수행되는 항목에 플러스(+)로 표시하고, 그 다음으로 수행된 항목에 델타( )로 표시를 하는 방법이다.

7. 팀 효과성 모니터링은 구성원들이 작성하게 하여, 팀 관리자는 구체적이고, 기술적이며, 즉각적이고 긍정적인 피드백을 한다.

8. 건설적인 피드백을 위한 지침

· 피드백의 요청에 감사를 표한다.

· 긍정적 피드백을 준다(부정적 피드백은 요청이 있는 경우만 한다).

· 맥락을 이해시킨다.

· 피드백 줄 때를 알게 한다.

· 피드백을 어떻게 주는지 알게 한다.

· 설명한다.

· 라벨을 사용하지 않는다.

· 판단하지 않는다.

· 피드백 받는 사람에 대하여 말하고, 다른 사람은 말하지 않는다.

· 질문이 아니라 진술과 같은 쟁점을 열거한다.

· 관찰한 내용에 대해서만 피드백한다.

· 긍정적 피드백을 할 때 칭찬한다.

9. 도넬론(Donnellon, 1996)은 팀을 평가하기 위한 6가지 차원으로 정체성, 상호의존성, 힘의 집중도, 사회적 거리감, 갈등관리 행동, 협상전략을 제시하였다. 그는 기본적으로 팀의 바람직한 행동은 상호의존성, 가까운 사회적 거리(신뢰 있는 관계), 건설적인 갈등관리 전략, Win-Win 전략 등이라고 강조하였다.

10. 맥거티와 드뫼즈(McGourty and De Meuse, 2001)에 제안한 네 가지 팀 효과성 차원운 의사소통, 의사결정, 협력, 자기 관리이다.

11. 하이네스(Haynes, 1989)는 전형적인 팀 평가 질문을 15가지로 제시하였다.

12. 프로젝트 평가는 꼭 프로젝트 마지막에 수행되는 것은 아니다. 평가는 프로젝트의 일환으로 통합

되어야 한다. 경우에 따라 프로젝트가 지연되거나 과도하게 초과 달성되었을 때를 위해서도 지속적인 평가 시스템이 확립될 필요가 있다.

13. 평가와 지속적인 개선은 프로젝트와 회사의 문화로서 계속되는 일이다. 회사나 조직의 문화적 측면은 보통 질적인 동기로 기술된다.

14. 팀 조직에서 질적인 동기를 창출하는데 돕도록 요구된다. 이러한 질 관리는 CQI(Continuous Quality Improvement)와 TQI(Total Quality Improvement), Six 시그마 등의 전략들이 있다. Six 시그마의 핵심 주제는 다음과 같다.

· 고객을 중점으로 두기
· 자료와 사실에 기초한 관리
· 성장과 성공 엔진으로서의 과정 중심, 관리와 개선
· 앞을 내다보는 관리
· 경계 없는 협력
· 완전을 추구하되 실패를 인내

15. 팀에 대한 보상 시스템은 개인과 팀 모두에게 수행되어야 한다. 효과적인 보상 시스템은 보상의 적절한 두 유향의 균형을 갖추어야 한다. 그러나 한 회사의 사례가 다른 회사에 그대로 적용되는 것은 아니다.

16. 바람직한 보상 시스템은 대체로 다음 4가지를 충족해야 한다.

· 개인적 보상
· 개인에 대한 인정
· 팀 보상
· 팀에 대한 인정

생각해 볼 문제 | Reflection & Discussion

1. 개인과 팀에 대한 보상은 성과급이나 경제적 보상의 방법으로 이루어진다. 개인적 보상은 회사에서 회사원의 일의 의욕을 높이기 위한 성과 시스템의 차원에서 월급으로 보상하는 것이 일반적이다. 그러나 더 큰 동기를 위하여 경제적 보상보다도 그 성과를 인정해주는 보상 시스템이 더욱 중요하다고 한다. 다음 표는 인정을 위한 보상 전략이다. 이 중에서 개인적으로 선호하는 내용 5가지를 체크해 보고, 왜 그런지 이유를 토의해 보자.

체크	인정 전략
	CEO의 편지
	개인이나 팀에게 한 달간 주차 공간 제공
	휴가, 반차, 금요일 휴가 등
	개인이나 팀을 위한 전문 잡지 구독권
	뉴스레터에 공지하고, 상패 수여
	CEO와 중식 만찬
	상품권
	이벤트 티켓
	전문 회의, 워크숍, 세미나 참석 보장
	훈련지도자 기회
	회사 출판물과 게시판에 프로파일
	헬스클럽, CC 회원권
	팀 성취를 기념하는 모자, 셔츠, 재킷
	골프 라운딩 또는 볼링 티켓
	리무진 탑승 기회
	일정 기간 동안 회사 차량 활용

참고문헌

대니얼 레비, 정명진 역(2011). 팀워크 심리학(Group Dynamics for Team). 부글북스.

류랑도(2007). 하이퍼포머 팀장 매뉴얼. 쌤앤 파커스.

박태현(2012). 팀으로 일하라. 시그마북스.

최유현(2008). 공학기술과 팀워크. 지호.

Bagulary, P. (2003). Teams and Team-working. Chicago, Ill: MaGraw-Hill.

Eide, A. R., Jenison, R. D., Mashaw, L.H., and Northup, L.L. (2002). Introduction to Engineering Design & Problem Solving. Boston: McGraw-Hill.

Katzenbach, J. & Smith D. (1993). The wisdom of teams: Creating the high-performance organization. Cambridge, MA: Harvard Business School Press.

McNeill, B. Bellamy, L. and Foster, S. (1995). Introduction to engineering design. Tempe: Arizona State University.

Smith, K. A. (2004). Teamwork and Project Management. Boston: McGrawHill - Higher Education.

Stewart, G. L., Manz, C. C. & Sims, Jr, H. P. (1999). Team Work and Group Dynamics. New York: John Wiley & Sons, INC.

Wellins, R. S., Byham, W. C. & Willson, J. M. (1991). Empowered Teams: Creating self-directed work groups that improve quality, productivity, and participation. San Francisco, CA: Jossy-Bass Inc.

찾아보기

역량 / Collaborative Mind 협력적 마인드 / Team Work Practice 팀워크 실천 등

▣ 학습 목표

1. 팀워크, 관계 리더십이 사회와 기업 환경에서 필수적인 생존 역량임을 인식하고 협력적 마인드를 갖게 한다.
2. 팀 수행에 필요한 팀 리더십, 의사소통, 갈등관리, 의사결정 등의 이론적 탐구와 실제적 전략을 실천한다.
3. 개인적 특성과 팀워크 역량을 진단하고, 팀 리더십을 개발할 수 있다.

▣ 학습 내용

차시	차시명
1	우왕좌왕 팀, 조난당하다!_미래 트렌드와 팀워크
2	오지에서의 하룻밤_팀워크의 기본 이론
3	가지각색, 팀원의 발견_개인적 특성과 팀워크
4	캠프를 만들자_팀 구성과 팀워크 진단
5	캠프에 닥친 위기_팀 수행과 목표 설정
6	흩어지는 팀원들_팀 구성원의 역할
7	세 개의 동굴_책무성 확립하기
8	가시덩굴 미로에 빠지다_팀 리더십 기술 개발
9	괴물과의 대화_의사소통 기술 개발
10	끝없는 사막과 모래바람_팀워크와 갈등관리
11	사막에서의 혼란과 갈등_팀 갈등관리 기술 개발
12	원주민 마을을 발견하다!_팀워크와 의사결정
13	원주민 마을의 회의_의사결정 기술 개발
14	원주민 마을에 닥친 지진_팀 문제해결 프로젝트
15	문제 발견과 다시 떠나는 팀_문제와 문제해결 과정
16	다시 찾아온 위기_팀 문제해결을 위한 사고 기법
17	팀을 돌아보며_팀 프로젝트 평가 전략
18	끝없는 사막과 모래바람_팀워크와 갈등관리

온라인 강의 맛보기 RMP New Contents
http://www.thermp.co.kr/biz03_1.html